中国滨海金融协同创新中心资助成果

滨海新区金融业态

主编　刘通午　周永坤

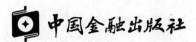

中国金融出版社

责任编辑：王 君 刘 慧
责任校对：张志文
责任印制：陈晓川

图书在版编目（CIP）数据

滨海新区金融业态（Binhai Xinqu Jinrong Yetai）/刘通午，周永坤主编. —北京：
中国金融出版社，2014.12
ISBN 978 – 7 – 5049 – 7709 – 0

Ⅰ.①滨⋯ Ⅱ.①刘⋯②周⋯ Ⅲ.①地方金融事业—概况—滨海新区
Ⅳ.①F832.721.3

中国版本图书馆 CIP 数据核字（2014）第 256868 号

出版
发行   中国金融出版社

社址　北京市丰台区益泽路 2 号
市场开发部　（010）63266347，63805472，63439533（传真）
网上书店　http://www.chinafph.com
　　　　　（010）63286832，63365686（传真）
读者服务部　（010）66070833，62568380
邮编　100071
经销　新华书店
印刷　北京市松源印刷有限公司
尺寸　185 毫米×260 毫米
印张　18
字数　367 千
版次　2014 年 12 月第 1 版
印次　2014 年 12 月第 1 次印刷
定价　38.00 元
ISBN 978 – 7 – 5049 – 7709 – 0/F.7269
如出现印装错误本社负责调换　联系电话（010）63263947

编 委 会

高级顾问　王爱俭

主　　编　刘通午　周永坤

副 主 编　林文浩　张爱敬　王伟亮　窦玉生　阴宝荣

编　　委　李万里　张海林　吴　彬　安　立　李　政
　　　　　张洪伟　刘建军　兰宇宁

审 稿 人　窦玉生　兰宇宁　罗安邦　董运佳　赵　方
　　　　　王　晶　陈　妍　马庆强　光　星　周钰强

撰 稿 人　兰宇宁　罗安邦　董运佳　周钰强　王　晶
　　　　　光　星　陈　妍　马庆强　元喆涛　曲　彬
　　　　　林　琳　杨峥林　窦玉生　赵　方　张　霄
　　　　　张晓杰　苏昱冰　谢心竹　陈玉学　王　维
　　　　　金海平　余　淼　李万里　阴宝荣　吴　彬
　　　　　安　立　李　政　张洪伟　张贵娓　周　颖
　　　　　许　允　刘海华　徐文奇　兰　芳　杨　帆

序

    "金融业态"一词给人感觉既熟悉，又陌生。熟悉，是因为出现较早，并且运用范围广泛；陌生，则是因为迄今为止，无论学术领域还是业界，对这一概念都少有明确界定，围绕这一主题开展的系统研究和探讨也比较罕见。本书在全面总结前人研究成果的基础上，客观阐述了对金融业态的基本认识，并着重从广义层面系统揭示了金融业态的内涵所在，读后受益匪浅。这本书有三个显著特点：

    一是立足滨海新区发展实际。始终把研究重心放在滨海新区开发开放的大背景下：开发建设滨海新区，是 1994 年天津市委、市政府积极落实党中央、国务院改革开放的战略部署，从服务环渤海及我国北方经济发展的战略高度，结合天津实际做出的一项跨世纪发展的战略决策。20 年来，在中央和地方连续不断的优惠政策扶持下，滨海新区日益成为环渤海经济区的发展引擎，发挥了强大的带动作用。《滨海新区金融业态》一书紧跟滨海新区开发开放步伐，紧紧把握改革创新时代脉搏，以历史辩证的视角和方法，向我们展示了不同类型金融业态在滨海新区这片充满生机的热土上蓬勃发展的生动画卷。"接地气"赋予这本书独特的魅力。

    二是放眼国家整体战略布局。"大处着眼"是这本书的又一可贵品格，书中对金融业态的研究立足但并没有局限在滨海新区这一特定区域，而是将其放到国家长远、整体发展战略中去衡量、去比较、去分析，体现了编著者开阔的胸襟和视野。浦东新区、两江新区等 6 个国家级新区金融业态发展概览信息量大、内容丰富、体系完整，具有很大的参考价值和借鉴意义；深圳特区、浦东新区和滨海新区金融业态的比较则更具有战略眼光，符合国家从"第一增长极"，经过"第二增长极"，再到"第三增长极"渐次推进的经济发展布局。他山之石，可以攻玉。毋庸置疑，广泛借鉴和吸取先进地区的经验做法，充分发挥自身优势，一定会给滨海新区金融业态的发展创造更多"跨越式"发展的机会。

三是体现金融服务实体经济的本质要求。金融是现代经济的核心，经济发展离不开金融支持。书中"滨海新区金融业态与经济发展的互动推进"一章，较好地诠释了经济与金融的相互影响，堪称全书精华。近年来，滨海新区的"吸附"功能明显提升，引进大量高端优质项目，重点建设项目向纵深发展，掀起开发建设的新高潮，为金融业发展创造了难得的历史机遇，金融业态呈现出快速集聚发展态势。与此同时，金融业态对滨海新区实体经济的"输血"功能日益完备，为滨海新区经济结构优化升级、战略性新兴产业发展、文化产业繁荣，以及中小微企业崛起提供了强大的支持。事实证明，金融业功能定位服务于区域发展定位，符合金融业发展规律，也符合做好新时期金融工作的必然要求。

值得欣喜的是，《滨海新区金融业态》一书完稿于党的十八届三中全会召开之际，称得上一部献礼之作。十八届三中全会吹响了全面深化改革的号角，明确提出，发挥经济体制改革的牵引作用，推动生产关系同生产力、上层建筑和经济基础相适应，推动经济社会持续快速健康发展。这一明确思路，给金融业的未来发展提出了更高的要求，也为做好"金融业态"这篇大文章指明了方向。与此同时，滨海新区开发开放进入攻坚阶段，功能定位日趋成熟，申报自贸区步伐加快，京津冀一体化快速发展，金融改革创新期待新一轮飞跃。可以预见，对滨海新区金融业态的研究探索仅仅是个开始，时代在进步，形势在变化，新政策、新模式、新管理层出不穷，需要每一个关心、热爱滨海新区的人为之不懈努力！

林铁钢

2014 年 7 月

目录

第一章 金融业态概述

金融业态是一个多维立体的概念，简单的概念罗列与叠加，难以展现出其内涵和面貌，因此，界定金融业态的内涵应找准切入点。本章一方面归纳梳理了现有相关文献对金融业态的界定，从中提炼出其内涵和特征；另一方面立足于滨海新区金融先行先试的背景，将金融业态与我国金融改革创新中的一些关键词结合起来，进而从金融改革创新、构建现代金融服务体系等维度对"金融业态"的内涵进行更为深入的解读。

第一节 金融业态的内涵释义

第一单元 金融业态的概念和特征

业态（Type of Operation）一词源自日本，是典型的日语汉字词汇，大约出现在 20 世纪 60 年代。萧桂森在其《连锁经营理论与实践》一书中，将业态定义为：针对特定消费者的特定需求，按照一定的战略目标，有选择地运用商品经营结构、店铺位置、店铺规模、店铺形态、价格政策、销售方式、销售服务等经营手段，提供销售和服务的类型化服务形态。[1] 日本安士敏先生认为，业态的定义为营业的形态，它是形态和效能的统一，形态即形状，它是达成效能的手段。[2] 从众多的"业态"定义中可以发现一个共同点，即经营形式和存在方式，也就是说，业态是以行业的经营形态为中心来区分的。最初从日本引入"业态"一词仅仅是辅助研究零售业发展的概念之一，而发展到今天，它已被广泛运用于各个领域，如文化业态、服务业态等。

一、金融业态的概念界定

什么是金融业态？从国内外文献看，对这一概念进行明确界定的很少，以此为主题进行系统研究和探讨的更是凤毛麟角。刘艳妮（2006）认为，金融业态就是金融企业为满足机构或个人的不同消费需求而形成的不同的经营形态，包括银行（含信用社）、保

---

① 互动百科，http://www.baike.com/wiki/业态。

② 360 百科，http://baike.so.com/doc/5412172.html。

险公司、证券公司、信托投资公司、期货公司、基金管理公司、租赁公司、财务公司八大类金融机构。这一理解是基于业态的原始定义衍生而来的，是从业态的基本属性对金融业态一词进行了狭义上的解释。

更多的学者则是将金融业态区分为旧金融业态与新金融业态两个层面，从两者的特点以及相互关系等角度入手对其概念进行剖析。旧金融业态也称传统金融业态，指的是传统的银行、证券、保险等商业性金融或政策性金融。新金融业态是为弥补传统金融服务局限性而日益兴起的新金融机构类型、准金融机构，或者某类金融子市场或创新金融服务工具、模式及标准等，如近几年设立的消费金融公司、汽车金融公司、货币经纪公司等非银行金融机构；蓬勃发展起来的金融衍生市场、黄金交易市场，以及各类私募股权基金（PE）、风险投资基金（VC）、产业投资基金等；同时，还包括传统金融改革创新发展的新业态，如资金交易中心、票据中心、银行卡中心、私人银行、航运金融、小企业专营机构、贵金属部等各类营运中心。①

新金融业态与传统金融业态具有互相补充的关系，是对传统金融业态的发展、延伸和补充，不仅可以增强金融市场活力，拓展完善金融产业链，而且可以反哺、进而增强传统金融机构的盈利能力及竞争力，提高金融业整体附加值，支持并服务经济转型。②

综上所述，金融业态的概念已初见端倪，但从目前看，对于金融业态的研究仍然处于初级阶段。目前对于金融业态的基本认识大体上可归纳为以下几点：

1. 目前理论和学术界尚未对金融业态一词形成明确统一的定义，已有的研究多侧重于新金融业态。

2. 目前对新金融业态的研究，仍然以旧金融的新业务单元为切入点，以混业金融为目的的立场进行研究，尚未有人以非传统金融企业的立场进行分析归纳和陈述。

3. 从市场产生的新门类新科目新业务出发，研究具体业态发展演变的较多，结合产业主题、服务对象主题，对金融业态如何作用于实体经济、促进产业发展的探讨相对较少。

4. 上述提到的新业态并非全部，比如传统的信托产品，如果借助产业基金平台或者其他主题投资的信托平台，完全应该属于新金融的模式之一。所以，部分新旧交融以适应市场需求的创新产品，也应该属于新金融业态的组成部分。

二、金融业态的主要特征

基于上述分析，目前对金融业态概念的界定多停留在狭义层面上，相对不够完善。从广义上看，在现代金融制度体系下，科学合理的金融业态应当具备如下特征：完善的

---

① 《上海新金融业态的创新之选》，搜狐财经，http：//business. sohu. com/20110105/n278674615. shtml。

② http：//blog. sina. com. cn/s/blog_ 6285958f01017nze. html。

金融机构体系、结构合理的金融市场体系、创新高效的金融服务体系、功能完善的金融基础设施体系、规范严格的金融风险防范体系、公平安全的金融生态环境体系。其中，前三项是金融业态内涵的具体体现，而后三项共同构成了金融业态的内在支撑。

（一）完善的现代金融机构体系

完善的金融机构体系包括两方面含义：一是功能完备、门类齐全，二是结构合理。

1. 功能完备、门类齐全。门类齐全是在国内传统金融体系基础上，合理借鉴国外的金融机构分类方式，构建以商业银行为主体，多层次、多元化、开放型现代化金融组织体系，形成具有行业影响力和国际竞争力的金融机构体系，为进一步实施综合经营创造可供整合的资源条件。调整布局、整合资源，将各类金融机构，尤其是功能性金融机构集聚于滨海新区。从内涵上来说，门类齐全的金融机构是以银行、保险、证券、基金、租赁、保理、财务公司等总部为主体，包括信贷、证券、期货、服务外包等各类金融机构。其目标是在大力发展直接从事融资投资的金融机构的同时，进一步发展间接从事融资投资的金融机构，实现投资经营型金融机构、经济服务型金融机构、公正仲裁型金融机构、社会保障型金融机构的协调发展。通过丰富金融中介门类，转换其作为存贷者之间的代理角色，从而成为真正独立的市场参与主体（见图1-1）。

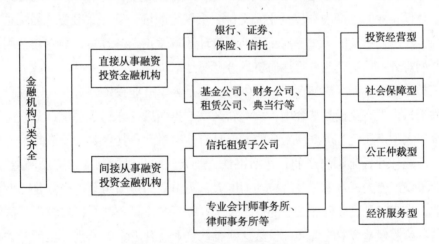

图1-1 "门类齐全"的金融机构体系[①]

加快形成完备的金融机构体系，主要是发挥滨海新区现有金融机构优势，重组现有金融机构，弥补金融机构门类缺失，提升金融机构功能，健全金融服务体系。拓展基金、信托等新型业务，开辟保理业务，提升现有金融机构资质和管理水平，开发新产品，提高自主创新能力。重组设立资信管理公司、金融租赁公司、滨海新区农村商业银行，以及货币经纪公司、企业财务公司等金融服务机构。发展金融机构总部，建设金融

① 王爱俭等：《滨海新区金融创新理论与实践》，天津，天津教育出版社，2009。

服务外包业务基地。深化非银行金融机构改革，整合并规范发展中小金融机构，鼓励社会资金参与城市信用社和城市商业银行等金融机构的重组改造。

2. 结构合理。对于金融机构体系而言，"结构合理"除了需要改变过去单纯依赖银行的状况外，更重要的是建立现代金融企业制度，完善公司治理，通过金融产业的结构调整，夯实金融产业发展的微观基础。

从滨海新区金融业发展的实践看，其金融机构大致可分为三类：[①]

第一类，主要是银行、证券、保险等传统金融服务业。这类金融业态为企业和个人提供直接的融资服务，作用不言而喻，但对新区而言其发展不可强求。因为传统金融的发展主导权已基本被北京上海两地所控制，滨海新区所要做的就是为此类金融机构的入驻和发展做好合理的规划布局，注重其聚集性。主要载体应该依托于家堡金融区和开发区金融街，后者目前已经形成区域性的金融服务中心，其服务和辐射作用日益凸显。

第二类，包括房地产信托投资基金（REITs）、外汇改革创新、融资租赁等创新型金融业态，此类金融属于综合配套改革试验区先行先试的范畴。其中融资租赁直接为企业服务，对于大型机械、船舶、飞机等企业须通过融资才能买得起的高附加值产品，融资租赁业恰好解决企业资金融通的难题，降低企业发展的财务成本。REITs 则可为企业提供厂房，降低企业的生产成本，企业只支付少量租金即可，发行后融资，循环往复。按照国家外汇管理局批复的天津滨海新区外汇管理改革试点七条政策，滨海新区中新生态城已经开始对外商投资企业试行注册资本金意愿结汇试点。

第三类，是滨海新区的基金业。其中的亮点是大型产业投资基金。在国家批复设立的三批共十只大型产业投资基金中，滨海新区就占据两席，分别是渤海产业基金和船舶产业基金。大型产业基金对滨海新区的发展具有战略意义，其主要功能应定位于整合国家战略型产业和现代化国防产业，包括钢铁、航天航空、机械制造，船舶制造等产业。这些产业不仅产值大，对地区经济拉动力度大，更重要的是国防军工产业是工业体系的顶端产业，代表的是当今世界工业的最高技术。除了产业投资基金，对滨海新区而言最重要的是私募股权基金业的发展，虽然这两种基金业态并无本质差别，但后者的市场化程度更高，与企业对接得更为紧密。

（二）层次递进、结构合理的金融市场体系

金融市场体系是指金融市场的构成形式，包括货币市场、资本市场、外汇市场和黄金市场（见图 1 - 2），而一般根据金融市场上交易工具的期限，把金融市场分为货币市场和资本市场两大类。建立层次递进、结构合理的金融市场体系，必须满足多种要素市场合理共存并实现相互联动。

---

① 尚晓昆，蒋宁，王利：《环渤海经济瞭望》，2011 年第 5 期，18 - 21。

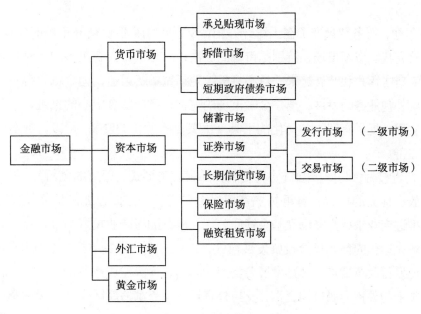

图1-2　金融市场体系示意图①

1. 构建多层次资本市场。从整个金融市场体系协调和发展来看，多层次资本市场是坚实的基础。从企业发展角度出发，多层次资本市场是活力的源泉。从融资结构上分析，多层次资本市场是调节的手段。

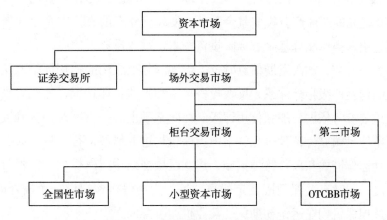

图1-3　多层次资本市场示意图②

天津发展资本市场的主要目标应是弥补目前中国资本市场发展层次单一的缺陷，天津滨海新区正在不断完善产权交易体系，推动建立北方产权交易共同市场，制定和实行统一的行业标准和交易规则；加速企业股份制改革，推动民营经济的发展，争取更多的

---

①　王爱俭等：《滨海新区金融创新理论与实践》，天津，大津教育出版社，2009。
②　王爱俭等：《滨海新区金融创新理论与实践》，天津，天津教育出版社，2009。

企业上市交易。

2008 年初，国务院批准了在天津开办柜台交易市场，柜台交易市场的建设及发展，将有利地补充我国资本市场，特别是市场的层次；同时，将会有更多的金融机构、金融业务在滨海新区落户和开展起来，这必将极大地拓宽融资渠道，为金融后台服务体系的建设、金融外包业务的发展、离岸金融市场的完善、产业基金中心的推进，以及综合经营的稳步实现，提供有利的多元化的工具（尤其是多元化的交易工具），资本市场的功能将更为完善。

2. 坚持直接融资与间接融资协调发展，加强融资形式、渠道的创新①。坚持把发展直接融资放在优先的位置，着重拓宽直接融资渠道。一方面，加快私募股权基金的发展。稳妥推进商业银行投资设立基金管理公司，搞好渤海产业投资基金试点。完善政府引导和市场化运作的创业风险投资发展模式，进行房地产投资信托基金（REITs）和集合资金信托发行改革试点。鼓励发展各类产业基金，逐步建成产业基金发行、管理和交易中心。加强与外资金融机构合作，支持外资银行参与滨海新区发展直接融资。争取中央金融监管部门同意民营资本或自然人在滨海新区投资、入股金融企业。不断探索利用国际债券市场、股票市场等形式进行融资。鼓励多元化社会资本进入该领域，解决"进口"问题同时还必须要完善资本市场结构，构建更畅通的推出渠道，解决"出口"问题。"出口"是创业投资运行的基础，是其盈利能力的关键保障，包括首次公开发行上市（IPO）、股份转让（包括出售、并购、回购等）、资产证券化以及清算等方式。除了设立规模 200 亿元的船舶产业投资基金以外，发起设立专门支持中小企业发展的股权投资基金。通过引入类似私募基金、风险投资资本、行业投资人使中国非上市公司与国际资本结合。另一方面，加快发展债券融资，借鉴国际上通用的信用评级方法，建立一套科学和全面的信用评级指标体系，反映投资风险和收益总体状况，为广大投资人和企业提供投资的重要参考依据，加强信用评级。在此基础上进一步完善担保制度，为预防企业债券到期不能足额兑付，尝试允许市内担保机构进入债券发行市场，或者借鉴市内担保机构的成功运作模式和风险管理措施，建立区域性信用担保机构，完善对企业债券的相关担保制度。同时有关部门应制定优惠政策，为担保机构提供一个良好的发展环境，可考虑对新建担保机构在运作初期免征营业税和所得税。

3. 深化外汇体制改革，探索建立离岸金融中心。按照国家金融政策，结合现代化港口城市实际，健全、完善滨海新区金融调控体系，继续推进外汇管理体制改革，促进银行结售汇更加市场化。在按规定向国家金融监管部门报批后，逐步实现人民币资本项目可兑换。加强对资本流入的引导和管理，建立有序可控的资本流出机制。争取国家有关

① 王爱俭等：《滨海新区金融创新理论与实践》，31 页，天津，天津教育出版社，2009。
天津财经大学金融学院：《滨海金融探索》，39 页，北京，中国金融出版社，2010。

部门给予在滨海新区设立财务中心或资金中心的跨国公司享受优惠的外汇管理政策。加快建立金融风险预警体系和化解系统性风险的长效机制。积极开展非居民之间的资金融通与交易的离岸金融业务，探索在滨海新区建立离岸金融中心，构筑人民币国际化的重要通道。目前天津市开办离岸金融业务进而建立离岸金融市场的时机已经基本成熟，不仅天津市有关商业银行（如中国银行天津分行）已做了十多年的研究和准备，而且滨海新区的一些开放型企业经营发展对离岸金融业务也有了强烈的需求，特别是还具备了开办离岸金融业务、建立离岸金融市场的良好契机：一是国务院已允许离岸金融业务在滨海新区先试先行，二是国务院已批准设立天津东疆保税港区，其未来的规模为30平方公里，将是与国际惯例接轨的中国大陆最大的自由港，加上天津港保税区逐步向自由贸易区转型，这些都是滨海新区开办离岸金融业务进而建立离岸金融市场的开放型经济基础。

（三）创新高效的金融服务体系①

"创新高效"是在"结构合理"的基础上进一步强化金融功能，特别是允许有条件的金融企业，经批准在天津进行综合经营试点，设立金融控股公司，创新金融产品，提高金融机构的服务水平和国际竞争力。同时，强化金融后台服务，突出金融服务的标准化和专业化。

第一，创新发展微型金融服务。跳出传统金融的模式来思考问题，甚至放弃通过改造原有机构来开展业务的尝试，转而考虑成立新机构或引入新机构，充分利用信息技术和目前已经建立的较广泛的普惠式服务覆盖的基础，开展微型金融业务。选择位于金融价值链低端的中小金融机构试点小额贷款公司，待小额贷款公司运作成熟后，积极转型，筹建内生于滨海新区的新型社区金融机构。提供个人需求贷款、业务扩张贷款、原材料周转资金贷款、家庭成长计划贷款，投资理财咨询、商业保险等产品及产品组合。

第二，大力发展金融后台服务。为实现金融价值链条的有效延伸，供给方可通过现代金融服务体系为它们提供的金融后台服务中心对金融产品及服务进行价值分流。对于后台服务而言，重点建设：银行、证券、保险等金融机构的数据集中处理、清算和灾难备份中心；银行卡和客户服务中心以及金融服务软件及系统研发中心；开发如POS机、现金清分机、印钞、制卡等各类轻型金融设备的研发与制造中心；统一的共享服务中心等。在落实现代金融服务体系建设政策的同时，应重点研究与之相应的金融服务体制和相关配套产业、配套设施的规划布局。

第三，搞好综合经营试点。允许有条件的商业银行在天津设立机构办理证券、保险、金融租赁业务。允许保险企业集团以保险业为核心金融控股公司到天津成立机构办理银行、债券业务。按照统一管理、综合经营、法人分业、严格监管原则，建立金融综

---

① 天津财经大学金融学院：《滨海金融探索》，37 页，北京，中国金融出版社，2010。

合经营模式，特别是做好泰达国际金融控股集团综合经营和二级公司法人分业经营试点。

第四，筹建金融控股公司。选择市内实力雄厚、条件成熟的企业集团，进行金融控股公司试点，实现金融资源的内部整合与有效配置；待试点运作成熟后，将试点公司的成功经验和运作模式进行推广，让更多有实力的市内或市外综合型企业参与筹建金融控股公司。从资金、业务、机构等多方面加强金融控股公司内部的合作，在进一步健全法人治理结构、建立风险预警机制以及内部子公司之间的"防火墙"的同时，探索有效的外部监管措施。

（四）功能完善的金融基础设施体系

金融基础设施建设的核心是金融服务信息化，金融服务信息化体现在金融机构和金融市场中，表现为金融基础设施的软环境，主要包含了电子信息系统、交易托管系统、支付清算系统以及反洗钱系统。建设完善的金融基础设施，重点是构建统一、快速、高效、安全的交易托管清算平台，增强基础设施对金融市场快速发展的承载力和适应能力，从而推动天津成为本外币资金交易清算中心。除此之外，金融基础设施还存在更"基础"的部分，例如社会信用、法律保障等。对于金融服务信息化，无疑需要通过政府投资、产业倾斜、税收减免、加速折旧等鼓励政策，促进电信、计算机网络等产业的发展，从而不断提高相关公共设施的先进性、可靠性，并为金融机构相关设施的安装、维护和更新提供强有力的支持。

（五）规范严格的金融风险防范体系[①]

滨海新区金融运行中长期存在着可能诱发风险的两个问题。一是直接融资功能较弱，融资风险不断向银行集中。目前天津的融资结构表现为主要依靠企业内源性融资和信贷融资，而直接融资比例相对较低，这种融资结构直接导致了风险不断向银行集中。实际上，中国融资结构不平衡，特别是企业债券市场的发展相对滞后问题一直难以解决。企业融资过度依靠银行贷款使得融资体系缺乏弹性而且降低了企业自身防范风险的能力。二是基层分支机构管理薄弱环节，放大了金融机构操作风险。公司治理是金融机构改革的核心，但是目前对于基层分支机构的管理存在漏洞，造成基层分支机构违规违法问题严重。金融机构特别是国有金融机构链条较长、管理层次多，对分支机构控制不够，具体包括以下几点：首先，对基层机构负责人进行全面目标考核的情况下，缺乏监督和制衡机制，导致整个内控机制失效。其次，一些分支机构规章制度形同虚设，业务人员有章不循，甚至内外勾结违规操作。最后，监管部门和金融机构自身对基层分支机构进行的检查往往也是流于形式。内部控制不到位，必然会放大金融机构的操作风险。在当前经济形势不乐观、前期积累的金融风险更加容易释放出来的情况下，必须注重金

---

① 天津财经大学金融学院：《滨海金融探索》，52页，北京，中国金融出版社，2010。

融风险的防范。这不仅关系到滨海新区的金融稳定，更关系到金融业态形成和发展的各个层面。

（六）公平安全的金融生态环境体系

广义上的金融生态环境是指宏观层面的金融环境，指与金融业生存、发展具有互动关系的社会、自然因素的总和，包括政治、经济、文化、地理、人口等一切与金融业相互影响、相互作用的方面，主要强调金融运行的外部环境，是金融运行的一些基础条件；狭义上的金融生态环境是指微观层面的金融环境，包括法律制度、行政管理体制、社会诚信状况、会计与审计准则、中介服务体系、企业的发展状况及银企关系等方面的内容。

中国人民银行行长周小川在2005中国金融论坛演讲时表示，金融生态确实是我们在推进金融改革与发展过程中需要注意的一个重要问题。要实现金融稳定，防范金融风险，强调金融机构自身改革是最重要的，但不能把全部注意力都集中在这方面，而忽视了外部环境。反过来，在强调金融外部生态环境的同时，也不是一切都由外部环境来决定。公平安全的金融生态环境体系要求政府在金融机构体系整合、金融市场体系连通、金融产品体系创新以及金融开放体系深化的整个过程中有所作为，即由政府出面制定面向市场的规则，逐步完善"分业监管"向"综合监管"过渡，改进金融监管方式和手段，切实有效地化解原有金融风险，特别是制定金融应急机制和风险预案，确保金融安全和稳定。

第二单元 金融业态与现代金融服务体系

现代金融服务体系最早是戴相龙同志在2004年天津市政府工作报告中提出的，而且在近年来的天津市政府工作报告中被反复提及并不断深化：2005年，从完善金融组织体系、改进金融服务、鼓励金融创新、加强金融监管、防范金融风险五个方面，对加快建立与北方重要经济中心相适应的现代金融服务体系进行了论述；2006年，围绕提升城市功能，加快发展现代服务业，从金融企业、直接融资、综合经营、外汇管理和开发性金融改革、金融培训以及金融生态环境等方面进一步提出了具体要求。

国发〔2008〕26号文件对于建设与北方经济中心和滨海新区开发开放相适应的现代金融服务体系的基本思路以及重点改革内容给予了明确阐释，要求按照科学审慎和风险可控的原则，以扩大直接融资和增强金融企业综合服务功能为重点，积极推进金融综合配套改革，建立更具活力、更加开放的金融体制，增强对区域经济的金融服务功能。按照综合配套改革方案的要求，构建现代金融服务体系主要的着力点表现为：（1）拓宽直接融资渠道，完善市场体系；（2）开展金融企业综合经营试点，增强金融企业服务功能；（3）深化金融体制改革，健全金融机构体系；（4）创新金融业务和产品，建立金融创新体系；（5）深化外汇管理改革，促进开放型经济发展；（6）优化金融发展环境，全面提升金融服务水平。虽然当中未直接提到金融业态一词，但从中不难看出，金融业态的发展与现代金融服务体系的构建紧密联系，两者相辅相成，有机结合。

一、金融业态的创新和发展是构建现代金融服务体系的内在要求

（一）现代金融服务体系是一系列先进的金融理念的汇总，需要金融业态在发展实践中有所更新突破

传统金融的定义是"货币资金的融通"，而现代金融的定义则更为突出"资本市场的运营"。在金融概念不断演进的过程中，金融观念随之发生了深刻改变。在传统金融观念下，金融产业更加偏重于银行、证券、保险、信托租赁等，而金融市场（特别是资本市场）的地位并不突出。然而伴随着金融"脱媒"以及资本市场的不断发展，金融的游离性更强，其与经济运行主体的结合也更为紧密，并且更具有针对性和主动性，于是现代金融体系应运而生（见图1-4）。

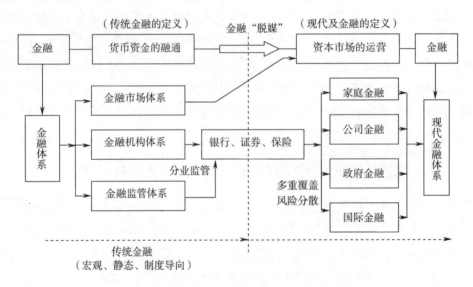

图1-4 现代金融服务体系的理念汇总与机制安排

现代金融服务体系需要相对完善的金融市场体系、金融运行机制和金融生态环境。一方面，需要进一步扩大直接融资比重，促进金融市场的均衡发展。由于企业和个人过分依赖银行，导致信贷资产风险相对集中，而股票市场和债券市场不振，居民投资工具稀少，造成金融生态结构严重失衡。因此，必须积极培育发展股票市场和债券市场，形成多样化、多层次的金融业态和金融结构。另一方面，要发展衍生市场，创新化解金融市场风险。衍生市场处于金融生态链的下游，其存在和发展的基本要求必须具备一个规模庞大的上游生态链。事实上，衍生市场对于其基础市场而言既有平衡对冲基础市场风险的正效应，也有放大整个金融市场风险的负效应。因此现阶段发展衍生市场的重要命题是研究如何化解金融市场的风险。同时，应加快发展货币市场、外汇市场、期货市

场、黄金市场，形成完善的金融市场体系，提高金融生态的自我调节能力。

（二）金融业态的创新和发展是构建现代金融服务体系的重要组成部分

现代金融服务体系是以形成国家级区域"资金导流枢纽"为战略实施关键点，在构建"金融定价交易中心""金融后台服务中心""离岸金融中心"进而成为"区域金融中心"的主线贯穿下，将金融机构与金融市场有机相连，形成类似 DNA 的金融机构与市场"双螺旋"。其中，"创新导向型多重服务市场"既是金融业态发展的一个重要内容，又是现代金融服务体系行为动力层的标志，具体体现在：一是完善市场结构，即在大力发展资本市场的同时进一步推进货币市场、票据市场的发展，特别是完善市场体系、增强市场功能，提高金融市场的国际化程度，促进国内外投资者共同参与的统一金融市场体系的形成。二是提高市场效率，即突出金融服务的标准化和专业化，不但着眼于国内，更着眼于国际金融市场竞争大格局下的市场效率提升，力争使天津成为重要的国际货币和商品定价中心。三是加强市场功能，即在资产、资金管理和风险管理方面多做文章，加强资本市场与货币市场之间的对接，促进金融基础产品市场与衍生产品市场、货币市场与资本市场、外汇产品市场与本币产品市场、场内交易市场与场外交易市场的协调发展。

二、现代金融服务体系的构建路径，为金融业态形成发展提供有益借鉴和有力支撑

现代金融服务体系在构建路径上，注重动态视角下金融服务与经济主体的有机结合，以合理的金融结构为支撑，突出金融产业集聚与空间结构的优化布局，通过金融服务价值链条的延展，实现金融产业附加值的不断上升，促进金融产业集群化，服务区域经济和谐发展。推进现代金融服务体系的构建采取的是"四维并进"的方式：从完善金融服务体系主体要件的功能角度出发，实现从传统金融向现代金融的转变，从信用淡薄向诚信为本的转变；从提升金融辐射的空间覆盖出发，实现由本地区向区域性金融中心的过渡；从提升金融产业增加值的角度出发，构建种类齐全、权限较高、治理结构科学的金融机构体系；从关注金融服务集群动力机制作用出发，在金融前台服务中不断提升金融机构聚集，在金融后台服务中强力打造金融服务外包平台，重点突出现代金融服务体系实践平台的效率和安全，这为金融业态的良性发展提供了有益的借鉴。

第三单元　金融业态与金融改革创新基地

金融业态的形成与发展过程离不开金融改革创新，滨海新区开发开放的战略机遇为滨海新区进行金融改革和创新发展提供了良好平台，从而为其金融业态的发展提供了广阔空间。金融改革创新基地建设不仅有利于吸引内外资金融机构向滨海新区聚集、增设机构及拓展业务，更有利于激发滨海新区金融机构和金融市场的活力，满足企业对各种

金融服务的需求，为金融业态的发展提供了广阔空间。所以，抓住金融改革创新这个关键环节，破解发展中的难题，探索新的思路和发展模式，取得突破性进展，对完善社会主义市场经济体制、加快推进新区开发开放、转变经济增长方式、促进金融业态发展演进具有十分重要的意义。

一、金融业态发展与金融改革创新基地建设的内在联系

（一）金融业态的发展演变是金融改革创新基地建设的结果

金融改革创新对传统金融服务和经营管理的理念和方式产生巨大影响，从而推动传统金融向新金融的演变和发展。当前的新金融业态可以理解为由金融创新所推动的金融发展，金融史上的一些重大金融创新，都曾成为推动当时金融发展的重要动力，因此，新金融业态是对一系列金融创新及其结果的总结与概括。这一方面体现在网络化、混业化等经营方式方面的技术性创新，另一方面体现在金融领域以结构为重心的制度性创新。从集聚效应的角度来看，金融创新改变了滨海新区原有的金融结构、金融制度，社会分工深化和内部规模经济发展，为金融资源在滨海新区的聚集创造了条件，从而导致了北方金融中心的形成，而金融资源的空间聚集带动了其他资源向该区域金融空间聚集，金融资源的聚集带来大量的资金、人才、技术和公共产品的聚集，改变了通常意义上的技术约束和经济约束，而且也改变了金融活动的市场约束，即它对生产函数、需求函数、成本函数同时产生巨大的影响，给整个区域带来巨大经济利益、社会利益。从辐射效应的角度看，金融创新活跃的城市是所在区域内经济金融发展和现代化程度相对较高的地区，它与其腹地之间进行资本、人才、技术、信息等方面的流动和思想观念、思维方式、生活习惯等方面的传播。金融创新带来的改变，通过流动和传播，提高整个区域金融资源配置的效率，促进整个区域金融业态格局的转变和发展。[①]

（二）金融创新是新金融业态的灵魂

新金融业态是金融领域正在生长、发育的新金融工具、新金融机构以及传统金融业务创新等的统称，它是伴随科技发展和社会进步而产生发展的，具有鲜明的现代化及创新特征。具体体现在：第一，新金融业态发展所要求的知识含量越来越高，智慧资本成为金融业发展的灵魂。金融业的竞争力，不仅取决于金融企业投入的人、财、物等有形资产和物质资源，而且取决于金融企业研究开发并以快捷的方式将研究成果融入金融产品或金融服务的能力。第二，新金融业态注重与科技产业的融合。一方面是用高科技改造传统金融产业。随着金融电子化、集约化建设的推进，改变了传统的业务处理手段和程序。电子化资金转移系统、电子化清算系统、自动付款系统以及银行数据中心等金融电子化体系的创建，形成了国内外纵横交错的电子化资金流转网络。另一方面，高科技

---

① 王爱俭等：《滨海新区金融创新理论与实践》，天津，天津教育出版社，2009。

产业的发展必须借助金融市场的力量。由于高新技术产业投资的特点是高风险与高收益并存，这种数额大、风险高的投资，是传统的间接融资方式不易接受的，需要培育风险投资的中介机构，通过资本市场打造风险投资者兑现投资收益的通道。第三，网络金融成为新金融业态发展的重要趋势。网络金融具有低成本和方便快捷的优势，是网络社会的支付枢纽，正在逐步成为金融业态的重要载体。①

二、金融改革创新基地建设对滨海新区金融业态形成与发展的影响

（一）金融业综合经营改革有利于增强金融业态的服务功能

党的十六届五中全会提出"稳步推进金融业综合经营的试点"，2006 年国务院正式批准先在天津滨海新区试行综合经营，给予金融业分业和混业经营的政策，支持各类金融机构在滨海新区综合经营，设立金融控股公司进行综合经营，鼓励有条件的金融法人机构进行综合经营；支持商业银行深入开展银保合作，创新服务方式，建立更深层次的交叉销售和代理合作关系。同时，通过整合金融机构资源，将各类金融机构，尤其是功能性金融机构集聚于滨海新区，使金融机构体系更加完善，金融服务功能日益增强。具体体现在：重组现有金融机构，弥补金融机构门类缺失，提升金融机构功能，健全金融服务体系；重组设立资信管理公司、金融租赁公司、滨海新区农村商业银行，以及货币经纪公司、企业财务公司等金融服务机构；发展金融机构总部，建设金融服务外包业务基地；着力打造健全的金融基础设施，深化非银行金融机构改革，整合并规范发展中小金融机构，鼓励社会资金参与城市信用社和城市商业银行等金融机构的重组改造，形成较完善的金融机构体系。

（二）金融改革创新基地建设为各类新金融业态发展提供机遇

抓住滨海新区作为国家综合配套改革试验区的机遇，大胆探索各种形式的金融改革创新，为各类新型金融业态的产生和发展提供了难得的机遇。首先，积极开展渤海产业投资基金试点，建设天津产权交易中心、技术产权交易中心等国家级产权交易市场，探索企业并购基金、创业风险投资基金、股（产）权交易市场等股权融资（特别是高新技术企业的股权融资）的新路。同时，利用原有的天津产权交易市场，鼓励包括产业投资基金和风险投资公司等未上市企业的股权和产权进场交易，逐步建成有别于证券主板市场和第二板市场的、具有证券三板市场性质的全国性资本市场。其次，通过改革创新，天津东疆保税港区进一步确立了天津北方国际航运中心和物流中心的地位，依托北方物流中心和金融中心优势，滨海新区可为贸易区内的企业提供产品套期保值服务，探索金融衍生品交易的创新。最后，通过深化外汇体制改革，探索设立离岸金融中心。滨海新区金融改革创新的重点之一就是要搞好外汇管理改革试点，其中适度发展离岸金融业务

---

① 《我国新金融发展研究——背景、现状和政策》，上海新金融研究院课题研究报告，课题负责人：李迅雷。

是一大亮点。离岸金融业务的开展不仅能够平衡境内外资金，而且对于外汇管理体制改革具有促进作用。在离岸金融中心方案加快制定并上报审批期间，已有招商银行、上海浦东发展银行、交通银行、深圳发展银行、香港上海汇丰银行五家商业银行在滨海新区开展相关离岸金融业务。此外，渤海银行经国家外汇管理局批准，成为全国第一家试行外汇头寸正负区间管理的试点银行①。

（三）借助京津冀协同发展，促进总部设在北京的金融机构在滨海新区增设地区金融机构

京津两个城市作为环渤海乃至整个中国北方地区的一个核心经济区域，理应协同发展：实施交通一体化，实现"同城效应"；实施人才一体化，实现人才资源和科技成果共享；实施市场一体化，消除存在于两市之间的无形壁垒；实施政策一体化，打破两市地方保护主义和行政垄断；实施城市功能一体化，实现统筹规划和协调发展。在此基础上，在国家推进天津滨海新区开发开放的发展战略指导下，促进总部设在北京的一些金融机构在滨海新区增设地区金融机构和拓展业务，共同开拓和发展金融市场，以弥补滨海新区金融业发展对经济发展支持力度的不足，从而带动环渤海乃至整个中国北方经济发展。

第四单元　金融业态与金融创新运营中心

一、新阶段天津金融定位的创造性提出

面对京津冀协同发展和自贸区建设的空前机遇，凭借国家综合配套改革试验的扎实成果，天津金融改革创新正进入迈向更高目标、更高水平的新阶段。《关于加快现代服务业发展的若干意见（讨论稿）》提出：继续加快金融创新步伐……构建与北方经济中心和滨海新区开发开放相适应的现代金融服务体系和金融创新运营中心。这个崭新奋斗目标的诞生，既是对天津现代金融服务体系和金融改革创新基地建设成果的继承、深化和发展，又是对京津冀协同发展、自贸区建设背景下天津金融改革开放的思索、诠释和定位，彰显出天津金融顶层设计进一步解放思想、抢抓机遇、乘势而为、励精图治的信心与恒心。加快建设高质量的现代金融服务体系和金融创新运营中心，是加快天津金融改革开放的迫切需要，是实现天津城市定位的迫切需要，也是促进京津冀协同发展的迫切需要。

自 2006 年以来，天津以加快推进滨海新区开发开放为首要任务，全面加快金融改革创新，历经近 8 年时间，初步建立与我国北方经济中心相适应的现代金融服务体系和全国金融改革创新基地，金融机构体系、市场体系日趋完善，金融基础设施和金融生态环

---

① 天津财经大学金融学院：《滨海金融探索》，3 页，北京，中国金融出版社，2010。

境不断优化，金融业在服务经济社会过程中取得了巨大发展。但与上海、深圳等金融中心城市相比，天津仍然受到金融机构总部少、大型金融市场缺失、区域金融合作水平低、金融影响力和话语权低等不足的制约。立足天津社会经济发展新阶段，天津需要进一步完善现代金融服务体系，并着力建设金融创新运营中心。坚定不移地实现新阶段天津金融定位目标，要明确界定新定位的内涵、框架和地位，要突出新思路、新突破、新举措，要制定与之相适应的法规和规划，还要有具体可行的评价工具。开展现代金融服务体系和金融创新运营中心的应用性研究将有助于明确、深化、集成新阶段天津金融业定位内涵和奋斗目标，科学、客观、全面地测度评价现代金融服务体系建设程度，系统反映天津金融创新运营中心新优势、新特色和新功能，为督导落实先进的金融改革创新思路提供评价标准与依据。

二、金融创新运营中心的内涵界定

回顾过去 8 年，天津金融改革创新的内涵大致经历了由"金融改革和创新、重大改革先行先试、多方面改革试验"（2006）→"建设现代金融服务体系和全国金融改革创新基地"（2008）→"现代金融服务体系、金融改革创新基地和金融服务区"（2012）→"现代金融服务体系和金融创新运营中心"（2014）等发展、演变进程，除了金融改革创新内涵的深化、发展之外，还出现了"争取重点领域突破、构建现代金融体系"（2011）、"加快（京、津）金融一体化进程"（2013）等金融改革创新内涵进一步丰富的内容。梳理和凝练天津金融改革创新内涵的脉络，对于理解新阶段天津金融定位目标，特别是理解金融创新运营中心之内涵具有积极作用。

天津金融创新运营中心的创造性提出，是天津置身于"综合配套改革试验、京津冀协同发展、自贸区建设等三大机遇，进入向更高目标、更高水平迈进的崭新阶段，加快形成与现代化大都市地位相适应的服务经济体系，促进城市由产业型向功能型升级的'小环境'"和"我国围绕市场在资源配置中的决定性作用，全面深化金融业改革开放，金融市场体系更加完善、更为现代化、国际化的'大环境'"中，顺应大势，自觉、主动、及时调整天津金融改革创新定位目标的表现。

从内涵上看，天津金融创新运营中心是综合配套改革试验、京津冀协同发展、自贸区建设和天津现代服务体系形成过程中，深化金融改革开放，推动金融产品、过程创新、扩散，提供创新性金融产品、服务的中枢城市。

第一，综合配套改革试验项下金融创新运营：在金融企业、金融业务、金融市场和金融开放等方面进行重大改革；在产业投资基金、创业风险投资、金融业综合经营、多种所有制金融企业、外汇管理政策、离岸金融业务等方面进行改革试验。办好全国金融改革创新基地。

第二，京津冀协同发展项下金融创新运营：加快京津冀金融一体化进程。各方加强在完善金融组织体系、推动金融产品创新、建设金融要素市场、优化金融生态环境、建设金融信用体系和金融标准化、打击非法集资等方面的合作，不断拓宽金融合作领域，在更大范围内发挥金融的功能和作用。

第三，自贸区项下的金融创新运营：深化金融体制改革，培育新型金融市场，坚持风险可控、稳步推进，率先实现人民币国际化、利率市场化等方面的创新措施，做大做强租赁业态，服务实体经济发展。

第四，现代服务体系项下的金融创新运营：做大做强现代金融，推动生产性服务业和先进制造业融合发展；聚集现代金融、专业服务；完善农村金融服务体系；发展交易结算和物流金融等现代物流业，打造一批大宗商品交易所和交割库等物流平台；加大金融职业培训力度。

三、金融创新运营中心定位、原则、框架与金融业态的发展

（一）金融创新运营中心定位

《关于加快现代服务业发展的若干意见（讨论稿）》提出，天津要"构建与北方经济中心和滨海新区开发开放相适应的现代金融服务体系和金融创新运营中心"。可见，金融创新运营中心不仅仅服务本地，更要立足天津，辐射京津冀，在全国形成金融创新活动和各类金融业态的集聚效应。

1. 服务天津：通过构建金融创新运营中心有效对接实体经济。天津金融创新发展，紧密围绕区域内经济环境和内在禀赋展开，实现金融资源与实体经济在特定范围内的对接和整合。凭借本地现代制造、航空航天，以及航海产业的优势，加速融资租赁聚集，有力推动其向高端化发展。金融创新运营中心的构建能够为实体经济发展提供全方位、多层次、高效率、创新型金融服务的现代金融改革与创新系统，突出现代金融服务体系在发挥储蓄动员、风险分担和资金配置等方面的功能，以实现整体经济系统的优化。对于天津而言，是通过构建金融创新运营中心积极促进各类金融业态集聚服务区的形成、深化和发展。

2. 服务京津冀：构建金融创新运营中心实现差异化发展。差异化是衡量金融转型的重要尺度，没有差异化就无法形成金融核心竞争力。在京津冀协调发展背景下，北京金融决策中心、监管中心、信息中心的地位不可动摇，而天津作为港口城市和制造业、物流中心，其金融服务体系的功能更偏重于资金运营层次，更强调金融创新和金融资源优化配置。通过构建金融创新中心实现天津金融差异化发展，促进京津冀区域整合内部金融资源，加强金融专业化分工和流程管理，降低成本，提高运行效率，提升京津冀整体金融竞争力。

3. 服务全国：天津滨海新区是全国金融创新的试验田。金融创新运营中心以天津滨海新区为运作核心，凭借滨海新区开发开放战略布局，以及金融创新先行先试政策优

势，吸引全国各类传统金融业态及新兴金融业态在此"先行先试"。与浦东新区和深圳特区相比，滨海新区作为金融创新运营中心的核心区域有独特的发展基础，能更好地承载金融创新活动，并实现各类金融业态的良性运营和繁荣发展。

（二）金融创新运营中心原则

金融创新运营中心建设坚持"顶层设计、市场机制、协同协调、差异竞争、分步实践"原则。围绕金融创新运营中心的定位在"政策、规划、人才、机制"四个方面下大功夫，围绕"司法体系、监管体系、专业能力"三个市场支柱做功课，加快形成"政府推动、市场主导、社会参与"的创新运营体系，高水平实现金融创新运营中心的远景蓝图以及各类金融业态的集聚发展。

（三）金融创新运营中心框架

天津金融发展定位随着金融基础的持续夯实而不断升级。从完善现代金融服务体系到建立金融改革创新基地，再到构建金融创新运营中心，每一阶段都在继承前一阶段成果的基础上，站在新的高度，面向更广阔的空间，提出新的要求。天津打造金融创新运营中心主要实现五个目标：打造面向全国的融资租赁中心、金融要素市场中心、股权基金管理服务中心、资金结算中心以及于家堡金融服务区，形成各类金融业态的高度聚集。从区域经济发展背景看，京津冀协同发展、京津双城联动发展，以及中国天津自贸区建设，共同为构建金融创新运营中心蓄力，激活天津金融业态繁荣发展内核活力。金融创新运营还需要配套设施的支持，包括完善新型金融业态群落、构建专业金融服务平台、培养金融创新人才基地。

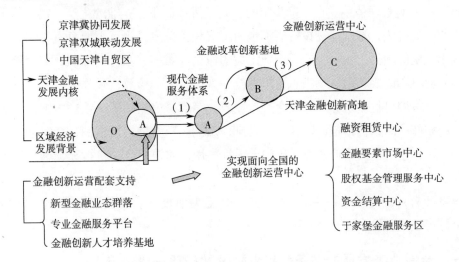

图1-5 金融创新运营中心框架结构

第二节　我国金融业态的演化和发展

当前，改革已使中国金融业基本完成了由计划经济体制向市场经济体制的转变，金融业已上升为国民经济的核心产业，并有力地支持了国民经济其他部门的改革，适应了经济高速发展对金融服务的需要。本节从金融改革发展的历史实践出发，一方面总结和梳理我国金融业态形成和发展的脉络，从中分析这一过程中反映出的新特点、新变化；另一方面汲取经验、透视问题，为全面开创滨海新区金融业态新格局提供有益的借鉴。

第一单元　我国金融业态格局的演变[①]

金融业态的形成与发展是伴随着中国金融改革的步伐进行的，不同的历史阶段有着与之相适应的金融业态格局。自 1978 年十一届三中全会开始，中国的金融改革至今已历经 30 多年风雨。其间，金融业取得了前所未有的发展，金融业态的格局也随着金融体制的改革不断升级完善，目前已基本形成一套分工明确、功能互补的金融组织体系、健康平稳的金融市场体系和完善的金融调控监管体系。

改革开放前，我国金融业的基本特点是机构单一，以银行业为主，业务范围狭窄，管理体制高度集中。与社会主义计划经济体制相适应，这一时期我国的银行业主要有以下特点：第一，"大一统"的银行经营模式。中国人民银行集中央银行和商业银行的作用于一身，既负责货币发行和金融管理，又具体从事各种业务经营。第二，"大财政、小银行"的宏观管理体系。在高度集中的计划经济体制下，企业的生产、销售都是由国家负责统一安排的，基本建设投资规模也由国家统一确定，银行主要负责组织和安排资金，处于从属的地位，实际上起着会计出纳的作用。第三，银行内部的计划管理。全国银行各分支机构的人、财、物由总行集中统一管理、统一核算，吸收的存款交总行统一调配，贷款按照总行信贷计划和指令进行发放。第四，信用的单一化。由于企业生产资料的供应和产品的销售都是由国家统一安排，因此，商业信用被取消，企业之间不能发生信用关系，整个社会的信用方式集中于银行信用，非银行金融机构和金融市场等也就无从存在。

1978 年开始的金融体制改革打破了单一的金融制度，金融业态格局开始发生转变，大体上可将这一过程分为三个阶段。

一、金融业态发展的准备和起步阶段（1978—1984 年）

在这个阶段，金融体系和结构的变化，最主要地表现为实行金融机构多元化，打破

[①]　http://theory.people.com.cn/GB/40557/134502/136128/index.html，我国金融体制改革与市场发展 30 年。

传统制度一统天下的组织结构，建立了二级银行制度的框架。主要特征可以概括为以下三方面。

1. 从金融机构一元化转向多元化，按产业设置专业银行，出现了以产业分工为主要特征的专业银行机构。中国农业银行、中国银行、中国建设银行相继于 1979 年恢复成立或独立运营。中国农业银行负责统一管理支农资金，集中办理农村信贷，发展农村信贷业务；中国银行作为国家指定的外汇专业银行，统一经营和集中管理全国的外汇业务，并适当扩大职权。与此同时成立了国家外汇管理局，中国银行和国家外汇管理局对外两块牌子，对内一个机构。1982 年 8 月，鉴于其他商业银行也相继开展了外汇业务，为进行统一管理，国务院决定将国家外汇管理局并入中国人民银行。1980 年，建设银行除办理拨改贷外，还利用自己吸收的存款发放基本建设贷款，重点支持企业为生产国家急需的短线产品而进行的挖潜改造工程，并发放城市综合开发和商品房建设贷款。建设银行逐渐由完全办理财政业务，逐步过渡到既办理财政业务又办理金融业务，且金融业务的比重越来越大。1983 年 9 月 17 日，国务院做出了《关于中国人民银行专门行使中央银行职能的决定》，决定"成立中国工商银行，承办原来由人民银行办理的工商信贷和储蓄业务"。中国工商银行于 1984 年 1 月 1 日正式成立。

2. 从单一银行体制转向二级银行体制，在制度安排上实行了信贷与发行分开。在工商银行成立之后，中国人民银行摆脱了具体业务，不再直接经营商业银行业务，独立行使信贷管理和货币发行权，真正地开始发挥中央银行的作用。这也使其在货币政策的制定和贯彻执行上拥有了更大的自主权，间接调控能力和金融监管能力得到进一步加强，有效地防范和化解了金融风险，保障了经济秩序和金融秩序的稳定，促进了经济改革和经济建设的顺利发展。

3. 新机构和旧机制并存，在制度变革的发生阶段，新机构和旧机制并存，机构是新的，但制度安排的运行机制基本上是旧机制起支配作用。

二、金融业态发展的转变与探索阶段（1985—1996 年）

第二个阶段，金融基本制度进行了一系列的制度创新，为金融市场建立了初步框架。体现在金融业态上，主要特点和内容有如下几方面：

1. 大力发展多元化金融组织机构，在组织制度上实行了创新。第一，发展了一批非银行金融机构，包括农村信用社、城市信用社，以及由城市信用社转化而来的城市商业银行等，这是对我国银行体系的必要补充。第二，组建了一批保险公司。1980 年，中国人民保险公司恢复国内保险业务。从 1988 年开始，我国保险市场的多元化步伐不断加快，陆续设立了中国太平洋保险公司、中国平安保险公司两家全国性保险公司以及新疆建设兵团农牧业保险公司、天安保险股份有限公司、上海大众保险有限责任公司等区域性保险公司。1995 年成立了中国人民保险（集团）公司，下设中保财产保险有限公司、中保人寿保险有限公司、中保再保险有限公司三个专业子公司，保险的范围逐渐广泛也更具体。第三，证券业快速崛起。1990 年底以后，以上海、深圳两个证券交易所成立为标志，中国股票交易市场逐步步入规范的发展阶段，也意味着打开了外资金融机构的市场准入大门。第四，信托投资公司、财务公司，以及各种外资银行也纷纷设立并逐步得到规范，极大地丰富了我国的金融市场。

2. 金融市场建设取得了长足的发展。证券交易所、同业拆借市场、票据市场全面启动。1985 年实行了"统一计划、划分资金、实贷实存、相互融通"的新的信贷资金管理体制，允许专业银行间相互拆借资金，以发挥资金的横向调剂作用。到 1987 年底，除个别地区外，全国主要城市和地区都开放和建立了无形或有形的同业拆借市场。1990 年 3 月，中国人民银行总行下发了《同业拆借试行管理办法》，对拆借市场参与主体和拆借资金期限、用途、利率等做了较为严格的规定，使拆借市场更加规范。1996 年 6 月 1 日，中国人民银行放开了对同业拆借资金利率的上限管制，拆借利率根据市场资金供求情况由拆借双方决定，中央银行不做任何干预。单个交易品种的日加权平均利率形成"全国银行间拆借市场利率"。在票据业务上，1993 年 5 月，中国人民银行发布了《商业汇票办法》。1995 年 5 月 10 日，八届全国人大常务委员会第三次会议通过了《中华人民共和国票据法》，并于 1996 年 1 月 1 日起实施。该法对票据行为及有关法律责任做出了原则性的规定，使得商业汇票成为企业重要的融资手段，成为人民银行进行经济结构调整的重要信贷政策工具，票据的再贴现日益成为中央银行重要的货币政策操作工具。

3. 中国外汇市场伴随我国经济体制改革的深化和对外开放的不断扩大产生并发展起来。1985 年 12 月，深圳特区设立了我国第一个外汇调剂中心，正式开办外汇调剂业务。1988 年，各省、自治区、直辖市以及经济特区都设立了外汇调剂中心。1988 年 9 月，上海市在原有外汇调剂市场的基础上实行外汇调剂公开交易，并在随后的几年里逐步成立了多家外汇调剂公开市场。但由于外汇调剂市场本身存在的局限性，使得建立全国统一的外汇市场提上议事日程。1994 年 4 月 4 日，中国外汇交易总中心在上海成立，银行间外汇市场正式运行。1996 年 6 月 20 日，外商投资企业纳入银行结售汇体系后，各地的调剂中心纷纷改造成为外汇市场的分中心。在汇率制度上，1994 年 1 月，实现汇率并轨，实行以市场供求为基础的、单一的、有管理的浮动汇率制。1996 年底，实现了人民币经常项目兑换。1997 年亚洲金融危机爆发后，中国保证了人民币币值的稳定，之后则稳定盯住美元。

三、金融业态发展的调整和充实阶段（1997 年至今）

在这个阶段，我国金融分业监管机制正式形成，国有银行商业化改革逐步实施，金融改革和金融创新的力度不断加大，金融业态发展呈现出两大新特征：

1. 资本市场的扩容以跨历史性的速度发展。1996 年 12 月 1 日，我国正式向国际货币基金组织承诺接受第八条款，人民币在经常项目下实现自由兑换，这一积极而审慎的举措极大地提高了中国的经济开放程度。1998 年 5 月，中国人民银行允许 8 家在上海经营人民币业务的外资银行进入全国同业拆借市场，外国金融机构开始对我国债券市场进行有限的参与。

2002 年 11 月 7 日颁布了《合格境外机构投资者境内证券投资管理暂行办法》，在 QFII 制度下，合格的境外机构投资者（QFII）将被允许把一定额度的外汇资金汇入并兑换为当地货币，通过严格监督管理的专门账户投资当地证券市场，为我国证券市场的进一步发展增添了新的动力。2003 年 5 月，瑞士银行有限公司、野村证券株式会社获中国证监会批准，成为中国证券市场首批合格境外机构投资者。QFII 制度的正式启动，使外资可以合法进入以前仅对国内投资者开放的中国 A 股市场。2007 年底，49 家 QFII 持有的证券资产市值达近 2000 亿元人民币，成为我国资本市场的重要机构投资者。从 2003 年起我国政府重点对有关境内资金投资境外资本市场的问题进行了研究，起草了一系列研究报告，并会同有关部门初步制定了有关实施方案，如 QDII、社保基金和保险资金境外投资、跨国公司资金境外运作等。随着我国加入世界贸易组织过渡期的结束，资本市场更加开放。

2. 银行、保险、证券业领域出现了大面积合作，混业经营正在悄然成为潮流。随着我国市场经济体制不断完善，金融改革不断深化，银行业与证券业、保险业的合作愈加密切。1999 年 8 月，中国人民银行颁布了《证券公司进入银行间同业拆借市场管理规定》和《基金管理公司进入银行间同业市场管理规定》。10 月，中国证监会和保监会一致同意准许保险基金进入股票市场。2000 年 2 月，中国人民银行与中国证监会联合发布了《证券公司股票质押贷款管理办法》。2001 年 6 月，中国人民银行发布实施了《商业银行中间业务暂行规定》，其中明确规定商业银行在经过中国人民银行的审批后，可以开办金融衍生业务、信息咨询、财务顾问，投资基金托管等银行业务。2003 年 12 月修改后颁布的《商业银行法》也有相关的规定，即国有商业银行可以经营经过国务院银行业监督管理机构批准的其他业务，这为银行业务参与混业经营留下了余地和空间。

目前我国银行参与混业经营的途径主要有银证银保合作、海外分公司、银行控股公司、金融控股公司、总行投资银行部等五种形式。具体体现在：①

第一，金融业务综合化程度不断提高。自1994 年取消银行专业化分工后，金融业务综合化就开始推进，跨越银行、证券、保险的交叉性、混业性新产品不断涌现，如保险代理、证券质押、保证金账户、投资连结保险等，扩大了银行、证券、保险混业经营的基础。同时，银行代理业务发展迅速，基金、保险、信托产品代理销售已经成为部分银行中间业务的主要收入来源。货币市场与资本市场之间直接连通，银行、信托、证券、

---

① http：//www. lwgcw. com，2013 - 02 - 25。

保险机构之间的业务往来日益密切。一些新的金融业务如银证合作、银保合作、证保合作不断涌现，混业经营的模式初见端倪。

第二，金融机构相互投资逐渐增多。我国银行、证券、保险之间的联系不断加强，金融业务相互掺杂、相互渗透，金融机构相互持股或交叉持股。2008 年以来，随着中行控股的中银基金揭牌，民生金融租赁、招银金融租赁等银行系金融租赁公司的相继成立，商业银行综合化经营进一步深入。工商银行提出尽快完善境内外综合化经营布局，积极创造条件进入牌照类投行、证券和保险业务市场。建设银行也提出采取直接投资、并购等方式经营投资银行、资产管理、信托、保险、基金、租赁和汽车金融等业务，以发挥不同业务的协同效应。金融业呈现出业务间混业、机构间持股的发展趋势。

第三，金融控股公司日趋壮大。金融控股公司是我国金融业态发展的必然选择。随着金融业混业经营，已经逐步出现集团式的、银行控股模式及实业企业控股式的事实上的金融控股公司。从 2004 年起，建设银行、交通银行、中国银行、工商银行、农业银行分别组建股份有限公司上市。各银行以设立子公司的方式涉足证券、保险、信托、基金、金融租赁、投行等业务，形成金融控股公司的混业经营模式，银行系统实质上进入混业经营时代。为了增强竞争力、提升盈利能力，几大保险公司也开始跨行业经营，中国平安保险股份有限公司经营保险、银行、信托、证券、资产管理、基金等业务。目前，中国的混业经营已经呈现出方兴未艾的趋势。随着资产证券化、股票质押贷款等金融创新业务的开展，混业经营的趋势愈加明显，成为我国金融业发展的一个方向。

第二单元　我国金融业态的发展现状

通过以上对改革开放以来我国金融业态形成发展脉络的梳理，可以看到，经过 30 多年的改革发展，我国金融业不断发展壮大，金融机构和从业人员数量大幅增加，金融市场日益完善，金融业务不断拓展与创新，金融规模明显扩大，基本形成了一个相对完整的金融体系和业态格局。具体而言，主要体现在以下几个方面[①]：

一、多种性质的银行机构在创新中发展

银行业在中国金融业中处于主体地位。按照银行的性质和职能划分，中国现阶段的银行可以分为三类：中央银行、商业银行、政策性银行。近年来，中国银行业改革创新取得了显著的成绩，整个银行业发生了历史性变化，在经济社会发展中发挥了重要的支撑和促进作用，有力地支持了中国国民经济又好又快的发展。

（一）现代银行体系基本确立

我国银行业从原来只有中国人民银行一家，发展到已拥有近万家法人性质的银行业

---

① 中国金融业发展概况：http://wenku.baidu.com/view/15f4be44336c1eb91a375d88.html 百度文库。

金融机构。既有商业银行，又有政策性银行；既有大型商业银行，又有中小型商业银行；既有主要服务于城市的城市信用社、城市商业银行，又有主要服务于农村的农村信用社、农村商业银行和合作银行；既有传统意义上的银行业金融机构，又有如村镇银行、贷款公司和农村资金互助社等新型银行业金融机构；既有中资银行业金融机构，又有外资银行业金融机构。银行业机构提供的金融服务也不断丰富和完善，从简单的存、贷、汇业务，到现在多样化、个性化的金融服务，传统银行业务模式发生重大转变，金融超市功能开始逐步显现。与30年前相比，我国银行业组织体系更加健全，机构种类更加丰富，市场竞争更加充分，服务功能更加完善。

（二）银行业整体实力明显增强

截至2011年底，全国银行业金融机构网点总数达20.09万家，新增网点7023家，其中多数分布在新建社区及城乡结合部，这标志着涉农网点正朝着网点布局合理化、服务功能综合化的方向转型。截至2012年6月底，银行业金融机构总资产为124.56万亿元，同比增长19.6%；总负债为116.64万亿元，同比增长19.3%。其中，大型商业银行总资产为57.07万亿元，同比增长13.6%；股份制商业银行总资产为21.11万亿元，同比增长27.3%；城市商业银行总资产为11.51万亿元，同比增长31.5%。[①] 截至2012年12月底，银行业金融机构资产总额达到133.6万亿元。

（三）银行业改革不断向纵深推进

银行改革始终伴随着银行业的发展，并成为银行业发展的主要动力。经过30年的不断改革和发展，中央银行管理体制改革迈出关键性步伐，以"一行三会"为主体新的央行管理体制初步确立，国有商业银行改革稳步推进，重新迸发出勃勃生机；股份制银行和政策银行从无到有，从小到大，从弱到强；农村信用社改革全面推开，并取得阶段性成果。适应市场化、国际化要求的商业银行体制基本确立，市场化程度大幅提升。通过引进各类资本对银行实行股份制改造，实现了银行业产权的多元化；现代公司治理机制逐步建立健全，管理与决策的科学化水平不断提升；流程银行建设得到有力推进，业务流程全面优化；内部控制机制建设迈出重大步伐，全面风险管理能力显著提高；科学激励约束和绩效考核机制逐步完善，能上能下、能进能出的用人机制和合理、有效的薪酬分配机制不断完善，广大员工的积极性得到极大的激发。

（四）利率市场化改革稳步推进

利率市场化是银行业改革和发展的关键。1993年，我国明确了利率市场化改革的基本设想，1995年初步提出利率市场化改革的基本思路，并从"九五"规划的第一年起开始付诸实施：国家开始将一些资金置于货币市场中，通过市场机制来确定其价格，实现资金定价的市场化，其中二级市场先于一级市场；存款利率改革先放开大额、长期，对

---

① 《2012年信托行业专题研究报告》。

一般存款利率是实行严格管制的；贷款利率改革走的是逐渐扩大浮动幅度的路子；在本、外币利率改革次序上，外币利率改革先于本币。

（五）金融业务不断拓展和创新

银行业金融机构发展中，理财业务、表外业务、电子银行等新兴业务发展迅猛，对传统存贷款业务、柜面业务替代效应明显。一是表外理财产品以其相对于存款更高的预期收益率，加速对存款的替代。二是资本约束增强及信贷规模管控，使房地产、地方政府融资平台、产能过剩等受控行业的融资需求加速向表外业务转移。三是网络经济的发展、电子支付环境的改善和新兴渠道的建立，强力推进日常交易向电子渠道转移。

（六）银行服务水平迈上新台阶

坚持金融为国民经济服务的基本指导方针，不断转变服务理念，创新服务手段，提高服务效率，银行业服务国民经济的功能进一步提升，作用进一步突出。30 年来，我国银行业提供的贷款基本上满足了社会对资金需求，信贷结构和质量不断优化和提升，为经济社会发展提供了有力的金融支持，金融主力军作用得到充分发挥。主动适应经济发展和金融需求的变化，努力提供便利化、多样化、个性化的金融产品，金融创新步伐加快，服务充分性不断提高。充分发挥银行业在宏观调控中的独特功能，在历次宏观调控中有效发挥了金融杠杆作用，有力促进了经济平稳较快发展，推动了经济结构调整和经济发展方式转变，银行业作为金融业的主体，在国民经济发展中的核心作用显著提升。

二、保险业得到快速发展，不断取得历史性跨越

随着中国保险业进入深化改革、全面开放、加快发展的新阶段，保险业服务经济社会的领域越来越广，承担的社会责任越来越重：从四川汶川大地震到百年盛事北京奥运、从交强险制度实施到房地产投资解禁、从应对国际金融危机到参与医疗纠纷调解、从养老社区投资到新农合建设、从农险覆盖面扩大到环境责任保险试点启动……保险业正在努力提高科学发展和服务经济社会全局的能力，在探索中国特色保险业发展道路和保障民生方面取得显著成就。如今，保险业站在新起点，进入了新阶段，我国正在成为新兴的保险大国。从 2006 年至 2010 年的 5 年间，中国保险业取得了令世界瞩目的发展成绩，保险公司从 93 家发展到 146 家，中国保险全行业高管人员由 1.45 万人发展到 2.94 万人，营销员由 156 万人发展到 330 万人，精算、核保核赔、投资等专业技术人员日益成长，为行业更大的发展提供了有力的人才保障和智力支持。中国保险市场具有广阔的发展前景和潜力。中国经济增长的内在动力依然较强，经济社会发展的大趋势为保险业发展提供了难得的机遇，也提出了新的、更高的要求。未来我国保险业将由外延式发展向内涵式发展转型，完善主体多元、竞争有序的市场体系，丰富保险产品创新、营销渠道，拓宽服务领域，提升服务水平，促进东中西部保险市场的协同发展。

（一）保险业地位不断提高

整体实力显著增强。我国保险业的保费收入规模增长迅速，2009 年保费收入已达到 11137.3 亿元，提前一年实现了保险业"十一五"规划提出的保费收入超万亿元的目标。2010 年，我国保费收入达到 14500 亿元，2010 年底保险公司总资产超过 5 万亿元，是 2005 年的 3.3 倍。2011 年保险市场在面临诸多困难和挑战的情况下保持了平稳发展的态势，全国实现保费收入 1.43 万亿元，其中，财产险保费收入 4617.9 亿元，同比增长 18.5%；人身险保费收入 9699.8 亿元，同比增长 6.8%，保险资产达到 5.9 万亿元。2012 年 1—4 月，我国保险业共实现保费收入 5922.07 亿元，其中，财产险保费收入 1745.38 亿元，人身险保费收入 4176.68 亿元。保险业总资产达 6.33 万亿元。2011 年 8 月 3 日，保监会正式出台《中国保险业发展"十二五"规划纲要》（以下简称《纲要》）。《纲要》明确提出，到 2015 年，全国保险保费收入争取达到 3 万亿元，保险深度达到 5%，保险密度达到 2100 元/人，保险业总资产争取达到 10 万亿元。[1]

行业竞争力不断提高。30 年来，保险业的体制机制、资本实力、人才队伍和技术手段发生了深刻变化，保险公司业务结构不断优化、经营管理水平逐步提高。

（二）保险行业服务能力全面提升

改革开放以来，保险业自觉将行业发展融入经济社会发展全局，不断增强服务和谐社会建设的能力，逐步成为服务民生、改善民生和保障民生的重要手段，成为支持投资、扩大消费和保障出口的重要途径，成为优化金融结构、提高金融市场资源配置效率的重要力量，成为促进社会管理和公共服务创新、提高政府行政效能的重要方式。

为经济社会提供保障力度不断加大。2002 年以来，保险业累计赔款与给付 7000 多亿元。面对 2003 年的"非典"疫情和历次重大自然灾害，保险业勇担责任，为民分忧，较好地发挥了经济补偿功能。在服务新农村建设方面，承保 6 省（区）试点的政策性农业的主要作物面积 1.4 亿亩，占试点地区播种面积的 70%。2007 年全国共承保能繁母猪 2888 万头，占全国存栏总量的 60%。在 31 个省区市累计为 5000 万人次的农民工提供了保险保障。在 14 个省 114 个县（市）参与了新型农村合作医疗试点。在参与社会保障体系建设方面，为人民群众未来的养老和健康方案积累准备金 1.9 万亿元。专业养老保险公司受托管理企业年金业务 150 亿元，占全部法人受托业务的 90%。在支持国家"走出去"战略方面，出口信用保险累计支持对外贸易与投资 1000 多亿美元，为 5000 多家企业提供了风险保障服务。

（三）保险监管体制改革取得初步成效

在保险监管方面，八九十年代保险管理体制属"金融型"，即"银行管保险"。1980 年保险机构恢复之初，仍然沿用 1964 年以来的建制，中国人民保险公司直接隶属于中国

---

[1]　《2012 年信托行业专题研究报告》。

人民银行，为局级专业公司，其管理体制也基本上沿袭 50 年代的总、分、支公司垂直领导形式。但是，随着保险机构的迅速壮大和业务领域的不断扩展，作为全国唯一的国家独资的保险企业，其经营管理体制上"统得过死"、"责、权、利不清"的弊端逐渐显露出来。因此，1998 年 11 月 18 日，原中国人民保险公司分拆为中国人民保险公司和中国人寿保险公司后，成立了中国保险监督管理委员会（简称保监会）。保监会为国务院直属事业单位，根据国务院授权对中国保险业履行行政管理职能，并实施市场监管。这是保险监管体制的重大改革，标志着我国保险监管机制得到了进一步完善。自保监会成立以来，它对中国保险业的规范发展起到了重大的促进作用。

三、证券业从无到有，在曲折中获得发展

改革开放以来，我国证券业积极创新、从零起步，在满足企业和投资者的投融资需求、优化资源配置、推动金融创新等方面发挥了重要作用，为推动资本市场的发展做出了重要贡献，已经成为推动我国资本市场发展必不可少的一支重要力量和国民经济不可或缺的新兴产业。

（一）证券业的发展迈上新的台阶

30 多年来，证券业经历了从无到有、从不成熟到逐步完善的过程，目前已发展到了一个新的起点。

产业形态相对完整。截至 2011 年底，全国证券公司 109 家，总资产 9010.9 亿元，同比增加近 1397 亿元，增长 18.3%。投资银行业务、经纪业务、证券投资业务和基金理财业务分别为直接融资需求、交易需求和投资需求提供媒介服务，形成了直接融资的基本业务链条；各项业务已经延伸到了全国各地，完成了区域布局，组成了基本的产业元素。

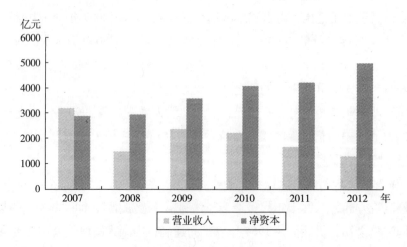

图 1-6　证券业经营状况

产品性能基本合格。证券产品的性能表现在安全性、流动性和收益性三个方面。随着证券公司综合治理不断推进和法律法规的不断完善，证券公司的违规风险已经大大降低。基础性制度建设稳步推进，证券公司客户资产安全保障大大加强，客户保证金基本实现了独立存管，证券产品的安全性能大体合格。

（二）证券业改革不断取得进展

我国证券业是一个新兴产业，存在很多基础制度和生产要素的缺失，需要持续推进改革和创新，实现行业的规范发展。近20年来，证券业坚持了市场化取向的改革，加大了改革的力度，如：大力培育开放式基金，改善投资者结构；发挥主承销商勤勉尽责的作用，把好发行关；推行券商增资扩股的核准制，壮大机构实力；发展网上交易，扩大投资者规模；实施证券公司综合治理，化解行业风险，完善证券公司规范运作的基础性制度；大力发展机构投资者，拓宽合规资金入市渠道等；各项改革都取得了较大进展。

现代企业制度架构已经成型。按照《公司法》要求，我国证券公司大都注册为股份有限公司，建立了股东会、董事会和监事会，依照公司章程构建相应的现代企业制度；根据《证券公司治理准则》的要求，按照现代金融企业的标准，建立健全内部制衡机制，落实股东、董事、监事的知情权、决策权和监督权，并促使其正确行使权力。同时，按照《证券公司内部控制指引》的要求，以制度建设、机构设置和技术改进为手段，以客户资产管理和证券自营、资产管理、国债回购等业务为重点，以遵规守法和控制风险为准则，建立和完善内部管理与控制机制，为公司内部实现科学有效的管理奠定坚实的组织基础。

壮大机构投资者工作顺利推进。证券业始终把发展机构投资者作为战略性任务加以实施，即使在市场最艰难的时期也从未动摇和犹豫。在大力发展机构投资者的方针主导下，积极发展证券投资基金，稳步推进合格境外机构投资者（QFII）试点和商业银行开办基金管理公司试点，出台了社保基金、保险资金、企业年金直接投资股市的政策。基金业在较短的时间内就成功地实现了从封闭式基金到开放式基金、从资本市场到货币市场、从内资基金管理公司到合资基金管理公司的三大历史性的跨越，走过了发达国家几十年的历程。

行业监管和法制建设明显加强。1992年12月，国务院发布了《国务院关于进一步加强证券市场宏观管理的通知》，监管体制开始向集中监管过渡。1998年4月，国务院对证券监督管理体制进一步改革，明确由中国证监会对全国证券期货市场实行集中统一监管。根据《证券法》规定，中国证监会在全国中心城市设立了36个证券监管局，作为证监会的派出机构，履行监管职能。至此证券业监管体系和职责已基本理顺，一个以中国证监会为核心，由各地派出机构、证券交易所和证券业协会等组成的覆盖全国统一的多层次监管架构初步形成。同时，出台了70余部与《证券法》配套的行政法规和行业规章,《证券投资基金法》及 6 个配套规章也已经全部颁布实施;证券业协会累计发布协会章程和自律性规则 43 件,初步建立起行业自律框架;以《证券法》和《证券投资基金法》为核心,各类部门规章和规范性文件为配套的、较为完善的证券业监管法规体系和自律规则体系已经基本形成,对从业机构与人员的资格准入、行为规范和主要业务环节等均有了明确的标准和制度,中国证券业开始全面走入法制化和规范化轨道。

(三)证券业的对外开放稳步推进

推动建立中外合资证券经营机构。严格履行加入世贸组织就中国证券业对外开放做出的承诺。截至 2006 年底,加入世贸组织以来已批准 4 家合资证券公司,设立 21 家合资基金管理公司,在上海、深圳证券交易所直接从事 B 股交易的境外证券经营机构分别为 39 家和 19 家。不仅全面实现了证券业加入世贸组织的承诺,同时推动了我国证券业的对外开放。

审慎推行 QFII 试点。为大力发展机构投资者,证券业审慎试行合格境外机构投资者(QFII)制度,已批准 52 家境外机构获得合格境外机构投资者(QFII)资格,12 家机构批准成为 QFII 托管行,其中 5 家为外资银行。这是在资本项目下人民币不可自由兑换情况下,采取的开放证券业的过渡性措施,该项措施超出了加入世贸组织的承诺。

加强与国际组织交流与合作。我国与近 30 个国家(或地区)签署了证券期货监管合作谅解备忘录,国际交流与跨境监管合作广泛。中国证券业协会与韩国证券商协会签署了《合作谅解备忘录》并定期互访,探索建立与其他国家证券行业协会开展长期深入合作的机制;先后加入亚洲证券论坛、亚洲证券分析师联合会、注册国际投资分析师协会、国际投资基金协会、亚太区投资基金年会等国际组织和国际会议机制;加强了与多国证券业界的联系。

四、新金融业态稳步发展,金融创新引领金融业进步

随着中国市场化改革和对外开放的不断深入,金融市场产品创新明显加快,除了传统的金融工具外,ABS、MBS 和 CDO 等银行类创新产品、开放式基金等证券类创新产品,以及与风险管理相关的金融衍生品将不断涌现。金融市场参与主体日益多元化,不仅包括商业银行、社会保障基金、信托公司、保险公司、证券公司和非金融机构,还引入合格的境外机构投资者(QFII)。金融市场的深度和广度日益扩大,并在货币政策传导、资源配置、储蓄转化为投资、风险管理等方面发挥了日益重要的基础性作用。

五、金融市场体系逐步完善[①]

改革开放 30 多年以来,我国逐步形成一个交易场所梯级化、交易产品多样化、交

---

① 张承惠:《积极发展多层次的金融市场》,载中国经济网——《经济日报》,2012 年 5 月 11 日。

易机制多元化的金融市场体系。目前金融市场已经涵盖了信贷、资本、外汇、黄金、商品期货和金融期货、票据、保险、基金等多个领域，基本建立了以货币市场、银行间外汇市场、证券市场、期货市场、保险市场、黄金市场等为主体的、较为完整的、多层次的金融市场体系。

一是债券市场发展迅速。在自律管理模式下，我国相继推出了中期票据、中小企业短期融资券、美元中期票据、中小企业集合票据、超短期融资券和非公开定向债务融资工具等创新产品，受到了市场参与者的普遍欢迎和广泛好评。

二是多层次股票市场得到较快发展。2009 年至 2011 年，我国中小企业在中小企业板发行上市规模快速增长。截至 2011 年 12 月底，在中小板挂牌企业 639 家，发行股本 1926 亿股，总市值 2.85 万亿元。2009 年 10 月，创业板推出，为风险投资提供了一个良好的退出机制，到 2011 年 12 月底，累计已有 281 家企业在创业板上市，合计融资 1961 亿元。为解决初创期高新技术企业股份转让及融资问题，2006 年，中国证券业协会推出了中关村股份报价转让系统。之后，中国证券业协会又对该系统各项制度重新进行了调整、修订，使之更加适应科技型中小企业的实际情况以及相关投资者的投资需求。目前，全国已有 152 家企业参与试点，挂牌和通过备案的企业达到 101 家，涵盖了电子信息、生物制药、新能源环保、文化传媒等新兴行业。

三是期货市场有了新突破。2010 年，在原有 3 家商品期货交易所的基础上，中国金融期货交易所开市。2009 年至 2011 年，我国期货市场共成交各类期货商品 73.9 亿张合约，成交金额达到 714.7 万亿元。与我国商品期货市场在经历了 3 年爆发式增长、成交量连续几年跃居世界第一之后，依然在全球期货市场格局中保持着领先地位。

四是资本市场稳步对外开放。2009 年至 2011 年的 3 年间，共有 47 家机构获批成为合格投资者（QFII），使得 QFII 的总数达到 121 家，同时新增 QFII 额度合计近 77 亿美元。近年来，人民币合格投资者制度启动，人民银行允许境外 3 类机构进入银行间债券市场，拓宽了境外人民币回流渠道，丰富了境内债券市场投资者类别，活跃了市场交易。此外，继境内金融企业赴港发行人民币债券之后，境内非金融企业赴港发行人民币债券也取得了新的突破。2011 年，宝钢集团在香港成功发行了 36 亿元离岸人民币计价债券，成为中国内地首家赴香港直接发行人民币债券的非金融类企业。

五是产权交易市场高速发展，成为我国场外交易市场的重要组成部分。尽管 A 股市场为企业提供了直接融资渠道，但是与我国千万数量级的中小企业相比，现有市场的容量还是极其有限的。在投融资渠道严重缺乏的情况下，以各地产权交易机构为主体的场外市场得到了快速发展，目前中国共有 300 多家各种类型的产权交易机构。2010 年，产权市场交易额达到 7000 亿元，2011 年超过 1 万亿元。

六、金融脱媒现象加速，社会融资渠道呈现多元化趋势[①]

过去，我国的金融体系高度依赖银行系统，2002 年银行贷款规模占社会融资规模超过 91%。在这种情况下，信贷规模的变化可以较为完整地反映社会融资规模的波动情况。逐渐的这一比例开始回落，社会融资多元化趋势开始显现。继在 2010 年跌破 60% 之后，近两年该比例继续下降至 2011 年的 58% 和 2012 年的 52%。与信贷占比下降相对应的是，在 2012 年的非信贷融资中，企业债券和信托贷款占比显著提升，其中，企业债券在社会融资规模中的占比从上年的 10.6% 提高至 14.3%，信托贷款的占比从 1.6% 提高至 8.2%，均为 2002 年以来最高。2002 年企业债券占社会融资总量不足 2%，而 2012 年已占融资总量的 14.3%。

信托规模和债券规模的快速增长所呈现出社会融资渠道的多元化信号，在一定程度上也反映着金融脱媒的现象正在加速，这对于银行的传统业务来说是个不小的冲击。同时也意味着，信托、债券市场已经成为除银行贷款之外的重要的企业资金来源。

七、金融生态环境建设逐步得到完善

（一）金融改革进程加快推进

2003 年以来，中国政府启动了新一轮的金融改革。目前，农村信用社改革取得了明显成效，历史包袱得到初步化解，经营状况开始好转，支持"三农"的实力进一步提高。国有商业银行股份制改革取得阶段性成果，中国工商银行、中国建设银行、中国银行、交通银行的财务可持续能力显著增强，现代公司治理结构开始发挥作用。股份制商业银行、城市商业银行和其他中小金融机构的改革与重组也在加快推进之中。

（二）金融运行规则日趋健全

为适应开放经济条件下中国金融业稳健发展的需要，2003 年 12 月 27 日，十届全国人大常委会第六次会议审议通过了《中国人民银行法》和《中华人民共和国商业银行法》修正案，制定了《中华人民共和国银行业监督管理法》，同时，《证券法》《保险法》《票据法》《信托法》和《证券投资基金法》以及《破产法》等相关的金融法律法规也在制定和完善中。此外，中央银行和金融监管部门根据国际惯例，结合中国实际情况，依据审慎监管标准，制定了大量的金融业部门规章和规范、指导性文件，为金融业改革开放和发展提供了良好的法律、制度保障。

（三）金融业对外开放稳步推进

改革开放以来，尤其是加入世界贸易组织以来，中国金融业对外开放步伐明显加快，按照承诺开放了对外资银行、外资保险公司的地域限制和业务限制，证券市场先后

[①]《新金融观察报》，2013 - 01 - 28。

开设了针对外国投资者的 B 股市场，允许部分国有大型企业在海外上市，允许中外合资企业在 A 股市场融资，并在 A 股市场实施 QFII 制度。此外，还开放了汽车融资金融服务，4 家外资汽车租赁公司相继成立；扩大了境外金融机构入股中资金融机构的比例，中国建设银行、中国银行、交通银行、深圳发展银行等引入了国际战略投资者。

（四）金融基础设施更为现代化

中国现代化支付系统建设取得了突破性进展，基本建立了覆盖广泛、功能齐全的跨市场、跨境支付结算体系，人民币在香港和澳门实现清算安排。以网络为基础的电子资金交易系统不断完善，实现了银行间债券市场券款对付（DVP）清算，为投资者提供了安全、高效、便捷的资金交易和清算服务。中央银行建立和完善了一系列的金融监控信息系统，支付清算、账户管理、征信管理、国库管理、货币金银管理、反洗钱监测分析、金融统计监测管理信息等和办公政务实现了信息化。商业银行的综合业务处理、资金汇兑、银行卡服务等基本实现了计算机联网处理和数据集中处理，自助银行、网络银行、电子商务、网上支付结算等新型金融服务迅速发展。

第三单元　金融业态发展的实践价值

从我国实践看，传统金融发展到一定程度之后也必然催生出新的金融业态。改革开放以来，我国金融业实现了由"大一统"向多元化体制的转变，金融机构不断增加，金融产品不断丰富，金融市场不断完善，并成为我国国民经济的重要组成力量。但是，随着市场化程度逐步加深，以商业性金融以及政策性金融为代表的传统金融，越来越难以满足社会发展日益多元化的金融需求，由此也推动了金融业态的创新发展。[①] 当前形势下，金融业态形成与演变对于我国经济金融发展具有十分重要的意义。

一、新金融业态是金融发展的必然趋势

20 世纪 90 年代以来，随着经济全球化和信息技术的迅速发展，以创新为内核的新金融极大地加速了全球资本流动，推动了经济金融化和经济全球化进程，成为引领全球经济发展的重要力量。国际金融危机爆发以后，尽管从学术界到监管机构都有金融回归实体经济、回归传统业务的呼声，但这并没有否定金融创新的重要作用，也不能改变新金融的发展趋势。

二、新金融业态是新经济发展的迫切需要

当前，世界科技创新和产业转型正处在新的孕育期，发展战略性新兴产业不仅是加快转变经济发展方式的重点，也是抓住新一轮科技革命机遇、抢占未来经济和科技发展

① 《金融监管改革与新金融的发展机遇》，http://news.hexun.com/2012－09－01/145371883.html。

制高点的关键环节。面对新能源、新材料、新信息网络、生物医药、节能环保、绿色经济等新技术的蓬勃发展，传统金融对这些风险高、周期长的新经济领域支持能力有限，亟需新金融积极支持和参与。

三、新金融业态缓解金融风险向银行业过度集中①

金融在配置资源的同时，还承担着分散风险的重要职能，从某种意义上说，具有良好风险分散功能的直接融资代表了整个金融发展的程度和效率。近年来，我国直接融资占比显著提升，但以银行为主的融资格局并没有根本改变，新金融的发展仍然任重道远。

从我国新金融发展看，目前还处在初级阶段，有广阔的发展前景。近年来，我国金融建设取得了很大成绩，金融总量迅速增长，市场体系建设取得积极进展，金融作为宏观调控、资源配置和维护国家经济安全的作用和地位不断增强，极大地促进了经济社会发展，并以优良的业绩经受住了国际金融危机的考验。同时，我们也要看到，我国金融业大而不强的问题比较突出，金融市场发展不平衡，直接融资还有待进一步发展；金融市场体系不健全，证券市场发展不够平稳，期货市场体系还很弱小；金融机构创新能力不足，金融产品还不够丰富和多元化。更重要的是，我国的金融市场和体制还存在空白和缺损，不能完全满足经济社会发展的需要，广大中西部和农村地区、中小企业、保障房建设、环境保护等瓶颈领域长期存在巨大的资金缺口。

第一，金融业态的发展要与我国的经济发展阶段相适应。社会主义初级阶段的基本国情决定了建设是我国现阶段经济社会发展的主要矛盾和特征，城市化、工业化建设是发展的核心内容。与美欧日等西方发达国家已经完成城市化、工业化，逐步进入消费经济阶段不同，我国新金融的任务不是为金融资本投资谋取高额回报，追求盈利最大化，而是要适应建设阶段的发展要求，满足经济社会瓶颈领域的融资需要，最大限度地动员社会资金促进城市化、工业化、国际化发展。

第二，金融业态发展的一个重点是建设完善、高效的中长期投融资体系。中长期投融资是发展中国家经济社会发展的基础和动力。当前我国投融资格局的基本矛盾是，一方面，加快转变经济发展方式、促进经济结构调整、保障和改善民生、统筹城乡和区域发展、提升"走出去"、对外开放水平等，都亟需集中、大额、长期的融资支持；另一方面，巨额的国民储蓄和社会资金不能转化为长期建设资金，大量"热钱"涌动，投机盛行，投资项目资本金匮乏，加快推进中长期融资体系建设已成为当务之急。为此，我们要在遵循国际惯例并借鉴国外中长期金融机构发展经验的基础上，研究探索适合中国

---

① 《新金融战略助推上海国际金融中心建设》，http://finance.sina.com.cn/money/roll/20110715/054010152646.shtml。

特点的新金融发展，要以"十二五"规划要求统筹全局，既支持经济平稳较快发展和发展方式转变，更要建设市场、建设体制、建设制度，努力为经济社会健康有序发展提供有力的金融支撑。

第三，金融业态的发展要处理好几个辩证关系。一是要处理好发展与风险的关系。金融创新是金融发展的不竭动力，同时又与金融风险相伴相生，这就要求新金融的发展与风险管理能力相适应，加大风险防控力度，避免高杠杆、过度投机导致的泡沫和风险，实现金融的稳健发展。二是要处理好实体经济与虚拟经济的关系。实体经济和虚拟经济都是现代经济的重要组成部分，实体经济是基础、根本，虚拟经济服务、保障和促进实体经济发展。在城市化、工业化完成之前，虚拟经济的过度发展是有害的，很危险的。因此，我国现阶段新金融的发展只有以满足实体经济发展和实际融资需要为出发点和落脚点，才能有坚实基础和长久生命力。三是要处理好创新与监管的关系。吸取国际金融危机的教训，金融监管要与时俱进、与金融创新相适应，而不能因噎废食，对创新采取畏惧和排斥的态度。

第四，金融业态的发展需要各方形成共识与合力。学术界要加强宏观形势和金融理论研究，金融机构要加快产品和服务创新，监管机构则要创造鼓励新金融发展的良好外部环境。同时，各方要加强交流与合作，在充分借鉴国际先进金融方法、技术、产品的基础上，共同研究探索适合于中国国情和经济发展阶段的新金融发展道路。

第二章 滨海新区金融业态发展的环境分析

金融业态的发展需要具备一定的环境条件。首先，金融业态的生存和发展需要有一定优势的自然环境，如交通设施发达，生活环境优越，气候宜人，适合生活居住等。其次，需要有积极的政策支持。多层次、多元化的金融业态应该是各个社会机构、个人、政府共同参与的结果，因此需要政府的积极主导，而政府政策的支持就是最主要的参与方式。最后，需要强大的经济实力作后盾。完善的业态体系具有金融机构密集、金融市场完善、资金交易活跃、金融工具齐全等特点，没有强大的经济基础是难以维持庞大的金融系统健康有序运转的，因此需要具有较高的产业结构和经济发展水平。

第一节 滨海新区金融业态发展的政策环境

天津滨海新区地处环渤海湾中心位置，辐射华北、西北和东北广大区域，腹地广阔，是我国北方地区进入东北亚，通向太平洋的重要门户和对外通道。改革开放以来，党中央、国务院高度重视天津滨海新区的开发建设，做出了一系列重要指示和重大决策部署。

2005 年 6 月，温家宝总理在视察滨海新区时提出国家的重大改革可以在滨海新区先试先行，将滨海新区建设成为国家综合改革试验区的同时，将滨海新区逐步发展成为环渤海区域现代金融服务中心，积极争创金融改革示范区。2006 年，国务院关于《推进天津滨海新区开发开放有关问题的意见》，明确了天津滨海新区的功能定位，即：依托京津冀、服务环渤海、辐射"三北"、面向东北亚、努力建设成为我国北方对外开放的门户、高水平的现代制造业和研发转化基地、北方国际航运中心和国际物流中心，逐步成为经济繁荣、社会和谐、环境优美的宜居生态型新城区。这一定位明确了滨海新区将成为环渤海区域新的经济增长极，成为北方经济中心的吸附源和辐射源。随后，发展滨海新区被写入十七大报告，明确提出，要"推进金融体制改革，发展各类金融市场，形成多种所有制和多种经营形式、结构合理、功能完善、高效安全的现代金融体系"。

滨海新区金融业态的发展，是立足于开发开放进程中的改革与探索。滨海新区被中央批准为国家综合改革试验区，使得天津有了进行金融创新和金融业态发展的良好平台和主动权，也为其开展各种业态创新开辟了广阔的空间。滨海新区作为推动地区协调平衡发展的支点之一，也必将成为我国综合配套改革中区域经济发展新的战略启动点之一，成为金融业态发展的聚集地。

第一单元　国家对滨海新区相关批复意见及规定

一、国家对滨海新区相关优惠政策概述

滨海新区作为环渤海经济区的发展引擎，在近 20 年来起到了强大的带动作用，在这期间也连续不断地获得了国家从各个方面多角度的优惠政策扶持。

表 2－1　　　　　　　　　　　　滨海新区获得的各项国家优惠政策

时间	相关优惠政策
2006 年 5 月	国务院关于推进天津滨海新区开发开放有关问题的意见【国发〔2006〕20 号】，批准滨海新区为全国综合配套改革试验区
2006 年 8 月 31 日	国务院正式下发了《关于设立天津东疆保税港区的批复》
2006 年 9 月 3 日	国家外汇管理局关于天津滨海新区外汇管理政策的批复【汇复〔2006〕242 号】
2006 年 10 月 14 日	国家质量检验检疫总局支持天津滨海新区开发开放的意见【国质检通〔2006〕450 号】
2006 年 10 月	国家外汇管理局批复滨海新区进行七方面外汇管理制度改革
2006 年 11 月 15 日	财政部　国家税务总局 关于支持天津滨海新区开发开放有关企业所得税优惠政策的通知【财税〔2006〕130 号】
2007 年 1 月 30 日	国家外国专家局给予滨海新区五项政策支持，这些政策支持主要是为了发挥引进国外智力对滨海新区开发开发的促进作用
2007 年 4 月 18 日	中国天津第 14 届商品交易投资洽谈会上，国家有关部委和天津市相继出台了一系列支持政策措施，致力于给高新技术企业、在津发展企业、航空业等方面提供优惠政策，积极打造良好的投资环境
2007 年 8 月 20 日	国家外汇管理局关于开展境内个人直接投资境外证券市场试点的批复【汇复〔2007〕276 号】
2007 年 11 月 14 日	关于加快天津滨海新区保险改革试验区创新发展的意见【保监发〔2007〕110 号】
2008 年 3 月 19 日	国务院正式批复了涵盖金融改革试验、涉外经济体制改革等十方面综合配套改革内容的《天津滨海新区综合配套改革试验总体方案》
2009 年 6 月 2 日	国务院办公厅关于印发促进生物产业加快发展若干政策的通知【国办发〔2009〕45 号】
2010 年 3 月 30 日	财政部　海关总署　国家税务总局　关于在天津市开展融资租赁船舶出口退税试点的通知【财税〔2010〕24 号】
2010 年 6 月 22 日	工商总局七项政策进一步支持天津滨海新区开发开放【工商办字〔2010〕122 号】
2011 年 1 月 28 日	国务院关于印发进一步鼓励软件产业和集成电路产业发展若干政策的通知【国发〔2011〕4 号】

二、相关优惠政策的重点内容

为大力推进滨海新区的开发开放，国家在政策上对滨海新区给予了极大的优惠，其中最为重要的包括：

（一）《国务院关于推进天津滨海新区开发开放有关问题的意见》【国发〔2006〕20号】

该意见明确指出"批准天津滨海新区为全国综合配套改革试验区"，要按照党中央、国务院的部署并从天津滨海新区的实际出发，先行试验一些重大的改革开放措施。工作重点主要包括：鼓励天津滨海新区进行金融改革和创新；支持天津滨海新区进行土地管理改革；推动天津滨海新区进一步扩大开放，设立天津东疆保税港区；给予天津滨海新区一定的财政税收政策扶持。

（二）《关于设立天津东疆保税港区的批复》（2006年8月）

此批复指明了关于设立天津东疆保税港区的具体内容和发展方向，指出"可根据全国综合配套改革试验区建设的相关要求，在机制、体制创新等方面先行试验一些重大的改革开放措施，并借鉴国际通行做法，积极探索海关特殊监管区域管理制度创新，以点带面、推进海关特殊监管区域整合和政策叠加工作"。

（三）《国家外汇管理局关于天津滨海新区外汇管理政策的批复》【汇复〔2006〕242号】

提高部分新区试点企业经常项目外汇账户限额至100%；改革进出口核销制度，新区可作为货物贸易进出口核销制度改革试点地区；整合各类海关特殊监管区域的优惠外汇管理政策，统一保税区、出口加工区、保税物流园区等特殊区域外汇管理，加快管理模式创新，放宽限制，简化手续，促进新区国际物流中心建设；有序放开新区企业集团外汇资金集中管理和运作；改革外汇指定银行结售汇综合头寸管理；改进新区外商投资企业外债管理方式；放宽个人持有境外上市公司股权外汇管理。

（四）七项外汇管理制度改革（2006年10月）

改革内容包括：改进外汇经常项目监管方式，改变强制结售汇制度，逐步取消核销制度，实行居民和企业意愿结汇和自由购汇，扩大外汇使用，放宽人民币购汇；通过合格投资机构，将人民币换成外币，扩大对外投资，并允许试点企业开办离岸金融业务。

（五）《财政部　国家税务总局　关于支持天津滨海新区开发开放有关企业所得税优惠政策的通知》【财税〔2006〕130号】

重点涉及高新技术企业税收优惠、提高固定资产折旧率、缩短无形资产摊销年限三方面优惠政策。其中规定对在天津滨海新区设立并经天津市科技主管部门按照国家有关规定认定的内、外资高新技术企业，减按15%的税率征收企业所得税。

（六）《国家外汇管理局关于开展境内个人直接投资境外证券市场试点的批复》【汇复〔2007〕276 号】

批复同意在天津滨海新区开展境内个人直接投资境外证券市场试点的申请，境内个人可在试点地区通过相关渠道以自有外汇或购汇投资境外证券市场，购汇规模不受《个人外汇管理办法实施细则》规定的年度购汇总额限制。

（七）《关于加快天津滨海新区保险改革试验区创新发展的意见》【保监发〔2007〕110 号】）

此意见中天津滨海新区被确定为全国保险改革试验区。今后，保险企业、保险业务、保险市场、保险开放等方面的重大改革措施，中国保险监督管理委员会将安排在这里先行先试。作为第一家将总部设在天津的全国财产保险公司——渤海保险公司，已经建立了天津滨海新区分公司。目前渤海保险正在滨海新区筹建资产管理公司，以期引导全国保险资金为滨海新区提供资金支持。同时，放宽基础设施投资范围和条件并尝试股权投资方式，投资产业投资基金，直接或委托保险资产管理公司等专业投资机构投资滨海新区不动产，推动非寿险投资型保险产品与基础设施投资结合。

（八）《国务院关于天津滨海新区综合配套改革试验总体方案的批复》【国函〔2008〕26 号】

国务院批示，天津将按照科学审慎和风险可控的原则，以扩大直接融资和增强金融企业综合服务功能为重点，积极推进金融综合配套改革，建设与北方经济中心和滨海新区开发开放相适应的现代金融服务体系，办好全国金融改革创新基地，建立更具活力、更加开放的金融体制，增强对区域经济的金融服务功能。其中金融改革创新的重点内容包括：拓宽直接融资渠道，改善社会资金结构，提高社会资金使用效率；开展金融业综合经营试点，增强金融企业服务功能；创新和完善金融机构体系；改革外汇管理制度；优化金融环境以及积极支持在天津滨海新区设立全国性非上市公众公司股权交易市场。明确指出要"积极支持在天津滨海新区设立全国性非上市公众公司股权交易市场"。对比 2006 年 9 月天津最初上报方案中所提出的根据非上市公众公司特点，结合国际有关经验，采用柜台交易方式，国发〔2008〕26 号文件对天津设立场外交易市场的具体表述为积极支持在天津滨海新区设立全国统一、依法治理、有效监管和规范运作的非上市公众公司股权交易市场（OTC）市场。作为多层次资本市场和场外交易市场的重要组成部分，逐步探索产业基金、创业投资基金等产品上柜交易，在天津滨海新区设立全国性非上市公众公司股权交易市场应如何定位，值得关注①。

---

① 王爱俭：《滨海新区金融创新与人民币国际化研究》，北京，科学出版社，2009。

（九）《财政部 海关总署 国家税务总局 关于在天津市开展融资租赁船舶出口退税试点的通知》【财税〔2010〕24号】

通知指出，对融资租赁企业经营的所有权转移给境外企业的融资租赁船舶出口，在天津市实行为期1年的出口退税试点。对采取先期留购方式的融资租赁船舶出口业务，实行分批退税，即，按照租赁合同规定的收取租赁船舶租金的进度分批退税；对采取后期留购方式的融资租赁船舶出口业务，实行租赁船舶在所有权真正转移时予以一次性退税。

（十）《工商总局七项政策进一步支持天津滨海新区开发开放》【工商办字〔2010〕122号】

在已出台支持政策措施的基础上，提出进一步支持天津滨海新区开发开放的七项政策：支持滨海新区深化综合配套改革试验区建设；支持滨海新区依法放宽市场准入条件；支持滨海新区广告业发展；支持滨海新区创新服务市场主体发展方式；支持滨海新区实施商标战略；支持滨海新区创新市场监管方式；支持加强基础建设和提高干部队伍素质。

（十一）《国务院关于印发进一步鼓励软件产业和集成电路产业发展若干政策的通知》【国发〔2011〕4号】

为进一步优化软件产业和集成电路产业发展环境，提高产业发展质量和水平，培育一批有实力和影响力的行业领先企业，提出了包括财税、投融资、研究开发、进出口、人才、知识产权、市场七个方面在内的三十一条相关政策，规定凡在我国境内设立的符合条件的软件企业和集成电路企业，不分所有制性质，均可享受本政策。

第二单元　天津市及滨海新区相关政策法规支持

一、天津市委、市政府对滨海新区开发开放的重要部署

加快天津滨海新区开发开放，是环渤海区域和全国发展战略布局中的重要一步棋，是天津的历史性机遇。在党中央、国务院的正确领导下，天津历届市委、市政府把建设滨海新区作为天津发展的一大战略，做了大量卓有成效的工作，为滨海新区走出一条跨越式发展之路打下了良好的基础。

1984年12月6日，天津经济技术开发区正式成立，开始了盐碱荒滩崛起为现代化工业基地的奋斗历程。1985年4月，李瑞环同志在天津市第七届人民代表大会第三次会议上提出："整个城市以海河为轴线，改造老市区，作为全市的中心，工业发展重点东移，大力发展滨海地区。"他主持制定的《天津市城市总体规划方案》，于1986年8月4日获得国务院原则批准并批复，批复强调，天津市工业发展的重点要东移，要大力发展滨海地区，逐步形成以海河为轴线，市区为中心、市区和滨海新区为主体的发展格局。

　　1994 年，天津市委、市政府正式作出了发展滨海新区的决定，滨海新区被定义为"将成为中国北方最有增长力的经济重心和高度开放的标志性区域"。由此滨海新区正式拉开开发建设的帷幕。

　　1998 年开始，天津市人大代表和政协委员就多次在全国人大和政协会议上提出，建议把滨海新区作为国家级新区。

　　2005 年 11 月 9—10 日，中共天津市委召开八届八次全会，会议深入贯彻党的十六届五中全会精神，审议通过了《中共天津市委关于加快推进滨海新区开发开放的意见》。《意见》指出，滨海新区建设的功能定位是：立足天津，依托京冀、服务环渤海、辐射"三北"、面向东北亚，努力建设成为高水平的现代制造业和研发转化基地、北方国际航运中心和国际物流中心、宜居的生态城区。

　　2007 年 12 月 11 日，天津东疆保税港区（一期）正式开港，标志着滨海新区开发开放和综合配套改革试验取得新进展。

　　2008 年以来，为进一步增强现代服务业的社会服务功能，推进天津整体经济的发展和滨海新区开发开放，天津加大了对于现代服务业的支持力度，特别是对在天津发展的总部经济、金融、物流业等方面的投资方和经济实体给予更为优惠的财税和人才政策。在鼓励措施的引导下，70 多家服务外包企业在津投资，新增销售收入 20 亿元，增速超过 90%。韩国外换银行、天津排放权交易所、捷信金融服务公司、建银国际资产管理等金融机构相继落户天津，101 家股权投资基金在天津滨海新区注册，金融机构聚集效应进一步显现①。

二、天津市及滨海新区相关优惠政策概述

　　天津市委、市政府将加快滨海新区开发开放作为全市工作的重中之重，全力加以推进，从多个方面出台了具体的政策意见。主要包括：《中共天津市委关于加快推进滨海新区开发开放的意见》，天津市人民政府批转市滨海委市财政局拟定的《天津市滨海新区开发建设专项资金管理暂行办法的通知》，天津市人民政府批转市滨海委拟定的《天津滨海新区土地出让金管理办法的通知》，天津海关"十一五"期间支持滨海新区开发开放的若干措施，天津市财政局、市国家税务局、市地方税务局转发了财政部、国家税务总局下发的《关于支持天津滨海新区开发开放有关企业所得税优惠政策的通知》及补充规定，天津市国税局出台四项政策支持滨海新区开发开放，《关于加快东疆港区开发建设有关问题的意见》，天津市政府九项政策支持新区人才引进等。

　　滨海新区认真总结多年开发建设的宝贵经验，积极借鉴先进地区的成功经验，不断创造新的经验，从新区整体层面，制定实施了支持企业发展、服务业发展、自主创新等

---

　　① 天津财经大学金融学院：《滨海金融探索》，北京，中国金融出版社，2010。

八个方面的指导意见和一系列的资金管理办法，八个政策意见具体是：《天津滨海新区鼓励支持企业发展的指导意见》《天津滨海新区鼓励支持发展现代服务业的指导意见》《天津滨海新区支持工业东移、嫁接改造传统产业的指导意见》《天津滨海新区支持和引导个体私营等非公有制经济发展的指导意见》《天津滨海新区推进自主创新的指导意见》《天津滨海新区吸引、培育和使用人才的指导意见》《天津滨海新区加快发展循环经济的指导意见》《天津滨海新区支持区县经济发展的指导意见》。资金管理办法主要包括：《天津滨海新区创业风险投资引导基金管理暂行办法》《滨海新区建设发展资金项目贷款贴息管理办法》《天津滨海新区开放建设专项资金管理暂行办法》《天津滨海新区土地出让金管理办法》等。从财政支持、税收优惠、融资便利等方面形成了一套完整的政策体系。新区各组成单位根据工作实际，在经济和社会发展的各个领域颁布实施了大量的政策文件，内容全面，规定具体，为新区开发开放营造了良好的政策环境[①]。

第三单元　政策环境影响滨海新区金融业态的路径

一、政策为滨海新区金融改革创新指引方向

客观需求必将引致创新发展，事实上宏观决策当局已经清晰认知金融创新的必要性，并在国家相关政策中为滨海新区的金融创新提供了清晰的思路指引和宽松的政策环境。《国务院关于推进天津滨海新区开发开放有关问题的意见》明确提出鼓励天津滨海新区进行金融改革和创新，允许天津在产业投资基金、创业风险投资、金融业综合经营、多种所有制金融企业、外汇管理政策、离岸金融业务等方面进行改革试验，为全国金融改革总结经验。随后天津市政府也明确了天津金融改革将以发展直接融资、开展综合经营、整合金融机构资源、深化外汇改革及设立市场交易机构为主要目标。金融先行先试的宽松政策为滨海新区的金融创新提供了方向和政策依据[②]。

二、金融法制和营商环境的创新为金融体系发展创造条件

就法制环境而言，天津滨海新区正在积极依照国际标准进行外汇、税务、离岸银行等方面的法制创新，同时，还积极创建旨在推动建立金融综合控股集团和进一步发展资产证券化的法律架构体系，以便为滨海新区成为金融综合经营试点提供广阔的制度空间。就营商环境而言，滨海新区也努力在提高政府办公效率、合理简化税制、有效降低管理和交易成本方面做出积极尝试。以外资银行为例，新区的金融改革创新将会加快其

---

① 郝寿义等：《滨海新区开发开放研究系列丛书：滨海新区开发开放与综合配套改革》，天津，南开大学出版社，2012。

② 李强：《浅议天津滨海新区金融创新趋势》，载《经济观察》，2011。

对自身金融产品的开发，提高在中国银行业市场的参与度，进而使其拥有的全球业务网络、先进管理模式、风险控制能力、成熟金融产品等方面的竞争优势迅速转化为市场效益。

具体而言：一是国家批准在滨海新区设立的东疆保税港区，在通关、外汇、物流、贸易、税收等多个领域遵循国际惯例，重点发展国际中转、国际配送、国际采购、国际转口贸易和出口加工业务，实现国际要素资本自由进出。可以预见，未来的东疆保税港区将是高度开放的自由贸易港，国际航运和贸易物流产业以及为之服务的国际金融业将得到飞速发展。外资银行可以围绕贸易融资和供应链业务开发一系列综合性产品。二是滨海新区在拓宽直接融资渠道方面的系列改革创新，为外资银行在中国开发高端产品市场和拓展投资方向提供了政策可能。凭借其海外丰富的投资银行业务经验和资源，外资银行可以通过设立特殊目的信托（SPT），从方案、产品设计、包装、定价、销售等各个环节在新区的资产证券化业务探索中发挥积极作用，并从中实现自身扩展。三是滨海新区在金融业综合经营方面的改革尝试，对于外资银行，特别是拥有银行、证券、保险、金融租赁等附属公司的大型跨国金融集团来说，无疑是一个重大利好。外资银行可以通过参股试点中资银行或者通过资本市场并购，或是在滨海新区设立法人银行的形式，争取到银行、证券和保险三个牌照，以点带面，实现在华业务发展的全面扩张。四是结合外汇管理改革、优惠税制和建设东疆保税港区三大政策支持而推出的开办离岸金融业务的创新尝试，充分诠释国家在滨海新区建设与国际接轨离岸金融中心的政策意图。其意义在于通过吸引新的金融机构进入和新业务的开发，发展供给带动型的离岸金融市场，为新区的发展提供融资平台。从某种程度上讲，这也是滨海新区在现实条件下金融业超常规、跨越式发展的一个比较有效的途径，外资银行将面临着一个新的重要发展机遇。[①]

三、优惠政策为滨海新区带来巨额资金需求和客户资源，增强对金融机构的吸引力

天津滨海新区被纳入国家"十一五"重点发展规划后，在金融改革和创新方面，围绕国务院的有关精神，天津市政府形成了以拓宽直接融资渠道，开展金融机构综合经营，创新和完善金融体系，推进外汇管理改革四个方面作为突破口的总体思路，并且这一思路得到了监管部门的积极响应。在2006年9月9日举行的"天津滨海新区开发开放与金融改革创新"高峰会议上，中国人民银行、银监会、证监会和保监会的高层官员纷纷表态，"将全面支持天津滨海新区金融改革创新，把重大金融改革项目安排在天津滨海新区先行先试"。未来滨海新区的金融监管将会服务于开发开放这一大的政策背景，监管环境将会趋于和谐、宽松、透明和与国际接轨，并基本上体现"支持金融创新，改

---

① 梁立：《滨海新区系列改革政策对外资银行的影响》，载《华北金融》，2007（4）。

革先行先试"的导向。

一是在资金需求方面，"十一五"期间，初步测算滨海新区项目建设累计投资将达到 5000 亿元，而在资金支持方面，与开发深圳特区和浦东新区有所不同，国家改"直接输血"为"功能造血"，新区在资金上获得的直接支持力度不大。显然，要想有效突破资金瓶颈并且保持这样大的投资规模，关键在于利用好政策优势，通过国家在改革、创新、试验等方面给予的独特的优惠支持，吸引、筹措发展资金。据此，目前天津市政府提出了在新区发起设立产业投资基金、开办离岸金融等一系列改革创新方案，为各类金融机构发挥优势壮大自身提供了弹性空间。

二是在客户资源方面，国家给予滨海新区的一系列综合配套改革优惠政策，诸如税收减免、放松外汇管制、建立自由港等等，必然打造出一个具有强大区位优势的新区，会有一大批中外企业看好新区的发展前景而意欲投资。各金融机构可以充分融入到这一过程中去，利用自身拥有的全球金融网络帮助更多的海外企业走进来，同时也使本地企业有机会走出去，从而获得更大的市场空间。国家在滨海新区的发展中特别强调了"区域经济一体化"的战略设想，提出要用滨海新区开发开放的"溢出"效应带动环渤海区域的经济一体化。对金融机构而言，实现这一战略设想，在一定程度上为其自身发展提供了难得的机遇，同时也将促进其进一步优化市场结构。一方面，新区的全面"溢出"效应，必须实现产业联动。未来新区的发展将会非常重视产业结构的调整和优化，加快发展现代服务业，特别是现代生产性服务业，比如金融保险，这就为银行等金融机构提供了难得的发展机遇；另一方面，新区的发展，将会充分借鉴深圳等地区以往改革开放的好经验，同时考虑北方地区的市场基础、市场环境，充分发挥"综合配套改革试验区"的功能，可以肯定，民营经济将迎来一个前所未有的快速增长期。这将进一步拓宽金融机构的客户渠道，促进其优化市场结构①。

第二节　滨海新区金融业态发展的经济环境

第一单元　滨海新区经济运行概况

一、经济发展总体状况

自 2006 年滨海新区正式被国务院确立为国家级综合配套改革试验区以来，滨海新区经济得到快速发展，经济增长率始终保持在 20% 以上，体现了骄人的"滨海速度"。经济总量于 2010 年正式超过浦东新区，位居全国新区之首，2012 年，滨海新区经济总量

---

① 梁立：《滨海新区系列改革政策对外资银行的影响》，载《华北金融》，2007（4）。

7205.17 亿元，超过了南京、大连、沈阳、宁波，接近于青岛，而 2012 年青岛市经济总量位居全国城市第八位。"十二五"期间，滨海新区更是提出了经济总量超过 1 万亿元的发展目标。

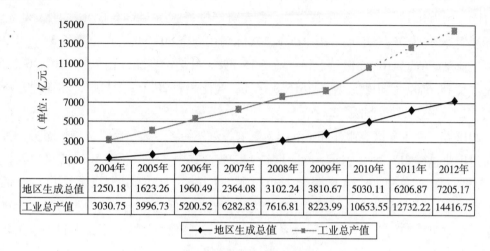

	2004年	2005年	2006年	2007年	2008年	2009年	2010年	2011年	2012年
地区生成总值	1250.18	1623.26	1960.49	2364.08	3102.24	3810.67	5030.11	6206.87	7205.17
工业总产值	3030.75	3996.73	5200.52	6282.83	7616.81	8223.99	10653.55	12732.22	14416.75

图 2 - 1　滨海新区历年经济发展趋势图

2001 年以来，滨海新区地区生产总值（GDP）增速始终高于天津市平均增速，在全市的占比中不断上升。2009 年，滨海新区 GDP 在全市占比首次突破 50%，2012 年达到了 55.9%。滨海新区已经成为天津市重要的经济增长极，以不到天津市 20% 的面积、18% 左右的常住人口创造了天津市一半以上的生产总值，为天津的快速发展发挥了重大作用。具体情况如表 2 - 2 所示。

表 2 - 2　　　　　　　　滨海新区地区生产总值数据　　　　　　　　单位：亿元

年份	新区 GDP 总量	天津市 GDP 总量	新区增长率	全市增长率	全国增长率	新区占比 占全市比重
2001	685.32	1919.08	17.80%	12.00%	8.30%	35.70%
2002	862.45	2150.76	20.10%	12.50%	9.10%	40.10%
2003	1046.3	2578.03	20.40%	14.80%	10.00%	40.60%
2004	1323.26	3111	20.10%	15.80%	10.10%	42.50%
2005	1633.93	3905.64	19.80%	14.70%	10.40%	41.80%
2006	1983.63	4462.74	20.20%	14.50%	11.60%	44.40%
2007	2414.26	5252.76	20.50%	15.20%	13.00%	46.00%
2008	3349.99	6719.01	23.10%	16.50%	9.00%	49.90%
2009	3810.67	7521.85	23.50%	16.50%	8.70%	50.70%
2010	5030.11	9108.83	25.10%	17.40%	10.30%	55.20%
2011	6206.87	11307.28	23.80%	16.50%	9.10%	54.80%
2012	7205.17	12885.18	20.10%	13.80%	7.80%	55.9%

2012 年，滨海新区实现生产总值 7205.17 亿元，增幅 20.1%，实现了三年翻番的目标。其中，第一产业增加值 9.36 亿元，同比增长 2.9%；第二产业增加值 4857.76 亿元，同比增长 21.9%；第三产业增加值 2338.05 亿元，同比增长 16.1%；三次产业增加值占比分别为 0.1%、67.4% 和 32.4%。固定资产投资达到 4453.3 亿元，增幅 20.3%；实际利用外资 98.07 亿美元，增长 15%，实际利用内资 604.99 亿元，增长 32%。规模以上工业总产值 14416.75 亿元，同比增长 15.8%；社会消费品零售总额 1015.36 亿元，同比增长 15.6%；实现财政收入 1655.8 亿元，同比增长 20.1%。其中，实现地方财政收入 1122.6 亿元，同比增长 22.4%。

2012 年，滨海新区克服外部不利因素影响，对外经济继续保持快速增长态势，实现外贸进出口总额 812.38 亿美元，同比增长 14.2%。其中，进口总额 503.74 亿美元，增长 15.9%；出口总额 308.64 亿美元，同比增长 11.6%。合同利用外资金额 142.54 亿美元，同比增长 10%。开发区、保税区竞相发展，港口和保税功能不断向腹地延伸，建成内陆"无水港"23 个，"大通关"体系基本形成。东疆保税港区实现二期封关运作，新注册企业 386 家，国际商品展销中心开业，奔驰汽车加工中心等项目竣工投产，意愿结汇和离岸金融在东疆保税港区和中新天津生态城实现了双向拓展。航运物流企业免征营业税、融资租赁货物出口退税等政策试点实现突破，转口贸易快速发展。

二、九大功能区及特色产业发展

（一）先进制造业产业区——最为完善的重要产业工业区

1. 天津经济技术开发区——全球 500 强企业的联合国。天津经济技术开发区于 1984 年 12 月 6 日经中华人民共和国国务院批准建立，为中国首批国家级开发区之一，母区面积为 40 平方公里。作为滨海新区最大的经济功能区，在建设我国新的经济增长极中发挥了主力军作用，在我国北方对外开放中起到了重要的门户作用。1986 年 8 月小平同志在视察天津开发区时题词"开发区大有希望"。20 多年来这句话一直鼓励着天津开发区为吸引国内外投资以发展高新技术产业为主的现代化工业而努力。目前，泰达已形成以摩托罗拉、三星集团为代表的电子通讯产业；以一汽丰田、SEW 为代表的汽车和机械制造产业；以葛兰素史克、诺维信为代表的生物医药产业；以雀巢、顶新、可口可乐为代表的食品饮料产业，以维斯塔斯、东汽风电为代表的节能环保产业。据悉，《财富》全球 500 强企业中已有百余家在开发区设立公司，因此，天津开发区被誉为"世界 500 强企业的联合国"。目前，天津开发区除母区外，还包括微电子（西青）工业区、逸仙科学工业园、化学工业区、出口加工区、西区、微电子（津南）工业区、现代产业区 7 个分区。同时，天津开发区依托现代制造业的迅猛发展，对装备制造、电子信息、生物医药等主导产业投入巨资，进行重点研发，并建立起公共研发平台。自 1997 年以来，国家商务部对全国国家级经济技术开发区进行的综合经济实力、基础设施配套能力、经营成本、人力资源及供给、社会与环境、技术创新环境、管理体制建设、发展与效率 8 大类指标的投资环境综合评价中，天津开发区综合排名连续十二年位居全国之首，成为中国乃至亚太地区最具吸引力的投资区域。

2. 塘沽海洋高新技术开发区——唯一国家级海洋高新区。塘沽海洋高新技术开发区成立于 1992 年 6 月，1995 年 1 月经国家科委代国务院批准列入天津新技术产业园区范围，晋升为国家级，是我国迄今为止唯一的国家级海洋高新技术开发区，被天津市政府和国家海洋局确定为"天津海洋高新技术产业化示范基地"和"国家海洋高新技术产业化示范基地"，被国家科技部、海洋局、发改委等五部委联合批准为"全国科技兴海示范区海洋精细化工示范基地"。业已形成海洋产业、新材料产业、油品制造产业、现代机械制造产业，电子信息产业五个优势产业。以中海油服、海油工程、国家海洋信息中心等企业为代表，在海洋石油综合服务研发，海洋石油工程研发、设计和施工，水电工程设计，海洋信息服务等方面达到了国内领先水平。

（二）空港经济区——滨海新区重要经济功能区

天津空港经济区位于滨海国际机场东北侧，规划面积 45 平方公里，是滨海新区距离市区最近的经济功能区。经过多年发展，空港经济区在航空、电信、装备制造、软件服务外包、总部经济五大产业已初步形成的基础上，正在着力打造"三区九组团"：高新产业区，内有航空产业、先进制造业、空港物流三个组团；研发转化区，内有电信、生物、光电三个组团；商贸服务区，内有商务、商业和生活配套三个组团。空港经济区内还设有保税区、综合保税区等国家级特殊经济区，区位和政策功能优势突出。截至 2012 年年末，聚集了欧洲空客、美国卡特彼勒、加拿大铝业、麦格纳、法国阿尔斯通、泰雷兹、中国直升机、中兴通讯、大唐电信等世界 500 强和知名公司投资的项目，成为滨海新区重要经济功能区和重要的发展引擎。随着区域规划的实施，一个产业聚集功能复合、生态宜居、充满活力的综合经济功能区和一座现代化新城将迅速崛起。

（三）滨海高新技术产业开发区——国家知识产权示范园区

天津滨海高新技术产业开发区是《国家知识产权试点示范园区评定管理办法》实施后全国首批 10 家知识产权示范园区之一。近年来，天津滨海高新技术产业开发区以科技型企业为工作重点，引导、扶持企业利用专利制度促进发展壮大，出台了《天津滨海高新技术产业开发区鼓励企业创造和发展知识产权资助办法》，设立了高新区知识产权专项资金，自 2006 年起，累计发放专项资金达 1000 余万元，用于鼓励区内企业的知识产权创造、实施和运用。强有力的自主知识产权扶持政策，调动了企业申请专利的积极性，同时引导企业提升专利质量，2012 年高新区企业有效专利达到 7388 件，占滨海新区总量的 41%。万人发明专利拥有量居国家高新区首位。目前，高新区制定知识产权战略企业超过百家，促进形成了一批具有核心竞争力和较高市场占有率的"杀手锏产品"。围绕推动产业集群发展，加快知识产权服务体系建设，为企业提供专利咨询、专利运营和交易、专利信息利用、资产评估等专业化服务，帮助企业充分利用专利制度和专利情报信息，促进企业健康快速发展。目前高新区拥有知识产权服务机构 21 家。围绕科技成果转化工作，推动实施专利资产化，通过鼓励企业运用专利权质押贷款、无形资产注资、专利权对外投资入股等方式，促进企业专利资产化，在全国率先开展知识产权质押融资工作，最大一笔知识产权质押融资达到 2000 万元。2011 年康鸿科技公司的呼吸系统药物通过专利技术转移服务，直接收益 7500 万元。

（四）天津临港经济区——中国北方重装制造基地

天津临港经济区始建于 2003 年 6 月。2009 年，为落实"双城双港"战略，将原临港工业区和原临港产业区整合为一个功能区，统称"临港经济区"。临港经济区的功能将定位为国家级重型装备制造基地、生态型临港工业区，是滨海新区的重要功能区和国家循环经济示范区，是国家发改委规划的国家级石化基地。产业发展的总体方向为以重型、成套装备制造为龙头，带动关键设备和配套产品制造，完善装备研发转化和现代物流，形成重型装备优势产业集群。天津临港经济区立足世界一流工业区的标准，将建成"五位一体"的立体交通网络，形成"十二通一平"的完善配套保障，实现人流、物流、资金流、信息流、商务流的顺畅与便捷，成为功能齐备的工业新城。形成以海陆运输设备制造板块、海上工程设备制造板块、矿山机械和起重吊装设备制造板块、新能源设备制造板块四大板块为支撑的造修船、海上工程设备和重型装备制造基地，以中粮油等项目为代表的中国最大的粮油基地，以天碱、大沽化等项目为代表的生态型化工基地，以航道码头和立体交通网络为依托的港口物流基地，以建设蓝领公寓、邻里中心等为依托的配套生活服务基地，以清华大学、天津大学、中国地质大学及入区企业研发中心为依托的研发转化基地。同时，临港经济区致力于建成国家循环经济示范园区，通过科学围海，实现用海护海双赢，经济环保并举；通过科学规划，实现产业链条紧密相连，上中下游循环利用，通过企业之间无缝连接，形成企业之间能源、原材料、废弃物的有效循环利用体系；通过港工一体，缩短距离、减少周转、降低能耗、减少排污，达到生产清洁、产业循环、能耗节约、排放环保、周边宜居、投资节省。

（五）南港工业区——世界级重化产业和港口综合体

南港工业区是天津市"双城双港"城市空间发展战略规划的南港，位于滨海新区东南部，距离天津市区 45 公里，距离天津机场 40 公里，距离天津港 20 公里。工业区呈"一区一带五园"布局，生态环境良好，基础设施一应俱全，投资环境优越。以石化、冶金装备制造和港口物流为主导产业，以综合产业和现代服务业为辅助配套产业。预测到 2020 年南港工业区建设两套 1500 吨核心炼化及相关乙烯装置，发展各类原材料共享的石化下游产业，建设石油储备基地，形成大型石化产业集群。到 2020 年南港工业区接纳天津的部分新增钢铁产量 1000 万～1500 万吨，并大力发展钢铁精深加工和利用钢铁冶金产品为原材料的装备制造业，形成上下游产业链结合的冶金装备制造业产业集群。

到 2020 年南港工业区港口吞吐量达到 2 亿吨，形成以大宗散货物流、保税物流和业主码头为主的港口物流体系。同时为应对产业发展的不确定性，设立综合产业园，适应新产业链培育的要求，并可以作为主导产业的扩展用地。

（六）海港物流区——世界级港口贸易区

1. 天津港保税区——滨海新区对外开放的政策高地。天津港保税区总面积 5 平方公里，坐落在天津港港区之内，区内自有铁路网线与国家铁路干线相通，海运、陆运、空运和铁路运输便捷，构成了国际货物多式联运体系。作为国际货物大进大出的绿色通道，天津港保税区发挥了培育现代物流的示范作用，不断开创国际贸易的新形态、新市场。在国内超前实行市场准入，采取较为宽松的贸易政策，在保税区注册的企业均可开展包括进出口贸易、转口贸易和过境贸易的国际贸易业务，利用保税区独有的优惠政策，利用国际市场间的地区差、时间差、价格差、汇率差，选择最佳消费国，抓住最佳销售时机，运用最佳营销手段，实现商品多流向、宽领域、快节奏销售，做到进出并举，吞吐自如，实现销、储、运的最佳结合，获得最佳经济效益。作为享有特殊政策的开放区，保税区具有加工增值的天然优势，根据国家赋予保税区的相关政策，保税区的加工企业使用境外的机器设备、基建物资、办公用品以及为加工出口产品所需的原材料、零配件，不征关税及增值税、消费税，不实行配额、许可证管理。企业在保税区内加工出口产品，不设保证金台账，不领取加工手册；产品在保税区内销售免征生产环节增值税；采用部分境外料件的产品内销时，只缴纳境外料件关税及增值税，使保税区成为从事加工制造与加工贸易的最佳区域。保税区是发展国际商品展示展销的最佳区域，国际商品可以在保税状况下直接进入区内专业展示展销市场，与国内经销商、最终消费者直接见面，既为企业及时了解市场创造了条件，也为经销商、消费者全面了解商品功能、享受各项售前与售后服务提供了空间。保税区作为我国实现对外开放政策的特殊经济区域，在海关、税收、外汇等方面享有特殊优惠政策：一是从境外进入保税区储存的货物不征关税及进口环节增值税、消费税，不实行配额、许可证管理，仓储时间不受限制。货物在保税区与境外之间自由进出。二是保税区企业使用境外的机器设备、基建物资、办公用品以及为加工出口产品所需的原材料、零配件，不征关税及增值税、消费税，不实行配额、许可证管理。三是保税区中外资企业均可开立外汇现汇账户；企业经营所得外汇实行意愿结汇；从事保税区与境外之间贸易不办理收付汇核销手续。四是企业在保税区内加工出口产品，不设保证金台账，不领取加工手册；产品在保税区内销售免征生产环节增值税；采用部分境外料件加工的产品内销时，只缴纳境外料件关税及增值税。

2. 东疆保税港区——中国最大的自由贸易港区。东疆保税港区位于东疆港区之内，是一座拔"海"而起的人工半岛。2002 年前，东疆还是一片汪洋，通过利用疏浚弃土人工吹填造陆的方式，30 平方公里的东疆港区从无到有。东疆保税港区具有高度的自由贸易区性质，设立东疆保税港区被认为是中央给滨海新区的一个含金量最高的政策。东疆保税港区在中国目前 13 个保税港区中面积最大、开放程度最高。它岸线长近 7 公里，规划面积 10 平方公里，分为码头作业区、物流加工区和综合配套服务区。这里还将建设大量的配套服务设施，建设中国北方最大的游艇码头，为中国华北、东北游艇爱好者提供国内一流的海上游乐和游艇培训服务；建设一系列高星级涉外酒店，其中希尔顿酒店已经开始施工建设。另外这里沿海岸线还规划了相当规模的住宅项目。

3. 天津港——中国最大的人工深水港。天津港是中国最大的人工深水港，港口吞吐量居中国第三位、世界第五位。拥有陆域面积 72 平方公里，海域面积 200 平方公里，拥有集装箱、原油、焦炭、原粮、化工、滚装等 10 多个专业码头，泊位 139 个，其中万吨以上的深水泊位 79 个，港口中心主航道水深 19.5 米，平时 25 万吨的船舶可以自由进出，30 万吨船舶可以乘潮进港，可以说，能够驶入渤海湾的船舶均可驶入天津港。天津港与 180 个国家 400 多个港口通航，为中国内陆 14 个省区市共计 500 万平方公里的经济腹地提供了港口服务，并且在内地建成 10 个"无水港"，成为腹地用户开展对外贸易的首选港。滨海新区被纳入国家发展战略以后，天津港也迎来新的腾飞，"十一五"时期，天津港投资 450 亿元，陆域面积达到 100 平方公里，着重发展了港口装卸、国际物流、地产开发、配套服务四大产业，同时建设开发东疆保税港区和临港产业区，一个世界一流大港正在这里成为现实。

（七）中心商务区——国际标准的金融服务聚集区

1. 于家堡金融区——投资 2000 亿元的世界最大金融区。作为滨海新区中心商务区核心区的于家堡金融区位于塘沽区海河北岸，北至新港路，东、西、南三面环水，规划面积 3.46 平方公里，良好的滨水优势，独特的地理位置，发展潜力巨大。于家堡金融商务区将聚集国内外金融、保险、证券、跨国公司总部或区域总部，并吸引法律、会计、广告、咨询、信息服务等现代服务业入区，规划建设成为环渤海地区金融中心、国际贸易中心和信息服务中心，与隔岸相对的响螺湾商务区形成错位发展、相互补充的结构布局，并通过城际高铁、河底隧道、跨海河开启桥等公共交通设施与外部实现无缝对接。目前，全国乃至世界范围内的众多大型金融机构和投资商，都对于家堡金融区表现出浓厚兴趣，纷纷通过各种方式积极接洽。

2. 响螺湾商务区——滨海规划的现实机遇。响螺湾中心商务区是海河下游入海口处的规划建设项目，因为海河在入海口处的水流颇似一个海螺而得名，现在，在这个"海螺"上将建起一个"小岛"，就是响螺湾生活服务功能区。包括一系列现代化星级宾馆和商业广场的现代化建筑，配合中央水体公园，成为塘沽区未来新的地标建筑。响螺湾规划将打造 7 大功能服务区，除了响螺湾生活服务区，其他 6 大功能服务区还包括泰达商务中心服务区、北方航运中心服务区、蓝鲸岛高档生活示范区、城市中心商业服务区、于家堡国际商业服务中心和北塘休闲旅游服务中心。这些服务区囊括了商务办公、信息、金融、展览、餐饮、娱乐、休闲、购物、居住和旅游各方面的功能和设施。

3. 天津泰达 MSD——中国首个现代服务产业区。泰达 MSD 是天津开发区现代服务产业区的英文缩写，在现有基础上，这里将来会被打造成为泰达乃至滨海新区的核心商务区和公共活动中心。除承载 CBD 所有职能外，天津泰达 MSD 还致力于成就国际化标准的世界金融服务基地。

（八）滨海旅游区——生态宜居的海洋新城

滨海旅游区是滨海新区唯一以旅游为主导的城区，规划形成主题公园游、生态湿地游、黄金海岸休闲游、游艇度假游、海上观光游、高尔夫休闲运动等主要旅游线路，与周边生态城、七里海、中心渔港、北塘、汉沽休闲农业园等主要景区景点形成连接成一体的旅游线路。目前欢乐海魔方一期嬉水乐园、金东海商业街、妈祖经贸园阳光海岸等多个景点将全部竣工对外运营，并依托区域旅游文化特色，进一步完善创新海陆空、立体化精品旅游线路，打造现代滨海旅游城。

（九）中新生态城——世界级生态示范项目的美好愿景

天津中新生态城是世界上第一座国家间合作开发建设的生态城市，是当今世界上最大的生态宜居的示范新城，也是中国和新加坡两国政府继苏州工业园之后第二个合作建设项目。生态城位于滨海新区东北部，总面积30平方公里，总投资500亿元，整个生态城将用10～15年基本建成，人口规模将达到35万。生态城将致力于建设成为综合性的生态环保、节能减排、绿色建筑、循环经济等技术创新和经济推广的平台；国家级生态环保培训推广中心；现代高科技生态型产业基地；"资源节约型、环境友好型"的宜居示范新城，参与国际生态环境建设的交流展示窗口。天津中新生态城形成由湖水、河流、湿地、水系、绿地构成的复合生态系统。生态城的绿化覆盖率达到50%。建立城市直饮水系统，打开水龙头就能饮用直饮水。中水回用、雨水收集、海水淡化所占的比例超过总供水的50%。可再生能源利用率达到20%，同时积极使用地热、太阳能、风能等可再生能源，清洁能源使用比例为100%；实施废弃物分类收集、综合处理和回收利用，生活垃圾无害化处理率达到100%，垃圾回收利用率达到60%；区内发展轨道交通、清洁能源公交、慢行体系相结合的绿色交通系统，绿色出行比例达到90%，入住的首批8万居民，将首先享受到"出门不堵车"、"净菜送到家"等生活便利。这些标准已接近或超过世界先进水平。

第二单元　经济增长对金融业态发展的影响机制分析

一、滨海新区经济快速发展为金融业态拓展奠定重要基础

近年来，滨海新区经济保持快速增长态势，基本上以每年增加千亿元的趋势跳跃式发展。2003 年至 2012 年，新区总产值已跨上七个千亿元台阶。2012 年，新区生产总值达到 7205.17 亿元，比 2002 年增长 7.3 倍，按可比价格计算，年均增长 21.6%，高于同

期天津市年均增速 6 个百分点。滨海新区在着力推动经济快速发展的同时，注重提升经济发展质量，不断加快转型发展，在保证传统支柱产业优势的同时，大力发展战略性新兴产业和现代服务业，积极引导新兴金融业蓬勃发展。

随着大乙烯、大炼油、大飞机、汽车等一大批品牌影响大、产业带动作用明显、科技含量高的项目的引进、动建、投产，滨海新区航空航天、石油化工、电子信息、装备制造、新能源新材料、国防科技、轻工纺织、生物医药八大支柱产业发展势头迅猛，集聚效应进一步增强。2012 年，新区八大优势产业完成工业总产值 13715.82 亿元，占新区规模以上工业总产值的 95.1%，石油化工、装备制造、电子信息和轻工纺织四大产业生产规模超千亿元。

为实现经济健康快速发展，滨海新区积极推进现代服务业，特别是生产性服务业的发展，逐步形成以现代制造业为核心，以现代服务业配套协调发展的格局。2012 年，新区服务业增加值实现 2338.05 亿元，比 2002 年增长 7.3 倍，年均增长 18.8%。服务业投资规模占新区的比重由 2002 年的 52.3% 提高为 2012 年的 66.3%，投资重心逐步向服务业项目倾斜。

金融的发展不能脱离实体经济，滨海新区经济的快速发展为金融业态拓展奠定了重要基础。近年来，滨海新区不断深化经济领域改革，加快发展各类金融市场，做好金融产品和服务创新工作。2012 年底，天津股权交易所累计挂牌企业 247 家，总市值达到 212 亿元，实现直接融资 47.9 亿元；金融资产交易所累计挂牌项目 16234 个，涉及金额 9313 亿元，成交金额超过 960 亿元；铁合金交易所现有硅铁、硅锰、金属镁、锰矿 4 个交易品种，全年成交量 80 万吨，成交金额 54 亿元，各类新兴金融业态在滨海新区从无到有，进入快速集聚发展期。

二、滨海新区产业结构持续优化为金融业态发展创造有利条件

滨海新区作为国家战略重点和新的经济增长极，承担着推动京津冀和环渤海区域经济振兴、促进东中西部互动和全国经济协调发展的历史重任，一直将加快提升区域经济发展的实力和核心竞争力放在首要位置。一直以来，滨海新区的产业结构呈现稳定的"二、三、一"发展态势，第二产业发展迅猛且优势明显，始终处于绝对的主导地位，其在新区生产总值中的占比一直在 68% 左右浮动。

表 2 - 3 　　　　　　　　　　滨海新区产业总值统计表 　　　　　　　　单位：亿元

	2005 年	2006 年	2007 年	2008 年	2009 年	2010 年	2011 年	2012 年
第一产业	7.15	7.25	6.78	7.02	7.43	8.17	8.82	9.36
第二产业	1092.55	1354.40	1669.86	2304.37	2569.87	3432.81	4273.89	4857.76
第三产业	534.22	621.98	737.63	1038.60	1233.37	1589.12	1924.15	2338.05
生产总值	1633.93	1983.63	2414.26	3349.99	3810.67	5030.11	6206.87	7205.17

表 2 – 4　　　　　　　　　　　　滨海新区各产业占比一览表

	2005 年	2006 年	2007 年	2008 年	2009 年	2010 年	2011 年	2012 年
第一产业	0.44%	0.37%	0.28%	0.21%	0.19%	0.16%	0.14%	0.10%
第二产业	66.87%	68.28%	69.17%	68.79%	67.44%	68.25%	68.86%	67.40%
第三产业	32.70%	31.36%	30.55%	31.00%	32.37%	31.59%	31.00%	32.50%

　　滨海新区自成立以来，基于其功能定位，一直把发展第二产业，尤其是现代制造业作为重点优先发展。具体而言，就是实施制造业带动战略，充分发挥大项目、好项目的带动作用，"投产达标一批、开工建设一批、储备申报一批"，加快构筑高层次产业结构。空客 A320 大飞机、新一代运载火箭、百万吨乙烯、千万吨炼油、300 万吨造船等一批批高端、高科、高质的大项目不仅构建了滨海新区航空航天、石油化工、先进装备制造、电子信息、新能源新材料、生物医药、轻工纺织、国防科技 8 大支柱产业，还使滨海新区的产业结构发生脱胎换骨的变化，进而推动滨海新区的经济总量不断迈上新的台阶。目前，新区已形成"三机一箭一星一站"（三机是指大飞机、直升机、无人机，一箭指大运载火箭，一星指通信卫星，一站指空间站）为代表的航空航天产业结构，大炼油、大乙烯的能级提升支撑起了"油头—化身—轻纺尾"的巨大产业链条，新区八大优势产业在大项目、好项目的带动下不断扩容、升级。

　　强大的第二产业基础，必然带来强大的关联性需求，新区生产性服务业正带动现代服务业快速发展。企业总部、研发基地、航运物流、金融创新等高端现代服务业企业加速聚集。"十二五"期间，滨海新区将形成"十区两带"的空间布局，即建设十个服务业聚集区和科技服务发展带、旅游发展带两个服务业发展带。随着中心商务区、东疆保税港区、中新生态城、滨海旅游区等十大服务业集聚区建设提速，新区服务业发展势头愈加强劲。

　　目前，滨海新区已经形成二、三产业协同联动，共同快速稳定增长的强劲态势。新区产业结构不断优化升级，未来产业发展导向迫切需要风险投资、股权投资、产业基金、金融租赁、财务顾问、资产管理等创新型的金融服务，这为金融业态的创新发展提供了广阔的空间。

第三章　滨海新区传统金融业态

从历史的角度看，传统金融业态对应于近年来各类层出不穷的新型金融组织形式，主要包括银行、证券、保险等金融机构。自建设滨海新区上升为国家发展战略以来，新区就肩负起金融改革创新先行先试的重大使命，推动新型金融业态的发展成为滨海新区开发开放的题中应有之意。而同样需要注意的是，传统业态是金融业发展的基石，也是滨海新区推进金融改革创新的重要资源禀赋。尤其是随着经济系统对金融业需求的复杂化、金融业市场化程度的提高、金融政策的调整以及其他外部环境的变化，滨海新区传统金融业态的发展面临着一系列的机遇与挑战。传统金融业态的创新与发展，对于滨海新区金融业的长足进步有着至关重要的作用。

第一节　传统金融业态的沿革

第一单元　银行业发展沿革与滨海新区银行业实践

一、银行的内涵、沿革和作用[①]

（一）银行的内涵界定

银行是通过存款、贷款、汇兑、储蓄等业务，承担信用中介的金融机构。银行是金融机构之一，而且是最主要的金融机构，它主要的业务范围有吸收公众存款、发放贷款以及办理票据贴现等。银行一词源于意大利语 Banca，意思是板凳，早期的银行家在市场上进行交易时使用。英语转化为 bank，意思为存放钱的柜子，早期的银行家被称为"坐长板凳的人"。

最早的银行业发源于西欧古代社会的货币兑换业。最初货币兑换商只是为商人兑换货币，后来发展到为商人保管货币，收付现金、办理结算和汇款，但不支付利息，而且收取保管费和手续费。随着工商业的发展，货币兑换商的业务进一步发展，他们手中聚

---

① 百度百科，"银行"词条 . http：//baike. baidu. com/link? url = o9xEbL1ll9QUyiO8Ku4sEMXLTWDZT8g2Np44ngz6uoRJaKOEosWpJqAsX4EdCzy8。

集了大量资金。货币兑换商为了谋取更多的利润，利用手中聚集的货币发放贷款以取得利息时，货币兑换业就发展成为银行了。

（二）银行的发展沿革

近代最早的银行是 1580 年建于意大利的威尼斯银行。此后，1593 年在米兰、1609 年在阿姆斯特丹、1621 年在纽伦堡、1629 年在汉堡以及其他城市也相继建立了银行。当时这些银行主要的放款对象是政府，并带有高利贷性质，因而不能适应资本主义工商业发展的要求。最早出现的按资本主义原则组织起来的股份银行是 1694 年成立的英格兰银行。到 18 世纪末 19 世纪初，规模巨大的股份银行纷纷建立，成为资本主义银行的主要形式。随着信用经济的进一步发展和国家对社会经济生活干预的不断加强，又产生了建立中央银行的客观要求。1844 年改组后的英格兰银行可视为资本主义国家中央银行的鼻祖。到 19 世纪后半期，西方各国都相继设立了中央银行。早期的银行以办理工商企业存款、短期抵押贷款和贴现等为主要业务。21 世纪，西方国家银行的业务已扩展到证券投资、黄金买卖、中长期贷款、租赁、信托、保险、咨询、信息服务以及电子计算机服务等各个方面。

二、银行的主要职能

商业银行的职能是由它的性质所决定的，主要有四个基本职能。

1. 信用中介职能。信用中介是商业银行最基本、最能反映其经营活动特征的职能。这一职能的实质，是通过银行的负债业务，把社会上的各种闲散货币集中到银行里来，再通过资产业务，把它投向经济各部门；商业银行是作为货币资本的贷出者与借入者的中介人或代表，来实现资本的融通，并从吸收资金的成本与发放贷款利息收入、投资收益的差额中，获取利益收入，形成银行利润。商业银行成为买卖"资本商品"的"大商人"。商业银行通过信用中介的职能实现资本盈余和短缺之间的融通，并不改变货币资本的所有权，改变的只是货币资本的使用权。

2. 支付中介职能。商业银行除了作为信用中介，融通货币资本以外，还执行着货币经营业的职能。通过存款在账户上的转移，代理客户支付，在存款的基础上为客户兑付现款等，成为工商企业、团体和个人的货币保管者、出纳者和支付代理人。以商业银行为中心，形成经济过程中无始无终的支付链条和债权债务关系。

3. 信用创造职能。商业银行在信用中介职能和支付中介职能的基础上，产生了信用创造职能。商业银行是能够吸收各种存款的银行，可用其所吸收的各种存款发放贷款，在支票流通和转账结算的基础上，贷款又转化为存款，在这种存款不提取现金或不完全提现的基础上，就增加了商业银行的资金来源，最后在整个银行体系，形成数倍于原始存款的派生存款。长期以来，商业银行是各种金融机构中唯一能吸收活期存款，开设支票存款账户的机构，在此基础上产生了转账和支票流通。商业银行以通过自己的信贷活动创造和收取活期存款，而活期存款是构成贷市供给量的主要部分，因此商业银行就可以把自己的负债作为货币来流通，具有了信用创造功能。

4. 金融服务职能。随着经济的发展，工商企业的业务经营环境日益复杂化，银行间的业务竞争也日益激烈化。银行由于联系面广，信息比较灵通，特别是电子计算机在银行业务中的广泛应用，使其具备了为客户提供信息服务的条件，因此咨询服务、对企业"决策支持"等服务应运而生。工商企业生产和流通专业化的发展，又要求把许多原来的属于企业自身的货币业务转交给银行代为办理，如发放工资、代理支付其他费用等。个人消费也由原来的单纯钱物交易，发展为转账结算。现代化的社会生活从多方面给商业银行提出了金融服务的要求。在激烈的业务竞争压力下，各商业银行也不断开拓服务领域，通过金融服务业务的发展，进一步促进资产负债业务的扩大，并把资产负债业务与金融服务结合起来，开拓新的业务领域。在现代经济生活中，金融服务已成为商业银行的重要职能。

三、滨海新区银行业的发展状况[①]

2008 年以来，随着滨海新区纳入国家级发展规划和《天津滨海新区综合配套改革试验金融创新专项方案》的批复实施，滨海新区银行业种类层级不断丰富，业务规模不断壮大，金融创新成果显著，为滨海新区的实体经济发展提供了有力的金融支持。

（一）银行业机构种类层级不断丰富

截至 2012 年年底，有工商银行、农业银行、中国银行、建设银行、邮政储蓄银行、中信银行、光大银行、华夏银行、广东发展银行、平安银行、招商银行、上海浦东发展银行、兴业银行、民生银行、浙商银行、渤海银行、北京银行、天津银行、盛京银行、大连银行、哈尔滨银行、上海银行、齐鲁银行、威海银行、天津滨海农村商业银行、天津农村商业银行共 26 家中资商业银行在滨海新区设立了分支机构；有汇丰银行、东亚银行、恒生银行、渣打银行、花旗银行、三井住友银行、瑞穗实业银行、三菱东京日联银行、外换银行、新韩银行、华一银行、中德住房储蓄银行共 12 家外资商业银行在滨海新区设立了分支机构；有农业发展银行 1 家政策性银行在滨海新区设立了分支机构。其中，一级分行网点 4 家，二级分行网点 16 家。

（二）银行业业务指标快速发展

2008 年以来，滨海新区银行业业务规模得到快速发展。截至 2012 年年底，天津滨海新区银行业本外币各项存款余额达 4221.83 亿元，达到 2008 年末余额的 2.05 倍，占同期天津市余额的 20.80%，年平均增长 19.66%；本外币各项贷款余额达 3911.63 亿元，达到 2008 年末余额的 2.1 倍，占同期天津市的 21.26%，年平均增长 20.38%。

---

① 数据来源：《天津滨海新区金融统计月报》，中国人民银行塘沽中心支行。

2012 年，新区银行业累计实现营业收入 178.28 亿元，较上年同期增加 15.90 亿元，同比增长 9.79%；实现利润总额 132.20 亿元，同比增长 11.49%。

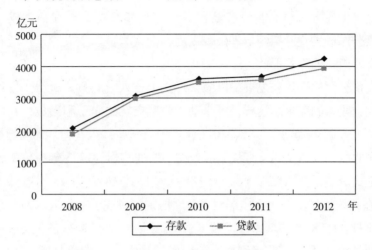

图 3 - 1　2008—2012 年滨海新区银行业存贷款变化趋势

（三）银行创新业务支持滨海新区实体经济

一是组织架构改革。2009 年以来，先后有中信银行、招商银行、光大银行、华夏银行等多家银行积极整合滨海新区网点机构，升格成立二级分行等机构统辖滨海新区业务，并赋予其更大的业务权限和金融创新权限。二是结合滨海新区融资租赁、保理公司、要素市场等优势金融资源，与其合作开展创新业务扶持战略性新兴产业、中小微企业发展。三是结合新区外向型经济特点，大力开展离岸业务、人民币跨境投资结算等跨境金融服务。

第二单元　证券业发展沿革与滨海新区证券业实践

一、证券的起源发展[①]

证券是指各类记载并代表一定权利的法律凭证，它用以证明持有人有权依其所持凭证记载的内容而取得相应的权益。从一般意义上来说，证券是指用以证明或设定所做成的书面凭证，它表明证券持有人或第三人有权取得该证券拥有的特定权益，或证明其曾经发生过的行为。

17 世纪初，随着资本主义大工业的发展，企业生产经营规模不断扩大，由此而产生的资本短缺、资本不足便成为制约着资本主义企业经营和发展的重要因素之一。为了筹集更多的资本，于是，出现了以股份公司形态，由股东共同出资经营的企业组织，进而

---

① 周正庆：《证券知识读本》，383－383 页，北京，中国金融出版社，2006。

又将筹集资本的范围扩展至社会，出现了股票这种代表投资者投资入股，并按出资额的大小享受一定权益承担一定责任的有价凭证，并向社会公开发行，以吸收和集中分散在社会上的资金。世界上最早的股份有限公司诞生于 1602 年，即在荷兰成立的东印度公司。股份有限公司这种企业组织形态出现以后，很快为资本主义国家广泛利用，成为资本主义国家企业组织的重要形式之一。

伴随着股份公司的诞生和发展，以股票形式集资入股的方式也得到发展，并且产生了买卖交易转让股票的需求。这样，就带动了股票市场的出现和形成，并促进了股票市场的完善和发展。据文献记载，早在 1611 年就曾有一些商人在荷兰的阿姆斯特丹进行荷兰东印度公司的股票买卖交易，形成了股票交易所的雏形。1773 年在伦敦柴思胡同的约纳森咖啡馆正式成立了英国第一个证券交易所，以后演变为伦敦证券交易所。1792 年，24 名经纪人在纽约华尔街的一个梧桐树下订立协定，形成了经纪人联盟，它就是纽约证券交易所的前身。1878 年，东京股票交易所正式创立，它是东京证券交易所的前身。1891 年，香港成立了香港股票经纪协会，后发展为香港证券交易所。1914 年，中国当时的北洋政府颁布证券交易所法，1917 年成立了北京证券交易所。

二、证券的主要功能[①]

证券是资本的运动载体，它具有以下两个基本功能：

第一，筹资功能，即为经济的发展筹措资本。通过证券筹措资本的范围很广，社会经济活动的各个层次和方面都可以利用证券来筹措资本。如，企业通过发行证券来筹集资本，国家通过发行国债来筹措财政资金等。

第二，配置资本的功能，即通过证券的发行与交易，按利润最大化的要求对资本进行分配。资本是一种稀缺资源，如何有效地分配资本是经济运行的根本目的。证券的发行与交易起着自发地分配资本的作用。通过证券的发行，可以吸收社会上闲置的货币资本，使其重新进入经济系统的再生产过程而发挥效用。证券的交易是在价格的诱导下进行的，而价格的高低取决于证券的价值。证券的价值又取决于其所代表的资本的实际使用效益，所以，资本的使用效益越高，就越能从市场上筹集资本，使资本的流动服从于效益最大化的原则，最终实现资本的优化配置。

三、滨海新区证券机构发展现状

截至 2012 年 12 月底，天津滨海新区共有证券法人机构 1 家，券商营业部约 16 家，其中大港 3 家、汉沽 1 家、塘沽 5 家、开发区 7 家；期货公司 1 家，期货营业部 3 家。

---

① 周正庆：《证券知识读本》，2 页，北京，中国金融出版社，2006。

滨海新区 2012 年 A 股交易总额约为 1084 亿元。[①]

第三单元 保险业发展沿革与滨海新区保险业实践

一、保险的起源发展[②]

海上保险起源最早，源于 14 世纪。当时，意大利的借贷盛行于各都市，因其条件苛刻，利息惊人，双方都承担大的风险，盈利与承担风险责任的比例悬殊，素有冒险借贷之称。凡接受资本主的高利贷，当船舶及货物安全到达目的地，即须偿还本金及利息；若中途船货蒙受损失，则可依其受损程度，免除借贷关系中债务的全部或一部分，由于借贷利息极高，约为本金的 1/4 或 1/3，后被教会禁止。以后便逐渐改用交付保险费形式，出现了保险契约或保险单。在地中海一带城市开始有了从事草拟和撰写保险契约的专业人员，意大利热那亚商人在 1347 年 10 月 23 日签发的船舶航运保险契约是迄今发现的一份最古老的保险单。

火灾保险起源于 1118 年冰岛设立的 Hrepps 社，该社对火灾及家畜死亡损失负赔偿责任。17 世纪初德国盛行互助性质的火灾救灾协会制度，1676 年，第一家公营保险公司——汉堡火灾保险局由几个协会合并宣告成立。但真正意义上的火灾保险是在伦敦大火之后发展起来的。1666 年 9 月 2 日，伦敦城被大火整整烧了五天，市内 448 亩的地域中 373 亩成为瓦砾，占伦敦面积的 83.26%，13200 户住宅被毁，财产损失 1200 多万英镑，20 多万人流离失所，无家可归。灾后的幸存者非常渴望能有一种可靠的保障，来对火灾所造成的损失提供补偿，因此火灾保险对人们来说已显得十分重要。在这种状况下，聪明的牙医巴蓬 1667 年独资设立营业处，办理住宅火险，1680 年他同另外三人集资 4 万英镑，成立火灾保险营业所，1705 年更名为菲尼克斯即凤凰火灾保险公司。在巴蓬的主顾中，相当部分是伦敦大火后重建家园的人们。巴蓬的火灾保险公司根据房屋租金计算保险费，并且规定木结构的房屋比砖瓦结构的房屋保费增加一倍。这种依房屋危险情况分类保险的方法是现代火险差别费率的起源，火灾保险成为现代保险，在时间上与海上保险差不多。

在海上保险的产生和发展过程中，一度包括人身保险。15 世纪后期，欧洲的奴隶贩子把运往美洲的非洲奴隶当做货物进行投保，后来船上的船员也可投保；如遇到意外伤害，由保险人给予经济补偿，这些应该是人身保险的早期形式。

17 世纪中叶，意大利银行家伦佐·佟蒂提出了一项联合养老办法，这个办法后来被

---

① 数字根据中国证券监督管理委员会官网相关统计信息整理得出，http://www.csrc.gov.cn/pub/zjhpublicoftj/jgdx/201302/t20130201_221053.htm。

② 百度文库：世界保险的起源，http://wenku.baidu.com/view/5c01fd3667ec102de2bd8964.html。

称为"佟蒂法"，并于 1689 年正式实行。佟蒂法规定每人交纳法郎，筹集起总额 140 万法郎的资金，保险期满后，规定每年支付 10%，并按年龄把认购人分成若干群体，对年龄高些的，分息就多些。"佟蒂法"的特点就是把利息付给该群体的生存者，如该群体成员全部死亡，则停止给付。

著名的天文学家哈雷，在 1693 年以西里西亚的勃来斯洛市的市民死亡统计为基础，编制了第一张生命表，精确表示了每个年龄的死亡率，提供了寿险计算的依据。18 世纪 40 至 50 年代，辛普森根据哈雷的生命表，做成依死亡率增加而递增的费率表。之后，陶德森依照年龄差等计算保费，并提出了"均衡保险费"的理论，从而促进了人身保险的发展。1762 年成立的伦敦公平保险社才是真正根据保险技术基础而设立的人身保险组织。

二、保险的主要功能[①]

保险自出现以来，从最初的仅仅具有经济补偿功能和资金融通功能，发展到目前还具有社会管理功能。这三大功能是一个有机联系的整体，经济补偿功能是基本的功能，也是保险区别于其他行业的最鲜明的特征，资金融通功能是在经济补偿功能的基础上发展起来的，社会管理功能是保险业发展到一定程度并深入到社会生活诸多层面之后产生的一项重要功能，它只有在经济补偿功能和资金融通功能实现以后才能发挥作用。

（一）社会管理功能

社会管理是指对整个社会及其各个环节进行调节和控制的过程。目的在于正常发挥各系统、各部门、各环节的功能，从而实现社会关系和谐、整个社会良性运行和有效管理。

1. 社会保障管理。保险作为社会保障体系的有效组成部分，在完善社会保障体系方面发挥着重要作用，一方面，保险通过为没有参与社会保险的人群提供保险保障，扩大社会保障的覆盖面；另一方面，保险通过灵活多样的产品，为社会提供多层次的保障服务。

2. 社会风险管理。保险公司具有风险管理的专业知识、大量的风险损失资料，为社会风险管理提供了有力的数据支持。同时，保险公司大力宣传培养投保人的风险防范意识；帮助投保人识别和控制风险，指导其加强风险管理；进行安全检查，督促投保人及时采取措施消除隐患；提取防灾资金，资助防灾设施的添置和灾害防治的研究。

3. 社会关系管理。通过保险应对灾害损失，不仅可以根据保险合同约定对损失进行合理补偿，而且可以提高事故处理效率，减少当事人可能出现的事故纠纷。由于保险介入灾害处理的全过程，参与到社会关系的管理中，改变了社会主体的行为模式，为维护

---

① 保险概述：保险的功能，http://finance.sina.com.cn/money/insurance/bxfw/20120926/132513245919.shtml。

良好的社会关系创造了有利条件。

4. 社会信用管理。保险以最大诚信原则为其经营的基本原则之一，而保险产品实质上是一种以信用为基础的承诺，对保险双方当事人而言，信用至关重要。保险合同履行的过程实际上就为社会信用体系的建立和管理提供了大量重要的信息来源，实现了社会信息资源的共享。

（二）经济补偿功能

经济补偿功能是保险的立业之基，最能体现保险业的特色和核心竞争力。具体体现为两个方面：

1. 财产保险补偿。保险是在特定灾害事故发生时，在保险的有效期和保险合同约定的责任范围以及保险金额内，按其实际损失金额给予补偿。通过补偿使得已经存在的社会财富因灾害事故所致的实际损失在价值上得到补偿，在使用价值上得以恢复，从而使社会再生产过程得以连续进行。这种补偿既包括对被保险人因自然灾害或意外事故造成的经济损失的补偿，也包括对被保险人依法应对第三者承担的经济赔偿责任的经济补偿，还包括对商业信用中违约行为造成经济损失的补偿。

2. 人身保险给付。人身保险的保险数额是由投保人根据被保险人对人身保险的需要程度和投保人的缴费能力，在法律允许的情况下，与被保险人双方协商后确定的。

（三）资金融通功能

资金融通的功能是指将形成的保险资金中闲置的部分重新投入到社会再生产过程中。保险人为了使保险经营稳定，必须保证保险资金的增值与保值，这就要求保险人对保险资金进行运用。保险资金的运用不仅有其必要性，而且也是可能的。一方面，由于保险保费收入与赔付支出之间存在时间差；另一方面，保险事故的发生不都是同时的，保险人收取的保险费不可能一次全部赔付出去，也就是保险人收取的保险费与赔付支出之间存在数量差。这些都为保险资金的融通提供了可能。保险资金融通要坚持合法性、流动性、安全性、效益性的原则。

保险的三大功能组成了一个完整的体系，共同维护着保险的有效运转，是一个有机联系、相互作用的整体。

三、滨海新区保险机构发展现状

截至 2012 年年底，滨海新区共有各类保险分支机构 107 家，其中，财产保险分支机构 60 家，人身保险分支机构 32 家，保险中介机构 7 家，保险机构客服中心 2 家，社会保险管理中心 6 家①。

---

① 根据天津市保险业协会公布数据以及其他互联网公开资料整理。

第二节　传统金融业态的机遇与挑战

第一单元　金融业综合经营

改革开放以来，我国的金融业经历了混业经营、分业经营再到综合经营试点的演进过程。1993 年，针对金融秩序混乱、金融体系出现严重风险的局面，国务院发布了《关于金融体制改革的决定》，规定"对保险业、证券业、信托业和银行业实行分业经营"。随着经济金融改革开放的不断推进，分业经营的模式在有效防范跨行业风险传递的同时，也越来越多地对传统金融业态的发展形成制约，尤其是面对来自国外大型金融机构和国内新型金融业态越来越大的竞争压力时，经营领域的单一性不能满足客户日益强烈的综合性金融服务需求，影响了传统金融机构综合竞争力的提升。"十一五"规划和2007 年全国金融工作会议提出，要"稳步推进金融业综合经营试点"，拉开了我国金融业综合经营的序幕。此后，试点工作得到稳步推进，主要表现在四个方面：一是金融机构跨业投资步伐加快。自2005 年 2 月国务院批准商业银行投资设立证券投资基金管理公司以来，以工商银行、中国银行、建设银行、交通银行等为代表，金融机构跨业投资步伐加快。二是金融控股公司逐步形成。金融控股公司投资控股银行、证券、保险等两个或两个以上行业子公司，自身不经营具体金融业务。2006 年和 2008 年，国务院先后批准设立银河金融控股公司和光大金融控股公司。经过多年实践，中信集团、光大集团、平安集团等已逐步发展成为实质性的金融控股公司。上海国际集团、天津泰达集团等管理地方国有金融资产的公司相继组建，也具有金融控股公司特点。三是以理财产品为主的交叉性金融产品快速发展。在市场竞争和客户多元化金融需求的推动下，银信、银证、银保、证保等不同行业金融机构间的业务合作不断加强，以理财产品为主的交叉性金融产品快速发展。2005 年以来，信贷资产证券化试点工作稳步推进。四是产融结合型集团日益增多。以央企为代表的产业集团通过新设、并购、参股等方式对金融企业进行资金、业务、人事等方面的介入和融合。当前，我国一些央企投资、控股了一些金融子公司，包括商业银行、财务公司、信托公司、金融租赁公司、证券业机构、保险公司，以及典当公司、担保公司等。部分央企在集团内设立了管理公司，统一管理集团内的金融资产，已成为实质性的金融控股公司。[1]

金融业综合经营试点的推进增强了金融机构发展的协同效应，提升了传统金融业态的综合竞争力。"十二五"规划再次提出，"积极稳妥推进金融业综合经营试点"。从国际发展经验和国内政策意向上看，综合经营是金融业未来发展的大势所趋，传统金融业

---

[1]　中国人民银行：《中国金融稳定报告》(2012)。

态应在现行管理框架内，加强机制创新研究，合理进行战略布局，把握发展先机。

第二单元 金融脱媒①

金融脱媒是指资金储蓄者和资金短缺者不通过银行等金融中介而直接进行资金交易的行为。据国外文献记载，从 20 世纪 70 年代开始，随着美国货币市场的形成与发展，美国短期国债的收益率一旦高于银行的定期存款的利率上限时，银行机构的存款资金就会大量流向货币市场。可见，金融脱媒的出现是与货币市场及各类资本市场的发展有较大关联性的。2011 年，我国提出了"社会融资总量"概念，部分原因就在于随着我国金融市场的发展，金融脱媒程度在提高，过去的信贷、存款等统计指标已经无法准确反映整个市场中的投融资规模。中国人民银行公布的社会融资规模数据显示，2006 年以前，商业银行新增贷款一直占社会融资总量的 80% 左右，然而这一比率近年来不断下降，2012 年，新增人民币贷款仅占同期社会融资规模的 52.1%。这显示出，在利率市场化改革以及债券等资本市场不断扩容的大背景下，我国正在呈现越来越明显的金融脱媒现象。

金融脱媒对社会融资结构带来了深刻变化。一方面，社会融资体系更加趋向市场化，企业越来越多地通过资本市场进行直接融资；另一方面，居民的金融资产构成中，传统的银行存款所占比例越来越小，而持有的资本市场工具越来越多。对于传统金融机构尤其是商业银行而言，金融脱媒意味着依赖存贷利差的传统盈利模式将面临巨大挑战，优质客户的维护难度将加大。顺应形势发展，推进中间业务创新是商业银行长久生存的必然选择。

第三单元 利率市场化②

利率市场化是发挥市场配置资源作用的一个重要方面，有利于促进资金流向和配置的不断优化。同时，利率也是其他很多金融产品定价的参照基准。我国的利率市场化进程可以追溯到 1996 年同业拆借市场利率的放开。2004 年，利率市场化进程取得重大进展，贷款利率上限和存款利率下限取消。此外，在企业债、金融债、商业票据方面以及货币市场交易中全部实行市场定价，对价格不再设任何限制。随着各种票据、公司类债券的发展，特别是 OTC 市场和二级市场交易不断扩大使价格更为市场化，很多企业，特别是质量比较好的企业，可以选择发行票据和企业债来进行融资，其价格已经完全不受贷款基准利率的限制。2013 年 7 月 19 日，中国人民银行决定自 2013 年 7 月 20 日起，全

---

① 招商证券：《金融脱媒：动了谁的奶酪》，载凤凰财经. http://finance.ifeng.com/stock/ggpj/20130205/7648538.shtml。

② 周小川：关于推进利率市场化改革的若干思考，中国人民银行网站，http://www.pbc.gov.cn/publish/goutongjiaoliu/524/2012/20120112160648353655534/20120112160648353655534_.html。

面放开金融机构贷款利率管制，取消金融机构贷款利率 0.7 倍的下限，由金融机构根据商业原则自主确定贷款利率水平，取消票据贴现利率管制，改变贴现利率在再贴现利率基础上加点确定的方式，由金融机构自主确定，对农村信用社贷款利率不再设立上限，个人住房贷款利率浮动区间暂不做调整。随着利率市场化水平的提升，金融机构将获得更大的自主定价权，银行经营尤其是产品定价的差异化将更加显著，同时，负债业务的压力加大，传统利差盈利模式亟待调整，利率市场化将倒逼银行经营加快转型，加大产品和服务的差异化创新力度，提高资金运行和风险管理的精细化水平。

第四单元　人民币国际化

一般认为，货币国际化可以分为三个层次：一是在一般国际经济交易中被广泛地用来计价结算；二是在外汇市场上被广泛用作交易货币；三是成为各国外汇储备中的主要货币之一[①]。近年来，随着我国经济的快速发展和对外开放程度的不断提高，人民币作为交易媒介、储藏手段和支付手段，在周边国家和地区的使用越来越广泛，国际化进程逐步加快，这既得益于政策导向，同时也是市场选择的结果。首先，改革开放以来，我国经济实力和综合国力不断增强，社会保持稳定，为人民币国际地位的不断提高奠定了坚实基础。其次，一直以来，人民币币值表现强劲，汇率决定的市场化程度不断提高，为人民币国际化提供了前提。再次，政府对于人民币国际化的路径已经形成了比较清晰的战略思路，并全力推动。跨境贸易人民币结算已经越来越多地被市场主体接受，双边货币互换协议的范围和规模不断扩大，人民币双向流动机制正在加速形成。最后，以美元为中心的国际货币体系存在诸多弊端，需要多元化的国际货币体系。要解决美元霸权带来的问题，可以有三种思路：一是建立超国家的货币来替代美元；二是建立多元化的国际货币体系，形成竞争机制，削弱美元的霸权地位；三是全球统一货币，现有货币全部退出流通。从现实角度考量，超主权储备货币和全球统一货币即便可行也需要一个特别长期的过程，甚至遥不可及，而建立多元化的国际货币体系则相对较为现实。作为全球第二大经济体的货币，人民币需要在未来新型的货币体系中占据一席之地。人民币国际化是一个宏观、长期的过程，对于传统金融机构而言，人民币国际化将带来更为市场化的发展环境，更多的发展机遇，更大的发展空间，同时，也将使国内金融机构面临更为复杂的经营环境，以及更大的风险管理难度。为此，传统金融机构应着力提高产品和服务的国际化竞争力，建立审慎的风险管理体系，向国际一流的金融机构看齐，为客户提供综合、专业的金融服务。

---

① 连平：人民币国际结算的重大意义与现实挑战. 腾讯财经. http://finance. qq. com/a/20090316/002670. htm。

第五单元　互联网金融

互联网金融是传统金融行业与互联网思维相结合的新兴领域，是信息科技逐渐发达的产物。随着互联网金融的兴起，传统金融中介的作用和地位进一步弱化。谢平、邹传伟（2012）认为，以互联网为代表的现代信息科技，特别是移动支付、社交网络、搜索引擎和云计算等，将对人类金融模式产生根本影响，可能出现既不同于商业银行间接融资、也不同于资本市场直接融资的第三种金融融资模式，即"互联网金融模式"[①]。目前，国内比较典型的互联网金融模式主要有以下几类：一是基于移动互联网的手机银行。目前，国内具备一定规模的商业银行均开通了手机银行业务，为客户办理账户查询、事业费缴存、转账等日常业务提供了便利。随着信息安全技术的增强和智能手机终端的广泛应用，手机银行将迎来越来越广阔的发展空间。二是电商、互联网公司搭建的网络信贷平台。如阿里巴巴小额贷款公司、京东供应链金融服务平台、腾讯"人人贷"网络贷款、重庆苏宁小额贷款有限公司等。以阿里小贷为例，债务人无须提供抵押物或第三方担保，仅凭自己的信誉就能取得贷款，并以借款人信用程度作为还款保证，这是阿里金融为阿里巴巴会员提供的一款纯信用贷款产品。2013年7月，阿里小贷与券商合作，推出了首单基于小额贷款的证券公司资产证券化产品，为小贷公司走出融资困境开辟了新的思路。三是第三方支付平台余额增值服务。以余额宝为例，2013年6月，支付宝推出余额增值服务——余额宝，用户把钱转入余额宝中就可获得一定的收益，实际上是购买了一款由天弘基金提供的名为"增利宝"的货币基金。此外，余额宝内的资金还能随时用于网购消费和转账。推出仅一个月时间，余额宝资金规模已超过一百亿元，显示出市场对于互联网金融创新的认可。四是在线财产保险公司。2013年2月，由浙江阿里巴巴电子商务、深圳市腾讯计算机系统、中国平安保险、优孚控股、深圳市加德信投资、深圳日讯网络科技、北京携程国际旅行社、上海远强投资、深圳市日讯互联网9家公司共同发起的众安在线财产保险股份有限公司正式获批，开启了专业网络财产保险公司试点，标志着互联网金融的探索拓展到保险领域。[②]

互联网与金融的结合对传统金融业产生一定程度的震动。互联网金融适应了金融业普惠性和人性化的发展方向，相对传统金融业态，互联网金融在用户数据信息、技术手段、交易成本等方面具有较大优势，尤其是对于年轻一代用户和小微企业具有较大吸引力。一方面，传统金融机构的网点功能将被削弱，且面临用户流失的风险，另一方面，互联网金融的发展也为传统金融业推进产品和服务创新提供了机遇。

[①] 谢平、邹传伟：《互联网金融模式研究》，载《金融研究》，2012年第12期，11－22。
[②] 根据互联网公开资料整理。

第三节　滨海新区传统金融业态创新

第一单元　滨海新区银行业创新

一直以来，滨海新区商业银行将金融创新作为提升银行业服务水平和竞争力的关键，紧贴实体经济需求，不断加强经营模式创新、产品创新和服务创新，将创新作为提升服务质量和价值创造力的重要手段，差异化、特色化的金融服务水平显著提升。同时，坚持以市场为导向，以客户为中心，在服务模式上大力开拓创新，持续改善金融服务水平。

一、以创新为导向的经营管理体制日臻完善

近年来，新区商业银行改革向纵深推进，通过进一步完善公司治理结构、健全内部控制体系、强化资本约束机制、提升集约化经营水平等一系列有效举措，努力实现稳健经营和科学发展。

（一）组织结构创新

新区各商业银行组织结构摆脱了传统的直线管理结构，趋于多元化，并向机构设置实用性、决策反映灵敏性转变。

一是中资全国性大型银行、分支机构网点多的大型商业银行的对公授信部门推行扁平型组织结构创新。这种组织结构的主要特点是管理层次较多，每个层次管理人员控制幅度较窄，业务人员各司其职，可防止权力滥用，有效防范业务风险。同时，对市场变化的反应较快。

二是中资全国性中小银行的个人理财产品、前沿产品开发部门推行高长型组织结构创新。银行间内部管理层次较少，管理人员可有效进行内部专业管控，个人权限设置灵活，有利于业绩考核和公平竞争；同时业务人员经验丰富，对业务了解全面，有利于产品的系列研发和打包销售，便于统一营销和管理。

三是外资银行推行事业部型组织结构创新。这种组织结构特点是把银行业金融机构的业务活动按照产品和功能区域等划分建立业务运营事业部。每个事业部相互独立，有的甚至为一个利润中心，实行独立核算、自负盈亏，体现"政策制定与行政管理分开"的原则，使得战略制定与实施更符合事业部的特定环境，便于商业银行对金融环境变化做出及时反应；同时，把协调工作与必要的权力下放到适当层次，业务最高负责人可集中精力谋划更大的战略决策。

四是各城市商业银行推行矩阵型组织结构创新。这种组织结构特点是在原有直线指挥系统与职能部门组成纵向垂直领导的基础上，又建立一个横向以金融产品（或业务）

为中心的领导系统,两者结合成为矩阵型组织结构。此类结构摆脱了人浮于事的机构设置问题,能有效地发挥职能部门人员的创造性和潜力,大大提高用人效率,同时有利于多种业务项目的交叉开展。

（二）经营管理制度创新

新区各银行业金融机构按照"配合战略转型、加快机构发展"的金融创新理念,采取积极态度,不断优化和创新经营管理制度,为其持续协调发展不断积蓄后劲、聚集能量。部分商业银行制度创新实行行长"一把手"亲自抓,定期召开"金融创新"例会,同时建立行长信箱,积极倡导全员参与的创新管理制度;部分金融机构则专门设立创新奖励基金,或建立员工创新行为的奖励机制;部分商业银行则充分运用现代化信息科技手段,搭建行内部门员工创新机制信息交流平台,反馈的价值信息运用到银行内部经营管理的各个环节予以验证;部分商业银行通过对每日最新销售数据跟踪进行管理制度改进,这在很大程度上既提高了对销售人员销售能力的判断,又便于对业务人员的销售行为进行规范,有利于控制金融创新的潜在风险隐患。

二、金融产品和服务创新持续深化

近年来,新区商业银行持续加强对金融产品和服务创新的关注和投入,取得了新的成绩:跨境金融创新全面展开,服务新型主体金融创新成效显著,投行业务创新探索前进,零售业务、中间业务创新不断深化。

（一）跨境金融服务创新取得实质性进展

一是跨境人民币业务创新发展较快。2012 年,在新区经济持续稳健增长、人民币跨境使用不断发展的有利环境下,滨海新区商业银行秉承"以我为主、循序渐进、安全可控、合作竞争、互利共赢"的原则,国际化拓展取得突破,国际化经营水平进一步提高。

1. 打造跨境人民币综合服务品牌。目前新区商业银行跨境人民币业务已涵盖零售、结算、贸易融资、投资银行、资产管理等多条产品线,满足客户个性化跨境人民币金融服务需求的同时形成了跨境人民币业务产品体系（见表 3 – 1）。

表 3 –1　　　　　　　　　　　跨境人民币业务产品体系

产品名称	主要内容
跨境付	为企业提供以人民币作为支付货币和计价货币的国际结算业务,满足境内企业以人民币签订商务合同后进行支付结算的要求
跨境融	在跨境人民币结算项下,为企业提供人民币融资业务,以解决企业人民币资金短缺的需求,提高企业的资金周转效率
跨境保	根据企业的申请,以人民币的形式向其境外项目或交易提供融资性或非融资性担保,帮助企业更好地走出去,参与国际化竞争

产品名称	主要内容
跨境转	即跨境人民币转口业务，银行根据企业转口贸易的运作模式，提供一揽子、综合化的跨境人民币结算、贸易融资服务
跨境兑	即银行的境外分支机构，将企业出口收汇款项在境外兑换成人民币，并将该人民币资金汇至指定的境内人民币账户
跨境赢	银行根据不同阶段的境内外资金的价格差异，为客户设计结构性的跨境人民币产品组合方案，降低企业的财务费用，提高企业的资金收益
跨境投	包括跨境人民币境外直接投资服务方案、跨境人民币外商直接投资服务方案和跨境人民币外债服务方案
跨境通	银行为境外非居民客户提供人民币结算、贸易融资、项目融资、NRA 账户质押等综合性非居民金融服务方案
跨境联	银行通过其境外分行为境内外企业提供一体化的跨境人民币联动业务服务

2. 境内外联动为人民币跨境清算提供网络支持。新区商业银行拥有高效集中的国际业务结算、清算处理系统，能够借助其集团优势与境外分支机构联通，为人民币跨境清算提供网络支持。如某行与数十家海外代理行签署了《人民币贸易结算清算协议书》，同时为 17 家中行海外分支机构开立了人民币清算账户。

3. 跨境人民币结算亮点频出。如办理了天津市首笔人民币境外直接投资业务和天津市开展跨境人民币结算试点以来金额最大的跨境人民币业务。

二是跨境金融服务实现新突破。2012 年，滨海新区进出口总额为 812. 38 亿美元，增长 14. 2% 。国际贸易和国际投资的发展，促进了相关企业对商业银行国际业务及其他跨境金融服务的持续需求，新趋势、新要求亦不断催生新业务。

1. 持续推进离岸业务迅猛发展。目前，新区具有离岸金融业务资格的银行包括招商银行、交通银行、深圳发展银行、上海浦东发展银行四家中资商业银行和 12 家外资银行分支机构。四家具有离岸业务资格的中资商业银行在巩固外汇存贷、票据贴现及担保汇兑、结算等传统离岸业务的基础上，结合实际，加大了新产品的开发力度，利用境内外联动优势，适时推出了内保外贷、离/在岸联动保理、离/在岸背对背信用证等新业务及特色产品，一定程度上满足了企业境外存贷款、资金结算便利、境内外资金集中统一管理以及降低经营成本等方面的需求。如某行在原有离岸业务模式基础上，创新离/在岸业务联动模式，为"走出去"企业提供境内外、本/外币一站式服务，帮助企业实现境外业务境内操作、境外资金境内管理，有效降低其全球运营管理成本。

2. 积极寻求服务中资企业"走出去"的新途径。新区商业银行依托海外联行众多的优势，通过提供集团化金融服务的方式为走出去企业提供贴身金融服务，如全球现金管理平台、全球统一授信等，同时借助海外资金成本低廉的优势，帮助境内企业获得结算、结售汇和融资支持。某行通过全球统一授信切分方式续做美元海外直贷业务，成功帮助新区企业获得海外低成本融资，为企业参与全球化国际竞争提供了有力支持。

3. 助力进出口贸易企业规避风险。某行针对进出口贸易企业在进出口贸易或转口贸易项下，或在他行到单议付，或他行出口贸易融资到期偿还等情况下，规避汇兑损失从而获得资金收益的需求，为企业提供了外汇结构性融资套利组合产品。

（二）服务中小企业金融创新呈系统化特征

近年来，新区商业银行中小企业金融服务创新出现了很多新趋势、新特点、新突破，使商业银行中小企业服务模式愈加丰富，服务能力不断增强。

一是通过细化分类加强专业服务能力。2012 年，新区商业银行明显加强了中小企业所属行业、所在地区、规模大小、产业链位置、生存模式、经营特点、成长阶段等方面的细化分类工作，尝试从纷繁复杂的众多中小企业中摸索出适合不同情况的各类金融服务方案，努力形成系统化、有针对性、快速有效的中小企业服务模式。

1. 创新建立小微企业专营机构。以"做社区型小零售银行"为市场定位的 A 银行在 2009 年成立了小企业服务中心，对有市场、有技术、有发展前景的小企业进行融资支持，小企业服务中心成立以来，每年为小微企业提供的授信支持均以 30% 的速度增长。B 银行成立小企业金融业务部，负责指导推动小企业金融业务发展，并设立专门审批机构，简化小企业审批流程，将评级、授信、押品评估和融资四个流程整合为一，提高了审批效率。

2. 推出创新型金融产品。C 银行推出了易贷通、流动资金循环贷、商标专用权质押贷款、专利权质押贷款、科技展业贷款、应收账款质押贷款、小额分期贷、联保贷、增值贷等 16 款小微企业信贷特色产品。D 银行推进产品、营销模式和业务模式创新，根据企业生产经营特征和资金运用特点等设计金融产品，开发了携手展业、携手成长、小额快捷贷等十几款金融产品，提升个性化、针对性的金融服务水平。

3. 强化小微企业服务。为贯彻落实国家关于支持小微企业发展的要求，E 银行专门制定《关于进一步支持小型和微型企业健康发展的政策措施》，以加大对小微企业的信贷支持力度，降低小微企业融资成本，对出现暂时资金困难的小微企业不压贷、不抽资，帮助企业渡过难关。F 银行提出调整贷款客户结构，优先支持中小企业的贷款策略，力推模式化经营，走批量信贷之路，帮助小企业"抱团取暖"；通过搭建平台，整合社会资源，创新产品和服务流程，实施批量作业和风险切分管理，节约成本，防控风险。近两年成功扶植推广了超过 1000 个中小企业模式化融资项目，涉及石油化工、造船、汽车及配件等 10 大行业，探索出财政担保模式、科技孵化模式、联保模式、认股权模式等 10 大融资模式，效果显著。

二是创新发展债券业务曲线解决中小企业融资难题。通过近几年的发展，新区商业银行在中小企业债券融资方面也进行了新的尝试。承销了天津滨海高新技术中小企业集合票据，这是天津市首单中小企业集合票据，为新区中小企业融资开辟了新的道路。

三是创新担保方式助力中小企业发展。C 行与新区 7 家地区性专业融资担保公司签订了合作协议，为小微企业提供多样化的担保服务，同时与中远货运、天津港散货物流等物流公司建立长期合作，为小微企业提供货物监管服务，扩展小微企业融资担保方式。A 行分步引入一批实力强、经营稳健、风控机制健全的融资性担保机构，实现银行、企业、担保机构的风险共担；积极探索推出仓单质押、国内保理、保兑仓以及出口信用险项下的贸易融资业务，不断改善小微企业融资环境。

（三）投资银行业务快速发展

随着国内大中小型企业对债券融资、股权融资、上市融资、重组并购、直接投资的需求高涨，资本市场迅速发展，企业的直接融资比重上升，企业对银行传统存贷款结算以外的创新业务需求日益凸显，投行业务机会应运而生。新区商业银行纷纷顺势而动，迅速搭建起投资银行业务平台，力争在这个新兴市场领域中抢占先机。

一是投行业务产品渐趋多元。D 行在投行业务创新上建立了完备的产品框架和产品体系，分别是企业直接融资板块，包括银团贷款、债券承分销、信托融资、股权融资；结构性融资板块，包括并购贷款、夹层融资；财务顾问板块，包括债务、股权融资顾问、并购重组顾问、改制上市顾问、企业常年财务顾问。G 行经过几年发展，投行项目的业务品种逐渐从单一的结构化融资业务拓展为中票、短融、私募债等多样性的投行业务产品。

二是债券承销、银团贷款业务持续增长。2012 年，新区共发行债券 12 只，融资总规模 241 亿元，发行数量及融资规模均超过了 2010 年及 2011 年债券融资数量及规模的总和。其中，新区商业银行发挥积极作用，充分利用投行业务资金聚集量大的优势，为新区开发建设提供资金支持。同时积极参与组织银团贷款，2008—2012 年底，23 家金融机构已累计向新区发放银团贷款 1219 亿元人民币。

三是私募股权基金业务取得突破。E 行通过北京金融资产交易平台以办理理财计划投资委托债权方式帮助企业实现融资，完成了该行系统第一笔私募股权基金托管业务，托管金额达 9360 万元，为私募基金解决了托管需求。

（四）零售业务创新稳步推进

一是个人金融产品创新多样化。个人理财类创新产品仍有突破。如某行推出的一款专业理财产品，其组成包括产品收益较好、期限合理、投资方向明确的信托资产型理财产品，具有预期收益较高、风险低、流动性强、资金运作规范的特点；某行专门为满足高端客户多样化理财需求而推出的系列创新类理财产品，主要将募集的资金投资于银行间债券市场、国债、政策性金融债、央行票据、商业银行次级债、企业短期融资券、中期票据、企业债券和公司债等。

表 3－2　　　　　　　　　　**新区金融机构个人业务产品创新情况表**

产品名称	品牌简介
日增利	客户存取灵活，靠档计息。适合于存了定期总是提前支取的或者不定期需要资金的客户，保证了利息最大化，也为客户减少了利息损失
存抵贷	借款人开通存抵贷业务后，将富余资金或用于个人周转资金存在银行的代扣账户，享受活期利率，随取随用，同时还能抵扣银行贷款利息，极大提高了客户资金的周转效率
利得盈	"利得盈"是一款专业理财产品，包括产品收益较好、期限合理、投资方向明确的信托资产型理财产品。具有预期收益较高、风险低、流动性强、资金运作规范的特点
辛卯1、2号	将募集资金投资于银行间债券市场的国债、央行票据、天津市分行已贴现票据资产的收益权、信贷资产信托受益权、同业存款等
宝益得	是一种将募集资金投资于评级在 AA 以上的企业融资债，从而获得收益的理财产品，属于保本浮动收益型理财产品范畴，具有风险小，收益稳定的特点
工银财富	将募集资金投资于符合监管机构要求的信托计划及其他货币资金市场工具。属于非保本浮动收益型理财产品

　　二是银行卡业务创新呈现新趋势。目前"一卡"办理银行所有业务的一卡式服务正成为银行卡业务发展的主流方向，新区商业银行均加大了对各自银行卡功能的整合升级，为客户提供账户服务、综合理财、消费升级以及会员服务等一揽子增值服务，大大提升了客户对银行服务的满意度，也极大提高了银行业务的推广度。如"阳光信贷合一卡"，既提供在信用额度内先消费、后还款的信用消费功能，又提供储蓄、转账、自动理财、委托代理、证券交易、个人融资、电子商务、国债买卖等储蓄和理财投资功能，最大限度地发挥了"信用卡理财"的功能；"轻松理财知性卡"是专为都市女性打造的新一代个性卡，不但融合知性理财与消费延期支付的优越功能，更具备"《今日风采》读者俱乐部"会员服务功能，独享会员专属精彩活动；"小企业 e 贷卡"是面向特定客户发行的"卡贷合一"小企业金融服务产品，此产品在单位借记卡的基础上，创新增加了信贷功能，在提供全面消费结算服务的同时，满足小企业高效、便捷的小额短期贷款融资需求。

表 3－3　　　　　　　　　　**新区金融机构银行卡业务创新情况表**

产品名称	品牌简介
存贷合一卡	"阳光信贷合一卡"首创"一卡双身份"，灵活实现储蓄与消费。既提供在信用额度内先消费、后还款的信用消费功能，又提供储蓄、转账、自动理财、委托代理、证券交易、个人融资、电子商务、国债买卖等储蓄和理财投资功能。其独特的"智能理财"为大众的理财生活平添一份自由与快捷
小企业 e 贷卡	"小企业 e 贷卡"是面向特定客户发行的"卡贷合一"金融服务产品，此产品在单位借记卡的基础上，创新增加了信贷功能，在提供全面消费结算服务的同时，满足小企业高效、便捷的小额短期贷款融资需求

续表

产品名称	品牌简介
轻松理财知性卡	轻松理财知性卡是专为都市女性打造的新一代个性卡。知性卡不但融合知性理财与消费延期支付的优越功能，更具备 "《今日风采》读者俱乐部" 会员服务功能，独享会员专属精彩活动
天津城市青年联名卡	集管理、金融、服务于一体的功能卡。此卡既具备商业银行借记卡的功能，又可享受城市青年中心提供的服务，并能得到 238 家签约单位提供的教育、培训等方面的优惠

三是个人贵金属业务创新点较多。D 银行的贵金属产品系列有实物黄金、纸黄金、递延黄金等产品，交易采用专用的电脑终端软件。某银行为客户提供实物黄金出售、回购、代保管及业务咨询的综合服务，自主设计，并委托具有上海黄金交易所黄金标准金供应资格的黄金加工企业进行加工，上述服务具有服务多元的特点。

四是个人业务服务创新提升。如为满足个人客户理财规划和资产配置的需求，帮助客户防范风险，完善服务功能，推出了个人客户 "快速规划"、"基金诊断" 等多项服务业务，为客户解决各种财务问题。为加大民生服务力度，为广大客户提供更为便捷的生活服务应用，创新推出了 "悦生活" 生活服务缴费平台和以专业化金融服务为依托的电子商务金融服务平台——善融商务。

（五）公司类中间业务创新点相对集中

商业银行公司类中间业务创新重点主要集中在现金管理、票据管理等业务上。

一是提升和创新现金管理业务。如，现金管理服务已从企业内部向企业资金链延伸，从原有的收付款、资金集中管理向综合金融资产管理业务领域延伸，形成了以账户交易管理、流动性管理、供应链管理、投资理财管理等系列金融服务为架构的全方位现金管理体系。创新推出 "智能现金池"，自动检测企业账户资金金额，并将短期闲置资金自动转化成为企业带来收益的货币型基金、债券型基金等金融产品。

二是大力拓展票据业务。如推出企业票据池，开创票据综合管理新模式，该业务包括商业票据集合管理、代保管、质押、融资等服务，是集团客户票据统一管理和统筹使用的高端解决方案。推出 "票赢家" 票据综合服务产品，该产品可根据客户的具体要求，通过对不同基础服务产品进行选择和整合而形成灵活、个性的综合服务解决方案。推出票据置换业务，该业务可在一张或几张大额和若干张等值小额票据之间进行转换，满足了企业对不同面额票据的灵活需求。

第二单元　滨海新区证券业创新

一、证券业创新与实践

（一）设立柜台交易市场

1. 柜台交易市场定义。所谓非上市公众公司股权交易市场，也就是柜台交易市场，场外交易。英文缩写是 OTC，它是指在证券交易所之外进行证券交易的市场。在 OTC 交易的证券包括不符合证券交易所上市标准的股票，以及符合交易所上市标准、但不愿意在交易所挂牌的股票和债券等。

2. 政策优势。天津滨海新区综合配套改革试验方案被国务院正式批复，其中最重要的金融创新举措之一就是在天津设立非上市公众公司股权交易市场。国务院关于《推进滨海新区开发开放有关问题的意见》鼓励天津滨海新区进行金融改革和创新，明确在金融企业、金融业务、金融市场和金融开放等方面的重大改革，原则上可以安排在天津滨海新区先行先试。2008 年 3 月国务院在《天津滨海新区综合配套改革试验总体方案的批复》中又明确天津要以金融体制改革为重点，办好全国金融改革创新基地，加快健全资本市场体系和金融服务功能，为在天津滨海新区设立全国性非上市公众公司股权交易市场创造条件。

2008 年 5 月 4 日，天津市政府以津政办函〔2008〕19 号文正式批复开展"两高两非"① 公司股权和私募基金份额交易，并纳入到天津金融改革创新二十项重点工作之一，此后的市长办公会上，又将"两高两非"公司股权和基金份额交易纳入 2008 年金融改革创新十项重点工作，列为重中之重。2008 年 10 月，天津市政府在《滨海新区综合配套改革试验总体方案三年实施计划（2008—2010 年)》又进一步明确"建设金融交易平台，开展私募基金和债券交易试点"。

3. 天津市滨海新区 OTC 市场运行模式构架②。

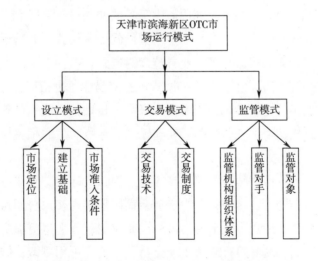

图 3 - 2　天津滨海新区 OTC 市场运行模式

4. 典型案例——天津市股权交易所。2008 年经天津市政府批准，由天津产权交易

① "两高两非"指的是国家级高新技术产业园区内的高新技术企业和非上市非公众股份有限公司。
② 曹雯：《天津滨海新区 OTC 市场运行模式研究》，硕士论文，2009 年。

中心、天津开创投资有限公司等机构共同发起组建的天津股权交易所，在天津滨海新区注册营业。天津股权交易所是"两高两非"公司股权、私募基金份额交易和债券交易的实施机构。截至 2012 年底，天津股权交易所挂牌企业 247 家，累计融资额 42.18 亿元。①

（二）业务创新

1. 融资融券业务。2010 年 3 月，我国正式推出了融资融券业务。融资融券业务于 2011 年正式转为证券公司的常规业务，并呈现出有序增长的态势，业务规模不断增加，市场影响力逐步增强。

2011 年 10 月 28 日，中国证监会正式发布了《关于修改〈证券公司融资融券业务试点管理办法〉的决定》、《关于修改〈证券公司融资融券业务试点内部控制指引〉的决定》。随后，沪、深证券交易所于 11 月 25 日发布了《融资融券交易实施细则》，对《融资融券试点交易实施细则》中部分条款进行了修订，融资融券标的股票由此前的 90 支扩容至 285 支，融资融券业务由"试点"转为"常规"。

融资融券业务是指在证券交易所或者国务院批准的其他证券交易场所进行的证券交易中，证券公司向客户出借资金供其买入证券或者出借证券供其卖出，并由客户交存相应担保物的经营活动。融资融券业务有利于促进证券市场的稳定发展，为发挥市场融资功能提供配套支持；有利于促进资本市场和货币市场之间的资源合理有效配置，增加资本市场资金供给；有利于完善证券市场运行机制，发挥市场定价功能，为衍生品市场的建立和发展奠定基础；有利于投资者利用衍生工具的交易进行避险和套利，为投资者提供杠杆投资工具和新的盈利机会；有利于丰富券商的盈利模式，改善证券公司的财务状况，为券商提供产品创新的机会和多项业务整合的资源。

2. 约定购回式证券交易业务。约定购回式证券交易业务是指符合条件的投资者以约定价格向证券公司卖出特定证券，并约定在未来某一日期，按照另一约定价格从证券公司购回标的证券，除指定情形外，待购回期间标的证券所产生的相关权益于权益登记日划转给客户的交易行为。

约定购回式业务的业务优势有：客户参与约定购回式证券交易业务无须开立新的账户，通过普通账户操作即可，客户融入的资金会直接划转到客户普通账户；客户所融入资金不限定投资品种，在使用方式上更为灵活，在使用范围上也更加广泛；业务审批周期短，资金到账效率高，交易执行的第 2 个交易日，资金可用可取；借贷期限灵活，客户可视自身资金使用情况自主选择是否需要提前购回或延期购回等；交易灵活而便捷，客户一般情况下只需临柜签署一次交易协议书，即可按约定由营业部代理完成初始交易和购回交易。

---

① 天津股权交易所网站：http://www.tjsoc.com/web/date.aspx。

（三）服务创新

1. 金融服务之"招商汇金"。"招商汇金"是招商证券倾力打造的私募合作品牌，通过资管平台为合作的私募机构提供较为领先的综合性金融服务。依托招商证券强大的后台支持体系和充足的人才配备，把阳光私募合作业务做大做强，将"招商汇金"做成行业内领先的证券私募合作品牌。同时，利用招商证券先进的风控合规水平和理念对合作品牌进行风险控制。

2. 债券质押式报价回购业务。债券质押式报价回购是指证券公司提供债券作为质物，并以根据标准券折算率计算出的标准券总额为融资额度，向在该证券公司指定交易的客户以证券公司报价客户接受报价的方式融入资金，客户于回购到期时收回融出资金并获得相应收益的债券质押式回购。

债券质押式报价回购作为一款固定收益类创新产品，具有流动性高、操作灵活的特点，可以提高客户闲置资金的回报率，为客户提供先进的管理服务，丰富证券公司的产品线，改善全行业盈利模式，形成差异化、特色化经营。

3. "定时预委托"服务。"定时预委托"服务是指招商证券网上交易系统中提供的"定时预委托"功能。该功能满足部分投资者对于某些证券品种的"快速抢单"需求，提升投资者的交易体验。

4. "量化交易"服务。量化交易是指客户使用特定的量化策略，自动执行交易的系统，客户登录网上交易系统，自行设定量化交易平台参数后，下达委托指令。量化交易能拓展差异化服务，进一步提升了招商证券的经纪业务服务，特别是提高了对高端客户服务的竞争力。

二、美国证券资本市场多层次格局的借鉴[①]

美国的多层次资本市场结构有五个层次。

第一层次：由纽约证券交易所（NYSE）和纳斯达克全国市场（The NASDAQ National Market，NASDAQ－NM）构成，上市标准较高，主要是面向大企业提供股权融资的全国性市场。

纽约证券交易所成立于 1792 年，是全球规模最大和流通性最强的交易所，俗称"大交易所"（Big Board）。经过近 30 年的时间，在 NASDAQ 市场发行的外国公司股票数量，已超过纽约证券交易所和美国证券交易所的总和，成为外国公司在美国上市的主要场所。

第二层次：由美国证券交易所（AMEX）和纳斯达克小型股市场（The NASDAQ

---

① 栗书茵、康莹：《美国区域产业结构调整的投融资支持及启示》，北京工商大学学报（社会科学版），第 24 卷，第 3 期。

Small - Cap Market，NASDAQ - SC）构成，主要是面向中小企业提供股权融资服务的全国性市场。

美国证券交易所成立于 1849 年，于 1953 年正式命名为美国证交所。相对于纽约证券交易所，上市公司标准较低，俗称"小交易所"（Little Board 或 Curb Board）。虽然上市公司市值和股票交易量小于纽约和纳斯达克证券交易所，但它是全球最大的 ETF 交易所和美国第二大股票期权交易所。美国证券交易所于 1998 年与美国全国交易商协会（NASD）合并，作为美国全国交易商协会下属的交易所独立运营。纳斯达克小型股市场，是专门为中小型高成长企业提供融资服务的市场，上市标准较低，可以满足以高风险、高成长为特征的高科技企业和其他符合条件的企业要求。

第三层次：由太平洋交易所、中西交易所、波士顿交易所、费城交易所、芝加哥证券交易所、辛辛那提证券交易所等区域性交易所构成，是主要交易地方性企业证券的市场，还有一些未经注册的交易所，主要交易地方性中小企业证券。

第四层次：由 OTCBB 市场、Pink Sheets（粉红单市场）、第三市场和第四市场构成，主要是面向广大中小企业提供股权融资的场外市场。

OTCBB 和 Pink Sheets，是专门为未能在全国性市场上市的公司的股票提供报价和交易的市场。进入这一市场的企业主要是新设立的、从事能源或矿产开发、高新技术开发和有关健康问题应用研究以及许多有特色的企业，场外市场满足了大批高新技术、高风险企业股票融资和风险资本退出的需要。

OTCBB 是全国性管理报价公告栏系统，任何未在 NASDAQ 或其他全国性市场上市或登记的证券，包括在全国、地方、国外发行的股票、认股权证、组合证券、美国存托凭证、直接参股计划等，都可以在 OTCBB 市场上显示有关当前交易价格、交易量等信息。与 NASDAQ 相比，OTCBB 门槛较低，对企业基本没有规模或盈利上的要求，只要有三名以上的做市商愿为该证券做市，企业股票就可以到 OTCBB 上流通。许多公司的股票先在 OTCBB 上市，获得最初的发展资金，通过一段时间的积累扩张，达到 NAS-DAQ 或纽约证券交易所的挂牌要求后升级到这些市场。因而 OTCBB 又被称为 NASDAQ 的预备市场或是 NASDAQ 摘牌公司的后备市场。

Pink Sheets（粉红单市场）是由私人设立的全国行情局，为未上市公司证券提供交易报价服务。Pink Sheets 市场专门搜集 OTC 市场中做市商对各类店头交易股票的报价信息并将其公布，在 Pink Sheets 市场上的证券有全国和地方股票、外国股票、认股权证、组合证券和美国存托凭证等。总的来说，Pink Sheets 市场上的证券比 OTCBB 上的证券信誉等级更低，挂牌公司不必向 SEC 和 NASD 披露财务信息和任何报告，比 OTCBB 市场受到的监管更少。

第五层次：由地方性柜台交易市场构成，是面向在各州发行股票的小型公司的柜台市场。在美国，还有 10000 余家小型公司的股票在各州发行，并且通过当地的经纪人进行柜台交易。

美国不同层次的市场以不同的公司为服务对象，形成了一个体系健全的"梯级市场"。多元化的市场格局使美国股票市场在组织结构和功能上形成相互递进的市场特征，上市公司在不同层次的市场之间可进行相互转换，充分发挥了证券市场的"优胜劣汰"机制。多层次的证券市场体系极大地拓展了美国证券市场的容量，不同规模、不同需求的企业都可以利用资本市场进行股权融资，获得发展的机会，这无疑有力地推动了美国经济的创新与增长。

三、滨海新区证券业未来展望

在国务院下发的《关于推进天津滨海新区开发开放有关问题的意见》中，明确指出"在金融企业、金融业务、金融市场和金融开放等方面的重大改革，原则上可安排在天津滨海新区先行先试"。而国家关于"一切金融改革和创新，都可以在滨海新区先行先试"的授权，给予了天津充分的探索和发展空间。因此，天津滨海新区综合配套改革的核心是推进金融改革创新。其工作重点为：大力发展资本市场，加快拓宽股票、债券、产业基金等直接融资渠道，改善社会资金结构，提高社会资金使用效率。受益于各项金融政策及监管部门创新发展的思路，我们认为滨海新区证券业未来的发展重点为以下三方面。

1. 已有创新扩容与深化，丰富资本市场的层次。包括 2010 年推出的股指期货与融资融券业务，会在市场准入、品种范围等方面不断深化拓展，以及新三板扩容及放宽投资者准入；建立证券公司柜台交易市场、推动融资融券的转融通交易、扩大新三板试点范围等。

2. 规范各金融中介机构的发展。金融市场的发展离不开各类金融中介机构的服务，因此要进一步加强对证券投资咨询、资信评级机构、评估机构等中介服务机构的服务和监管。

3. 根据需求相时推新制。包括统一场外市场、推出国际板、重启权证创设、存量发行等。

第三单元　滨海新区保险业创新

一、保险行业创新状况

滨海新区作为保险业创新发展试验区之一，充分利用科技与创新体制和保险业快速发展的优势，不断解放思想，深化改革，大胆创新，开展了一系列站在市场前列的创新实践，努力打造保险产品及服务的创新中心、保险机构与和人才的聚集中心、保险资金的运用中心，为全国保险业提供可以借鉴的经验。

（一）政策支持

制定了《天津滨海新区保险改革试验区综合配套改革试验实施方案》，将加快滨海新区保险改革试验区创新发展纳入天津市第二批金融改革创新 20 项重点工作。为全面组织实施《天津滨海新区综合配套改革试验区创新专项方案》，加大金融改革创新在金融企业、金融业务、金融市场和金融开放等方面先行先试力度，天津市制定并印发了《关于印发天津市第二批金融改革创新重点工作计划的通知》，大力推进 20 项重点工作，其中提出要加快滨海新区保险改革试验区创新发展，扩大保险资金运行规模和领域，促进以股权和债权方式利用保险资金。搞好补充养老保险试点，落实团体和个人补充养老保险财税政策，推进递延型补充养老保险。探索开展再保险业务，促进全市金融业全面发展。成功争取高科技保险试点落户天津，成为全国首批科技保险试点城市。共同研究制定了《天津市科技保险保费补贴办法》和《天津市高新技术企业科技保险投保流程》，支持促进科技型中小企业发展；天津市人民政府办公厅出台了《关于推动金融促进科技型中小企业发展工作的实施意见》，支持保险业积极开展业务，提高服务科技型中小企业能力；中国保监会和天津市人民政府《关于天津滨海新区试点补充养老保险有关财税优惠政策的通知》，对滨海新区试点补充养老保险财税优惠政策予以细化，明确了开展试点补充养老保险的保险公司自 2008 年 1 月 1 日起可享受财政部门给予三年减半返还营业税的优惠政策，返还的营业税专项用于鼓励城乡居民个人购买补充养老保险，进一步推动养老保险试点工作进展。这一系列政策的出台，极大地改善了滨海新区保险业发展的政策环境。

（二）业务创新

1. 恒安标准人寿保险有限公司推出"滨海创新型企业养老金计划"。恒安标准人寿保险有限公司推出"滨海创新型企业养老金计划"，并与天津泰达投资控股有限公司签署该业务第一单。该产品特点：一是吸取国际养老金管理经验，在国内首次提出生命周期的投资理念，实现了在人生不同阶段养老金收益性和安全性的匹配；二是运用网络技术搭建以客户为中心的互动平台，方便投保企业实现在线增减人员、账户转换和投资转换等；三是建立了配套的风险管控制度和信息披露制度；四是提供了养老金测算及分析工具，为客户提供养老规划建议和投资风险指引。

2. 天津保险公估行业结合滨海新区特色创新发展方向。天津保险公估行业紧密结合滨海新区各企业"走出去"发展战略，创新业务发展。一方面，加强为进出口企业港口货物运输提供海运监装监卸、货物出险后的查勘、检验、估价理算及残值处理服务；另一方面，积极为滨海新区各生产型企业和公共服务类场所提供风险管理咨询、风险评估及出险后估损等服务。2012 年，累计开展上述业务 1200 余件，估损金额 2000 余万元，服务滨海新区重点企业 200 余家，促进了新区进出口贸易、海外投资额稳步增长。

3. 开展补充养老保险试点。2008 年 6 月，中国保监会和天津市政府联合印发《关于在天津滨海新区试点补充养老保险的通知》，把新区作为补充养老保险试点地区，允许天津有关保险公司设计补充养老保险产品时，突破2.5%的预定利率限制，自主决定预定利率。天津市政府也出台配套优惠政策，给予购买个人补充养老保险产品的投保人首年标准保费5%的税收补助。在政策支持下，平安寿险、光大永明、中国人寿、平安养老等多家人身险公司开展试点补充养老保险业务，在有效推动保险公司业务拓展的同时，有力地支持了新区社会保障体系建设。

4. 试点科技保险。2007年底，中国保监会与科技部共同将天津确定为首批科技保险试点城市，支持天津科技保险发展，给予试点险种税收优惠支持。此后，天津市科委制定了具体落实措施，对投保科技保险的前100家试点企业，给予50%的保费补贴，对第101家及以后参与试点企业给予不超过30%的保费补贴。在政策支持下，人保、华泰、平安养老、出口信用等多家保险公司积极创新保险产品，改善保险服务，为多家高科技企业承担科技保险风险保障，推动企业自主创新和科技成果转化。截至2011年3月底，新区共有24家企业办理了科技保险业务，保费金额合计654.27万元，投保企业累计获得保费补贴209.3万元。

5. 开展出口信用保险。为解决中小企业出口货款不及时回款或是买方信用问题造成的货款纠纷问题，出口信用保险等业务应运而生。但单个企业申请及办理相关业务，保险费用约为货物价值的10%，企业负担重。为充分发挥滨海新区先行先试的政策优势和龙头带动作用，支持中小企业积极参与国际市场竞争，促进新区对外贸易实现又好又快发展，2010年10月新区商务委与中国出口信用保险公司天津分公司合作，扩大保障范围，创新信保平台的运作和利用模式，推出政府资金全覆盖的"中小企业出口风险保障平台"，为中小企业提供最大优惠的短期出口信用保险及海外买家资信报告等一系列服务，使企业参保成本大大降低，保险费用低于货物价值的1%，效率也大为提高，中小企业进军国际市场信心和动力得到增强。

2010年，为帮助区内中小出口企业防范出口收汇风险，开拓海外市场，提高国际市场竞争力，天津高新区与中国出口信用保险公司天津分公司合作，建立了"中小出口企业风险保障平台"，由高新区管委会为符合标准的出口企业投保中国出口信用保险公司的"中小企业综合保险"，免费赠送区内中小企业短期出口信用保险服务。

（三）产品创新

1. 启动海洋渔业互助保险补贴。从2012年起，为滨海新区500多艘渔船、超过2000名从事捕捞作业的渔民投保的针对渔船的综合互助保险（渔船险）和针对渔民的人身平安保险（渔民险）两种海洋渔业互助保险提供财政支持，即投保这两种保险将由财政补贴负担一半保费，以提高渔民及船东投保积极性，加快推进渔业安全保障体系建设。

2. 推出"天翼·吉祥自助保险卡"。为满足中、高端旅客针对出行方面的保险需求，平安产险天津分公司与天津市滨海国际机场独家合作，联合推出了"天翼·吉祥自助保险卡"。该产品保险期限为一年期，除涵盖交通工具（包含航空、火车、轮船、汽车等公共交通工具）意外、自驾私家车意外两种比较常见的旅行保险责任外，还包括航班延误、行李延误两大出行较频繁人士很关心的保险责任。航班及托运行李保险金，每延误 4 小时进行赔付。

客户自购自助卡后，根据卡背面的激活指引顺序进行操作，仅需要登录平安官方网站录入被保险人姓名、证件号、联系方式、保险起期几项必录信息即可完成投保并得到电子保单号（系统根据客户填写信息通过电子邮件及短信进行发送），其中交通工具责任最早可即时生效，驾驶人意外、航班延误、行李延误保障等责任最早需在等待期 5 天后（投保次日起算之第 5 日零时）生效。

客户只需持自助卡、身份证、电子保单号及理赔材料至平安产险全国任何一家门店均可进行理赔申请，全国通赔，简单快捷。随着商务出行的日益增多，该卡一定会受到"空中飞人"们的追捧。

3. 发展保险资金债权型金融创新产品。2009 年 5 月，人保资产发起的"中国人保—滨海城投 100 亿债权投资计划"正式设立。该债权计划既是保监会《基础设施债权投资计划产品设立指引》（保监发〔2009〕41 号）文件出台后的首单计划，亦是保险资金对新区大规模投资的第一单，被业界认为是近期保险行业创设的具有较强吸引力的债权型金融创新产品。该计划分为 5 年期与 10 年期品种，各为 50 亿，共募资 100 亿元；由于该计划项目具有收益稳定、安全性好、期限较长等特点，与保险资金追求长期稳定收益的需求相一致，且得益于 PICC 的品牌，仅一月之余，百亿滨海债权计划就完成认购。百亿募集资金用于新区交通基础设施投资，包括新区的中央大道、集疏港公路、滨海大道等公路的建设，标志着保险资金服务新区重点项目建设进一步深化。

（四）服务创新

1. 天津保险业积极支持科技型中小企业发展。天津保监局积极引导支持保险业服务科技型中小企业发展。一是加强与政府部门合作。支持有关公司与滨海新区商委共同搭建"中小企业出口风险保障平台"，与新技术产业园区管委会合作推出"中小企业风险保障平台"等，利用贸易代理企业或银行为载体，将下游零散且不符合条件的科技型中小企业整合后承保，帮助其解决融资难题。二是创新科技保险产品。通过引导保险业开发高新技术企业财产保险、关键研发设备保险、产品责任保险、出口信用保险和小额贷款保证保险等，拓宽科技保险业务领域，不断提高保险服务科技型中小企业的能力。三是创新保险融资服务模式。针对中小企业"融资难"问题，指导有关公司开展信用保险项下的国内国际贸易融资，帮助科技型中小企业在得到收汇安全保障的同时，在无抵押担保、不占用银行授信的情况下即可获得融资，缓解了中小企业的资金紧张问题。同时，支持有关公司采取专管专营、独立审核的运行机制，在一定额度内，为享受财政专项资金资助的投保企业提供贷款保证服务，帮助其从银行获得融资贷款。

2. 泰康人寿 3G 现场理赔。2012 年 1 月 30 日，3G 理赔在泰康人寿天津分公司正式启动，3G 理赔引领行业服务，助力销售。继成功完成首例调查案件、首例医保通案件、首例事中控制后，2 月 3 日，天津分公司顺利完成首例 3G 现场理赔案件，此案件的顺利结案标志着天津分公司开始全面进入 3G 电子化理赔的新时代。

客户邵女士于 2008 年投保了公司的卓越财富万能险并附加了重大疾病提前给付保险，保额 5 万元。后来，邵女士在三中心医院被确诊为恶性肿瘤。天津分公司理赔人员在接到报案后第一时间就和邵女士取得了联系，指导其准备相关的理赔资料，并随即携带先进的 3G 理赔设备为其进行了现场理赔服务。理赔人员将理赔所需的资料进行了审核，并利用手中的 3G 理赔终端进行了现场录入及上传，同时在总公司核赔部的密切配合下，仅用了半小时便顺利结案。

泰康人寿作为业内首家推出 3G 电子化理赔服务的寿险公司，开创了行业先河，将公司特色理赔服务又推上了一个新的台阶，此次 3G 理赔技术的引入，将公司已有的康乃馨探视、医保通等服务手段相结合，使泰康理赔服务成为天津保险业内新的亮点。3G 电子化理赔的应用为天津分公司理赔业务的开展翻开了崭新的一页，也为公司实现"服务好"的战略目标迈出了坚实的一步。

二、美国保险服务创新及借鉴[①]

美国保险市场是竞争最为激烈的保险市场，保险公司数量众多，不论是寿险还是非寿险，都存在大量地区性的小保险公司。因此，美国的保险公司为了应对激烈的市场竞争，把服务创新放在了十分重要的位置上，市场竞争更多的是体现在服务竞争上。美国保险服务主要的特点有：

（一）承保险种方面

保险公司通过不断调整险种结构，根据投保人的需要灵活调节承保风险、保险标的和保障水平，努力开发出人们急需的新险种等方式来与其他保险公司竞争。目前，美国各大保险公司的单一型险种正逐渐被一揽子险种所取代，这些一揽子险种是针对特定的行业对象专门设计并附加诸多特别服务的险种，投保人往往能获得更多的实惠。为了准确反映客户的投保需求，美国保险公司和代理人普遍使用金融需求分析系统（Financial Need Analysis，FNA）来销售产品。该系统是以需求为动因的寿险销售方式，所提供的服务不单是把寿险作为一般的商品销售，而是针对客户未来的家庭幸福生活的设计，同时担负起妥善利用寿险解决经济问题和客户经济顾问的重任，能够充分满足客户的需求。我国保险业也在积极进行险种结构调整，但是目前险种结构仍然缺乏科学性。各家

---

① 道客巴巴网站：http://www.doc88.com/p - 340816451168.html。

公司的险种大同小异。许多客户需要的保障项目，国内保险公司不愿或不敢承保。这与国内保险业的自身实力有关，也与我们的经营理念有关，与美国保险业提出的"只要客户需要，我们就提供保障"口号相比，我国保险业还有很大差距。

（二）理赔服务方面

美国的保险业经营者把理赔服务质量看作与保险价格同等至关重要的经营工具。理赔服务主要包括核保和防损服务，美国各保险公司往往通过建立理赔服务中心，做到理赔人员全天候值班并能及时到达查勘现场等来提高服务质量。同时，各保险公司一般均能通过提供现场救援、定期检测保险标的等各项后期服务来扩大自身的服务范围。

（三）电子商务方面

美国积极发展网络保险，网络保险已经成为美国保险销售的一条重要渠道。Cyber Dialogue 数据行销公司的一项调查表明：目前美国约有 670 万消费者通过国际互联网选购保险产品，而且网上购物者具有很大的投保潜力，年收入一般在 7.4 万美元左右，个人拥有资产平均达到 14.5 万美元。

（四）附加值服务方面

美国保险公司十分注重开拓附加值服务，并使之渗透到生活中的方方面面，使客户大受其利。比如，如果被保险人的汽车受损或被窃，保险公司可以提供同种型号的车辆给客户；客户丢了住宅钥匙，保险公司可以派专家帮助开锁，并免费换锁；家里的佣人突然患病，客户可向保险公司求助，保险公司可以为客户找到满意的临时保姆等等。一旦成为保险公司的客户，可以受到超出保险范围的服务。

三、滨海新区保险业发展目标定位

根据《关于加快天津滨海新区保险改革试验区创新发展的意见》，天津滨海新区保险改革试验区创新发展的目标是：坚持高起点、宽视野，努力把天津滨海新区保险改革试验区建设成为体制完善、机制灵活、运转协调、政策配套、充满活力的试验基地，逐步实现保险机构运行高效、保险产品丰富多样、保险服务诚信规范、保险风险有效防范、保险功能充分发挥的创新发展目标。

滨海新区保险改革试验区的总体目标确定为：建设市场体系完善、服务领域广泛、经营诚信规范、偿付能力充足、综合竞争力较强，发展速度、质量和效益相统一，与北方经济中心和天津滨海新区开发开放相适应的现代保险服务体系；坚持高起点、宽视野，突出体制改革和机制创新，努力建设依托京津冀、服务环渤海、辐射三北的全国保险改革试验区，充分发挥试验区的引擎作用、示范作用和带动作用，有力支持全国保险业改革发展。

优化市场主体结构，增强市场发展活力。支持具有创新能力的保险市场主体加快发展；鼓励相互制、合作制等保险组织形式探索发展；引导区域性和专业化保险公司创新发展；推动保险中介专业化、集团化发展。

推进保险业务创新，提升保险服务水平。建立产品创新激励机制，完善保险产品体系，鼓励保险机构开发适应天津滨海新区开发开放和天津经济社会发展需求的保险产品；支持营销模式创新，探索非关联产寿险公司相互代理、兼业代理连锁经营、营销员理财顾问等新型营销方式；坚持以客户为本的服务理念，积极发展网上保险、远程理赔等新型服务方式，提升保险服务水平。

拓宽资金运用领域，提高资金运用效益。深化保险资金运用体制改革，推进保险资金专业化、规范化、市场化运作，探索提高保险资金运用效益的方式和途径。做好保险资金投资渤海产业基金的试点工作；支持保险资金投资大型基础设施建设；支持大型保险集团参与天津金融企业改制重组。

完善政策支持体系，创造优良发展环境。推动地方法制建设，对部分涉及社会公众重大利益的保险产品通过适当方式予以推广；加大财政与税收支持力度，推动重点机构、重点险种、重点业务加快发展；建立创新保护机制，激发和保护各类保险机构创新积极性；大力实施保险人才发展战略，完善培养人才、吸引人才、使用人才、留住人才的有效机制；深入开展保险宣传，普及保险知识，加强舆论引导，营造良好的舆论环境。

第四章 滨海新区新金融业态

金融改革创新既是国家赋予滨海新区的任务要求，也是滨海新区在开发过程中的迫切需要。目前，滨海新区金融要素齐备，资本市场层级完善，金融机构聚集，金融人才快速汇集，具备创新能力的现代金融环境正在新区生成。本章将详细介绍滨海新区具有代表性意义的金融专业公司和金融要素市场发展现状、发展特点及发展前景等情况，从中了解滨海新区金融改革的主要内容、发展路径及未来趋势。

第一节 创新型金融机构业态

第一单元 融资租赁业态

一、融资租赁理论概述

（一）融资租赁的内涵界定

租赁是指在约定的期间内，出租人将资产使用权让与承租人，以获取租金的协议。根据基本交易结构及其相应基本功能的不同，租赁可分为两种最基本的类型，即传统租赁和现代租赁（融资租赁）。[①]

融资租赁是第二次世界大战后发源于美国的一种集融资与融物、贸易与技术更新于一体的新型金融产业模式。融资租赁又称金融租赁或设备租赁，是指出租人根据承租人对租赁物的特定要求和对供货人的选择，出资向供货人购买租赁物，并租给承租人使用，承租人则分期向出租人支付租金，在租赁期内租赁物的所有权属于出租人所有，承租人拥有租赁物的使用权。租期届满，租金支付完毕并且承租人根据融资租赁合同的规定履行完全部义务后，租赁物的所有权最终转移、不转移均可。它属于一种与银行信贷、保险并列的金融手段。

（二）融资租赁的主要特征

由于租赁物的所有权只是出租人为了保证承租人偿还租金的风险而采取的一种形式

---

① 廖岷：《中美两国融资租赁业的比较研究》，上海新金融研究中心。

所有权，在合同结束时租赁物最终有可能转移给承租人，因此租赁物的购买由承租人选择，维修保养也由承租人负责，出租人只提供金融服务。租金计算方式是：出租人以租赁物的购买价格为基础，以承租人占用出租人资金的时间为依据，根据双方商定的利率计算租金。它实质是依附于经营型租赁上的金融交易，是一种特殊的金融工具。融资租赁具有以下三个主要特征：

1. 租赁资产的所有权与使用权分离。

2. 融资与融物相结合。

3. 经济周期敏感性特征。由于设备投资的需求对经济发展的敏感性较强，反应幅度也要大于 GDP 的波动幅度，因此，受经济波动冲击时，融资租赁业交易额下降比较快；当经济复苏时，融资租赁业回升速度相对也比较快。[1]

（三）融资租赁的主要形式

1. 直接租赁。直接租赁是指出租人根据承租人的选择，向设备制造商购买设备，并将其出租给承租人使用的租赁方式。

2. 售后回租。售后回租是指租赁物所有人将自己拥有的租赁财产出售给出租人，再从该出租人处租回其所售财产，向出租人支付租金的租赁方式。

3. 转租赁。转租赁是指转租人根据最终承租人对租赁物的选择，从原始出租人那里租入租赁物后，再转租给最终承租人的一种租赁方式。

4. 厂商租赁。厂商租赁是指机械设备的制造商或经销商通过对其最终用户提供融资租赁便利，来销售本公司产品的方式。

5. 联合租赁。联合租赁是指多家具有租赁资格的机构共同作为联合出租人，以融资租赁的形式，将设备出租给承租人的租赁方式。

二、我国融资租赁业发展沿革

我国融资租赁业首先出现于改革开放之后，其间经历了曲折的发展路径，至今可分为五个主要发展阶段[2]：

（一）初创阶段（1979—1983 年）

1979 年 10 月，中国国际信托投资公司（简称中信公司）成立，该公司开始了中国最早的租赁业务实践，1980 年初，中信公司作为中介推动中国民航与美国汉诺威尔租赁公司、美国劳埃得银行合作，从美国租赁一架波音 747SP 飞机。1981 年 4 月，中信公司与日本东方租赁公司合资成立了中国东方国际租赁公司（中国第一家中外合资租赁有限公司），同年 7 月与内资机构合作成立了中国租赁有限公司（第一家非银行金融机构类

---

① 廖岷：《中美两国融资租赁业的比较研究》，上海新金融研究中心网站，2013 年 2 月 27 日。

② 钟伟：《金融租赁对货币政策传导机制的影响研究》，上海新金融研究院网站，2013 年 1 月 8 日。

租赁公司），这两家金融租赁公司的成立标志着我国融资租赁业开始正式创立。此后，合资或中资租赁公司相继成立。这一阶段是中国融资租赁的初始时期，规模小但发展速度快，成交金额呈爆炸式增长：1981 年租赁成交金额为 1300 万美元，1982 年为 4100 万美元，1983 年就超过了 1 亿美元，年均增长率超过 170%。

（二）迅速扩张阶段（1984—1987 年）

由于政府的积极推进并提供担保，加上改革开放后全国上下有强劲的资本需求，这一阶段的融资租赁业步入了迅速扩张时期。第一个表现是融资租赁公司不断增加，如中国环球租赁、国际租赁、北方租赁、华和租赁、包装租赁、光大租赁等较大规模的租赁公司在这一时期成立，到 1987 年底已有 14 家合资租赁公司和 15 家中资租赁公司；第二个表现是租赁业务迅速膨胀，到 1987 年底租赁合同金额超过 13 亿美元。然而，由于缺乏相应的监管法规，加之行业扩张过于迅速，融资租赁业发展遗留下一些潜在的问题：租赁公司对金融租赁的职能定位不够明确，注册资本低，资金来源短缺，租赁资产比例较低，且业务技能较差，公司制度不健全，管理颇为混乱。这些潜在的问题为日后经营埋下了隐患。

（三）过热—停滞阶段（1988—1999 年）

受到我国经济过热的影响，这一阶段的初期融资租赁业发展显著过热，租赁合同额于 1992 年达到顶峰，达 38.33 亿美元。然而，随着企业制度改革所带来的政企分开、企业自负盈亏等新变化，再加上最高人民法院出台了政府为经济合同提供担保无效的司法解释，由此财政、银行等部门不再为企业提供担保，租赁公司风险剧增，开始面临承租方拖欠租金、资产质量严重恶化、正常业务难以继续经营的问题。到 1995 年以后，新颁布的《商业银行法》不允许商业银行混业经营，融资租赁公司进一步失去商业银行的资金，遭受重创；之后的亚洲金融危机则使得外资撤出，租赁公司进一步失去境外资金。在这种环境下，一些租赁公司脱离租赁主业，违规高息揽储，高负债运营。1997 年经中国人民银行批准的金融租赁公司共 16 家，1996 年底租赁公司总资产达到近 140 亿元人民币，但注册资本金总计只有 6 亿多元人民币及 500 万美元，资本充足率过低，蕴藏着巨大的风险。

（四）整顿恢复阶段（2000—2006 年）

进入 21 世纪，中国政府开始对已经进入混乱状态的融资租赁业进行整顿，主要表现在两个方面：

1. 行业治理。2000 年 8 月，中国人民银行撤销了严重违规经营，不能支付到期债务的中国华阳金融租赁有限公司，拉开了融资租赁业整顿的序幕。之后，陷入严重困境的海南国际租赁有限公司和武汉国际租赁公司被相继关停。2004 年以后，又有两家金融租赁公司进入破产程序，两家公司被停业整顿。

2. 制度建设。2006 年 6 月，中国人民银行颁布《中国金融租赁公司管理办法》，首次为金融租赁的监管提供了法律依据。2004 年 10 月，商务部、国家税务总局发布了《关于从事融资租赁业务有关问题的通知》，对内资企业开展融资业务进行规范；2004 年 3 月，商务部根据我国的入世承诺颁布的《外商投资租赁业管理办法》正式施行。如此密集且有针对性的政策规章的出台，为融资租赁的发展提供了规范的制度环境。

在强有力整顿之后，经营环境得到极大改善的金融租赁业开始恢复。截至 2006 年底，金融租赁公司共有 12 家，其中 6 家持续经营，账面资产合计 142 亿元，负债 112 亿元。当年税后净利润 1.3 亿元；商务部及前外经贸部批准的外资及中外合资租赁公司共有 70 余家，资产合计近 300 亿元。

（五）稳健发展阶段（2007 年至今）

2007 年 3 月，中国银行业监督管理委员会修订颁布的《金融租赁公司管理办法》正式实施，允许符合条件的商业银行和其他金融机构设立或参股金融租赁公司，从此"金融租赁"作为一类特殊的融资租赁机构被分离出来。新办法规定，商业银行再次被允许进入金融租赁业，工商银行、民生银行、交通银行、招商银行、建设银行这 5 家银行获准组建金融租赁公司。在商业银行的推动下，我国金融租赁业迅猛发展，租赁资产规模快速增长，资产质量得到改善。中国金融租赁业进入了一个稳健发展时期。

由于历史原因和监管部门差异，我国融资租赁业的经营主体主要由三大部分组成：金融租赁公司、中外合资及外商独资融资租赁公司以及内资试点融资租赁公司，其中金融租赁公司由银监会监管，而其他两类则由商务部监管。近年来，随着融资租赁业的蓬勃发展，三类租赁公司的数量都在快速增长，而金融租赁公司由于具有金融经营权优势，发展态势更为迅猛。

根据中国租赁联盟公布的数据，截至 2012 年底，全国在册运营的各类融资租赁公司（不含单一项目融资租赁公司）共 560 家，比 2011 年增加 264 家，增长 89.2%。其中，外资租赁公司 460 家，内资租赁公司 80 家，银监会监管下的金融租赁公司 20 家，这 20 家金融租赁公司总资产规模 7986.29 亿元，行业从业人员 1878 人，人均创利高达 544 万元。

表 4-1   **2007—2012 年中国融资租赁公司数量**   单位：家

年份	2007	2008	2009	2010	2011	2012
金融租赁公司	11	13	13	17	20	20
内资试点租赁公司	26	37	45	45	66	80
外商投资租赁公司	56	68	90	120	210	460
行业总数	93	118	148	182	296	560

数据来源：中国租赁联盟、中国银行业协会、中华人民共和国商务部、中国外商投资企业协会。

截至 2012 年底，整个行业注册资金约为 1820 亿元人民币，比上年的 1358 亿元增加了 34%。全国融资租赁合同余额约为 15500 亿元人民币，比上年底的 9300 亿元增加约 6200 亿元，增长幅度为 66.7%。其中，金融租赁合同余额约 6600 亿元，增长 69.2%，比上年 11.4% 的增幅提升了 57.8 个百分点；内资租赁合同余额约 5400 亿元，增长 68.8%，比上年 45.5% 的增幅提升了 23.3 个百分点；外商租赁合同余额约 3500 亿元，增长 59.1%，比上年 69.2% 的增幅下降了 10.1 个百分点。

表 4－2　　　　　　　2007—2012 年中国融资租赁业业务总量　　　　单位：亿元人民币

年份	2007	2008	2009	2010	2011	2012
金融租赁公司	90	420	1700	3500	3900	6600
内资试点租赁公司	100	630	1300	2200	3200	5400
外商投资租赁公司	50	500	700	1300	2200	3500
行业业务总量	240	1550	3700	7000	9300	15500

数据来源：中国租赁联盟、中国银行业协会、中华人民共和国商务部、中国外商投资企业协会。

总体来看，当前我国融资租赁业的发展呈现出以下一些特点。

（一）外资租赁企业大幅增加

2012 年，由于商务部继续实行外资融资租赁企业交由地方商务管理部门审批的政策，外商投资的融资租赁公司继续大幅增加。到 2012 年底，外商租赁企业达到 460 家，比上年的 210 家增加 250 家，增长达一倍以上，成为年内行业发展的一个重要特征。

据统计，外资租赁企业注册资金约为 140 亿美元，按 1∶6.3 的平均汇率折合成人民币，总计约 882 亿元人民币，约占整个行业注册资金 1815 亿元的 48.6%，已接近金融租赁和内资租赁注册资金的总和。

（二）国际合作不断深化发展

中国成为世界第二大经济体后，又先后超过美国、日本、德国等经济发达国家，成为工程机械产销大国、奢侈品消费大国和民用航空大国，这为融资租赁企业提供了新的发展机遇，许多租赁企业抓住时机，积极开展国际合作，拓展国内外租赁市场。

2012 年，工程机械制造企业如中联重科、三一重工、徐工集团、玉柴重工、柳工集团、山推重工，在国际市场的拓展上，都不同程度地取得进展。

2012 年，天津滨海新区将建设中国融资租赁业聚集地的发展目标调整为建设中国和世界的融资租赁业聚集地，4 月 1 日，中国国际商会与天津滨海新区政府签署合作备忘录，同时宣布中国国际商会租赁委员会在滨海新区挂牌办公。

（三）租赁企业继续拓展资金渠道

2012 年，各类融资租赁企业继续探索多渠道融资，解决业务发展与资金短缺的问题。

1. 追加资本金，这是拓展资金来源的最直接方式。2012 年，约有 20 家租赁企业，特别是业务发展较快、规模较大、资产质量较好的企业先后追加资本金。这些企业在机遇与挑战共存的情况下，通过及时追加资本金的方式，保持了继续快速发展的良好势头。

2. 进入银行间同业拆借市场，这是租赁企业解决资金头寸、应对不时之需的一个重要途径。自 2010 年国银租赁获准率先进入银行间同业拆借市场后，中国人民银行先后下发民生租赁、招银租赁等金融租赁公司进入全国银行间同业拆借市场的批复，截至 2012 年，大多数金融租赁公司都已进入银行间同业拆借市场。

3. 发行企业债券，这是租赁企业直接融资的重要手段。从 2010 年开始，工银租赁、交银租赁、华融租赁、江苏金融租赁等即进入企业债券市场直接筹资，2011 年，卡特彼勒子公司卡特彼勒融资服务公司也在香港首次发行 10 亿元人民币中期票据，此举为外商投资融资租赁公司利用香港的人民币市场进行融资开了先河。这些企业发债成功，积累了宝贵经验。2012 年，包括内资租赁和外资租赁的许多企业，都取得了在国内外债券市场上融资的成功。继华融租赁、交银租赁、江苏租赁发行金融债券后，工银租赁于 2012 年 11 月通过中信证券发行 16.3 亿人民币的资产证券化产品。2012 年 8 月，中国银行间市场交易商协会公布的《银行间债券市场非金融企业资产支持票据指引》指出，非金融企业在中国银行间市场交易商协会注册后，可在银行间债券市场发行资产支持票据。此规定引起包括内资和外资租赁企业的关注，它们积极争取在该机构发行资产支持票据，以期拓展融资渠道。

4. 上市筹资，这是各类融资租赁公司增强实力、提高直接融资能力的战略性举措。2011 年 5 月，天津渤海租赁提出 A 股上市的申请获得证监会等部门批准，10 月 26 日正式以"渤海租赁"的名义上市，成为业内第一家 A 股上市公司。进入 2012 年以来，已有民生租赁、鑫桥租赁等超过 10 家融资租赁公司在积极筹备上市。

5. 通过保理手段盘活自身资产，这是租赁企业调整资产结构、解决资金急需的一个重要方式。2012 年，多家融资租赁企业通过与银行或专业资产保理公司合作，取得了重要进展。6 月 27 日，商务部发布《关于商业保理试点有关工作的通知》，批准在天津滨海新区、上海浦东新区开展商业保理试点。截至 2012 年底，全国已有各类保理公司 60 多家。

（四）保险、信托资金投向融资租赁

保监会 2010 年 7 月 30 日颁布的《保险资金运用管理暂行办法》中，关于可以投资无担保企业（公司）债券和非金融企业债务融资工具的规定，为融资租赁公司吸引保险长期资金打开了绿灯，许多融资租赁公司开始与有关保险公司进行联系。保险企业也通过组建租赁企业的方式直接进入融资租赁市场。

2012年9月，平安保险集团出资设立的平安国际融资租赁有限公司正式成立，成为国内保险行业设立的首家融资租赁公司。此外，民生保险等多家保险公司也在积极策划组建融资租赁企业，为保险资金直接进入融资租赁领域开辟通道。

2012年，一些融资租赁企业除了通过信托计划向社会直接筹集资金外，还通过信托或委托形式，拓展信托资金进入融资租赁业的通道。

三、滨海新区融资租赁业发展状况及特点①

（一）政策配套优势逐步形成，融资租赁业发展环境不断优化

近年来，滨海新区充分利用先行先试的政策优势，为融资租赁的发展制定和争取了一系列相关政策和法律法规。银监会发布了《关于金融租赁公司在境内保税地区开展融资租赁业务有关问题的通知》，正式批准符合条件的金融租赁公司可以在境内保税地区设立项目公司，以SPV（特殊目的公司）方式开展飞机、船舶、工程机械等租赁业务；天津市高院在滨海综合发展研究院的协助下制定的《关于完善天津滨海新区融资租赁业发展法治环境的意见》获得最高法院批准，同时还赋予在审理天津滨海新区有关融资租赁纠纷案件中"保障租赁物安全和认定合同效力"两项先行先试司法政策；天津市根据融资租赁业税收政策和租赁物登记制度等业务，出台了《关于促进我市租赁业发展的意见》，该意见是全国第一个支持融资租赁业发展的地方性规章，为新区融资租赁业发展提供了良好的政策环境；国务院批复了《天津北方国际航运中心核心功能区建设方案》，对天津东疆港区租赁业试点给予了鼓励设立单机单船租赁公司、鼓励飞机租赁业务创新、给予减按4%征收飞机租赁进口环节增值税、租赁物出口退税等一系列重大的优惠措施。有关部委对滨海新区发展融资租赁也提供了一系列支持措施，这些政策的相互配套，进一步优化了新区发展融资租赁业的环境。

1. 海关总署支持天津开展保税租赁业务试点。海关总署支持在天津东疆保税港区开展保税租赁业务试点，对融资租赁项目公司购置的租赁资产，试行"入区退税、进区保税"政策，大幅降低了项目公司税收成本，提高了公司国际竞争力。

2. 财政部批准融资租赁船舶出口退税试点。2010年3月30日，财政部、海关总署、国家税务总局下发《关于在天津市开展融资租赁船舶出口退税试点的通知》，同意对融资租赁企业经营的所有权转移给境外企业的融资租赁船舶出口，在天津市实行为期1年的出口退税试点。

3. 天津市政府印发促进租赁业发展意见。2010年10月21日，天津市政府印发《关

---

① 刘通午、阴宝荣、罗安邦：《滨海新区融资租赁及其宏观经济效应分析》，载《华北金融》，2012（9）。

于促进我市租赁业发展的意见》，从租赁公司设立、物权保护、多渠道融资、市场培育、业务创新、财税优惠等方面提出支持租赁业发展的配套政策。一方面明确了市高院在审判有关融资租赁纠纷案件时，以人民银行征信中心的融资租赁登记公示情况判定租赁物所有权归属；另一方面明确了对融资租赁业务中涉及的增值税、营业税、企业所得税、契税等相关税收的减免政策。

4. 外汇资本金结汇改革试点。2012 年，国家外汇管理局正式下发了《关于将天津东疆保税港区纳入外商投资企业外汇资本金结汇改革试点范围》的批复，同意在天津东疆保税港区试行外商投资企业外汇资本金意愿结汇改革试点政策，此项政策是天津东疆保税港区获得的又一项重大金融创新试点支持政策，天津东疆保税港区也成为全国首个试行资本金意愿结汇政策的保税监管区域。

5. 实行融资租赁货物出口退税。2012 年 7 月，财政部发出通知，自 7 月 1 日起在天津东疆保税港区试行融资租赁货物出口退税政策，融资租赁出口货物的范围，包括飞机、飞机发动机、铁道机车、铁道客车车厢、船舶及其他货物。退税货物不包括在海关监管年限内的进口减免税货物，不包括从区外进入天津东疆保税港区的原进口货物。对融资租赁出租方向国内生产企业购买，并以融资租赁方式租赁给境内列名海上石油天然气开采企业且租赁期限在 5 年（含）以上的海洋工程结构物，视同出口，试行增值税、消费税出口退税政策。

（二）租赁企业迅速增加，融资租赁机构体系不断健全

作为我国金融改革创新实验基地和最大的融资租赁聚集区、示范区、先行区和领航区，天津滨海新区融资租赁业务发展迅猛。2005 年，滨海新区只有一家融资租赁公司——津投租赁，经过几年的发展，滨海新区就拥有了包括总部公司、单一项目公司、分公司和办事处在内的近 300 家融资租赁企业。截至 2012 年底，全区融资租赁公司达 115 家，融资租赁合同余额 3700 亿元，约占全国的 1/4，[①] 成为名副其实的中国融资租赁的集聚区。

（三）融资租赁业务规模不断扩大，资产经营质量明显提高

2006 年以来，新区融资租赁业规模不断扩大，在全国的集聚效应不断显现。融资租赁业务总量由 2006 年的 3 亿元上升至 2012 年底的 3700 亿元，增长了 1000 多倍；业务总量占全国的比重由 2006 年的 3.75% 提高到 2012 年底的 23.87%，增加了 20.12 个百分点。（见表 4 - 3）

---

① 中国税务报，《天津精心打造融资租赁聚集区》，2013 年 5 月 8 日。

表 4 – 3　　　　　　　　2006—2012 年新区融资租赁业务总量占全国比重

年份	全国		新区		新区占全国比重（%）
	业务总量（亿元）	同比增速（%）	业务总量（亿元）	同比增速（%）	
2006	80.00	—	3.00	—	3.75
2007	240.00	200.00	31.00	933.33	12.92
2008	1550.00	545.83	310.00	900.00	20.00
2009	3700.00	138.71	830.00	167.74	22.43
2010	7000.00	89.19	1700.00	104.82	24.29
2011	9300.00	32.86	2300.00	35.29	24.73
2012	15500.00	66.67	3700.00	60.87	23.87

注：业务总量指截至年底的融资租赁合同余额。

数据来源：天津市租赁行业协会。

在市场渗透率①方面，2011 年新区融资租赁市场渗透率达到 16.21%，远远高于全国 0.76% 的水平，说明新区租赁市场的发达水平远远超过全国平均水平。但是，若按照国际上 25% ~ 30% 为成熟租赁市场的标准来看，新区融资租赁市场的发展水平离发达国家的水平还有很大差距，其发展空间还非常大。

在企业竞争力方面，截至 2012 年底，在我国融资租赁十强（按注册资本排序）中，注册在滨海新区的融资租赁企业达 5 家，分别居第 1、第 3、第 5、第 8、第 9 位，注册资金共 266.75 亿元人民币，占前十强企业注册资金总额的 40.74%②。

在融资租赁合同余额占贷款比重方面，截至 2012 年底，新区融资租赁合同余额为 3700 亿元，相当于新区金融机构本外币贷款余额的 70.37%，较全国高出 68.07 个百分点。2012 年新增融资租赁合同余额 1400 亿元，相当于新增贷款余额的 363.37%，较全国高出 356.56 个百分点。（见表 4 – 4）

表 4 – 4　　　　　2012 年全国和新区融资租赁合同余额占贷款余额的比重

	全国		新区	
	余额	新增额	余额	新增额
金融机构贷款额（亿元）	673000.00	91000.00	5258.15	385.28
融资租赁合同余额（亿元）	15500.00	6200.00	3700.00	1400.00
融资租赁余额占贷款余额（%）	2.30	6.81	70.37	363.37
余额占比较年初增减	上升 0.7 个百分点	上升 3.64 个百分点	上升 9.77 个百分点	上升 132.49 个百分点

数据来源：中国人民银行网站、《天津滨海新区金融统计月报（2012 年 6 月）》和天津市租赁行业协会。

① 租赁市场渗透率指年租赁交易量与年固定资产投资额的比率。
② 数据来源于 2012 年中国融资租赁业发展情况，中国租赁联盟。

（四）"东疆模式"初步形成，融资租赁示范作用不断显现

近年来，在国家与政府的大力支持下，天津东疆港保税区融资租赁业得到迅速发展，保税区积极进行融资租赁贸易模式的创新。东疆港保税区率先在国内探索飞机船舶融资租赁业务，并将港区政策优势与单项目公司（SPV）运作相结合，探索出飞机船舶租赁的"东疆模式"。①

1. 产品创新模式——基于 SPV 的融资租赁贸易模式的创新。SPV 即 Specific Purpose Vehicle，即特殊目的的载体也称为特殊目的机构或公司。SPV 租赁，即通过设立特定租赁公司对特定租赁物进行租赁运营的融资租赁行为。融资租赁公司通过设立 SPV，将单架飞机、单艘船舶等作为租赁标的物出租给承租人营运，是目前国际航空、航运租赁业的惯用运作模式。

近年来，东疆港保税区以单机、单船公司运作模式为切入点，充分利用先行先试的政策优势，融资租赁业取得迅速发展。2009 年底，东疆保税港区签下国内融资租赁第一单，打破"SPV（单机公司）租赁"国际垄断。2010 年 12 月 3 日，东疆投资公司与工银租赁、波音公司、南方航空携手，完成了价值 3.2 亿美元的两架 B777F 货机融资租赁业务，实现了四项全国第一单：金融租赁公司飞机融资租赁业务第一单，该类机型进入中国第一单，单机公司模式探索第一单，保税港区金融创新第一单。截至 2012 年底，东疆保税港区已注册租赁公司达 366 家，单机单船公司 321 家；累计完成租赁飞机 99 架、离岸船舶 26 艘，飞机发动机 7 台，设备 20 台，租赁总资产约 51 亿美元。行业实力和业务总量处于全国领先地位，东疆保税港区在飞机、船舶融资租赁业务上初步探索形成了"东疆模式"，填补了国内融资租赁公司开展飞机、船舶融资租赁业务的空白。

2. 政策配套模式。在东疆保税港区注册的租赁企业，除享受天津市支持租赁业发展的政策，以及船舶融资租赁的退税政策、单船租赁的退税政策、处理融资租赁纠纷先行先试等政策外，经过和国家有关部委的积极沟通协调，根据国务院关于天津北方国际航运中心核心功能区建设方案批复，围绕单机单船租赁业务，还争取到了税收、飞机引进指标等多方面的优惠政策。与北京、上海浦东、深圳等融资租赁业发展较为发达的地区相比，新区已形成政策高地，将大幅提高区域内该产业的竞争力。

3. 创新管理模式。为更好地促进区域融资租赁业发展，东疆保税港区管委会建立了服务融资租赁业的工作团队。管委会下设能切实了解租赁业发展、能设计出具体产品、能完成退出机制的租赁业发展办公室，具体负责解决融资租赁业发展过程中遇到的各种难题。

4. 深度发展模式。东疆保税港区成立的中国租赁业研究中心，为新区乃至全国租赁

---

① 杨威：《论融资租赁贸易模式的灵活应用与创新——以天津东疆保税港区为例》，载《财税金融》，2012（31）。

业发展搭建了专家、企业、政府三方密切交流的平台。研究中心以促进新区租赁业发展为目标,开展了以下四个方面工作:一是研究工作。充分利用国内外资源,对租赁业发展环境、政策创新等进行详细研究,特别是围绕国务院关于天津北方国际航运中心核心功能区建设方案批复中租赁试点内容,与东疆保税港区共同制定相应的指导意见和细则。二是招商引资。以研究中心为载体,将区外的融资租赁公司吸引到新区落户。三是业务培训。根据实际需要,在区内举办租赁业培训班。四是平台打造。定期举办全国性会议,进一步提升中国租赁联盟网站的地位和作用,定期出版租赁业蓝皮书,实现了组织创新。

四、租赁业的典型案例——工银租赁[①]

工银金融租赁有限公司由中国工商银行股份有限公司全资设立,注册资本 80 亿元人民币,注册地在天津滨海新区。

工银金融租赁有限公司是国务院确定试点并首家获中国银监会批准开业的由商业银行设立的金融租赁公司,也是国家确定滨海新区发展战略后落户新区的最大法人金融机构之一。工银金融租赁有限公司的成立在工行迈向国际一流信用企业、打造业务多元化、经营综合化、服务专业化的中国最大银行的道路上再次写上浓墨重彩的一笔。公司依托中国工商银行的强大实力,以国际化的视野、市场化的机制、专业化的品质,提供各类租赁产品以及租金转让与证券化、资产管理、产业投资顾问等金融产业服务,致力于打造国内一流、国际知名的金融租赁公司。

工银金融租赁公司定位为大型、专业化的飞机、船舶和设备租赁公司,秉承工行在机、船、设备租赁融资方面的专业基础和优良的企业文化,建立了完备的公司治理结构和内部管理体制。依托工行的客户资源、网络优势和市场美誉度,工银租赁在市场营销能力、风险控制基础,人力资源水平方面,都具有领先同业的优势,因而具有强大的发展潜力。[②]

截至 2012 年底,工银租赁境内总资产 1190 亿元,租赁资产余额 1122 亿元。5 年来,公司总资产和租赁资产年复合增长率分别达到 59% 和 57%。目前公司拥有各类飞机 83 架,船舶 176 艘,能源电力、轨道交通、工程机械等各类大型设备 27000 多台套。公司客户涵盖了国有大中型重点企业、国际知名跨国公司、优秀上市公司及成功民营企业,逐步形成了大、中、小型客户比例均衡发展的合理格局。工银租赁的发展从一个侧面反映我国金融租赁行业的快速扩张。

2009 年,工银租赁在国内首次采用“保税租赁”模式,为南航在国内首次引进 2 架

---

① 丛林:《创新助力金融租赁纵深发展》,载《中国金融》,2013 (9)。

② 工银租赁有限公司网站,www.icbcleasing.com。

新波音777全货机，项目总金额3.18亿美元，并全程安排了飞机购买、实地交付、减免税申请、完税价格审定、通关完税等环节。这是我国首次通过保税区引进飞机，也是我国金融租赁公司首次直接与飞机制造商签署购机合同，并直接接收飞机，创造了国内保税租赁业务模式，被誉为"中国SPV"模式，引起了海内外市场的高度重视。在经历了从飞机售后回租租赁，到从航空公司间接采购进行直接租赁，再到从飞机制造商直接批量采购飞机的经营发展历程后，工银租赁逐渐进入航空租赁业务的深水区。2011年6月，工银租赁向空客公司订购42架A320系列飞机，成为中国租赁业历史上首次直接向飞机制造商批量订购飞机的租赁公司。2012年8月工银租赁与空中客车公司再次签署了50架A320系列飞机购机协议，成为空客A320neo这一全球销售增长速度最快的单通道飞机的首家中国客户。

在航运金融领域，根据航运市场周期性强、波动性大的特点，工银租赁不断探索，确定了公司船舶租赁业务的市场定位和拓展重点。与华能集团的12艘散货船租赁项目，是我国迄今为止最大的船舶租赁项目；与全球最大的船舶租赁公司SEASPAN及中远集运共同实施的全球最大的集装箱运输船租赁项目，开创了我国转口租赁模式，实现了我国境外船舶租赁业务的突破；中船集团订造的5.3万吨散货船被命名为"工银1轮"，树立了银行国内外市场的新形象；实施的国投海运租赁项目，首次通过"贷款＋租赁"结构性融资产品，拓展了银行优质大型客户群；2013年1月，工银租赁与全球高端邮轮市场的领军企业银海邮轮合作开展了五星级邮轮Silver Shadow的融资租赁业务，这是中资金融机构首次进入国际高端邮轮市场；2013年3月，工银租赁将一座半潜式钻井平台（"南海七号"）正式交付给中海油服，这是国内金融租赁公司首次涉足海工平台装备租赁领域。在设备金融领域，武汉地铁项目是我国首笔轨道交通租赁项目，开创了以租赁方式支持轨道交通建设的新模式；与北奔重卡、三一重工、斗山机械合作，是我国银行系租赁公司率先进入厂商租赁市场，创新发展了"金融租赁公司＋制造商＋厂商租赁公司"三位一体的租赁业务模式；创造了"租易通"品牌支持中小企业发展；中核集团福清核电项目，是租赁业首次进入环保清洁核电领域。在融资渠道方面，工银租赁从无到有、从少到多，不断创新融资渠道、融资方式，获得了50多家机构、本外币总额超过2500亿元的授信；2009年，先后成为首个与银行合作发行理财产品、首个开展应收租赁款保理业务、首次利用国家外债指标融入美元资金的金融租赁公司；2011年，成功发行7.5亿美元境外债，成为国内首家进入国际债券资本市场的租赁公司；2012年，"工银租赁专项资产管理计划"获得证监会审批通过，成为国内金融租赁企业首支获批发行的资产证券化产品，被视为金融租赁业开拓融资渠道的破冰之举，意味着金融租赁公司通过公开资本市场融资通道的开启。

五、美、日融资租赁发展的国际经验[1]

(一) 美国融资租赁业的发展

第二次世界大战中,为应付战争所需,各种军事技术发展迅速。战后,各项技术被改造为民用,使得各个企业购买带有新技术的机器设备的动机强劲。然而,当时美国企业的融资渠道受到限制,为了满足企业购置大型设备的需要,融资租赁业应运而生。1952 年,美国租赁公司成立,这是美国第一家融资租赁公司,标志着美国融资租赁市场的兴起。美国的金融租赁市场发展很快,1991 年,美国金融租赁市场份额达 1300 亿美元,市场渗透率在 30% 以上;到 2010 年,美国金融租赁市场规模不到 1991 年的两倍,市场渗透率下降至约 17%,表明美国的金融租赁市场发展减缓,且速度低于其他融资手段。

从融资租赁的种类看,电子计算机、办公室设备、产业机械等一般采用直接融资租赁,约占租赁市场份额的 45%;飞机、铁路车辆和船舶等价格昂贵的机械设备大部分倾向于采用杠杆租赁,约占租赁市场份额的 40%。

从融资租赁公司的背景看,四种类型的融资租赁公司在美国租赁市场较为普遍:第一种是依托银行开设的租赁公司,其资金来源主要来自于与银行的交易,这类公司资金充沛,既能为企业提供足够的资金,又能为银行的资金找到盈利点;第二种则是依托于大型制造商的租赁公司,这些制造商的产品大多昂贵,采用融资租赁的手段能帮助其获得额外的现金流,帮助其出售设备;第三种是有浓厚地域背景的独立租赁公司,一般服务于当地经济,业务范围相对较窄;最后是除上述三种类型外的其他类型公司,这也是由于美国租赁市场进入门槛比较低,因此投行、保险公司、私人公司等组织只要有足够的资本金,都能成立融资租赁公司。

从制度和政策环境看,美国为融资租赁制定了相当丰厚的优惠政策。首先是税收优惠,主要是投资减免税政策:美国的《投资税扣除法》中规定,对于通过出租人投资购买的租赁设备,在租赁时,给予减免征税,这种政策既可使出租人直接获得税收的优惠,又可使承租人通过减少租金,间接取得好处。其次是会计制度优惠,主要体现在折旧制度上:美国的会计准则规定租赁设备可实行加速折旧,也可自主选择折旧方法,并逐步缩短折旧年限,这样出租人可规避设备过时的风险,并可以享受延迟纳税的优惠;此外,承租人还可以把租金计入成本,降低应税利润。再次,美国政府为融资租赁公司在发展中国家开展租赁业务时提供政治风险保险,并由进出口银行提供出口信贷和商业保险等。最后,美国政府很少干预金融租赁业的发展,金融租赁公司不需要从美国政府获得牌照或其他许可,只需要遵守一般的市场经济法律,这使得各个主体均能参与美国

---

[1] 钟伟:《金融租赁对货币政策传导机制的影响研究》,上海新金融研究院网站,2013 年 1 月 8 日。

的租赁市场。

（二）日本融资租赁业的发展

日本的融资租赁业始于 20 世纪 60 年代，当时日本进入全面恢复时期，经济高速增长，市场空前繁荣，且日本政府鼓励企业进行资本投资。然而，当时日本企业普遍缺乏资金和设备，在这种背景下，日本引入了融资租赁的工具进行设备采购和流转。1963年，日本成立了"日本国际租赁株式会社"，这是日本第一家融资租赁公司。70 年代是日本租赁业快速发展的时期，这一时期成立了大量以大型金融机构和商社为背景的金融租赁公司，行业规模平均以每年 30% ~50% 的速度增长；80 年代则出现了大量专业的租赁公司，依托于具体的企业，从事与企业相关的业务，同时一些大型金融租赁公司将业务拓展到了海外；90 年代日本经济泡沫破裂后，租赁业也随着日本经济的停滞而发展缓慢，到 2000 年后才逐渐恢复。总体而言，日本的融资租赁业规模虽然较大，但在国内经济中的地位不如美国显著，租赁业市场渗透率一直不足 10%，近年来更是连年下降，到2010 年仅为 6.3%。

日本的融资租赁业务种类与美国类似，但不如美国齐全，主要原因是美国是融资租赁业务的主要创新地（融资业务创新主要来自于美国）。日本融资租赁公司的种类特点是租赁公司的背景大多是各个行业的大型企业，小型租赁公司较少。从融资租赁的承租人来看，中小企业与大企业各占约 50%，说明中小企业在租赁市场的参与度较高。

从租赁业务的具体行业来看，日本融资租赁的客户多以非制造业租赁为主，占市场的 67.7%；另外，信息与通讯设备租赁占所有租赁比重也较大。从资金来源看，日本融资租赁公司的资金来源主要依靠银行贷款，大约占 90%。此外，日本的融资租赁公司的业务种类不仅仅限于租赁业务，也同样涉及房地产和贷款等业务形式。

从政策和制度环境看，日本融资租赁的特色在于政府的大力推动作用。首先，日本通产省建立租赁信用保险政策，规定中小企业签订租赁合同时，强制购买保险，使得承租企业倒闭时，租赁公司能够获得损失金额的 50% 补偿，这是由政府出资的。这一措施大大降低了中小企业参与租赁的门槛，也使得日本融资租赁公司风险更小。其次，日本政府提供政策性融资政策，具体形式是由日本的开发银行以低息向融资租赁公司提供资金。再次，政府为了鼓励特定行业的发展（例如农业、林业等），对于租赁这些行业设备的承租方予以财政补助，例如日本设有农业经营租赁补助、木材供应结构改善租赁补助、养殖业促进租赁补助等。第四，投资减税政策，包括两类，一种针对与信息技术行业相关的设备的优惠政策，具体的优惠是注册资本在 3 亿日元以上的承租人租赁信息技术行业的设备，可以减少缴纳企业所得税，减少的额度约占租赁总费用的 6%。二是针对中小企业的优惠政策，对注册资金在一定规模以下的企业，若采取融资租赁承租设备，可减免企业所得税。最后，日本对金融租赁企业采取适度的监管措施，对不同出资主体设立的金融租赁机构分别对待。对于一般金融租赁公司，日本将其视为一般工商企业划归通产省管理，没有针对设立的法律法规，甚至没有最低资本与资本充足率的要求；对于银行出资设立的租赁公司，日本政府采取严格管理的政策，使得这些租赁公司不能从事房地产、证券等业务，不能从事经营租赁和分期付款销售。

第二单元　股权投资基金业态

一、股权投资基金概述

（一）概念及分类

股权投资基金（Private Equity Fund，PE）是指以非公开交易企业股权为主要投资领域的投资基金。欧洲私人股权与创业资本协会（EVCA）将股权投资基金定义为一种由一定数量投资者组成的主要投资于企业股权或与股权相关的证券的集合投资工具或计划，一般以私人企业为投资对象，有时也会投资于公众企业，但所投资的股权一般未在证券交易所上市或暂时不能在证券交易所交易（如对即将退市的企业并购重组）。股权投资基金以投资私人企业股权为主，投资于公众企业是以企业重组和行业整合为目的，而不是为了持有企业股票在二级市场上获利。著名评级机构标准普尔对"私募股权投资基金"的定义是：股权投资基金是包括对非上市公司的股权投资、创业投资，以及较大规模和中等规模的杠杆收购、夹层债务和夹层股权投资（Mezzanine）等各种另类投资（Alternative Investment）的统称；此外，私募股权投资基金还包括对上市公司进行的非公开的协议投资（Private Investment in Public Equity，PIPE）。

我国将 PE 普遍翻译为私募股权投资基金。北京股权投资协会对 PE 的定义为：私募股权投资从投资方式角度看，是指通过私募形式对非上市企业进行的权益性投资，在交易实施过程中附带考虑了将来的退出机制，即通过上市、并购或管理层回购等方式，出售持股获利。但随着全球金融行业的发展，公募也成为股权投资基金资金来源的形式之一。[①]

随着全球范围内经济、金融及基金业的发展，股权投资基金呈现出多元化发展的态势，不同投资目的、投资对象、投资策略以及不同投资主体的股权投资基金纷纷涌现。按照主流的分类方法，股权投资基金主要可以分为以下几种类型（见表4-5）[②]。

---

① 朱忠明、赵岗：《中国股权投资基金发展新论》，北京，中国发展出版社，2012。
② 同上。

表 4 – 5   股权投资基金类型

基金类别	基金类型	投资方向
创业投资基金	种子期（seed capital）基金 成长期（expansion）基金 Pre – IPO 基金	新兴产业、高技术产业、中小型、未上市的成长型企业
并购重组基金	MBO 基金 LBO 基金 重组基金	以收购成熟期企业为主
资金类股权投资基金	基础设施基金 房地产投资基金 融资租赁基金	主要投资于基础设施、收益型房地产等
其他股权投资基金	PIPE 夹层基金 问题债务基金	PIPE：上市公司非公开发行的股权 夹层基金：优先股和次级债等 问题债务基金：不良债权

（二）私募股权融资与银行贷款、股市融资的区别

融资方式分为私募融资和公募融资，资本形态包括股权资本和债务资本。结合融资方式和资本形态，融资可以分为四种类型：私募股权融资、私募债务融资、公募股权融资、公募债务融资。银行贷款属于私募债务融资，股市融资属于公募股权融资。私募股权融资是指融资人通过协商、招标等非社会公开方式，向特定投资人出售股权进行的融资，包括股票发行以外的各种组建企业时股权筹资和随后的增资扩股。私募债务融资是指融资人通过协商、招标等非社会公开方式，向特定投资人出售债券进行的融资，包括债券发行以外的各种借款。公募股权融资是指融资人以社会公开方式，向公众投资人出售股权进行的融资，包括首次发行股票和随后的增发、配股等。

表 4 – 6   私募股权融资与银行贷款、股市融资的区别

	股市融资	银行贷款	私募股权融资
主要融资人	（待）上市公司	所有企业	中小企业
一次融资平均规模	较大	较小	较小
对企业的资格限制	较高	较低	最低
表面会计成本	最低	最高	较低
实际经济成本	较高	较低	最高
投资人承担风险	较高	较低	最高
投资人是否分担企业最终风险	平等分担	不分担	部分分担
投资人是否分享企业最终利益	平等分享	不分享	部分分享
融资对公司治理的影响	较强	较弱	最强
投资人对融资人管理的渗透程度	较低	较强	最强

（三）发展股权投资基金的意义

从总体判断，目前我国的股权投资行业处于初步发展阶段，尽管目前我国拥有4900多家PE机构，但还是处于初步发展阶段。我们应该充分认识到PE行业在当前和今后发展中的三重意义。

1. 股权投资的发展改变了整个投融资结构。它的发展进一步深化了整个投融资功能，进一步完善了投融资结构。PE不是传统意义上的间接融资，也不是银行贷款，也不完全是证券市场的直接融资，它是通过股权投资基金，或股权投资企业进行再投资。所以，这种投融资渠道和方式，大大丰富了当前整个投融资结构，完善了投融资功能。

2. 中国正在进入新一轮发展阶段，股权投资行业对新的产业、行业的发展起到非常重要的作用。当前，我国很多行业的发展还完全依靠银行贷款，间接融资还很难支撑这些行业的发展，直接与资本市场融资对接也存在众多不足。所以，将新的业态、行业、产业直接与股权投资基金、PE投资对接，会极大地扩展这些产业发展的融资渠道。同时，也为这些新兴产业、行业的未来发展，带来了更多的金融工具。

3. 股权投资的功能、特性对企业的成长、发展起到重要的作用。这是由PE的功能、特性决定的，这是过去的银行贷款无法做到的，而且在目前资本市场结构条件下也很难发挥这样的作用。

（四）股权投资基金管理公司的作用

股权投资基金管理公司作为专业投资管理机构，是实现"集合投资、专家理财"功能的核心。它在股权投资基金的发起设立、管理运营和到期清算中都要肩负重要作用。从整体上看，股权投资基金管理公司的定位体现在三个方面：

1. 基金的策划人：基金管理人根据自己的专业分析能力和资源整合能力，结合经济社会和产业领域发展的需要，设计具有特定投资方向和明确标的物的基金方案，提供给潜在投资人进行投资决策。

2. 基金的牵头发起：基金管理人要牵头组织基金的融资募集工作，具体组织实施基金设立工作，包括组织基金募集路演、确定出资意向、组织对设立文件条款的谈判、组织投资者创立大会，完成投资者出资和法律文件签署，同时帮助投资者选择确定基金托管人，组织投资者与托管人签署合作协议。

3. 基金的管理运营：这主要是根据基金委托管理合同，寻找调研项目提供给基金作投资决策，在通过投资决策后，协调基金托管银行划拨投资款项。同时，基金管理人要向被投资项目派出产权代表，代表基金履行投资人权利，并给项目提供增值服务。在每个财务年度，基金管理人要提交基金年度报告和利润分配方案，并接受基金董事会的评估和监事会的审计。

二、我国股权投资基金发展沿革

我国在 2005 年之前没有明晰的股权基金的概念，因此股权投资基金的发展主要表现为中国创业风险投资基金的发展；2005 年之后，伴随着股权分置改革工作的完成和资本市场的完善，我国股权投资基金逐步进入理性发展阶段。[①] 我国股权投资基金是随着海外投资基金逐渐进入而发展起来的，基本上可以划分为五个阶段：

（一）起步阶段（1985—1997 年）

股权基金在我国发展的早期形式，大多是创业类的投资基金，对于初创期的企业进行投资，实现股权的快速多倍增值。创业风险投资基金与我国科技制度改革进程是密切相关的。为了推进经济体制改革和促进科研成果的产业化，政府破冰发展本土股权投资基金。1985 年 3 月，中共中央发布《关于科学技术体制改革的决定》（以下简称《决定》），为我国风险投资基金的发展提供了依据和政策上的保证。1991 年，国务院出台《国家高新技术产业开发区若干政策的暂行规定》，对鼓励更多社会力量参与到风险投资领域中来、促进科技成果的转化产生了积极作用。

在上述背景下，我国创业风险投资基金开始起步，其主要特征是政府高度重视并直接投资建立创业投资机构。1985 年 9 月，以国家科委（现科技部）和中国人民银行为依托，国务院正式批准成立了中国第一家风险投资机构——中国新技术创业投资公司，这是以支持高科技创业为主的创业风险投资公司。1986 年，国家科委在《科学技术白皮书》中首次提出了发展中国创业风险投资实业的战略方针。此后在政府的支持下，中国科招高新技术有限公司、广州技术创业公司、江苏高新技术风险投资公司等创业风险投资公司相继设立。

与此同时，以高新技术开发区为依托的创业风险投资机构也开始设立。1988 年 5 月，中国第一个国家级高新技术开发区——北京市新技术产业开发实验区成立，此后，各级地方政府相继成立了高新技术产业开发实验区，并在实验区内设立风险投资基金。

（二）第一次快速发展阶段（1998—2001 年上半年）

在国际互联网投资热潮的带动下，在国内外牛市带来的财富效应的刺激下，在《关于尽快发展中国风险投资实业提案》（1998 年政协"一号提案"）的鼓励下，我国股权投资基金进入了一个快速发展的阶段。1999 年 6 月，国务院为建立中小企业创新基金拨款 10 亿元人民币。1999 年 8 月，中共中央和国务院颁布《关于加强技术创新，发展高科技、实现产业化的决定》，强调要培育资本市场，逐步建立创业风险投资机制，发展创业风险投资公司和创业风险投资基金。1985 年全国只有 1 家创业风险投资公司——中国新技术创业投资公司；1992 年全国也只有 20 多家，管理的资本总额为 48.2 亿元人民

---

① 朱忠明、赵岗：《中国股权投资基金发展新论》，北京，中国发展出版社，2012。

币；1995 年有 27 家，管理的资本总额为 51.3 亿元人民币。受国内外因素的影响，创业风险投资机构自 1997 年开始快速增长，1997 年，创业风险投资公司达 57 家，管理资本总额为 101 亿元人民币；2000 年管理资本总额达到 512 亿元人民币，新募集资金 206 亿元人民币。

虽然这个阶段的创业风险投资机构的数量和管理资本规模有了空前的增长，但是这种增长具有盲目性，隐含着巨大的系统风险，无论在资本规模还是投资技术上，都与国际资本相差甚远。

（三）调整阶段（2001 年下半年—2004 年）

2001 年下半年，美国互联网泡沫破灭，纳斯达克股票指数下跌 50% 以上，一些没有盈利或者无法维持现金流的上市公司纷纷倒闭，并下市清算。我国香港和日本的创业板也几乎夭折。而我国主板市场也从 2001 年的 2100 多点开始迅速回落，最低时到了 1000 点。本土创业投资机构经历了一个优胜劣汰的过程，风险投资行业的投资理念和投资模式开始发生改变，创业风险投资进入了痛苦的调整期。

表 4-7　　　中国创业风险投资机构的创业风险基金募集情况（2001—2010 年）

项目 ＼ 年份	2001	2002	2003	2004	2005	2006	2007	2008	2009	2010
投资项目数量	118	109	126	204	260	437	720	656	484	482
总投资金额（亿美元）	13.2	3.5	14.8	10.6	14.8	34.5	41.2	45.9	23	34.8
平均每项目投资金额（百万美元）	17.2	5.1	17.8	7.1	7.9	10.7	8.6	10.1	6.9	10.3

从表 4-7 可以看出，2002 年我国创业风险投资机构的项目数量、总投资金额以及平均每项目投资金额都出现了剧烈的负增长，其中，总投资额缩水了将近 3/4，平均每项目投资额也减少 2/3 还多。这一段时期，创业风险投资市场的特点是在震荡中发展，在试探性的调整中逐步恢复。经历了 2002 年的低迷，我国创业风险投资市场在 2003 年又急剧扩张，3 项指标均超过了 2001 年的水平。

2004 年，虽然总投资额和平均每项目投资金额比 2003 年有所下降，但是项目投资数量比 2003 年增加了 78 个，这说明创业风险投资机构开始活跃，但依然持谨慎的态度（投资总额和每项目平均金额较小），市场信心开始恢复。

（四）第二次快速发展阶段（2005—2007 年）

在政府的引导、资本市场牛市推动和我国经济对国际投资者的吸引力不断增加的情况下，从 2005 年开始，我国股权投资市场新募集基金的数量和规模呈现出持续强劲增长的态势。2007 年中国股权投资市场新募集基金 58 只，比 2006 年增长 41.5%；新募集基金数量和规模大幅增长表明，中国股权市场日趋成熟，投资中国高成长企业的机会增多，创投基金和股权基金的投资者正在积极布局中国市场的投资战略。同期，中国股权投资机构数量平均每年新增 21 个。2007 年可投资于中国股权资本总量为 280.23 亿美元，比 2006 年增长 39.8%。中国股权市场投资规模连续 3 年增长。2007 年中国股权投资案例数量为 415 个，比 2006 年增长了 14.6%；投资金额为 35.89 亿美元，比 2006 年增长 64.5%。[①]

表 4-8　　　　　　中国股权投资基金的募集情况（2001—2010 年）

年份 项目	2001	2002	2003	2004	2005	2006	2007	2008	2009	2010
投资项目数量	17	19	25	4	55	116	233	229	212	286
总投资金额（亿美元）	4.5	7.6	10.5	34.9	105.2	116.1	200.7	138.2	267.7	186.5
平均每项目资金额 （百万元）	32	34.2	55.3	116.5	223.3	120.9	101.4	74.2	151.3	88.6

（五）后金融危机阶段（2008 年至今）[②]

尽管金融危机在 2008 年全面爆发，但股权投资基金市场并没有马上受到直接影响，而是在 2009 年上半年受到严重的冲击。我国的股权投资基金也遭受重创，遭遇了发展史上的第二个"严冬"。

进入 2012 年以来，宏观经济、资本市场均持续低迷，中国企业 IPO 的大幅收缩也导致 VC/PE 投资收益水平大幅下滑。在此背景下，LP 投资者普遍谨慎，投资配置趋于保守，我国 PE 基金普遍面临募资困境。但随着 2012 年底宏观经济及资本市场的回暖，PE 市场收益水平呈现理性回归趋势，预计未来一年基金募资将保持平稳节奏。

China Venture 投中集团旗下金融数据产品 CV Source 统计显示，2012 年共披露 173 只基金成立并开始募集，总计目标规模 397.24 亿美元。相比 2011 年全年，披露新成立基金数量及目标规模均有所下降。相比新基金成立情况，2012 年募资完成（含首轮募资完成）情况则不容乐观，根据 CV Source 统计，全年共披露募资完成基金 266 只，募资完成规模 275.35 亿美元，相比 2011 年（503 只基金募资完成 496.06 亿美元）分别下降 47.1% 和 44.3%（见图 4-1、图 4-2）。

从 2012 年完成募资（含首轮完成）基金的类型来看，与过去两年间成长型（Growth）基金占主流的情况不同，2012 年创投（Venture）基金占比明显提高，披露创投基金数量 163 只，占比达 61.3%，募资完成 91.66 亿美元，占比 33.3%；披露募资完成成长型基金 100 只、募资总额 158.32 亿美元，分别占比 37.6% 和 57.5%；披露募资完成并购基金仅 3 只，募资额 25.37 亿美元，其中弘毅投资五期基金于 2012 年年初募资完成 23.68 亿美元（见表 4-9、图 4-3、图 4-4）。

---

① 朱忠明、赵岗：《中国股权投资基金发展新论》，北京，中国发展出版社，2012。
② 资料来源：China Venture，《2012 年中国创业投资及私募股权投资市场统计分析报告》。

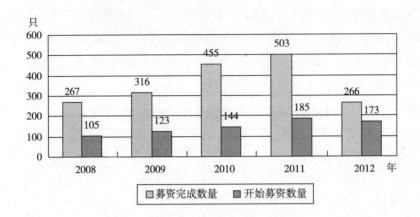

图 4 - 1　2008—2012 年中国创业投资及私募股权投资市场募资基金数量

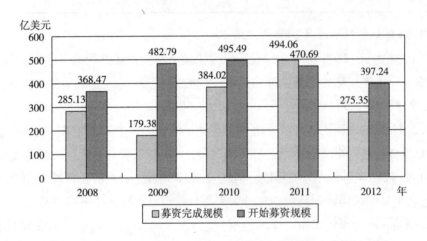

图 4 - 2　2008—2012 年中国创业投资及私募股权投资市场募资基金规模

表 4 - 9　　　　　　　　　**2012 年中国 VC/PE 投资市场募资完成基金类型分布**

类型	数量	募资金额（亿美元）	平均单只基金规模（亿美元）
创投基金	163	91.66	0.56
成长基金	100	158.32	1.58
收购基金	3	25.37	8.46
总计	266	275.35	1.04

　　相比过去两年，创投基金已成为 2012 年募资的主要基金类型，这也显示出中国 VC/
PE 投资机构逐渐加强早期投资布局的趋势。而并购基金方面，2012 年中国并购基金开
始进入新的发展阶段，11 月，中信金石投资基金正式启动，规模为 80 亿元至 100 亿元；
11 月 16 日，平安信托董事长兼 CEO 童恺确认已发起成立并购基金，正在招募团队；11
月 30 日，上海国际集团召开投资推介会，宣布将成立 20 亿美元"上海国际全球并购基
金"。币种方面，人民币基金依然是绝对主流，但募资规模下降幅度也大于美元基金。

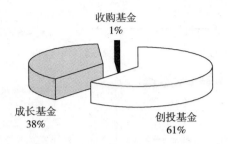

图4-3 2012年中国创业投资及私募股权投资市场募集完成基金不同类型数量比例

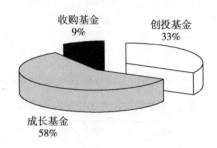

图4-4 2012年中国创业投资及私募股权投资市场募集完成基金不同类型规模比例

从基金募资主体性质来看，政府及大型实业企业在基金募资方面表现活跃，而专业化基金管理机构则相对谨慎。此外，券商直投基金逆势增长，截至2012年底已获批成立直投基金11只。而保险资金参与PE投资也获得更多政策鼓励，预计未来投资PE基金规模将加速增长。投资退出方面，在全球资本市场低迷态势下，2012年VC/PE背景中国企业IPO数量与融资金额大幅下滑，融资规模同比缩水逾五成。2012年共有97家VC/PE背景中国企业在全球资本市场实现上市，总计融资达801.1亿元，数量和金额同比分别下降41.2%和55.4%，融资金额创下近四年新低[①]。

创业投资方面，2012年国内市场共披露创业投资（VC）案例566起、投资总额47.67亿美元，案例数量相比2011年全年分别下降42.0%和46.7%（见图4-5）。2011年中国VC/PE投资规模达到历史最高水平，而进入2012年后，由于宏观经济及资本市场持续疲软，VC投资市场迅速降温，投资数量及规模均达到近年来较低水平。

从VC投资的行业分布来看，互联网依然是投资最活跃的行业，披露案例118起，占比20.8%，其次分别是制造业和IT行业，分别披露案例107和66起，占比18.9%和11.7%。此外，医疗健康及电信增值（移动互联网）行业均披露案例50起以上，医疗健康行业因其较强的抗周期性，显现出较高的投资价值；而电信及增值行业则因移动互联网的兴起，涌现出大量投资机会，成为继互联网之后新兴的创业活跃领域。

---

① 资料来源：China Venture，2012年中国创业投资及私募股权投资市场统计分析报告。

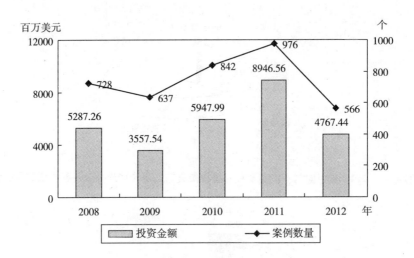

图 4-5 2008—2012 年中国创业投资市场投资规模

表 4-10   2012 年中国创投市场行业投资规模

行业	案例数量	投资金额（US $ M）	平均单笔投资金额（US $ M）
互联网	118	989.54	8.39
制造业	107	463.24	4.33
IT	66	486.29	7.37
医疗健康	51	325.27	6.38
电信及增值	50	581.85	11.64
能源及矿业	39	672.39	17.24
农林牧渔	30	150.29	5.01
文化传媒	29	513.03	17.69
化学工业	17	91.33	5.37
连锁经营	16	210.11	13.13
金融	10	78.14	7.81
汽车行业	9	43.99	4.89
建筑建材	7	44.53	6.36
教育及人力资源	6	39.45	6.58
食品饮料	5	33.81	6.76
交通运输	2	24.57	12.28
旅游业	2	15.2	7.6
公用事业	1	3.04	3.04
房地产	1	1.35	1.35
总计	566	4767.44	8.42

　　私募股权投资方面，2012 年披露 PE 投资案例 275 起、投资总额 198.96 亿美元，相比 2011 年分别下降 31.9% 和 31.4%。从整体来看，随着 Pre - IPO 投资机会的减少，中国 PE 投资将从规模增长转向投资价值的深度挖掘及布局多元化。相比于市场整体规模变化，行业内新竞争格局的形成，机构专业化、品牌化的转型路径，将成为未来中国 PE

行业更值得关注的现象。

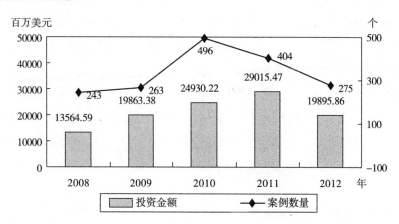

图 4-6 2008—2012 年中国私募股权投资市场投资规模

从 PE 投资整体行业分布来看，2012 年中国 PE 投资涉及 19 个行业。其中，制造业依然是投资最为活跃的行业，披露案例 45 起，占比 16.4%；其次分别是能源及矿业和医疗健康，分别披露案例 32 和 25 起，房地产、金融行业分别披露案例 23 和 22 起，而其他行业披露案例均在 20 起以下。整体来看，制造业、能源、化工、农林牧渔等传统行业依然是 2012 年 PE 投资重点领域。

表 4-11 2012 年中国私募股权投资市场行业投资规模

行业	案例数量	投资金额（US $ M）	平均单笔投资金额（US $ M）
制造业	45	1862.04	41.38
能源及矿业	32	2184.64	68.27
医疗健康	25	859.8	34.39
房地产	23	1433.69	62.33
金融	22	5277.69	239.89
连锁经营	19	976.76	51.41
农林牧渔	18	254.15	14.12
化学工业	17	470.35	27.67
互联网	15	2960.9	197.39
食品饮料	12	344.4	28.7
IT	12	340.75	28.4
建筑建材	7	1037.91	148.27
电信及增值	7	439.72	62.82
汽车行业	5	300.23	60.05
交通运输	5	125.89	25.18
公用事业	4	584.77	146.19
旅游业	3	207.28	69.09
文化传媒	3	184.91	61.64
教育及人力资源	1	50	50
总计	275	19895.86	72.35

目前，我国的股权投资还处于初期发展阶段，PE 的发展存在众多不足和制约因素。

第一，从发展模式来讲，股权投资行业存在同质化、过多依赖短期收益等问题。虽然 4900 多家 PE 机构投资的行业不同，但是整体发展模式都比较趋向于短期投资，而且过于依赖上市，同质化倾向非常明显。

第二，虽然目前我国已经拥有 4900 多家 PE 机构，但是围绕 PE 产业发展的生态环境还没有完全建立起来。客观地评价，这一产业的发展还缺乏相应的配套服务，即股权投资行业，或股权投资基金企业，在发展过程中缺乏整套完整的生态环境，服务链、产业链还没有完全形成。所以，这些制约因素使得整个社会还不能完全认识 PE 行业的作用，也极大地制约了 PE 的发展。

第三，目前，我国的股权投资行业、PE 企业、GP 以及股权投资基金的内部管理还过多依赖于少数个人，即产业品牌、产业发展内部机制还不成熟。这些因素制约了 PE 行业的整体发展。[①]

第四，有效融资渠道较少，资金持续供给机制不健全。现阶段，我国 PE 基金的资金来源主要是政府财政、全国社会保障基金和民营资本（民营企业/富有个人），资金来源单一，有效融资渠道较少。这一问题在天津市 PE 基金领域同样存在，尚未打通银行闲置资金、民间资本等庞大资金源与 PE 基金的对接通道，可能给快速发展的 PE 市场带来资金供求矛盾。[②]

三、滨海新区股权投资基金发展综述

（一）滨海新区股权投资基金发展现状

近年来，天津市采取多种措施大力扶持私募股权投资基金行业发展，为行业发展提供了良好环境。2008 年，国家发改委发布《关于在天津滨海新区先行先试股权投资基金有关改革问题的复函》，给天津滨海新区开展股权投资基金提供了明确的政策保障。2009 年，为加快推进天津滨海新区金融改革创新，促进天津股权投资基金发展，经天津市政府同意，天津市发改委、金融办、商务委、工商局、财政局、地方税务局联合制定并出台了《天津市促进股权投资基金业发展办法》。随后，六部门又出台了《天津股权投资基金和股权投资基金管理公司（企业）登记备案管理试行办法》，给私募股权投资基金行业发展提供政策支持。

在中央和地方的推动下，天津滨海新区私募股权投资基金得到了快速发展。

2005 年，经国务院同意，国家发改委批准天津滨海新区筹建我国第一支中资产业投资基金——渤海产业投资基金，总规模 200 亿元人民币。2006 年，中银国际控股有限公

---

① 屠光绍：《我国 PE 的发展前景及改革建议》，上海新金融研究院。
② 天津财经大学金融学院：《滨海金融探索》，北京，中国金融出版社，2010。

司、天津泰达控股有限公司和渤海产业投资基金共同出资成立渤海产业投资基金管理有限公司，注册资本2亿元人民币，对基金运作进行专业化管理。

2007年，天津市推动成立了中国第一家全国性股权投资基金协会——天津股权投资基金协会，推动行业发展，参与金融创新，为会员提供全方位服务。协会会员包括中国国际金融有限公司、鼎辉投资、弘毅投资、红杉资本等知名基金管理机构。自2008年起，协会已发起并成功举办了三届中国股权投资基金年会，累计参会700余家机构，1000多位基金业专业人士，有力推动了我国股权投资基金业的起步和发展。

2008年，天津市成立了两个股权交易平台——天津股权交易所及滨海国际股权交易所。天津股权交易所通过组织开展非上市公司股权融资，探索建立中小企业、科技成长型企业直接投资渠道，建立和完善市场化孵化和筛选机制，为主板市场、中小板市场、创业板市场培育和输送优质上市资源。滨海国际股权交易所是专业从事企业股权投融资信息服务的第三方服务平台，为企业出让股权直接融资提供信息交易的场所。

2008年，根据国务院关于滨海新区金融改革创新先行先试的发展要求，加快金融改革创新，天津市设立了天津股权投资基金中心，搭建起中国第一家专业从事股权投资企业服务的平台，面向国内外股权投资企业提供专业化服务，涵盖从基金设立、备案推动、资金募集、项目对接、资金退出等投资全过程。2010年，基金中心作为天津市金融改革创新的重要内容，被天津市委市政府纳入"天津金融改革创新重点推动工作计划"。基金中心官方网站数据显示[1]，目前，天津股权投资基金中心已入驻基金366家，认缴资金450多亿元人民币，管理资金1600多亿元人民币，累计投资项目152个，设计总金额230多亿元人民币。基金中心已成为中国最大的股权投资基金聚集和服务平台。

2009年，经国务院同意，国家发改委批准天津成立我国第一支船舶产业投资基金，总规模200亿元人民币。中船产业投资基金管理企业为基金管理人。天津船舶产业投资基金具有整合航运企业、船舶制造业及金融保险资源，有效汇集境内外产业金融资本、低成本运作、推动经济结构调整的独特优势，是产融结合的有效平台。船舶基金主要投向市场需求量大、回报率高及国家经济战略发展急需的船舶等领域。

2008—2012年，天津市政府已连续举办六届中国企业国际融资洽谈会，成为规模较大、层次较高、影响广泛的知名品牌，为拓宽企业融资渠道、搭建产融结合平台、推动股权投资行业发展发挥了重要作用，有力拓展了股权投资基金行业发展的空间。2012年召开的融资洽谈会有来自全球30多个国家或地区的股权投资基金，300余家金融中介机构及1500余家企业参会，显示出强大的生命力。

（二）滨海新区发展股权投资基金的优势及不足

分析股权投资基金在滨海新区的发展历程和现状，可以得出PE行业有以下三点

---

　① 天津股权投资基金中心，www.tianjinfund.com。

优势：

1. 新区经济规模较大，经济结构合理，产业基础雄厚，为 PE 行业提供了经济广度。近年来，新区经济运行持续向好，各项经济指标均保持快速增长，增速明显快于天津市。2012 年，新区累计完成地区生产总值 7205.17 亿元，同比增长 20.1%，其中第一产业实现生产总值 9.36 亿元，增长 2.9%；第二产业实现生产总值 4857.76 亿元，增长 21.9%；第三产业实现生产总值 2338.05 亿元，增长 16.1%。第二产业仍然是新区支柱产业，一大批生产制造企业在新区成长发展。新区 2012 年第二产业增加值占全市比重 72.9%，增速分别高出天津市、深圳市和浦东新区 6.7、14.6 和 18.2 个百分点；规模以上工业总产值 14416.75 亿元，增长 15.8%，分别高出天津市、深圳市和浦东新区 0.9、8.0 和 14.7 个百分点，占全市比重 62.0%。据北方网报道①，新区 2012 年八大优势产业实现工业总产值 12670 亿元，形成四个超千亿元产值产业集群——汽车及装备制造业规模突破 4000 亿元，石油化工突破 3000 亿元，电子信息突破 2000 亿元，粮油食品突破 1000 亿元。航空航天、新能源新材料、生物医药等战略性新兴产业加速成长，总产值突破 1100 亿元。

2. 新区项目充足，大量大项目、好项目、新项目集中开工建设，为 PE 行业发展提供了丰富的投资对象。新区继续加快推进"十大战役"，坚持项目集中园区、产业集群发展、资源集约利用、功能集成建设，形成了功能区开发与优势产业集聚、产业布局优化同步提升的良好态势，呈现出优势产业加速聚集的趋势。2012 年，南港工业区填海造陆 70 平方公里，投入使用的通用泊位 6 个。轻纺经济区二期基础设施建设全面加快。临港经济区累计完成造陆 111 平方公里。核心城区的城市环境不断优化，开发区 MSD 核心区建成投入使用。中心商务区内，响螺湾中心商务区 10 栋楼宇建成使用，于家堡金融区 7 栋楼宇主体封顶。中新天津生态城起步区基本建成。东疆保税港区实现二期封关运作。滨海旅游区 5 平方公里基础设施基本建成。西部区域内，滨海高新区未来科技城基础设施建设步伐加快。北塘经济区，总部企业基地一期全面竣工。高水平现代制造业和研发转化基地初具规模，形成了航空航天、石油化工、电子信息等一批高端产业基地，建成一批重大科技创新、研发转化平台。大众变速器、空客二期、陶氏化学等 130 多个项目签约落户，新增注册项目近 1000 个。引进卡梅隆佩斯集团、搜狐视频、华夏人寿等 37 个总部项目，总部企业超 200 家，投入使用楼宇 64 座。

3. 新区技术创新能力不断提升，创新驱动作用显著，为 PE 行业发展提供了经济深度。2012 年新区通过扶持科技型中小企业、打造公共服务平台、搭建科技成果转化平台等举措，自主创新能力明显提升，产业核心竞争力显著增强，为区域经济可持续发展注

① 北方网：《新区创新驱动优化 四个超千亿产值产业集群形成》。

入了新的活力和后劲。据报道①，新区全年新增国家级企业技术中心 2 家、市级企业重点实验室 14 家、市级企业技术中心 13 家、孵化器 9 家，实施 44 项重大科技成果产业化攻关，形成了 30 项代表行业制高点的关键技术。全年科技型中小企业和科技"小巨人"企业分别新增 4363 家和 260 家，年底达到 11023 家和 526 家。截至 2012 年底，国家高新技术企业 740 家，占全市比重 71%，中国驰名商标 19 个，天津市著名商标 262 个，市级名牌产品 105 个，参与制定国家标准、行业标准 10 项。此外，全年专利申请数 1.3 万件，比 2010 年增长 1.1 倍，其中绝大部分为科技型企业专利申请。专利数量的增长从侧面体现了新区企业从"制造"走向"创造"的轨迹。

股权投资行业在滨海新区的发展并不全是优势，还存在许多不足，主要有以下三点：

1. 新区在地方立法实践上处于探索阶段，仍需摸着石头过河。国家相继出台了《外商投资创业投资企业管理规定》《创业投资企业管理暂行办法》等法律法规、部门规章，天津市六部门出台了独具特色的管理办法。但是在审批和监管产业投资基金及私募股权投资基金方面所依据的法律法规仍相对缺失。至今尚没有针对私募股权基金的设立、运营、管理、退出等方面出具完善的法律法规，造成私募股权投资基金在新区发展存在着诸多不确定性，容易出现运作不规范的现象。政府监管或具有独立性的金融监管部门在监管中也会存在缺少充分的法律依据，造成监管的力度不一，风险不能得到及时有效化解的问题。

2. 新区金融底蕴有限，金融规模有限，功能定位与金融中心相比有差距，金融人才、经验与北京、上海和广州等金融业发达地区相比仍有差距。截至 2012 年底，新区金融机构（不含非在地金融机构）本外币各项存款余额为 4221.83 亿元，占天津市的 20.80%。本外币各项贷款余额 3911.63 亿元，占天津市的 21.26%。由于收入及金融氛围等方面的历史差距，与上海、深圳和北京等城市相比，天津的金融人才的数量与质量处于劣势，在此注册的基金难以在本地招募到合适的基金管理人才；加之本地基金管理团队业绩和实务经验的缺乏，将会对基金的募集、投资及退出方式等各个环节产生一定的制约，进而会影响到整个行业的长远发展。

3. 新区基金退出渠道有限，OTC 市场在天津前景仍不明朗，降低了新区基金业配套环境的竞争力。虽然新区建立了两个股权交易平台——天津股权交易所、天津滨海国际股权交易所，且天津股权交易所目标定位为中国全国区域的 OTC 市场，是美国 NASDAQ 市场的中国版本，天津滨海国际股权交易所是专业从事企业股权投融资信息交易的第三方服务平台，但是两个交易所仅提供了一个初步平台，与深圳、上海等具备证券交易所的优势相比具有显著差距。未来发展能否充分满足基金退出的需求仍需要时间检验。

———————————

① 北方网：《新区创新驱动优化　四个超千亿产值产业集群形成》。

（三）滨海新区股权投资基金未来发展趋势

天津滨海新区的继续快速发展为股权投资基金行业发展提供了难得机遇，目前，我国经济正处于快速发展的阶段，给天津滨海新区带来了难得的发展机遇，经济转型期的改革红利也将使新区发展受益。天津滨海新区经济的迅猛发展，一大批大项目、好项目的上马开工建设，一大批高科技企业的快速成长，将为 PE 提供丰富的投资对象。2013年，新区一大批项目开工上马或继续建设。新区发改委披露，新区 2013 重点建设项目年达 1080 个，总投资超过 1 万亿元。新区将大力推动具有国际顶尖水平、拥有自主知识产权等低碳项目尽快落户、投产，打造高质化、高新化的绿色工业体系。继续加快推进236 个总投资 10 亿元以上的在建项目，特别是推动大众变速器、中石化 LNG、陶氏化学和高银 117 组团等重大项目建设进度。保证长城汽车二期、富士康、SM 滨海广场等 330个项目尽快投产。其中大众变速器、中石化 LNG、陶氏化学和高银 117 组团等总投资 50亿元以上重大项目达 31 个。所有落户投产项目均呈现高质化、高新化、低碳化。依托重大项目引进和培育行业领军企业，未来五年，滨海新区生产总值将保持每年以 17% 以上的速度增长。2014 年，滨海新区下大力气引进和培育行业领军企业、领先产品，增强国际竞争力。逐步形成石油化工、装备制造、电子信息等一批世界级和国家级产业基地，使滨海新区向中国高端制造业的龙头方向发展。同时，依托港口优势加强金融和航运两大核心功能的建设。在金融方面，大力发展产业金融、航运金融、科技金融。在航运物流方面，大力发展船舶交易、海事仲裁、国际保理等高端航运服务业，把滨海新区打造成环渤海港口群的服务中心。私募股权投资基金将随着天津滨海新区开发开放实现快速成长发展。

（四）股权投资基金的典型案例——渤海产业投资基金

1. 成立背景。2005 年 12 月，在中国尚未出现关于"产业投资基金管理办法"等相关法律法规的前提下，经国务院同意，国家发展和改革委员会特批天津成立渤海产业投资基金。渤海产业投资基金是中国第一家人民币产业投资基金，是滨海新区直接融资创新的标志，是中国迈出拓宽融资渠道的重要一步。它的成立和投资标志着滨海新区在探索中国式产业投资基金发展道路、开拓直接融资新渠道等方面首开先河，它不仅促进了滨海新区的经济发展，还为解决中国融资领域问题提供方案、积累经验。

2006 年 12 月 28 日，渤海产业投资基金管理有限公司在天津设立，注册资本为 2 亿元人民币，股东包括中银国际控股有限公司、天津泰达投资控股有限公司、全国社会保障基金理事会、中银集团投资有限公司、中国邮政储蓄银行有限责任公司、天津市津能投资公司、国开金融有限责任公司、中国人寿保险（集团）公司、中国人寿保险股份有限公司、天津城市基础设施建设投资集团有限公司。

2. 渤海产业投资基金的运作模式。在融资规模方面，渤海产业投资基金的规模为200 亿元，与上海金融基金的规模相同，大于 100 亿元的广东核电新能源基金、100 亿元的陕西能源基金、100 亿元的高新科技产业投资基金，这也是为什么称渤海产业投资基金是我国第一支大型产业基金的原因。

基金以封闭方式运作，这意味着基金规模在设立之后将不再变动。渤海产业投资基金的存续期为 15 年，融资分两步进行，首期募集 50 亿~60 亿元，二期募集 140 亿~150 亿元资金。首期募集的 50 亿~60 亿元资金采用私募发行方式，募集对象主要是具有丰富投资管理和资本运作经验的国有控股企业和金融机构，在募集过程中实行承诺制。在渤海产业投资基金运作一定时期，实现良好的业绩之后，后续的 140 亿~150 亿元资金，将探索普通投资者参与认购的公募发行方式。

3. 渤海产业投资基金的投资机制

（1）投资方向。在渤海产业投资基金设立之初，基金发起人对渤海产业投资基金的行业投向并未有明确要求，但明确投资环渤海经济区不低于 70%（其中天津滨海新区不低于 50%），5 年内预计投资 60 亿元。渤海产业投资基金将按照国家的产业政策和滨海新区的功能定位，投资方向大致是滨海新区金融商贸业，以及高新技术、现代冶金、空港物流、海洋及循环经济、海港物流、化学工业和休闲旅游七大产业。渤海基金初步计划将资金按 5:3:2 的比例，投资于天津、环渤海地区和国内其他地区的企业。该基金的投资方向具有明显的地域特点，这对以后我国产业基金的设立、运作等会产生重大影响。从 2007 年国家批准设立的产业基金也可以看出，各只基金的地域特点或行业特点更加明显，目前还难以判断其优缺点，但是在基金供应短缺时，强烈的地域或行业色彩或许对地域经济或行业有利，但是对基金的投资方向会起到较强的制约作用，其市场化运作程度会在一定程度上受到限制。

（2）投资组合、策略及投资案例分析。在投资组合和投资策略上，渤海产业投资基金的股权投资目标包括普通股、优先股、可转换优先股份、可转换债券等，非股权投资将按照有关规定购买政府证券、金融债券和其他固定收益债券等。为控制投资风险，渤海基金对民营企业的投资和担保金额不超过基金资产总值的 10%；对单个投资企业的占股比例，控制在 10%~49%，投资期计划为 3~7 年。[①] 自成立至今，渤海产业投资基金管理有限公司投资了许多企业，如吉林康乃尔化学工业有限公司、天津钢管集团股份有限公司、上海红星美凯龙企业管理有限公司、成都银行股份有限公司和天津银行股份有限公司等。

2007 年 11 月 2 日，渤海产业投资基金以约人民币 15 亿元（约合 2 亿美元）的价格现金收购天津钢管集团不到 20% 的股份，实现了国内金融资本和产业龙头的强强联合。这是渤海产业投资基金的第一笔投资，标志着中国产业投资基金的发展进入新阶段，迈出了具有里程碑意义的一步。

---

① 王爱俭等：《滨海新区金融创新理论与实践》，69-70 页，天津，天津教育出版社，2009。

2009 年 6 月，华融资产管理有限公司、渤海产业投资基金管理有限公司、深圳市中科招商创业投资管理有限公司、融德资产管理有限公司和鼎晖股权投资管理（天津）有限公司等公司向奇瑞汽车股份有限公司注入 29 亿元资金。

2010 年 6 月 19 日，美国华平投资集团、中信产业基金、复星集团、渤海产业投资基金联合向上海红星美凯龙企业管理有限公司注资 26 亿元人民币。

2011 年 10 月，渤海产业投资基金向天津银行股份有限公司注资 60.8 亿元。

下面主要研究成都银行股份有限公司的案例：

1996 年 12 月 30 日，四川省首家城市商业银行——成都银行正式成立。自成立以来，成都银行在成都市委、市政府的大力支持和银行监管部门的正确指引下，努力开拓创新，不断深化改革，稳步推进包括增资扩股、更名、跨区域发展、多元化经营、公开上市等在内的多项战略举措。

成都银行于 2007 年引进马来西亚丰隆银行 19.5 亿元资金，卖出约 20% 股权。同年，成都市商业银行决定采取非公开定向发行方式，以每股 3 元的价格向境内外投资者溢价增发 20 亿股，以增资扩股的溢价部分弥补资产损失，包括中国铁路工程总公司、渤海产业投资基金管理有限公司、北京乾通科技实业有限公司在内的 13 家国内企业，和成都银行签署投资入股协议，总计认购 13.5 亿新股，投资入股金额总计达 40.5 亿元。其中，渤海产业投资基金管理有限公司认购 30000 万股，占增资扩股后总股本的 9.23%。这标志着成都银行于 2007 年引资 60 亿元增资扩股行动顺利完成。

渤海产业投资基金选中成都银行这个项目，决定入股投资的主要原因是对自身的市场定位清晰、管理团队素质高以及发展潜力大。它希望利用国内外资本市场的经验在这个项目上做出成绩，成为中资管理基金入股商业银行的经典案例。这也是中国首只产业基金在金融业的突破。

在渤海基金入股的近 3 年间，成都银行的总资产从原来的不足 600 亿元上升到 2012 年底的 2401.86 亿元，年均增长超过 30%，盈利水平也在不断上升。截至 2012 年 12 月底，总资产由成立时的 48.2 亿元增至 2401.86 亿元，增长近 49 倍；存款余额由 39.7 亿元增至 1639.77 亿元，增长 40 倍；贷款余额由 26.3 亿元增至 941.99 亿元，增长近 35 倍，成为中西部首家总资产突破两千亿元大关的城市商业银行，经营规模和综合实力稳居中西部城市商业银行首位。

从成都银行的案例，我们可以看出 PE 盈利是建立在被投资企业成长壮大的基础之上的。选择项目投资的瞬间就是风险开始的时刻，而高风险与高收益并存，想要获得高的经济利益，就必须承担相应的风险。所以，投资者需要具备谨慎的思维、多角度全方位的观察力以及对于金融信息的敏锐度等素质。从企业和市场角度说，就是投资机构将资金配置到最好的行业、最好的企业和最好的团队里去，以求得最好的收益。

第三单元 小额贷款公司业态

一、小额贷款概述[①]

（一）小额贷款机构的概念

小额信贷是指运用与传统手段不同的制度和方法为农户和中低收入群体提供持续有效的信贷服务，也可视为一种特殊的金融扶贫活动。国际上对小额贷款组织并没有确定统一、标准的定义。一般而言，小额贷款组织是指专门针对中低收入群体提供小额信贷服务的商业机构或民间团体。

按照业务经营的特点，一般可分为商业性小额贷款组织和福利性小额贷款组织。商业性小额贷款组织以营利性为目标，是独立的企业法人，享有由股东入股投资形成的全部法人资产，独立承担民事责任，需要缴纳相应的税费；福利性小额贷款组织以保本微利为原则，是独立的非营利性法人，按照章程从事公益性活动，其公益性体现在融资服务具有某种程度上的社区性和扶贫性，这类机构可以不缴纳税款，并享受一定的政府补贴。

小额贷款公司定义是：为执行国家金融方针和政策，在法律、法规规定的范围内开展业务，自主经营、自负盈亏、自我约束、自担风险、不吸收公众存款，经营小额贷款业务的有限责任公司或股份有限公司。

（二）小额贷款发展的国际经验梳理

国际上小额贷款的主要模式有小组贷款模式、村银行模式、个人贷款模式以及混合型贷款模式。

1. 小组贷款模式，指的是以小组联保的形式发放小额贷款。孟加拉乡村银行模式（简称 GB）是这一模式的典型。

GB 模式主要向贫困农民，尤其是妇女提供存、贷款、保险等综合业务，实行贷前、贷中、贷后全程管理。目前有总行、分行、支行、营业所四级组织结构。以小组为基础的农民互助组织是 GB 模式的支柱，按照"自愿组合、亲属回避、互相帮助"原则，一般 5 人组建一个小组，形成"互助、互督、互保"的组内制约机制，一个组员不还款，整个小组就失去再贷款资格；此外，贷款人和 GB 还要各拿出少量资金，共同建立救济基金，用于紧急情况时帮助借款人。5~6 个小组建立一个中心，定期召开会议，检查贷款项目落实和资金使用情况，办理放、还、存款等手续，交流项目经验与致富信息，传播科技知识。GB 提供的小额短期贷款，每笔一般在 100~500 美元额度之间，无需抵

[①] 郑志辉、王子韩、何蒋玲：《国外小额贷款模式与浙江省小额贷款公司试点比较分析》，载《浙江金融》，2009。

押，但要求贷款人分期还贷，每周还贷 1 次，1 年之内还清，同时还要求贷款人定期参加中心活动。对于遵守银行纪律、在项目成功基础上按时还款的农民，实行连续放款政策。作为非政府组织的 GB，自 1998 年起不再接受政府和国际机构的资金援助，成为真正自负盈亏的商业机构。

2. 村银行模式，指的是小额信贷机构以一个村的整体信用为支撑，在村范围内发放小额贷款。印度尼西亚人民银行乡村信贷部模式（简称 BRI – UD）是这一模式的典型。

印尼人民银行是一家历史超过百年的国有银行。在 20 世纪 70 年代，该行根据国家要求，对从事稻米等农作物生产的农民发放有政府补贴的小额贷款。到了 80 年代，3600 家农村小额贷款单位年年亏损，陷入经营危机。1983 年，印度尼西亚开始进行金融改革，政府放松了金融管制，取消贷款补贴；BRI 也引进了新的小额贷款管理办法。在 1984 年成立乡村信贷部（BRI – UD），成为独立运营中心。BRI – UD 3 年即实现收支平衡，5 年后开始盈利，并保持了较高的还款率，成为印度尼西亚最大的小额贷款机构，同时也使 BRI 从一个需要大量国家财政补贴、亏损严重的国有银行变为一个成功的商业银行。BRI – UD 下设地区人民银行、基层银行和村银行。村银行是基本经营单位，独立核算，自定贷款规模、期限和抵押，具体执行贷款发放与回收。BRI – UD 吸收了印度尼西亚农村约 3 300 万农民手中的小额游资，储蓄成为其主要的贷款本金来源。鼓励储蓄的措施和适当的存贷利差，激发了银行发放和经营贷款的积极性，使其信贷收入完全覆盖其运营成本，并通过所获利润不断拓展业务的深度和广度。同时，通过缩短贷款审批时间、保持最少日常账目簿、流动服务等方式降低了运营成本，确保了 BRI – UD 的可持续发展。

3. 个人贷款模式，指的是直接对自然人发放小额贷款。个人贷款模式主要是向农、牧、渔、各种微型的非农经济体以及小商小贩等发放短期无抵押的小额贷款，而且贷款的发放往往还伴随着一系列的综合技术服务，旨在通过金融服务让贫困农民获得生存与自我发展的机会。个人小额贷款既是一种重要的扶贫方式，更是一种金融服务的创新。

4. 混合型贷款模式，指的是同时兼顾述三种形式。从我国的情况看，目前基本形成了外国援助机构有期限的小额信贷项目、政府用扶贫贴息贷款实施的小额信贷项目、专业性 NGO 的小额信贷项目、政府要求农村正规金融机构实施的小额信贷项目、慈善性或非盈利性的试验性的小额信贷项目五种模式。

（三）我国小额贷款公司的发展

从 2005 年 5 月人民银行开始着手商业性小额贷款公司试点工作到目前，小额贷款公司的发展经历了三个阶段：试点阶段、规范管理与推广阶段、快速发展阶段。

2005 年中央 1 号文件明确"有条件的地方可以探索建立更加贴近农民和农村需要、由自然人或企业发起的小额信贷组织"。同年，央行、银监会会同有关部门，启动"商业性小额贷款公司试点"工作，试点强调在全国统一规定之内，发挥地方政府和民间资本的积极性。此后一年间，山西、陕西、四川、贵州、内蒙古五个试点省份先后成立了7家商业性小额贷款公司，分别是山西的晋源泰和日升隆、四川的全力、贵州的江口华地、陕西的信昌和大洋汇鑫、内蒙古的融丰，其中除了中国扶贫基金会持有融丰小额贷款公司部分股份，其余股东均为民营企业或个人，注册资本为1600万至5000万元不等，这也标志着民间资本投资的商业性小额信贷机构正式在我国出现。

2008年5月4日，银监会和央行联合出台了《关于小额贷款公司试点的指导意见》，其中明确了小额贷款公司的性质，并对公司的设立、资金来源、资金运用、监督管理和终止等环节进行了规定。自此，小额贷款公司在我国取得了合法地位[1]。

中国人民银行发布的2012年小额贷款公司数据统计报告显示，截至2012年12月底，全国共有小额贷款公司6080家，从业人员70343人，实收资本5146.97亿元，贷款余额5921.38亿元，全年新增贷款2005亿元。对比上年同期，全国小贷公司增加了1798家，贷款余额增长了2006亿元，全年新增贷款增长了70亿元。分地区来看，江苏、安徽、内蒙古、辽宁拥有小贷公司较多，分别为485家、454家、452家和434家，贷款余额分别达1036.62亿元、325亿元、356.18亿元及222.84亿元。截至2012年底，天津市共有小额贷款公司63家，较2011年底增加30家，贷款余额69.47亿元，较2011年底增加35.96亿元。

二、滨海新区小额贷款公司现状

2008年，经天津市政府同意，市金融服务办、市财政局、市工商局、人民银行天津分行联合制定了《天津市小额贷款公司试点暂行管理办法》，决定在天津市开展小额贷款公司试点工作，以缓解小企业和小额农业贷款难的局面。[2] 天津滨海新区小贷公司行业自试点以来发展迅速，经营状况良好。

（一）小额贷款公司数量增长较快，信贷业务稳步发展

2009年3月，滨海新区第一家小额贷款公司获批成立。2009年、2010年、2011年、2012年底，新区小额贷款公司数量分别为8家、15家、19家和34家。截至2013年6月底，共有37家小额贷款公司在新区注册开业，占天津市的44.58%[3]；注册资本总额约46亿元，注册资本金最高为10亿元，最低为5000万元，注册资本达到1亿元（含）的有16家；从业人数约417人，占天津市的35.58%[4]。截至2013年6月底，新区小额贷

① 《小额信贷公司在我国的发展历史及现状》，载《证券日报》，http://www.rzdb.org。
② 马亚明：《加快天津市小额贷款发展的对策研究》，载《滨海金融探索》，天津财经大学金融学院编，P136。
③ 根据中国人民银行发布的2013年上半年小额贷款公司数据统计报告，截至2013年6月末，天津市小额贷款公司共83家。
④ 根据中国人民银行发布的2013年上半年小额贷款公司数据统计报告，截至2013年6月末，天津市小额贷款公司从业人员共1172人。

款公司贷款余额约 38 亿元，较上年同期增长约 70%，占金融机构同期各项贷款余额的 0.63%，贷款客户 5467 户，实现利息收入 2.39 亿元，税后净利润 1.14 亿元，总体运行状况良好。

（二）贷款发放灵活，支持中小微型企业作用突出

小额贷款公司最大的特点是"短小快"——贷款期限短、额度小、办理速度快。在贷款期限上，设有 1 个月、3 个月、6 个月等多个档次，最长一般不超过 1 年，最短可以是一周甚至更短。在贷款回收上，采用灵活多样的回收方式，有按月付息到期还本、按月还本付息、一次性还本付息等。在贷款方式上，主要以抵（质）押和保证贷款为主，同时，积极创新业务模式，开展仓单质押、信用证跟单、债权保理质押等贷款业务。在贷款对象上，以个体商户和发展前景好、信用程度高的中小微型企业为主。截至 2013 年 6 月底，个人和中小微型企业贷款余额约为 26 亿元，占小额贷款公司全部贷款余额的近 70%。

（三）业务经营较为规范，内控机制较为健全

新区小额贷款公司贷款的资金来源主要是股东缴纳的资本金和向金融机构的融资，其中，股东缴纳的资本金占比达 90% 以上，向金融机构融资余额符合不超过资本净额 50% 的规定。小额贷款公司贷款利率水平主要集中在基准利率的 1~3 倍，单笔最低利率为 5.64%，最高为 24%，符合有关规定。此外，小额贷款公司对内控制度建设较为重视，普遍建立了与贷款风险防范有关的内控制度。一方面逐步完善由董事会、经理室、业务部门、风险部门等组成的权责明确、相互制衡的公司治理结构，另一方面各公司均根据实际情况制定了一整套贷款流程及贷款管理办法，包括贷前审查、贷中审批、贷后监控检查以及责任追究等具体内容。由于注重内控建设，强化贷款管理，小额贷款公司贷款质量普遍比较优良。

三、小额贷款公司可持续发展的主要困境问题[①]

小额贷款作为一项金融创新，虽然目前有较快发展，但由于小额贷款公司成立不久，作为新生事物，还存在一些问题，亟需政府、政策的大力支持。在调查中发现，作为为微型企业、下岗职工、农村农户服务的小额贷款公司，它们成立的最终目的是能够转为可存可贷的银行，但为了达到这个最终目标，就要执行国家政策，积极支持中小企业、农户、下岗职工。但小额贷款公司发展过程中还存在一些问题和困难。[②]

---

① 搜狐财经，http://business.sohu.com/20130401/n371356512.shtml。"小微企业融资发展报告：中国现状及亚洲实践"课题项目，由博鳌观察、中国光大银行、中国中小企业发展促进中心联合发起，国务院发展研究中心金融所副所长巴曙松担任项目主持人、首席经济学家。

② 马亚明：《加快天津市小额贷款发展的对策研究》，载《滨海金融探索》，136 页，天津财经大学金融学院。

（一）法律地位不明，身份问题成最大障碍

根据《关于小额贷款公司试点的指导意见》（银监发〔2008〕23号），小额贷款公司是由自然人、企业法人与其他社会组织投资设立，经营小额贷款业务的有限责任公司或股份有限公司。因此它在性质上仅属于一般工商企业，而不是金融机构。小额贷款公司面临着身份定位的尴尬：它是由中国人民银行批准、在工商部门登记的企业法人，从事金融业务，却不能取得金融许可证。由于小额贷款公司的金融机构身份没有确认，小额贷款公司被排除在正规的金融体系之外，在同业拆借、税收优惠、财政补贴、法律诉讼等方面难以享受与金融机构的同等待遇。

一是税收优惠方面。根据《财政部、国家税务总局关于金融企业贷款损失资金准备金企业所得税税前扣除政策有关问题的通知》（财税〔2012〕5号），金融企业可享受贷款损失准备金税前扣除的优惠政策。根据《财政部、国家税务总局关于农村金融有关税收政策的通知》（财税〔2010〕4号）规定，自2009年1月1日至2013年12月31日，对金融机构单笔贷款在5万元以下的农户小额贷款免征营业税，所得税税基减少10%；针对机构设立在县域的农信社、农商行、农合行和贷款公司、村镇银行，营业税按照3%的税率执行（大银行这一税率为5%）。而小额贷款公司由于没有金融许可证，虽然从事贷款业务，但国家有关部门未按金融企业对其进行管理，因此无法享受这些优惠政策。在目前没有任何税收优惠的情况下，小额贷款公司全部利息收入，应缴纳企业所得税25%、营业税及附加5.56%。

二是财政补贴方面。《国务院关于鼓励和引导民间投资健康发展的若干意见》（国发〔2010〕13号）提出，要对小额贷款公司的涉农业务实行与村镇银行同等的财政补贴政策。但财政、税务等有关部门至今还未制定相关税收优惠和财政补贴的实施细则，因此，目前中央财政层面上没有针对小额贷款公司的财政补贴政策。由于身份问题，小额贷款公司不能享受到国家对农村金融和小企业金融的一系列优惠政策，在服务农村金融市场中处于不利地位。

三是融资成本方面。受限于"非金融机构"的身份，小额贷款公司融资不能采用同业拆借方式，只能采取工商企业贷款方式从银行获得融资，因而需要提供相应的担保，而小额贷款公司不具备充足的抵押和质押资产，从而增加了融资的难度和成本，进而增加"三农"和小微企业的融资成本。小额贷款公司向银行融资渠道的不通畅，直接影响到其融资规模和应有效能的发挥。

由于小额贷款公司融资成本较高，小额贷款公司必须对客户进行筛选，贷款投放流入利润较高的行业，对微利薄利的正规服务实体经济的业务投入减少，这大大影响了小额贷款公司对小微企业和"三农"的支持效果。

四是法律地位方面。小额贷款公司虽然从事贷款业务，但并非金融机构，此种模糊性的法律地位有以下几个问题难以解决：首先是法律依据不足。小额贷款公司依托于

《公司法》，但在《公司法》中没有涉及贷款类业务的规定，而要从事金融服务，还应当取得银监部门的许可。依据《银行业监督管理法》第十九条的规定，未经银监部门批准，任何单位或者个人不得设立银行业金融机构或从事银行业金融机构的业务活动。《贷款通则》也规定贷款人必须经监管机构批准经营贷款业务。在《公司法》中找不到适用依据，又不符合法律法规关于贷款业务的要求与条件，使小额贷款公司处于尴尬的境地。这种矛盾使小额贷款公司的经营行为处于法律监督的空白状态，可能引致一定的法律风险。其次是法律保护不足。小额贷款公司因其较突出的私营性质，加之目前对债权的司法保护力度不够，贷款无法收回的经营风险较大。

（二）后续资金来源不足，融资杠杆比成发展瓶颈

理论上小额贷款公司有许多融资方式，如国家财政拨款、国外资金捐助、国内企业捐助、其他商业银行贷款等，但是在实际融资时面临许多困难。在银监会和中国人民银行 2008 年联合发布的《关于小额贷款公司试点的指导意见》中规定，小额贷款公司从银行业金融机构获得融入资金的余额，不得超过其资本净额的 50%；单一自然人、企业法人、其他社会组织及其关联方持有的股份，不得超过小额贷款公司注册资本总额的 10%。一直以来，银行再融资和股东增资扩股是小额贷款公司获得资金的两大主要渠道，但受限于 1:0.5 的融资比例和 10% 的最大股东持股上限，这两种方式很难满足小额贷款公司的融资需求。

根据人民银行对滨海新区小额贷款公司所做的调查，截至 2012 年 9 月底，被调查的 24 家小额贷款公司中仅有 7 家获得银行贷款资金，余额约为 2 亿元，仅占贷款发放余额的 8% 左右。与小额贷款公司开展融资合作的银行仅 4 家：国家开发银行、浦发银行、天津银行、兴业银行。由于资金融通渠道不畅，小额贷款公司普遍面临后续资金不足，经营发展受制的问题。截至 2012 年 9 月底，滨海新区小额贷款公司贷款余额占注册资本金的近 90%，50% 的小额贷款公司资本金全部用完，经营上缺乏流动性。

（三）未接入中国人民银行征信系统，经营风险大

征信系统是我国金融市场信息共享、资源开放的必要平台。目前各商业银行及非银行金融机构相继加入该系统，进而实现了客户资源与信用的共享与监管。但截至目前，小额贷款公司的业务操作与客户资信信息并未能列入该系统，这使得小额贷款公司无法查询贷款客户在银行的贷款和负债结构，同时商业银行也无法查询客户在小额贷款公司的借贷情况，直接导致了小额贷款公司与中小企业及个体工商户、商业银行与中小企业及个体工商户在融资对接中出现信息不对称问题，增大了小额贷款公司和商业银行的经营风险，进而可能导致小微企业重复融资现象出现，加大了整个行业的潜在风险。

四、国外成熟市场小额贷款机构发展模式比较及经验借鉴

(一) 国外小额贷款业态发展模式比较[①]

1. 制度模式的差异性比较。如果从商业性和制度管制的角度来看待小额信贷，国外小额信贷机构应该以其发展历程来判断它所处的位置。国外小额信贷发展初期，大多机构都是以扶持性质诞生，而扶持的对象也正是处于贫困生活状态中的农民为主。"基本上，我们借钱给最穷的人。"2006 年诺贝尔和平奖获得者穆罕默德·尤努斯这样说。随着 GB 模式的成功，世界其他地区的发展中国家积极推广，政府部门也给予了一定的支持。以孟加拉乡村银行为首的众多小额贷款机构迄今为止，一直以贫困农民为主要扶助对象，所以福利性质占主要成分。由于这些小额贷款机构多是由民间自发筹资成立，即使是政府参股，也占很小股份份额（目前世界规模最大的孟加拉乡村银行 94% 的股权为贷款者所有，政府只拥有 6% 的股权），因此制度约束度不高。随着这些小额贷款机构的日益壮大，各国相关政府也逐渐以支持的态度取消最初的一些限制，将小额贷款机构纳入金融体系，给予它们更多的金融服务空间。相对而言，天津市小额贷款公司的成立完全建立在政府管制的基础之上，2008 年中国人民银行和国家银监会共同签署的《关于建立小额贷款公司的指导意见》以及天津市金融办颁布的《天津市小额贷款公司试点暂行管理办法》从方向、性质、规模等都给小额贷款公司的发展制定了明确的方向，在发展过程中各小额贷款公司将直接受到县级政府的监管。由于滨海新区小额贷款公司更多的是民间企业或个人出资设立，投资收益必然是出资人所最终关注的目的。因此，尽管制度要求贷款对象以扶持中小企业和"三农"为主，但小额贷款公司依然要寻求自己的收益最大化，商业性便是它另一个突出特征。

2. 运营模式的差异性比较。首先，设立的目的有所不同。国外小额贷款机构成立主要是以扶持贫困农民为主要宗旨，集中针对农村的低收入或无收入人群，以改善他们的生活条件为基础。而天津开展试点的小额贷款公司是在政府的倡导下，以改善中小企业、"三农"经济融资环境为主要目的，主要是针对正规金融机构辐射不到的有资金缺口企业和"三农"经济中需要扶持的项目，同时也希望通过此项举措实现"地下金融"的阳光化，尽管这一目标能否实现还有待观察。

其次，结构有明显差异。随着小额贷款金融机构的经营经验不断完善，国外小额贷款机构大多形成总行—分行—支行—营业所标准银行结构，运营性质也完全商业化，而天津小额贷款公司试点仅以单一公司的形式存在，因为服务区域局限于县域内，能否在当地设立下级机构在政策上尚未涉及，因此其服务模式、管理机制更单一。

---

① 郑志辉、王子韩、何蒋玲：《国外小额贷款模式与浙江省小额贷款公司试点比较分析》，载《浙江金融》，2009.04，P36。

最后，贷款额度、利率定价及盈利能力差别较大。国外小额贷款单笔贷款的数量大多在 1000 美元以下，而浙江省小额贷款公司由于市场的特殊性，单笔借款的数量大多在 10000 美元以上。就利率而言，国外福利性质的小额贷款，利率一般较低，部分贷款利率还在存款利率之下，但为了保持盈利，部分贷款会以创收为目的的贷款利率弥补低息贷款，总体保持盈利的水平。目前滨海新区已营业的小额贷款公司的平均利率大多维持在央行基准利率的 2.5～3.5 倍。从盈利性来看，无论是国外的小额贷款还是滨海新区小额贷款公司，都必须以盈利为最终目的，这也是可持续发展的必备条件。

3. 发展潜力比较。两者的最终目的都是发展成为服务领域更广的金融机构。国外小额贷款组织目前的发展大多已经形成银行经营模式，能够提供除贷款外更多的金融服务。而滨海新区小额贷款公司目前只是一个试点工作，具体的发展方向还需政府相关部门根据试点情况而定。小额贷款公司的最终发展目标是转型为村镇银行，但能否实现顺利转型或者有多少小额贷款公司能拿到村镇银行的入场券仍是个未知数。

（二）国外小额贷款业态的经验借鉴[①]

1. 实现高收益、低成本盈利增长模式的主要做法。

（1）实行较高的贷款利率以覆盖小额贷款高昂的交易成本。小额、分散的特点使小额信贷经营成本高于一般银行贷款业务。世界银行扶贫协商小组（CGAP）对印度一家小额信贷机构的调查显示，其交易成本占贷款余额的比例高达 25%，而印度商业银行该比例通常在 5%～7%。因此，国外小额信贷机构一般都实行较高的贷款利率。统计资料显示，多数国家平均小额贷款利率都比商业银行一般贷款高 10 个百分点左右。

（2）推出灵活多样的信贷产品促进提高贷款偿还率、降低风险补偿费用。如孟加拉格莱珉银行的小组担保方式以及周还款制度，既减少了小额信贷机构的风险，又减轻了借款人的还款压力，达到了降低违约率、提高还贷率的目的。

（3）采取鼓励竞争的政策，改善贷款效率、降低经营成本，进而促进贷款利率的下降。降低贷款利率，让利于小额贷款发放对象是各国政府及国际援助组织所致力实现的目标。在这一点上，有关研究表明政府应做的就是通过采取鼓励创新、竞争的政策以提高市场运作效率。全球小额信贷信息平台（MIX）的统计数据显示，在四个没有利率上限的竞争性市场（玻利维亚、波斯尼亚、柬埔寨和尼加拉瓜），小额信贷行业的总管理成本从 1997 年的 38% 下降到了 2002 年的 24%，贷款收益率从 57% 降至 31%。

2. 解决小额信贷后续资金来源不足的主要途径。

（1）允许部分运作良好的机构吸收成员存款或公众存款。从 20 世纪 80 年代起，小额信贷机构开始从当地贷款客户或公共储蓄寻找融资来源。以格莱珉银行为例，到 2006 年，借贷人持有的股份从建立之初的 40% 提高到 94%，而政府的股份则从 60% 下降到

---

① 黄绍明：《小额贷款公司现状、国外经验及发展思路》，载《时代金融》，2011.08，P64。

6%，其存款量是贷款量的 1.14 倍。

（2）从银行以及专门的小额信贷资金批发机构批发资金。据孟加拉中央银行小额信贷研究与建议小组（MRRU）统计，2006 年该国 720 家非政府组织（NGO）的资金来源中，成员存款占 28.5%，经营收入占 23.8%，农村就业支持基金会（PKSF）和当地银行的贷款分别占 20.8% 和 8.3%。而在菲律宾，主要的小额信贷资金批发机构就有三类，包括国有资金批发机构、私有银行和乡村银行以及捐赠款资助设立的专营批发贷款的基金等。

（3）利用资本市场公开发行股票募集资金。成功案例包括墨西哥的小额信贷机构 Banco Compartamos、印度的小额信贷银行 SKS 以及南非的主营小额信贷、保险、移动通信合约等业务的公司 Kagisano 等，这些都为小额信贷机构通过资本市场解决资金来源提供了切实可行的范例。

3. 构建完备的风险控制体系的主要方式。

（1）在内控制度建设方面始终体现灵活多样、方便客户、利于收贷、降低风险的核心需求。无论是产品设计、贷款条件、资金监测、激励机制，还是高科技的信息管理技术，成功的小额信贷机构都把满足上述核心要求作为制度和系统应用的出发点。

（2）坚持区分资金性质实施分类监管原则，确保良好的社会金融秩序并促进小额信贷行业健康快速发展。基本趋势是：其一，根据是否吸收公众存款分别实施审慎监管或非审慎监管；其二，针对不同机构确定不同的管理部门；其三，逐步将 NGO 小额信贷机构纳入监管框架，以防范风险并促进提高其经营透明度。

（3）成立行业协会、实行存款保险制度以及由批发资金机构对成员进行行业规范，全方位构建风险控制体系。如菲律宾的小额信贷协会、印尼的存款保险制度、孟加拉最大的小额信贷资金批发机构 PKSF 对其成员的行业规范等。

4. 完善有利于小额信贷机构生存发展外部支持环境的主要方面。

（1）制定法律法规，规范机构注册、经营、监管等相关活动。各国小额信贷法律体系主要分为专门或重点针对小额信贷机构的法律体系和在银行法下设立一个条款或若干规章两种模式，而目前已有更多国家正在引入或讨论对小额信贷的专门立法。

（2）拓展征信服务领域。为发挥征信体系的积极作用，许多国家已逐步将小额信贷机构纳入国家征信系统或有针对性地收集小额信贷客户信息以及向小额信贷机构提供专门的征信服务。

（3）开展研究、培训及综合信息服务。当前，除国际组织外，各国政府部门、NGO 以及成功的小额信贷机构都在积极开展小额信贷领域的研究、培训、综合信息服务等相关活动。如印尼央行小企业发展信息系统、南非银行业教育和培训管理局、孟加拉格莱珉信托以及各小额贷款监管部门提供的各种培训项目等。

此外，在税收方面，各国对小额信贷业务采取了诸如优惠增值税，对不以盈利为目的的 NGO 免收所得税等各种优惠政策。

第四单元　担保公司业态

一、融资性担保公司的内涵和功能

（一）融资性担保公司的内涵界定

目前，我国的担保公司可分为融资担保公司和投资担保公司两类。其中，投资担保公司主要从事履约担保、工程担保等行为；根据《融资性担保公司管理暂行办法》（银监会令 2010 年第 3 号），融资性担保是指"担保人与银行业金融机构等债权人约定，当被担保人不履行对债权人负有的融资性债务时，由担保人依法承担合同约定的担保责任的行为"。按照《融资性担保公司管理暂行办法》，银监会已明确了融资担保公司的准入条件并规定非融资性担保公司不得从事融资性担保业务，因此本单元以下内容将只涉及融资担保公司。

（二）融资性担保公司的主要功能

首先，可以降低银行业务成本。因为银行发放小额贷款存在信息不对称、营销成本较高的问题，因此小企业向银行直接申请贷款受理较难，这就造成小企业有融资需求时往往会向担保机构等融资机构求助。担保机构选择客户的成本比较低，从中选择优质项目推荐给合作银行，能提高融资的成功率，从而降低银行小额贷款的营销成本。另外，在贷款的风险控制方面，银行不愿在小额贷款上投放，有一个重要的原因是银行此类贷款的管理成本较高，而收益并不明显。对于这类贷款，担保机构可以通过优化贷中管理流程，形成对于小额贷后管理的个性化服务，分担银行的管理成本，免去银行后顾之忧。

其次，事后风险处置方面，担保机构的优势更是无可替代的。银行信贷项目出现风险后，处置抵押物往往周期长，诉讼成本高，变现性不佳。担保机构可以发挥现金代偿功能，即担保公司以现金支付方式弥补银行信贷资产损失，大大解决了银行抵押物处置难的问题。有些担保机构做到 1 个月（投资担保甚至 3 天）贷款逾期即代偿，使银行的不良贷款及时得到消除，之后再由担保机构通过其相比银行更加灵活的处理手段进行风险化解。

再次，担保公司时效性强。作为银行，其固有的贷款模式流程，造成中小企业主大量时间浪费；而担保公司恰恰表现出灵活多变的为不同企业设计专用的融资方案模式，大大节省了企业主的时间与精力，能迎合企业主急用资金的需求。

最后，担保公司在抵押基础上的授信，额度大大超过抵押资产值，为中小企业提供更多的需求资金。目前，许多投资担保公司，在贷后管理和贷款风险化解方面的规范和高效运营，获得了银行充分信任，一些合作银行把贷后催收、贷款资产处置外包给担保公司，双方都取得了比较好的合作效果。担保公司的优势体现在门槛低，办事效率高，放款速度快，可以接受各种形式的抵、质押物作为反担保措施，比如房产、车辆、商标、股权等等抵、质押物。

二、融资性担保公司业务类型和流程

（一）融资性担保公司的业务类型

根据《融资性担保公司管理暂行办法》规定，经监管部门批准，融资担保公司可以经营下列部分或全部融资性担保业务：贷款担保；票据承兑担保；贸易融资担保；项目融资担保；信用证担保；其他融资性担保业务。部分情况下，担保公司为化解担保风险，会要求被担保人提供反担保。反担保是指为债务人担保的担保公司为了保证其追偿权的实现，要求债务人提供的担保。在债务清偿期届满，债务人未履行债务时，由第三人承担担保责任后，第三人即成为债务人的债权人，第三人对其代债务人清偿的债务，有向债务人追偿的权利。当第三人行使追偿权时，有可能因债务人无力偿还而使追偿权落空，为了保证追偿权的实现，第三人在为债务人作担保时，可以要求债务人为其提供担保，这种债务人反过来又为担保人提供的担保叫反担保。

贷款银行认为担保贷款风险较高时，会要求提供再担保。再担保是指为担保人设立的担保，当担保人不能独立承担担保责任时，再担保人将按合同约定比例向债权人继续剩余债务的清偿，以保障债权的实现。双方按约承担相应责任，享有相应权利。

（二）融资性担保公司的业务流程

在担保公司业务中，贷款担保、票据承兑担保、贸易融资担保、信用证担保均涉及与银行合作，流程大体相同，具体如下：

1. 申请：企业提出贷款担保申请。

2. 考察：考察企业的经营情况、财务情况、抵押资产情况、纳税情况、信用情况、企业主情况，初步确定担保与否。

3. 沟通：与贷款银行沟通，进一步掌握银行提供的企业信息，明确银行拟贷款的金额和期限。

4. 担保：与企业签订担保及反担保协议，资产抵押及登记等法律手续，并与贷款银行签订保证合同，正式与银行、企业确立担保关系。

5. 放贷：银行在审查担保的基础上向企业发放贷款，同时向企业收取担保费用。

6. 跟踪：跟踪企业的贷款使用情况和企业的运营情况，通过企业季度纳税、用电量、现金流的增长或减少最直接跟踪考察企业的经营状况。

7. 提示：企业还贷前一个月，预先提示，以便企业提早做好还贷准备，保证企业资金流的正常运转。

8. 解除：凭企业的银行还款单，解除抵押登记，解除与银行、企业的担保关系。

9. 记录：记录本次担保的信用情况，分为正常、不正常、逾期、坏账四个档次，为后续担保提供信用记录。

10. 归档：将与银行、企业签订的各种协议以及还贷后的凭证、解除担保的凭证等整理归档、封存、以备日后查档。

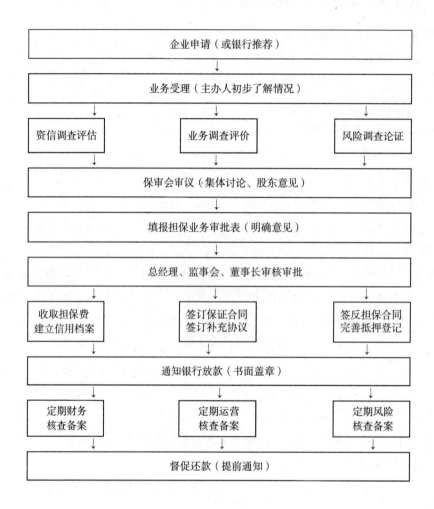

图 4 - 7   担保业务操作流程

三、我国担保业的发展状况

（一）融资性担保业务发展较快

为促进担保业健康稳步发展、规范担保市场，1995 年 6 月 30 日第八届全国人民代表大会常务委员会第十四次会议通过了《中华人民共和国担保法》（以下简称《担保法》)。自《担保法》颁布以来，我国融资性担保公司得到快速发展[1]：

一是融资性担保机构实力增强，业务发展较快。截至 2011 年底，全国融资性担保行业共有法人机构 8402 家，同比增长 39.3%，其中，国有控股 1568 家，民营及外资控股 6834 家；从业人员 121262 人，同比增长 38.8%；实收资本共计 7378 亿元，同比增长 63.7%。全行业资产总额 9311 亿元，同比增长 57.2%；净资产总额 7858 亿元，同比增长 63.8%。在保余额总计 19120 亿元，同比增长 39.1%，其中融资性担保 16547 亿元。

二是融资性担保机构经营管理逐渐规范，风险管控能力有所增强。2011 年以来，通过对融资性担保机构全面规范整顿和风险排查，融资性担保机构逐步树立审慎经营意识，风险管控水平不断提高，业务经营和内部管理逐步走上规范轨道。截至 2011 年底，融资性担保代偿率 0.5%，损失率 0.02%，同比减少 0.02 个百分点；融资性担保贷款不良率为 0.8%，连续两年呈下降趋势。准备金余额 560 亿元，担保责任拨备覆盖率为 607.5%，担保责任拨备率为 2.9%。

三是融资性担保机构与银行业金融机构合作进一步加强。截至 2011 年末，与融资性担保机构开展业务合作的银行业金融机构总计 15997 家（含分支机构），同比增长 32.6%。融资性担保贷款余额 12747 亿元（不含小额贷款公司融资性担保贷款），较上年末增加 3629 亿元，增长 39.8%；融资性担保贷款户数 18.1 万户，较上年末增加 1.6 万户，增长 9.6%。

四是融资性担保行业对中小微企业的支持作用逐步增强。截至 2011 年末，中小微企业融资性担保贷款余额 9857 亿元，同比增长 40.5%；中小微企业融资性担保贷款占融资性担保贷款余额的 77.3%，同比增加 0.4 个百分点；中小微企业融资性担保在保户数 17 万户，同比增长 20%。

（二）政策法规与监管机制逐步健全

1. 法律法规建设。1995 年 6 月，国务院颁布的《中华人民共和国担保法》，明确了担保行为的定义和经济责任，使得担保行为有法可依，促进了融资担保公司的发展。

2010 年 3 月，为加强对融资性担保公司的监督管理，规范融资性担保行为，促进融资性担保行业健康发展，中国银行业监督管理委员会、中华人民共和国国家发展和改革委员会、中华人民共和国工业和信息化部、中华人民共和国财政部、中华人民共和国商务部、中国人民银行、国家工商行政管理总局制定了《融资性担保公司管理暂行办法》。

2010 年 3 至 12 月，银行业监督管理委员会先后下发了《融资性担保公司公司治理指引》《融资性担保机构重大风险事件报告制度》等一系列文件，标志着融资性担保公司的规章体系得以正式建立。

2. 监管机制建设。2009 年 2 月，国务院办公厅下发了《国务院办公厅关于进一步

---

① 以下数据来源于中国银行业监督管理委员会网站：http://www.cbrc.gov.cn。

明确融资性担保业务监管职责的通知》，明确各省级人民政府按照"谁审批设立、谁负责监管"的要求，确定相应的部门按照国家规定和政策，负责本地区融资性担保机构的设立审批、关闭和日常监管。2009年4月，经国务院批准，由银监会牵头的融资性担保业务监管部际联席会议制度正式建立。联席会议由发展改革委、工业和信息化部、财政部、商务部、人民银行、工商总局、法制办、银监会组成，银监会为牵头单位。主要职责为：在国务院领导下，研究制订促进融资性担保业务发展的政策措施，拟订融资性担保业务监督管理制度，协调相关部门共同解决融资性担保业务监管中的重大问题，指导地方人民政府对融资性担保业务进行监管和风险处置。自2010年以来，银监会每年均召开融资性担保业务监管部际联席会议，协调沟通融资担保公司的监管工作，并发布融资担保行业的统计数据。

2010年，融资性担保业务监管部际联席会议督促和指导协调各地完成规范整顿工作。通过规范整顿，一批相对较为规范的融资性担保机构取得了经营许可证，强化了以融资性担保为主业、审慎经营的理念，在一定程度上净化了行业环境、规范了经营行为，为行业规范健康发展和持续审慎监管奠定了基础。

2011年，联席会议起草并由国务院办公厅转发了《银监会发展改革委等部门关于促进融资性担保行业规范发展的意见》（国办发〔2011〕30号），对融资性担保行业"十二五"期间的行业发展进行了较为系统的规划，要求融资性担保机构要坚持以融资性担保业务为核心主业，建立完善符合自身特点、市场化运作的可持续审慎经营模式，不断提高承保能力。在有效控制风险的前提下，鼓励融资性担保机构积极开发新业务、新产品，鼓励融资性担保机构从事行业性、专业性担保业务。制定印发了《中国银监会关于促进银行业金融机构与融资性担保机构业务合作的通知》（银监发〔2011〕17号），通过促进和规范银担合作，推动融资性担保行业依法合规经营、健康发展。起草下发了《关于规范融资性担保机构客户担保保证金管理的通知》（融资担保发〔2012〕1号），对客户保证金管理进行统一规范，从制度上消除客户保证金被挪用的风险隐患，完善融资性担保行业制度体系。联席会议还对融资性担保行业会计核算制度、准备金使用管理、扶持资金统一安排使用等问题进行了研究，通过多种形式积极协调国家有关部门和地方政府制定和完善相关政策措施。

（三）担保业的自律协会快速发展

1. 中国担保协会。于2009年3月在北京国际金融中心成立，由国内外知名金融担保行业企业家、著名专家、资深学者及相关业内机构人士共同组建而成。主要任务是规范中国担保行业市场，促进担保行业健康稳定可持续发展，为会员服务及维权，实现合作、发展、维权、服务的理念。它接受中国银监会、中国保监会、中国证监会、最高人民法院、工业与信息部、财政部、建设部、商务部、法制办等部门的业务监管。

2. 中国融资担保业协会。2012年12月17日，中国融资担保业协会筹备阶段会员代表大会在北京成功召开，来自全国 31 个省、市、自治区的 61 家担保机构代表出席会议，讨论并通过了《中国融资担保业协会章程》。2013 年 2 月 20 日，经中华人民共和国民政部批准，中国融资担保业协会正式登记成立。它的成立对加强行业自律，维护行业秩序，规范行业行为具有深远意义。中国融资担保业协会将在促进融资担保业的自律管理和健康有序发展、增进融资担保机构的交流与合作、提供行业内部技术培训与服务等方面发挥积极作用。

（四）各项优惠政策相继出台

1. 国家财政出台税收优惠政策。2012 年，财政部、税务总局下发了《财政部、国家税务总局关于中小企业信用担保机构有关准备金企业所得税税前扣除政策的通知》（财税〔2012〕25 号）规定，自 2011 年 1 月 1 日~2015 年 12 月 31 日，符合条件的中小企业信用担保机构按照不超过当年年末担保责任余额 1% 比例计提的担保赔偿准备金，允许在企业所得税税前扣除，同时将上年度计提的担保赔偿准备金余额转为当期收入。符合条件的中小企业信用担保机构按照不超过当年担保费收入 50% 比例计提的未到期责任准备，允许在企业所得税税前扣除，同时将上年度计提的未到期责任准备余额转为当期收入。

其中，符合条件的中小企业信用担保机构，必须同时满足以下条件：（一）符合《融资性担保公司管理暂行办法》（银监会等七部委令 2010 年第 3 号）相关规定，并具有融资性担保机构监管部门颁发的经营许可证；（二）以中小企业为主要服务对象，当年新增中小企业信用担保和再担保业务收入占新增担保业务收入总额的 70% 以上（上述收入不包括信用评级、咨询、培训等收入）；（三）中小企业信用担保业务的平均年担保费率不超过银行同期贷款基准利率的 50%；（四）财政、税务部门规定的其他条件。

2. 各地出台担保补贴政策。2011 年，宁波市政府出台了《保增促调推进中小微企业平衡健康发展的若干意见》（余政发〔2011〕98 号），主要有两方面内容：一是补贴政策。对担保机构向微型企业或微型企业法人代表、股东提供贷款总额在 15 万元以内的贷款担保，且收取不高于 1% 的担保费，市财政按贷款担保额度给予年度 1 个百分点补贴，每年分两次补贴，资金从市级民营经济发展专项资金列支。二是申补条件。担保机构申请补贴资金须同时满足以下五个主要条件：取得经营许可并正常经营一年以上，按时纳税；全年新增担保业务额达到平均净资产 2.5 倍以上；向微企收取的担保费率不高于 1%；不得向微企收取保证金及担保费以外的评审、咨询等费用；近三年未受到县级以上财政或其他监管部门处理处罚。

2012 年 7 月 30 日，陕西省出台了《陕西省中小商贸企业融资担保补助资金实施办法》①，为该省中小商贸企业提供贷款担保的融资性担保公司和通过担保获得银行贷款的

----

① 《西安日报》，2012 - 07 - 31，第 3 版。

中小商贸企业进行资金支持，其项目补助标准包括担保机构补助标准和中小商贸企业保费补贴标准。担保机构补助标准是指对项目申报期内符合条件的融资性担保机构为中小商贸企业提供的单笔贷款 800 万元以下、未获得其他中央财政补贴的担保业务，给予不超过贷款担保额 2% 的补助；对为商品交易市场、商业街等商圈内的中小商贸企业提供贷款担保的融资性担保公司，将在规定范围内适当提高补助比例。每个担保机构最高补助额不超过 100 万元。中小商贸企业保费补助标准是指对项目申报期内符合条件的中小商贸企业，通过担保获得银行贷款的，给予不超过实际缴纳担保费用 50% 的补贴。每个企业最高补助额不超过 15 万元。另外，对符合条件的中小商贸企业的保费补助，不低于融资担保补助资金总额的 20%。

四、融资性担保公司的经典案例——滨海新区的两家特色担保公司

1. 天津华正投资担保公司。天津市鑫茂集团与天津农村商业银行签订协议，在鑫茂科技园区内选取信用优良的中小企业，组建成立了国内首家民营信用贷款共同体模式。该体系是以鑫茂科技园为依托、天津华正投资担保有限公司为担保服务平台、天津农村商业银行为资金链支持的三位一体综合信用共同体。凡参加信用共同体的企业可随时向天津农村商业银行提交贷款申请，企业持贷款书可免抵（质）押、免联保，随时向银行贷款。这种方式突破了中小企业没有抵、质押能力的贷款瓶颈，为金融机构支持中小企业发展开辟了新途径。

2. 泰达小企业信用担保中心。天津泰达小企业信用担保中心针对科技型企业无形资产为主、固定资产极为有限的特征，采取无形资产质押贷款担保的融资模式。涉及的无形资产主要有发明专利、实用新型专利、外观设计专利、商标、专有技术、著作权等，为企业提供短期流动资金贷款，有效地解决了科技型企业融资难题。

五、加快滨海新区融资性担保公司发展的建议

（一）以"收益共享，风险同担"为原则，与银行建立长效合作机制

融资担保机构和金融机构是利益共同体，都应承担与其利益相当的经营风险。以贷款担保为例，国际上通行的做法是银行与担保机构一起分担风险，日本和德国的担保机构承担风险比例为 50%~80%，美国为 80%，加拿大为 85%。目前，我国担保机构承担 100% 风险的做法使担保机构集中了过多的贷款风险。因此，应建立担保机构与商业银行共担风险的机制。担保责任分担比例的划分应该按照分散风险的原则，由担保机构和银行以市场方式决定。

（二）完善再担保制度，构建担保风险分散和补偿机制

融资担保机构属于高风险、低收益的行业，单纯依靠收取担保费的传统商业模式难以支撑担保市场良性、均衡地发展。因此，必须给予一定的优惠政策进行扶持。一是由

财政出资建立风险代偿基金，为担保公司提供反担保，担保业务出现风险后由代偿基金暂为代偿，随着担保业务的发展，担保公司盈利后，用保费收入偿还代偿基金；二是创建担保业务再保险机制，即担保机构在承担担保责任的同时，将已承担的风险按照一定比例进行再保险，然后由再保险机构承担部分风险。

（三）以征信体系建设为平台，改善融资担保机构的外部运营环境

积极推动融资担保机构与金融机构之间的信息资源共享，促进担保机构的信用信息平台接入人民银行的征信管理系统，使融资担保机构能更为及时准确地掌握申请授信企业的信息，加强风险控制，促进融资担保业务稳健发展。

（四）完善担保业的法律法规，为融资担保业发展提供法律保障

尽快制定出台专门的保护、支持和促进融资担保业发展的法律法规，对担保机构与银行的合作模式、风险分担方式以及双方应遵循的权利与义务进行明确的规定，为融资担保业又好又快发展创造一个良好的法制环境。

第五单元　财务公司业态

企业集团财务公司是我国企业体制改革和金融体制改革的产物。国家为了增强国有大中型企业的活力，盘活企业内部资金，增强企业集团的融资能力，支持企业集团的发展，促进产业结构和产品结构的调整，以及探索具有中国特色的产业资本与金融资本相结合的道路，于1987年批准成立了中国第一家企业集团财务公司，即东风汽车工业集团财务公司。此后，根据国务院1991年71号文件的决定，一些大型企业集团也相继建立了财务公司。本文结合滨海新区财务公司的发展情况，对财务公司的特点和作用进行介绍。

一、滨海新区财务公司发展状况

截至2012年底，天津滨海新区共有两家财务公司，分别是天津港财务有限公司和天保财务有限公司，下面对这两家财务公司的基本情况进行介绍。

（一）天津港财务有限公司

1. 成立背景。作为天津市最大的比较优势和核心战略资源，天津港的发展一直得到天津市委、市政府的重视与支持。天津港集团于2004年6月经批准转制为国有独资企业集团。随后，为了进一步促进天津港集团的发展，在2005年召开的天津市第二次港口工作会议上提出"实现港口投资多元化，拓展融资渠道，支持天津港集团设立财务公司"。为落实会议精神，加强集团资金的集中管理和运用，集团公司决定在原天津港结算中心的基础上成立财务公司，并于2006年初向银监会提交了筹备财务公司申请。国务院于2006年5月下发国发20号文，正式批准天津滨海新区成为全国综合配套改革试验区，并鼓励滨海新区进行金融改革和创新。在这样的背景下，2006年6月，天津港财务公司筹建申请获得了银监会批准，并且经过半年的紧张筹备，于 2006 年 12 月正式成立，成为了全国首家港口企业集团财务公司。

2. 业务开展范围。截至 2012 年底，天津港财务有限公司公司已经开展的业务主要包括结算业务、存款业务、贷款业务、票据贴现与转贴现、电票业务、应收账款保理、售后回租型融资租赁、委托贷款、保险代理、同业拆借、信贷资产转让、承销集团公司企业债、网上新股申购和银行间市场债券交易。

3. 业务运行情况。截至 2012 年 12 月 31 日，公司各项存款余额为人民币 856 722.45 万元，活期存款、定期存款、通知存款和保证金存款所占比例分别为 46.43%、8.65%、44.90% 和 0.02%。从存款结构上看除活期存款外通知存款占比较大，是由于成员单位更偏好于期限灵活且收益相对较高的通知存款所致。2012 年公司实现信贷业务收入 3.86 亿元，较去年同期增加了 46.13%，实现信贷收入大幅增长。截至 12 月底为 31 家成员单位办理 115 笔贷款业务，金额达 50.07 亿元；信贷业务未出现过一笔不良贷款。在确保流动性的前提下，适当增加了传统贷款业务、应收账款保理和银行承兑汇票贴现业务的规模。2012 年办理 5 笔应收账款保理业务，金额 4 378 万元；办理 376 笔票据贴现，金额 4.70 亿元。信贷规模比上年同期增加了 9.17 亿元，增长了 17.69%。

4. 金融创新情况。公司不断适应成员单位的用款需求，创新业务品种，2012 年成功地为成员单位办理了第三方付息的商业承兑汇票保贴业务和融资租赁业务，拓展了成员单位的融资渠道。在 2012 年前期金融市场整体定价水平过高的形势下，为解决集团成员单位融资难及融资成本高的问题，尤其为了应对运营初期码头公司货源不充足、前期项目融资成本压力过大、资金链紧张的局面，公司研发并推出了融资租赁售后回租产品。全年以某机械为标的物，共开展了 1 亿元的售后回租融资租赁业务，该产品有效解决了成员单位融资难的问题，降低了信贷风险，提高了资产流动性，同时融资成本要远低于该业务的市场平均成本。

随着融资渠道的不断增加，越来越多的成员单位使用商业承兑汇票方式实现融资，为增加信贷产品品种，提高金融服务水平，根据成员单位的业务需求，结合天津港实际情况，公司制定了《商业承兑汇票保贴业务管理办法》及流程图，为防范风险，设计产品之初确定承兑人与贴现人必须都是集团内成员单位，以确保风险可控。2012 年下半年公司正式推出集团内商业承兑汇票保贴业务，共为成员单位办理 1350 万元商票保贴业务。

5. 风险防范情况。公司为减少业务风险扩散，主要采取了以下措施：一是加强内部组织的协调与制衡。内部组织和岗位的构建重视操作环节的监督制衡，建立了严密科学的岗位分工和明确的工作职责，确保业务开展相互监督牵制。二是建立了完善的资金结算系统，建立了表外业务核算科目，按照要求做到凭证之间、凭证和账目之间、账与报表之间定期与不定期核对，做到证、账、表三相符；三是做好表外业务流动性风险管理。表外业务的流动性风险相对较为隐蔽，风险发生的不确定性较大，为避免因从事表外业务而使公司陷入清偿力不足的困境，针对风险系数较高的如票据承兑业务，采用对信贷客户开出的银行承兑汇票实行额度限额管理，总量控制，释放额度后才能再行开出承兑汇票。保证公司拥有足够的清偿能力。四是加强公司表外业务的内控和自律，建立审计稽核制度，公司稽核部始终采用事中稽核，稽核贯穿整个业务始终，切实防范了风险。

（二）天保财务有限公司

1. 成立背景。天保财务公司于 2012 年 10 月获批成立，是自 2006 年以来中国银监会批复天津的唯一一家财务公司。作为集团公司实现战略转型、主业升级的重要支撑，通过对集团资金的集中、高效管理和运作，有效提升了集团资金管控能力、资产货币化能力和资本运作能力，对天保控股集团未来发展具有深远的意义。

2. 业务开展范围。截至 2012 年底，天保财务有限公司公司已经开展的业务主要包括对成员单位办理财务和融资顾问、信用鉴证及相关的咨询、代理业务；协助成员单位实现交易款项的收付；经批准的保险代理业务；对成员单位提供担保；办理成员单位之间的委托贷款；对成员单位办理票据承兑与贴现；办理成员单位之间的内部转账结算及相应的结算、清算方案设计；吸收成员单位的存款；对成员单位办理贷款及融资租赁；从事同业拆借（以上经营范围涉及行业许可的凭许可证，在有效期限内经营，国家有专项规定的按规定办理）。

3. 业务运行情况。公司成立初期，业务以传统的存贷款业务为主。下一步将根据控股集团的经营特点，探索开展电子商业汇票等业务，更好地发挥金融机构职能作用。截至 2012 年底吸收成员单位存款余额 11.65 亿元，公司开业以来累计对成员单位发放自营贷款 16.4 亿元，其中短期贷款 10.4 亿元，中长期贷款 6 亿元。同时办理成员单位之间委托贷款 12 亿元。贷款以对经营情况优良的核心成员单位发放的信用贷款为主，对个别企业发放了抵押贷款。

二、财务公司的特点与作用

（一）主要特点

1. 业务范围广泛，但以企业集团为限。财务公司是企业集团内部的金融机构，其经营范围只限于企业集团内部，主要是为企业集团内的成员企业提供金融服务。财务公司的主要业务包括存款业务、贷款业务、结算业务、委托贷款、同业拆借、担保和代理等一般银行业务。

2. 资金来源于集团公司，用于集团公司，对集团公司的依附性强。财务公司的资金来源主要有两个方面：一是由集团公司和集团公司成员投入的资本金，二是集团公司成员企业在财务公司的存款。财务公司的资金主要用于为本集团公司成员企业提供资金支持，由于财务公司的资金来源和运用都限于集团公司内部，因而财务公司对集团公司的依附性强，其发展状况与其所在集团公司的发展状况相关。

3. 接受企业集团和人民银行的双重监管。财务公司是企业集团内部的金融机构，其股东大都是集团公司成员企业，因而其经营活动必然受到集团公司的监督。同时，财务公司所从事的是金融业务，其经营活动必须接受人民银行监管。

4. 坚持服务与效益相结合、服务优先的经营原则。财务公司作为独立的企业法人，有其自身的经济利益，但由于财务公司是企业集团内部的机构，且集团公司成员企业大都是财务公司的股东，因此，财务公司在经营中一般都能较好地处理服务与效益的关系，在坚持为集团公司成员企业提供良好金融服务的前提下，努力实现财务公司利润的最大化。

（二）主要作用

1. 财务公司以资金为纽带，以服务为手段，增强了集团公司的凝聚力。一方面，财务公司将集团公司一些成员企业吸收为自己的股东，用股本金的纽带将成员联结在一起；另一方面，财务公司吸纳的资金又成了集团公司成员企业信贷资金的一个重要来源，从而将集团公司成员企业进一步紧密地联结起来，形成一种相互支持、相互促进、共同发展的局面。

2. 及时解决企业集团急需的资金，保证企业生产经营的正常进行。由于各种原因，企业经常出现因资金紧缺而影响生产经营正常进行的情况，财务公司成立后，它比银行更了解企业的生产特点，能及时为企业提供救急资金，保证生产经营活动的正常进行。

3. 增强了企业集团的融资功能，促进了集团公司的发展壮大。财务公司不仅办理一般的存款、贷款、结算业务，而且根据企业集团的发展战略和生产经营特点，积极开展票据、融资租赁等新业务，为企业发展壮大发挥了很好的作用。

4. 促进了金融业的竞争，有利于金融机构提高服务质量和效益，有利于金融体制改革的深化。在所有金融机构中，财务公司还是相当弱小的，远不能与其他金融机构特别是银行竞争，但为了生存，财务公司必须通过提高服务质量来争取客户，这在客观上起到了促进其他金融机构深化改革、提高服务质量的作用。

三、财务公司的典型案例——天津港财务有限公司

从运作机制上看，财务公司业态主要通过财务公司集团的沉淀资金转化为对集团成员的贷款，减少了对外部融资的需求，降低了财务成本，同时公司的专业化平台和优质的资金结算服务对集团成员的资金正常运转提供了基础，同时进一步拓展融资渠道，确保集团企业资金的高效运转，从而更好地服务于集团企业。下面以天津港财务有限公司为例作简单介绍。

1. 自公司成立以来，始终将资金集中管理工作作为企业发展的核心和基础，积极探

索符合天津港集团实际情况的资金集中管理模式。成立初期，公司联合某供应商，推行网银资金划拨模式，进行基础性资金集中管理工作。随着集团公司资金集中管理的不断深化，公司按照集团公司下发的关于《某（集团）有限公司资金管理办法》文件要求，资金归集工作以改善存款结构、扩大存款规模、提高资金集中度为目标，不断完善改进，追求创新，资金集中度已提升到70%以上，资金集中度改善明显，财务公司协会对118家财务公司的统计数据显示，该公司资金集中度名列前茅。例如：设立资金集中管理岗位，专人负责资金集中管理工作，按月编制资金集中度报表并撰写资金集中度分析报告，统计资金归集数据，分析资金集中管理现状，为资金集中管理工作的开展提供数据基础以及专业分析。

2. 该财务公司积极拓展融资渠道，发挥融资平台作用。在发展传统贷款业务基础上，上线开通电子商业汇票系统，使财务公司的票据业务迈入了电子化时代，商业汇票业务实现了无纸化。经过两年半的发展，公司开出的票据量在财务公司行业名列前茅。电票业务中还为成员单位陆续开展了电子银承的收票、背书转让、贴现业务、第三方付息票据贴现等业务，使票据在全国范围内流转起来，大大节约了成员单位的财务成本。

3. 针对单张汇票金额较大、持有人转让票据存在困难的问题，公司在成员单位递交开票申请前建议同一收款人开出多笔小面额票据，虽然加大了操作量，但有利于成员单位票据的流转。同时针对成员单位持有的大面值的商业汇票，公司又新增了票据拆分业务，为成员单位增加了有个性化的金融产品。此外还积极推广成员单位开具商业承兑汇票业务，通过宣传成员单位利用公司电票系统开出了天津港第一张电子商业承兑汇票，使天津港的票据延伸到了商业承兑汇票领域。

4. 为降低融资成本，克服融资困难，公司相继开发并发行了某种系列理财产品，将发行理财产品融到的资金运用到港口建设中。公司还在长期调研的基础上，积极研究并开展了应收账款保理和融资租赁业务，进一步拓宽了成员单位融资渠道。例如：通过了解成员单位需求，根据成员单位资产状况，选择符合条件的标的物作为融资租赁标的资产，与成员单位洽谈，确定租赁资产后双方签订融资租赁合同，并将该项资产转让给商业银行，融到较低资产，进一步盘活了集团内部企业资产，为成员单位节约成本300余万元。

四、影响财务公司业态发展的主要因素

（一）政策因素

宏观政策对财务公司的发展有着直接的推动作用。经济持续增长将会为财务公司的加快发展带来战略机遇。国民经济的持续健康发展，产业结构的转型升级，加快培育发展具有国际竞争力的大型企业集团，有利于企业集团的行业跨度和地域覆盖面进一步得到扩大，进而为企业集团财务公司的发展带来战略机遇。但是同时，宏观政策的制约以

及监管要求的多变也会对财务公司发展有一定影响。

（二）集团规模因素

作为服务企业集团的内部金融机构，财务公司未来发展模式、规划等的制定都要以企业集团整体的战略目标和发展规划为依据，其发展规模也受到企业集团规模的影响。如某集团近年来发展迅速，不仅企业综合实力显著增强，而且港口布局结构和集团产业结构更加优化。随着加快推进天津滨海新区发展，环渤海经济圈内协调效应愈加明显，以及中国经济发展重心逐渐北移，某集团的发展面临前所未有的大好形势和机遇。作为服务于集团内部的金融机构，财务公司势必会随着集团的发展而全面提升金融专业服务水平，以满足集团未来发展对资金集中管理、风险管理等方面提出的新要求。

（三）市场环境因素

虽然财务公司服务于企业内部并不直接面对充分竞争的市场环境，但作为一类金融机构，其发展还是会受到市场环境的影响。例如，货币市场广度和深度的拓宽，资产证券化的稳步推进，利率市场化的进程，同其他金融机构之间的协作与竞争等多方面都对财务公司的发展形成一定的考验。如果能够适应市场环境的变化，将有助于企业集团和财务公司增强流动性管理手段，强化资金流动性管理，有助于改变财务公司以存贷款业务为主的传统业务模式和盈利模式，反之，也有可能对公司的发展产生制约。

（四）内部因素

公司内部因素也是影响财务公司发展的重要组成部分。以某公司为例，公司建立了规范运作、相互制衡的公司治理结构；建立了一套较为科学、严密的公司制度体系，且制度建设贯穿规范化管理的全过程；在业务操作上，制定了严格的分级授权制度，各级人员严格按照授权办理业务，行使职权；并建立了完整的岗位责任制和严格的业务操作程序，明确每个岗位、每个人的职责范围；建立了较完善的综合业务管理系统，通过专线与银行进行加密连接，通过 VPN、IPS、防火墙、防病毒网关等对与之相连的网络及边界进行了有效的信息系统网络风险防控等。以上这些方面都会对公司发展起到一定的推动作用。另外，公司还不断加强对人才的培养，进一步提高人员金融专业水平和公司内部管理水平，以提升财务公司的效率和效益，从而促进财务公司的可持续发展。

五、财务公司的未来发展方向

（一）进一步完善资金归集、降低财务成本

进一步完善资金归集、拓宽融资渠道、降低财务成本，大致可以分为以下几个方面：第一是做好集团的资金运营，体现在将集团的资金归集到公司，公司通过专业平台实现成员单位对资金的自由使用，一方面资金的集中使公司能发挥更强大的作用，另一方面增强了集团对下属公司的管控。第二是成为集团公司的融资管理中心，拓宽融资渠道，确保集团资金高效运转。第三是在风险可控的情况下，兼顾资金来源、期限结构匹

配和满足流动性基础上降低财务成本，从而更有利于集团的发展，实现区域金融服务。

（二）将财务公司建设成"三个中心"

作为一个优秀的集团内部金融机构，持续并最大可能地完善集团资金管理和降低集团财务成本，应该说是财务有限公司亟须实现的目标和发展方向。具体而言，首先，公司要继续巩固和完善作为集团资金管理平台的各项功能，进一步提高内部结算、信贷服务水平和资金管理能力，成为高度集中、全面服务、运作专业、管理科学的集团资金结算与管理中心；其次，公司还必须进一步提升资产负债管理能力和流动性管理水平，显著提升资金运营水平和控制能力；最后，公司还要大力发展金融创新与服务能力，为集团发展提供全面服务，同时还要提升金融板块建设的组织推动能力和专业水平，为集团金融板块建设做出切实贡献。上述发展能力的形成，将最终促成公司发展成为集团的"资金结算中心""资金运营中心""金融服务与创新中心"。

第六单元　保理公司业态

一、保理公司业态发展的背景

保理（Factoring），来源于法语单词"factor"，有"代理"的意思，起源最早可追溯至古罗马时代。保理又被称为保付代理、托收保付，在部分东南亚国家，受历史及人文因素影响，"保理"往往不使用"Factoring"一词，而是被称为"Account Receivable Purchase"，即"应收账款购买"。根据国际统一私法协会《国际保理公约》的定义，保理是指销售商与保理商之间存在的一种契约关系，根据该契约，销售商将其现在或将来的基于其与买方（债务人）订立的货物销售合同或服务合同所产生的应收账款转让给保理商，由保理商为其提供贸易融资、销售分户账管理、应收账款催收、信用风险控制与坏账担保等至少两项的综合性结算、融资服务的业务。由此可见，保理具有融资、风险担保、账务管理与催收等功能，其本质上是一种债权转让行为。

近年来，受全球经济危机持续蔓延、经济复苏步伐缓慢的影响，国际市场竞争日趋激烈，国际贸易买方市场逐渐形成，以往在国际交易结算中占据主要地位的信用证及托收等方式已经不再具有吸引力，赊销已经成为国际贸易结算的主流方式。保理业务以其自身特有的优势，在全球范围内，尤其是欧美发达国家市场得到了快速发展并渐渐引起中国金融界和贸易界的关注。

国际保理商组织（International Factors Group，IFG）和国际保理商联合会（Factors Chain International，FCI）是国际保理界两大著名专业化行业组织。其中，国际保理商组织（IFG）作为第一家国际性保理公司协会，1963年成立于比利时，主要致力于帮助全球保理商之间更好地发展业务。IFG创立了国际保理业务双保理体系，开发了电子数据交换系统，制定了系统性的法律规则和文件，用以规范和保证保理服务的高质量和标准化，同时为保理交易的争议提供仲裁依据。国际保理商联合会（FCI）1968 年成立于荷兰，致力于促进保理业务在全球范围内的竞争与发展。FCI 为会员提供国际保理服务的统一标准和程序，提供相应的法律依据和技术咨询，并负责在会员公司之间进行组织协调和技术培训，其公布的《国际保理惯例规则》已为世界各国保理公司所接受，是国际保理业务运行的法律依据。一般来说，IFG 的成员多数是非银行的专业保理公司，而FCI 的成员则基本是从事保理业务的各大商业银行。

二、保理业务的主要种类与运作模式

（一）保理业务的主要种类

按照不同的分类规则，保理业务可划分为不同的业务类型。目前较为常见的保理业务分类主要有以下几种：

1. 国际保理和国内保理。根据买卖合同的交易双方是否处于同一国家或地区，保理业务可分为国际保理和国内保理。所谓国际保理，是指交易的双方分别处于不同的国家或地区，卖方的销售行为属于跨境行为，交易对方为境外买方，因此要求保理商提供跨国的保理服务。相应地，为处于同一个国家或地区的买卖双方提供保理服务的保理业务被称为国内保理。

2. 单保理和双保理。根据参与国际保理业务的保理商数量的多少，可以将国际保理业务分为单保理和双保理。有时候，一笔国际保理业务会同时涉及出口保理商和进口保理商，出口保理商主要为出口商提供融资款，而进口保理商一般负责风险控制和货款催收等环节。像这种由两个保理商分别与本地的出口商或进口商发生业务联系，通过保理商之间的分工协作而共同完成的保理业务被称为双保理。单保理是指由同一保理商在出口商和进口商之间提供服务的国际保理业务。

3. 有追索权保理和无追索权保理。根据保理商是否对应收账款进行买断，保理业务可分为有追索权保理和无追索权保理。有追索权保理是指保理商受让应收账款向卖方提供融资款后，无论买方因何种原因无力或拒绝支付货款，保理商都有权要求卖方偿还为其融通的资金款项。而无追索权保理是指保理商受让应收账款向卖方提供融资款后，即放弃了向卖方追索货款的权利，保理商需独立承担买方无力付款或拒绝支付货款的风险，无权要求卖方返还此前支付的融资款项。需要注意的是，所谓的无追索权并不是绝对的，一般根据合同的约定，保理商会在因买方信用风险（如买方无力支付货款或破产）而造成无法收回货款时放弃追索权，如果买方因为货物质量问题或商务纠纷等其他非信用问题而拒绝支付货款时，保理商对卖方仍享有追索权。

4. 融资保理与非融资保理。根据保理商是否向卖方提供融资服务，保理业务可分为融资保理和非融资保理。融资保理是指保理商受让应收账款后，依据卖方提交的融资申请书和证明债权转让的发票副本等有关文件，向卖方垫付不超过发票金额的货款，待货款到期收回后，保理商再将扣除垫款及有关手续费的余款划转给卖方的保理方式。非融资保理是指保理商在保理业务中不向卖方提供资金融通的服务，只向卖方提供资信调查、应收账款管理和回收等非融资性服务。

5. 公开型保理和隐蔽型保理。根据卖方是否将保理商参与、债权转让的情况告知买方，保理业务可分为公开型保理和隐蔽型保理。如果卖方在债权转让之后，以书面形式将保理商的参与情况通知买方，并指示买方在货款到期日直接将货款支付给保理商，那么这种保理方式就是公开型保理。而隐蔽型保理是指卖方不将债权及保理商的参与情况通知买方，货款到期时，买方将款项支付给卖方，保理融资款与费用的清算在保理商和卖方之间直接进行。一般来说，卖方不愿让买方知道其因流动资金缺乏等原因而需要转让应收账款时，往往会选择隐蔽型保理，隐蔽型保理的费用要比公开型保理高许多。

6. 银行保理和商业保理。根据提供保理服务的主体的不同，保理业务可分为银行保理和商业保理。如果保理服务是由商业银行提供的，那么这种保理业务类型就是银行保理。如果保理服务是由非银行商业保理机构提供的，那么这种保理业务类型就是商业保理。

除以上几种常见的保理类型外，根据保理业务提供的服务是否全面，保理可分为综合保理和部分保理；根据保理商是否会逐笔向卖方提供保理服务，保理可分为批量保理与逐笔保理；依据保理商是否循环叙做业务，保理可分为循环保理与非循环保理；依据受让时应收账款是否已经存在，保理可分为现有债权保理与未来债权保理等等。在实际保理业务中，受贸易合同条款和买卖双方需求影响，当事人往往会选择不同组合的保理服务类型。

（二）保理业务的运作模式

经过多年的发展与探索，保理业务已经形成了成熟、稳定的业务模式。一般情况下，国际保理业务经常采用双保理的业务模式，国内保理业务经常采用单保理的业务模式。

模式一：国际双保理业务

国际双保理是国际保理实践中运用最为普遍也是最为重要的一种业务类型。在国际双保理业务中，通常涉及四个参与者：卖方（出口商）、外国买方（进口商）、出口保理商和进口保理商。

国际双保理业务往往按照如下的程序展开：（1）卖方与外国买方之间签订买卖合同，此时，卖方即为出口商，处于境外的外国买方即为进口商；（2）出口商向境内的出口保理商提出保理申请，申请核准融资额度；（3）境内的出口保理商联系境外进口保理商对进口商进行信用评估，申请买方信用额度；（4）境外的进口保理商根据出口保理商申请对进口商进行征信调查；（5）进口保理商核准进口商额度并通知出口保理商；（6）出口保理商将保理业务审核情况通知出口商；（7）出口商与出口保理商签订保理协

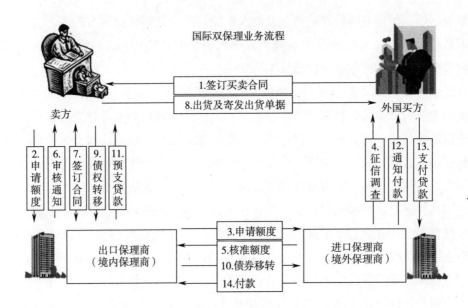

图 4 − 8　国际双保理业务流程

议；（8）出口商出口货物并寄给进口商相应出货单据；（9）出口商向出口保理商递交发票副本等有关文件，应收账款的所有权转让至出口保理商；（10）出口保理商将有关文件递交进口保理商，应收账款的所有权转让给进口保理商；（11）出口保理商按照核定额度为出口商融资，提前支付货款；（12）应收账款到期，进口保理商通知进口商支付货款；（13）进口商向进口保理商支付货款；（14）进口保理商将应收账款支付给出口保理商。

模式二： 国内单保理业务

国内保理业务一般只有一个保理商参与，以买卖双方的真实交易背景为依托，通过三方之间的合作协议确定应收账款的转让。在国内保理业务中，参与的保理商独自完成

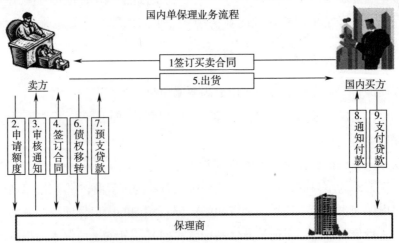

图 4 − 9　国内单保理业务流程

信用评估、融资额度核准、贷款催收等环节，提供全套保理服务。

目前，市场上除以上两种主流保理业务模式之外，一些保理公司还会与银行寻求合作将受让的应收账款进行再保理业务，以获得更为充足的资金支持；一些保理公司则在传统的公开型保理模式基础上增加了保理的坏账担保功能，通过与再担保公司之间进行合作将应收账款的风险转移到外部，完善了保理公司对业务的风险管理。不论是银行参与到保理业务中来，还是保理公司与再担保公司进行合作，都为保理业务的参与方提供了新的合作思路。

三、我国保理业务发展沿革

1987年，国际资信行业的龙头——美国邓白氏商业资料有限公司与外经贸部（现商务部）经济信息中心合作对河北环宇电视机厂进行资信调查，外经贸部经济信息中心成为最早在我国提供具有保理业务服务内容的机构。而中国银行则是正式在我国开办国际保理业务的保理商。1987年10月中国银行与德国贴现和贷款公司签署了国际保理总协议，标志着国际保理业务正式登陆我国。在华语地区，国际保理曾有多个译名，直到1991年，外经贸部组织外贸部门和银行部门的专业人士赴欧洲考察国际保理业务，最后确定中国内地使用"保理"这一名称，并一直沿用至今。

（一）保理市场快速发展

从20世纪90年代开始，中国银行首先试办国际保理业务，此后10年间中国保理市场处于起步阶段。2000年以后，中国保理业务实现了高速发展，国际及国内保理业务激增。从2008年1月开始，中国出口双保理业务量跃居世界第一；2011年，中国赶超英国成为全球最大的保理市场。据FCI（国际保理商联合会）统计，2011年，我国国际及国内保理业务量达到2749亿欧元，占全世界总量20154亿欧元的13.64%，是我国2001年业务总量的220余倍。

（二）银行保理发展现状

1. 银行保理占据中国保理市场主角地位。目前，在国际保理市场中，从事保理业务的机构包括商业银行和专业保理公司，而专业保理公司又分为非银行独立保理公司和银行设立的保理公司。

在我国，目前尚没有成立银行附属的专业的金融保理公司，保理业务作为商业银行的中间业务之一得到了蓬勃发展，银行保理商长期占据保理行业主导地位。在银行类保理商中，中资银行无论是在从业机构数量还是业务量上都占据了绝对统治地位，中资银行在国际保理和国内保理业务量市场占比都超过了95%。但不可忽视的是，与中资银行往往由国际结算部门的几个人组成一个保理团队相比，外资银行的保理业务部或应收账款融资部门的设置、功能相对齐全，总体服务水平也相对较好，保理内涵更为丰富。

单位：亿欧元

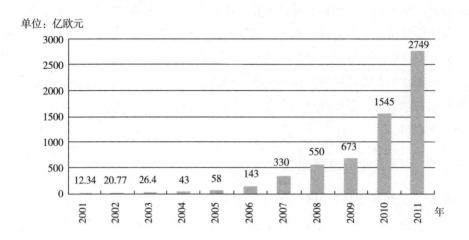

数据来源：FCI。

图 4 – 10 2001—2011 年中国保理业务量

对中国的专业保理公司而言，长期以来，由于其性质为工商企业，并非金融机构，无法获得经营金融业务的许可证，不能直接向进出口企业开展资金融通业务，多立足于国内保理业务，其业务规模受到限制。令人欣喜的是，2012 年 6 月 27 日国家商务部下发了《关于商业保理试点有关工作的通知》，同意在天津滨海新区、上海浦东新区开展商业保理试点，这意味着近年来培育发展的商业保理终于获得了认可。随着发展环境的改善、立法的完善、政策的扶持，中国商业保理行业将迎来快速发展的新时代。

2. 行业协会在银行保理发展中发挥重要作用。2009 年 3 月，中国银行业协会保理业务专业委员会（以下简称保理委员会）成立。保理委员会的成员是国内开展保理业务的中外资银行，其宗旨是维护银行业和会员单位的合法权益，完善保理业务自律管理体系，促进保理业务的持续、健康发展。该协会成立以来，先后制定发布了《中国银行业保理业务自律公约》《中国银行业保理业务规范》和 2011 年度《中国保理产业发展报告》，并组织编写了业内权威教材——《保理培训教材》，在关注、引导和协调银行保理业发展方面发挥了重要作用。

3. 银行保理业务种类分布。从保理业务种类来看，我国银行保理在国际保理业务中以出口保理的开展最为普遍。与此同时，随着国内客户在贸易活动中的需求不断增加，各银行的国内保理业务种类也日渐丰富。

表 4 –12　　　　　　　　中国部分银行保理业务种类一览

银行名称	国际	国内
中国银行	出口保理、进口保理、出口商业发票贴现产品	国内综合保理产品、国内商业发展贴现产品
中国建设银行	出口国际保理	国内保理
中国工商银行	出口保理（买断型和非买断型保理）、进口保理（买断型和非买断型保理）	国内保理
中国农业银行	出口保理	有追索权保理、无追索权保理
招商银行	出口保理（无追索权保理和有追索权保理；融资性保理和非融资性保理）、进口保理	有追索权公开型融资性保理、有追索权隐蔽型融资性保理、无追索权公开型融资性保理、非融资性保理
光大银行	出口保理（无追索权保理和有追索权保理；应收账款收取出口保理）、进口保理	无追索权保理、有追索权保理、应收账款管理
民生银行	出口保理（无追索权保理和有追索权保理）、进口保理	国内保理
上海浦东发展银行	出口保理、进口保理、出口商业发票贴现	国内综合保理、商业发票贴现
中信银行	出口保理	商业发票贴现、国内贸易综合保理
汇丰银行	出口保理	国内保理
上海银行	出口保理	国内应收账款融资
交通银行	出口保理	国内保理
华夏银行	有追索权出口保理	有追索权国内保理
深圳发展银行	出口双保理、进口保理、离岸保理	信用保险项下国内保理、国内保理池融资、国内保理
中国进出口银行	出口保理、进口保理	

　　从保理涉及的行业创新来说，保理业务已经从传统的进出口贸易发展到船舶保理、租赁保理、工程建筑保理、服务业保理等新的行业范畴；从保理业务的种类创新而言，有些银行推出了池保理（或应收账款池融资），有些银行跟随人民币国际化的步伐推出了跨境人民币保理。新的保理行业、新的保理业务种类都推动着中国银行保理业务蓬勃发展。

　　（三）商业保理发展现状

　　1. 商业保理扶持政策日益完善。2006 年 5 月，国务院下发了《关于推进天津滨海新区开发开放有关问题的意见》，鼓励天津滨海新区在金融企业、金融业务、金融市场和金融开放等方面先行先试。据此，天津市将保理列为创新内容之一，上报了《天津滨海新区综合配套改革试验金融创新专项方案》。2009 年 10 月，经国务院同意，国家发改委做出批复，原则同意方案内容。至此，商业保理在天津才正式得到认可，商业保理企业可在天津登记注册。

随着商业保理市场需求的不断增长，全国范围内发展商业保理市场的呼声日益强烈。2012 年 6 月 27 日，商务部下发了《关于商业保理试点有关工作的通知》（商资函〔2012〕419 号）。同年 10 月，又下发了《商务部关于商业保理试点实施方案的复函》（商资函〔2012〕919 号），同意在天津滨海新区、上海浦东新区开展商业保理试点，设立商业保理公司，为企业提供相应的商业保理服务。

2012 年 11 月，上海市出台了《上海市浦东新区设立商业保理企业试行办法》（浦府综改〔2012〕2 号）。12 月，天津市发布了《天津市商业保理业试点管理办法》（津政办发〔2012〕43 号）。两地政策的出台，对商业保理公司的注册资金、从业人员及风险资本等各个方面做出了相关规定，商业保理监管政策就此初步明朗，标志着商务部门开始正式监管商业保理行业。商业保理业经过长时间的摸索，终于得到政府有关部门的正式认可，结束了没有明确专门的监管部门、缺乏法律、法规和政策统一规范的混乱状态。

此外，重庆、浙江、河南、广东深圳、辽宁大连等地工商、金融管理、商务等部门也批准设立了多家商业保理企业或同意现有企业增加商业保理的经营范围。

2. 商业保理行业监管体制开始形成。在保理业登陆中国的二十多年间，商业保理行业在我国并没有明确专门的监管主体（银行叙做的保理业务作为中间业务由银行业监督管理部门来监管），也迟迟没有成立行业自律性组织。直到 2008 年 1 月，天津市成立了全国第一个专业保理协会—天津市保理与贴现协会，该协会秉承"专业保理、服务中国"的宗旨，致力于推动中国保理业的发展，但并不具备对商业保理行业进行监管的职能。

2012 年，在商务部正式成为商业保理行业监管部门的同时，7 月，经商务部批准，中国服务贸易协会向国家民政部正式提出了成立"中国服务贸易协会商业保理专业委员会"（以下简称专委会）的申请，该申请于 2012 年 11 月 26 日得到民政部的批准。专委会以商业保理公司为主，其会员还包括与商业保理相关的银行、保险、租赁、供应链物流、系统建设、法律、研究咨询机构、个人等，是我国首个全国性商业保理行业自律组织。专委会将从促进和规范行业持续健康发展出发，一方面积极搭建平台，组织行业企业与相关管理部门沟通和交流，推动解决行业发展面临的紧迫和共性问题，改善行业发展环境，促进行业发展；另一方面通过建立和执行行业规范和自律公约，监督会员企业规范经营，建立良好的市场秩序，维护行业整体利益和良好环境。

3. 商业保理公司数量及分布。自 1993 年 1 月 14 日中国第一家冠有"保理"字样的企业——北京美臣保理投资管理公司在北京成立，到 2005 年中国第一家专业的商业保理企业——天津瀛寰东润国际保理有限公司在天津滨海新区落地，20 年间，中国商业保理企业的数量经历了从缓慢增长到快速增长的过程。

  截至 2012 年 12 月 31 日，商业保理企业已达 71 家（不含 3 家已被吊销或注销的企业[①]）。按注册资本划分，最多的为远东国际租赁有限公司 134 271 万美元，最少的为嘉瑞国际保理（天津）有限公司 50 万元人民币，71 家机构实收注册资本总额为 137.91 亿元人民币，平均每家机构为 19 424 万元人民币[②]。按地区划分，天津 46 家，上海 12 家，深圳、重庆各 4 家，浙江 2 家，北京、河南、辽宁各 1 家。此外，还有 33 家机构已经国家工商总局或上海市、天津市工商局核名，正在筹建中。我国的商业保理公司主要从 2011 年开始正式运营，发展势头十分迅猛。国内开展业务量较大的商业保理公司主要有鑫银保理、中信保理、渤海保理、IBM 保理等。

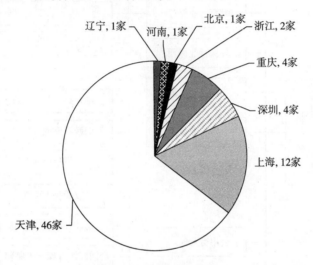

图 4-11 2012 年国内商业保理企业地区分布图

  4. 商业保理业务领域逐步扩大。随着我国商业保理业务的快速发展，国内商业保理的业务领域正在逐步扩大。以国际保理商联合会（FCI）的中国会员之一——鑫银国际商业保理有限公司（以下简称鑫银保理公司）为例，该公司的业务领域已涉足医疗、环保、教育、物流、航空、公用、建筑、房地产八大行业，其中，航空结算收入保理产品、教育行业学费收入保理产品特色较为鲜明，在国内商业保理业居于领先地位[③]。此外，嘉融信（天津）国际保理有限公司在出口保理领域[④]、渤海国际保理有限公司在租

---

  ① 天津瀛寰东润国际保理有限公司滨海国际保理中心已注销，华安国际保理有限公司、天津克莱德国际保理有限公司已被吊销。

  ② 该实收注册资本总额包括远东国际租赁有限公司的注册资本 134 271 万美元、高银保理（中国）发展有限公司的注册资本 39 967 万美元、高银保理（深圳）有限公司的注册资本 9 967 万美元。远东国际租赁有限公司以融资租赁为主业，保理为辅业。如不计上述 3 家外资企业，其余 68 家商业保理机构的实收注册资本总额为 23.11 亿元人民币，平均每家机构为 3 398 万元人民币。

  ③ 可参考该公司网站：www.china-fif.com。

  ④ 可参考该公司网站：www.jrfactor.com。

赁保理与物流保理领域①、浙江大道保理有限公司在电子商务保理领域②、远东国际租赁有限公司在租赁保理领域③均有一定的影响力。

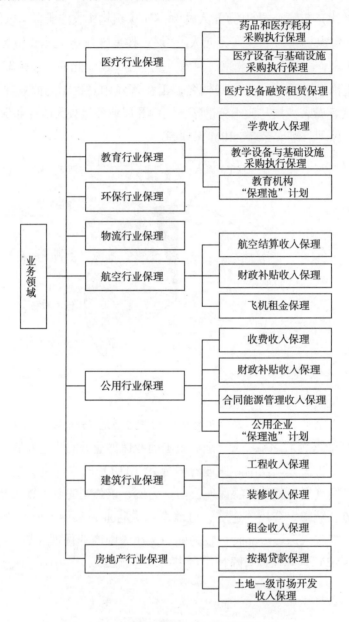

图 4 – 12　2012 年鑫银保理公司业务领域示意图

① 可参考该公司网站：www. bohaifactoring. com。
② 可参考该公司网站：www. financegt. com。
③ 可参考该公司网站：www. fehorizon. com。

四、滨海新区：我国保理业态之都

2012 年 6 月 20 日，商务部发布了《关于在天津滨海新区和上海浦东新区开展商业保理试点的通知》，允许试点地区设立商业保理公司，为企业提供贸易融资、销售分户账管理、客户资信调查与评估、应收账款管理与催收、信用风险担保等服务，《通知》为滨海新区商业保理的发展指明了方向。在金融创新改革进程中，加快推进保理业发展一直是滨海新区的工作重心之一，作为国内最早登记注册商业保理机构的地区，滨海新区孕育出了我国的第一家商业保理公司，第一家外资商业保理公司以及中国第一批国际保理商会协会会员等机构。截至 2012 年底，滨海新区独立商业保理公司已经达到 46 家，占全国总数 71 家的 65%，成为名副其实的"中国保理之都"。滨海新区的保理业务受到了政府及有关部门的大力支持，创新意向呈现多元化发展趋势。

（一）滨海新区促进保理业务发展

1. 积极争取政策支持，有效促进保理业务的开展。自 2006 年以来，国务院先后发布和批复同意了《关于推进天津滨海新区开发开放有关问题的意见》和《天津滨海新区综合配套改革试验总体方案》，为天津商业保理业的创新发展营造了良好的政策环境。2009 年，天津还积极争取到国家外汇管理局的政策支持，解决了国际保理业务中保理款无法正常核销的问题，极大地促进了国际保理的发展，天津成为全国首个也是唯一一个获批保理外汇划转及进出口收付汇核销的城市。

2011 年 10 月，天津市商务委在全国率先向商务部申请保理先行先试政策。2012 年 6 月，商务部同意在天津滨海新区、上海浦东新区开展商业保理试点。同年 10 月，商务部批准同意天津市在滨海新区开展商业保理试点实施方案。12 月 17 日，市政府办公厅转发了由市商务委、金融办、财政局（地税局）、工商局、国税局，人民银行天津分行、外汇管理局天津市分局和天津银监局共同拟定的《天津市商业保理业试点管理办法》，为保理业务在新区的快速健康发展提供了强有力的政策支持环境。

2. 加大对保理业务拓展和技术创新的财政支持力度。滨海新区设立了新区促进经济发展专项资金、中小企业发展专项资金、信息化专项基金等政府基金支持保理业的发展。同时，《天津市商业保理业试点管理办法》则从税收补贴和办公用房补贴方面对保理业务发展进行了大力支持：对符合一定条件的商业保理公司，前 2 年给予营业税、所得税 100% 补贴，后 3 年给予两税 50% 补贴，对办公房产的契税给予 100% 的补贴，对其高级管理人员给予收入所得税奖励等；对符合一定条件的商业保理公司，自用办公用房给予补助或租赁价格补贴。

3. 加大理论研究及专业人才培养力度。2012 年 7 月 26 日，天津市人民政府召开"天津市商业保理试点高端圆桌会议"。9 月 26 日，中国保理业协会、中国保理业经理人联谊会主办了"首届天津新区商业保理高峰论坛"，通过论坛和会议，国内商业保理、融资租赁、股权投资基金、银行、保险等金融机构及科技、制造、贸易等实体经济企业共同探讨保理发展的前景和优势，并就商业保理的风险计量和控制进行深入分析。2012年7月13日，经天津市博士后工作办公室批准，鑫银国际保理有限公司与同济大学管理科学与工程博士后流动站、天津经济技术开发区企业博士后工作站共同招收应用数学模型方向、管理学科学方向、金融工程方向和计算机科学等方向的博士后，围绕国内保理业务的风险度量与分析进行研究。

4. 成立行业协会，加强与国际保理组织的合作关系。成立于2008年1月30日的天津保理与贴现协会（以下简称协会）是我国内地的第一家保理行业协会组织。协会发布行业统计数据，与国际保理商组织（IFG）签署战略合作协议，一方面每年派员参加IFG年会，积极参与保理国际业务的研究；另一方面先后承办或协办保理业高峰论坛及保理全球峰会等，介绍辖区保理公司加入国际两大组织。协会的工作有力推进了保理规范化进程，助力实体经济的发展。

2007—2009年，天津市人民政府与国际保理商组织（IFG）共同主办了三届国际保理全球峰会，鼓励辖区保理公司与国际组织开展全方位、多层次的战略合作。

（二）滨海新区保理业务的创新发展

1. 存在商业保理公司兼营融资租赁等其他业务的情况。根据商务部在2012年发布的关于商业保理试点的有关通知，开展商业保理原则上应设立独立的公司，不得混业经营。但在此之前，由于保理行业门槛较低，视同普通企业进行管理，滨海新区存在其他商业企业兼营保理的情况，如部分融资租赁公司及担保公司利用其在资信调查及客户挖掘方面的优势申请保理经营范围，出现了融资租赁、担保加保理的双牌照企业。

2. 新区保理服务行业逐步增加。新区保理业的服务对象涉及的行业正在逐步增加，从传统的贸易进出口逐步扩展至物流、航道、医疗、环保、工程建筑、服务业等行业，甚至连顾客购买机票的票款和大学学费也纳入了保理的范畴。此外，第三方支付也开始与保理业务有所关联：获得央行第一批"支付业务许可证"的快钱支付清算信息有限公司，近期宣布将业务范围由单纯的电子支付延展到更为广阔的信息化金融服务领域，要做"保理商"的角色，主要包括处理应收账款的打包、融资以及回款等。鉴于天津在保理业务上的优势和创新，该公司已在天津设立了一家保理公司，致力于将第三方支付与保理业务相结合。

3. 新区保理从业机构利用境外关联机构拓展国际保理业务。新区保理从业机构在开展国际保理业务时有效利用了自己的海外背景：银行保理商拉上自己的海外分行，商业保理公司利用了境外关联保理公司向出口企业提供融资，这种业务操作模式一方面利用境外机构对境内出口企业提供直接融资符合有关管理要求，另一方面也有效缩短了企业的回款周期，有力地支持了企业发展。

4. 与其他融资方式、金融机构有效结合创新业务领域。随着融资租赁、担保等行业涉足保理，保理业务与融资租赁、担保的结合应运而生。滨海新区作为融资租赁行业的聚集区，近年来飞机、船舶等大型设备的租赁业务发展的风生水起，但大型设备的租赁周期一般为5~15年，较长的回款周期给融资租赁公司带来了较大的汇率风险、政治风险、经营风险和信用风险。引入保理业务后，融资租赁公司可以立即拿到保理款，经营风险大大降低，而保理公司与银行合作分别提供担保与融资，这种创新的业务方式将商业信用与银行信用有机结合，不仅有效降低了银行贷款风险，还延长了保理公司的付款时间，有利于保理公司的现金流管理。

五、保理业务支持经济发展状况

（一）保理业务使买卖双方获得双赢

近年来，随着国际贸易竞争日益激烈，买方市场逐渐形成，赊销之风盛行。在欧美国家的国际贸易中，保理已基本取代信用证成为最主要的结算方式。与传统的汇款、托收、信用证等结算方式相比较，保理业务能为企业带来扩大销售、降低成本费用、控制风险等益处，国际保理和信用证（L/C）、出口信用保险一起被称为国际贸易结算和风险防范领域里的"三驾马车"①。

表4-13　　　　　　　　　　保理业务对买卖双方所带来的益处

益处	对销售方	对购买方
增加营业额	对于新的或现有的客户提供更有竞争力的O/A（赊销）、D/A（承兑交单）付款条件，以拓展市场，增加营业额	利用O/A、D/A优惠付款条件，以有限的资本，购进更多货物，加快资金流动，扩大营业额
风险保障	进口商的信用风险转由保理商承担，出口商可以得到100%的收汇保障	纯因公司的信誉和良好的财务表现而获得进口商的信贷，无须抵押
节约成本	资信调查、账务管理和账款追收都由保理商负责，消除财务报表中的应收账款，减轻业务负担，节约管理成本，提高企业的财务能力	省去了开立信用证和处理繁杂文件的费用
简化手续	免除了一般信用证交易的繁琐手续	在批准信用额度后，购买手续简化，进货快捷

（二）保理业务成为中小企业融资新途径

作为一项集贸易融资、商业资信调查、应收账款管理及信用风险担保于一体的新兴综合性金融服务，保理业务在国内外贸易中发挥着越来越重要的作用，尤其为中小企业融资起到了较大的助推作用。

---

① 《中国（商业）保理行业发展情况综述》，百度文库，http://wenku.baidu.com/view/39f803c38bd63186bcebbc46.html。

众所周知，目前我国中小企业面临着融资难的困境，其在向银行申请贷款的过程中，往往由于无法提供有效的抵押品而被银行拒之门外。但与此同时，值得注意的是，由于在买卖关系中话语权较弱，中小企业手中往往拥有着大量的应收账款。保理业务融资则将中小企业手中应收账款的价值体现得淋漓尽致，尤其当中小企业的下游买家在银行拥有充足的授信额度，是银行眼中的优质核心企业时，中小企业与这些核心企业之间的买卖关系可以有效增强其本身的银行信用和商业信用。此时，银行保理商或商业保理公司对这些应收账款叙做保理融资业务所承担的风险由中小企业的信用风险转化为中小企业交易对手的信用风险，这可以在确保保理商风险有效转嫁的同时，最终帮助中小企业将手中大量的应收账款转化为即时的现金收入，从而获得业务发展所需资金，优化财务报表，达到保理商和中小企业双赢的结果。

（三）商业保理与银行保理的典型案例

1. 商业保理公司的典型案例[①]。国内某企业，从事宠物用品生产，产品主要出口到北美、欧洲、日本、韩国、中东等国家和地区。近几年该企业出口业务的发展势头良好，但是越来越多的新老客户提出采用赊销（O/A）、承兑交单（D/A）等延期付款方式，甚至有买家主动表示可为此提价、增加进口订单量。

为了保持出口业务的良好发展态势，该公司需要顺应当前贸易发展趋势，采用日益流行的赊销（O/A）付款方式，以便在稳固老客户的同时不断开发新客户。但是，这样一来，出口业务的收汇风险大大提高，更重要的是，企业将面临资金周转不畅的局面。该企业于是采用保单质押的方式从国内银行获得了一定比例的贸易融资。但是由于银行传统融资方式对企业要求较高，企业在国内银行的授信额度有限，所得融资远远不能满足企业生产发展的需要。

由于国际保理"无需抵押、担保即可获得信用额度内 80% ~ 90% 买断性融资"、"不占用出口企业在银行的授信额度且可以正常结汇及退税""遭遇信用风险时，保理商将进行 100% 的自动赔付"几个特点与企业现阶段的需要比较契合，于是该企业在天津某商业保理公司申请办理国际保理业务。保理公司对该企业提交的进口商进行资信审核后，批出 500 000 美元的循环信用额度。随后，该企业与作为保理公司合作伙伴的某商业银行签订无追索的保理协议，同时与买家确认赊销（O/A）付款方式。出货后，该企业按照协议约定提交了相关单据，进行了债权转移。保理公司与银行作为合作出口保理商，共同给该企业提供了信用额度内 80% 的买断性贸易融资。账款到期后，进口商向保理商支付货款，保理商从剩余 20% 货款中扣除保理费用后将尾款支付给企业。

该出口企业因为具有超前的战略意识和对新趋势的敏锐把握能力，及时转变思维运用新型金融工具，办理并受益于国际保理业务，达到了与买家双赢的结果。

---

① 嘉融信国际保理有限公司网站，http://www.jrfactor.cn。

2. 银行保理商的典型案例。A 公司为国内上市公司，销售钢板给国内 S 公司，双方采用赊销方式进行结算，发货后 60 天 S 公司付款。S 公司为民营企业，有时推迟付款，造成 A 公司流动资金占压，且应收账款较多，资产负债率提高。

A 公司与 S 公司均为某国有银行客户，且均拥有充裕的授信额度。A 公司所在地分行联合 S 公司所在地分行为两家公司提供国内综合保理业务，分别承担卖方保理商和买方保理商角色。由买方保理商为 S 公司核定额度，承担其信用风险；由卖方保理商为 A 公司提供保理业务融资，买断其应收账款，助其优化财务报表。

六、保理业态发展的未来展望

（一）保理市场发展前景乐观

经历 30 多年的改革开放，中国已由计划经济逐步走向市场经济，从短缺经济走向过剩经济，买方市场普遍形成。我国对外贸易结算中，信用证结算比例已下降到 20% 以下，赊销比例上升到 70% 以上，而国内贸易更是大量采用赊销方式①。据科法斯（上海）信息服务有限公司对国内 1 320 家企业的问卷调查，约有 90% 的受访企业证实他们 2011 年在国内业务中提供赊销，这个比例延续了 2010 年 88% 和 2009 年 80% 的趋势，呈继续上升趋势②。赊销在国内贸易中越来越普遍，这为保理业务发展奠定了良好的市场基础。

此外，受世界经济复苏明显放缓和国内经济下行压力加大的影响，国际国内市场需求总体不足，我国各行业产能过剩问题较为突出，在此背景下，企业应收账款规模持续上升，回收周期不断延长，应收账款拖欠和坏账风险明显加大，企业周转资金紧张状况进一步加剧。根据国家统计局 2012 年 12 月 27 日发布的数据，截至 2012 年 11 月底规模以上工业企业应收账款总额达到 8.55 万亿元，同比增长 15.9%，应收账款总量持续增高。据业内人士估计，全国企业的应收账款规模约为 20 万亿元以上③。

需求决定市场。在赊销成为主流结算方式，2013 年国内企业应收账款总量持续上升的情况下，保理的角色日益重要，保理企业面临巨大的商机。

（二）商业保理企业发展将迎来高峰

2013 年，除了上海浦东新区、天津滨海新区的商业保理试点正逐步开展之外，商务部已同意放开 CEPA 项下的广州与深圳商业保理试点，并且还将进一步扩大试点地区④。预计在未来的三到五年内，商业保理业务有望在全国绝大多数省市开放，商业保理公司

① 韩婷婷：《银行保理业务"外冷内热"软环境亟待完善》，第一财经日报，2010 年 4 月 8 日。
② 科法斯（上海）信息服务有限公司：《科法斯中国企业信用风险报告—2012》，2012 年 3 月 15 日。
③ 韩家平：《缺乏信仰 不信任已成为一种生活方式》，来源：光明网，网址：http://politics.gmw.cn/2013-01/18/content_ 6422999_ 3. htm。
④ 《第三方支付试水保理市场 商业保理试点拟扩至穗深》，上海证券报，2012 年 12 月 19 日。

数量有望达到 300 ~ 500 家，并且将逐渐形成一批规模大、竞争优势突出、业务拓展能力强的龙头企业。

（三）金融机构与商业保理合作潜力大

近年来，商务部一直在推动商业保理行业发展，各项监管措施将陆续出台，商业保理业正在向规范化、专业化、规模化方向发展，保理产品将不断创新。金融机构与商业保理企业的合作未来将会取得重大进展，专项资产管理计划、定向理财计划、集合资金信托计划、中小企业私募债、资产收益权凭证、应收账款资产发行等融资通道有望与商业保理逐步对接，"再保理"、"双保理商保理"模式将逐渐成形，商业保理企业融资难问题有望得到一定程度的缓解。但是，中国商业保理目前面临的问题不是局部性的、暂时性的，而是总体性的、长期性的和制度性的，短期内进行突破并非易事，不可能一蹴而就。

（四）商业保理发展还需要新突破

目前，制约商业保理行业发展的五大难题，即模式、体制、法律、财税、风险管理困境有望在各级政府主管部门、行业组织和广大业内企业形成共识的前提下，共同努力、攻坚克难，早日实现突破。商业保理企业需要站在新起点，谋划新发展，寻求新突破，打破"坚冰"，争取在未来取得长足的进步和发展。

第七单元　消费金融业态

一、消费金融业态发展背景及相关政策

党的十八大报告明确提出了"推动经济持续健康发展，确保转变经济发展方式取得重大进展"的要求。坚持扩大内需战略，特别是把扩大消费需求作为扩大内需的战略重点。我国政府一直着力于扩大和促进国内需求，而建立各类新型金融业态则是有效满足"多元化、多层次"的金融消费需求。

设立消费金融公司这一类新型金融业态，是促进我国经济从"投资导向型"向"消费导向型"转变的需要。同时，发展金融消费公司有助于进一步释放居民消费潜力，有利于加快建立扩大消费需求的长效机制，也有利于将经济结构调整和转型升级作为加快转变经济发展方式的主攻方向。通过设立消费金融公司可以促进个人消费的增长，从而推动制造商和零售商产销量增长，并带动相关产业的需求，改变国内生产总值对出口和固定资产投资的过度依赖。

我国的消费金融公司正是在这样的背景下应运而生。2009 年，银监会发布《消费金融公司试点管理办法》并启动了北京、天津、上海、成都四地消费金融公司的试点审批工作。

截至 2012 年 10 月底，北京、天津、上海和成都的四家试点消费金融公司资产总额

已达 40.16 亿元，贷款余额为 37.09 亿元，客户总户数达 19 万人。四家试点消费金融公司运行平稳，业务规模稳步扩大，盈利能力逐步提高，已有三家公司实现盈利。在各级监管部门和地方政府的大力支持下，我国中资消费金融公司积极创新，塑造特色化发展模式，有效满足消费者差异化消费信贷需求，为落实国家"促消费、创和谐、惠民生"政策作出了贡献。

二、我国消费金融公司发展状况

消费金融公司是指经中国银行业监督管理委员会批准，在中华人民共和国境内设立的，根据《消费金融公司试点管理办法》，不吸收公众存款，以小额、分散为原则，为中国境内居民个人提供以消费为目的的贷款的非银行金融机构。

（一）中资消费金融公司发展介绍

2010 年，国内首批三家消费金融公司获得中国银监会同意筹建批复，首批获得批准的消费金融公司发起人分别为中国银行、北京银行和成都银行，这三家公司分别坐落于上海、北京和成都。相关资料显示①：这三家中资消费金融公司分别为北银消费金融有限公司，注册资本 3 亿元人民币，为北京银行全资子公司；中银消费金融公司，注册资本为 5 亿元人民币，由中国银行出资 2.55 亿元，占股 51%；四川锦程消费金融公司，注册资本 3.2 亿元人民币，成都银行出资占比 51%，马来西亚丰隆银行出资占比 49%。

1. 北银消费金融有限公司②。作为我国首家内资消费金融公司，北银消费金融公司于 2010 年 1 月 6 日获得中国银监会批准筹建，并于 2010 年 3 月 1 日正式开始营业。初期主要受理大额消费品贷款，后陆续将业务扩展至教育、婚庆、旅游等一般用途的个人消费贷款。其客户主要针对具有稳定职业的中低收入人群。

北银消费金融公司是由北京银行独立注资 3 亿元成立的全资子公司，开业几年来，无论是在业务规模、客户数量、特色模式，还是在风险定价、科技系统、人才建设、品牌开发等方面均取得了跨越式的发展和突破。成立 3 年里，公司贷款余额突破 21 亿元、客户数量突破 5 万个，在"轻松贷、轻松付、应急贷、助业贷、Mini 循环消费贷"五类产品的基础上，开发形成 51 款独具特色的专案产品，为中低收入人群提供了方便快捷的消费金融服务。

2. 中银消费金融有限公司③。2010 年 6 月 12 日，中银消费金融有限公司在上海正式挂牌成立。公司由中国银行、百联集团以及上海陆家嘴金融发展有限公司合资组建。成立伊始，就发展了百联集团旗下的第一八佰伴、东方商厦及其他多家大型购物中心、

① 人民网，网发时间：2012 年 11 月 27 日。
② 资料来源：360 百科。http://baike.so.com/doc/6587174.html。
③ 资料来源：360 百科。http://baike.so.com/doc/6960693.html。

好美家家装卖场等销售渠道作为中银消费金融公司的首批特约商户。2010 年底又将贷款使用渠道拓展至银联千家商户，至今，特约商户已覆盖建材家装、家电、消费电子、教育、旅游、婚庆、百货等多个行业。

"新易贷"是中银消费金融公司推出的一种用于支持消费的金融贷款，它是国内第一款无抵押的活期贷款。"新易贷"消费金融贷款的推出，有效地缓解了消费者在大学毕业刚踏入职场、遇到结婚生子等经济需求时出现的财务压力，具有申请便捷、放款快速、轻松还款等特点，不仅能够使消费者更好地享受生活，也能从容面对生活压力，成为了年轻人中的一种时尚生活消费方式。

3. 四川锦程消费金融公司①。四川锦程消费金融公司是全国首家合资消费金融公司。作为独立法人，主要办理个人耐用消费品贷款、一般用途个人消费贷款等业务。除此之外，公司业务还涉及信贷资产转让、境内同业拆借、向境内金融机构借款、经批准发行金融债券，以及与消费金融相关的咨询、代理业务，代理销售与消费贷款相关保险产品等。

公司已成功开发多个合作商户门店，如龙翔电子、苏宁电器等，并与多个商家达成合作意向。四川锦程消费金融公司初步将目标客户群锁定为收入较为稳定的年轻的中低端收入人群，在产品设计、服务推广等方面紧紧围绕目标客户群，为消费者提供个人耐用品消费贷款和一般用途消费品贷款，用于满足城乡居民在家用电器、旅游、婚庆等方面金融需求，为商业银行无法惠及的个人客户提供专业化的消费金融服务，满足不同层次的消费金融需求，提高城乡居民的生活水平。同时，成都作为全国最佳休闲旅游城市，消费需求旺盛，商贸业发达，市场信用环境良好，随着成都城乡统筹发展、城乡一体化进程的推进，四川锦程消费金融公司逐步将业务向成都广大农村市场拓展延伸，使方便快捷的创新型的金融服务惠及广大城乡居民，支持和服务成都城乡统筹改革实验和"世界现代田园城市"建设。

（二）外资消费金融公司发展②

国内首家外商独资消费金融公司——天津滨海捷信消费金融公司坐落在天津滨海新区。天津滨海捷信消费金融公司由中东欧国际金融投资集团—派富集团有限公司（PPF Group N. V.）全资控股，注册资本 3 亿元人民币，以欧元现汇出资。作为经营消费金融和零售银行业的专业化公司，派富集团有限公司在全球拥有超过 100 家子公司，截至 2013 年 6 月 30 日，管理资产超过 220 亿欧元，在中东欧地区所在各国的消费金融市场中均处于领先地位。

1. 公司经营情况。截至 2013 年 12 月底，捷信公司总资产已经达到 4.63 亿元，资

---

① 资料来源：凤凰网财经栏目。http：//finance. ifeng. com/news/corporate/20100302/1876074. shtml。
② 资料来源：外资消费金融公司实际数据内容为调研捷信消费金融公司成果。

本充足率达到57%，远高于银监会规定的最低要求。截至2013年12月底，捷信公司消费贷款余额为2.91亿元，同比增长57%。其中，个人耐用消费品贷款余额为1.60亿元，同比增长39%；一般用途个人消费贷款余额为1.32亿元，比年初新增6123万元，比年初增长87%。

2. 主要发展特点。

（1）实行了差别化市场营销战略，目标客户定位于中低端消费者。与传统商业银行、中资消费金融公司的市场细分定位不同，捷信公司将目标客户群定位于具有稳定收入来源的中低端消费者。其"无担保、无抵押"的融资方式，较一般传统商业银行来说，准入门槛更低，更容易受到普通百姓的欢迎和支持。根据人民银行塘沽中心支行的调查，截至2013年12月底，捷信公司在天津已拥有近10万客户，其中，大部分为月收入为5000元以下，客户身份及职业主要为企业普通员工、个体工商户等。一般情况下，商业银行要求中低端消费者提供担保和资信证明，而捷信公司提供的消费信贷产品均无需抵押、担保，极大地降低了消费者获得贷款的门槛，为普通民众提供了更多可选择的消费信贷渠道。（见表4-14）

表4-14　　　　捷信公司、内资消费金融公司与商业银行业务模式比较

	捷信公司	内资消费金融公司	商业银行
目标客户定位	中低收入人群	中低收入人群	市场细分不确定
是否有担保或抵押	无	一般需要	视情况而定
贷款额度及期限	较小而较短	较大而短	视情况而定
营销手段	走出去	请进来	依靠宣传和客户自身认知度
风险管控	IT系统强大运营后台	管理技术尚待探索	人力评估
催收机制	分售前、事中、贷后节点控制，机制完善	催收机制尚无明确、规范标准	贷后逾期管理主要依靠司法手段，机制尚不成熟

（2）采取驻点商户式营销模式。在营销模式方面，商业银行消费信贷的传统营销模式主要是依靠客户自己上门办理，或通过宣传、推介等形式把潜在客户"请进来"。而捷信公司则不同，根据在东欧国家、地区积累的多年丰富的销售经验，通过分散的外部合作商户驻点形式，采取派员"走出去"的营销模式，主动赢得客户。例如，派遣公司人员进驻到当地大型卖场、商埠，结合柜面销售的手机、家电、家庭耐用消费品等商品提供个人消费贷款服务，供客户自由选择。根据调查了解，捷信公司目前已与迪信通、苏宁等天津市区、滨海新区的509家专营门店和综合卖场合作，天津市内店内分期付款网点已经达到765家，在天津地区派驻200余名市场营销人员，另有来自于合作商户的近200名长期促销人员。截至2013年12月底，捷信公司累计贷款数量为23.34万笔，当前日均贷款数量为289笔。

（3）初步形成"贷款金额较小、期限较短，灵活便利"的特色业务特点。与传统的

商业银行消费信贷及具有"银行背景"的中资消费金融公司业务特点不同，捷信公司业务打市场定位的"差异牌"，填补市场细分"空隙"，其业务特点可以归纳为"贷款金额较小、期限较短，灵活便利"。例如，捷信公司消费信贷产品主要为手机、数码产品、电动自行车等耐用消费品，贷款金额一般不超过 4 万元，期限一般为 6 个月至 3 年，平均贷款期限为 1 年，首付比例一般不低于 10%，贷款月利率为 1.83%，同时收取相应的管理及服务费用。

（4）采取智能型贷款审批模式。捷信公司借鉴其母公司派富集团有限公司在国际消费金融领域的经验，实行"集中化、标准化、高度自动化"的业务运营模式。与商业银行传统消费信贷审批模式相比，商业银行信贷审批主要依靠人力，且信贷员个人主观因素较多。而捷信公司凭借多年的国际运作经验，形成了"智能化的贷款审批模式"，审批流程完全依靠 IT 系统自动完成。具体来说，捷信公司运用 IT 系统在后台服务中心对贷款合同进行集中批量处理，将数量庞大、单笔授信额度小的信贷业务打包成业务群，实行集中审批制度。与此同时，突出每个步骤节点控制，将合同审批流程分成多个细致步骤，制定统一的考核标准，进而完成贷款申请、审批的各个环节。据调查，捷信公司平均贷款审批时间仅为 30 分钟，审批效率远远高于同业水平。

（5）采用信用评分机制，通过节点量化严格控制风险。信用评判是消费金融公司业务开展、业务风险防范至关重要的一个环节。捷信公司在信用评级方面同样具有多年积累的丰富经验，通过采取"贷前、事中、贷后"三个节点对贷款的整个生命周期实施严格的风险防控。贷前风险防控利用后台数据模型对客户逾期可能性进行信用评级，建立专业化评分卡系统，制定精细信用考核标准，并利用人民银行的征信平台对客户的信息进行核实。例如，客户的个人信息及其他相关信息，都会对客户信用评分产生影响。事中风险监控运用 IT 系统对所有网点的业务异常风控指标实施实时控制，系统对核心业务自动生成报告。任一销售网点反馈有某一指标需要调整的，所有销售网点能同时变更。贷后风险防控主要体现在催收机制上，采取内部还款提醒、外部催收两种策略，设立专门催收部门运用分层机制对客户进行还款提醒，还款日期之前给客户打电话、短信还款提醒。逾期 90 日内，发送催收函。90 日后，公司员工上门催收，或将部分不良贷款交予专业催收机构，按收回账款比例支付佣金。

（6）采取信用资质记忆存储方式，拓展业务领域。捷信公司推出的交叉现金贷款对已在捷信公司办理耐用消费品贷款且还款记录良好的客户，提供一般用途消费贷款。捷信公司一般用途消费贷款平均贷款额度接近 1 万元，最高可达约为 4 万元，贷款期限一般在 9 个月到 3 年不等，平均贷款期限约为一年半，受客户欢迎。

三、支持经济发展的主要功能

消费金融在提高消费者生活水平、支持经济增长等方面发挥着积极的推动作用，这一金融服务方式目前在成熟市场和新兴市场均已得到广泛使用。消费金融公司由于具有单笔授信额度小、审批速度快、无需抵押担保、服务方式灵活、贷款期限短等独特优势，广受不同消费群体欢迎。数据显示，全国最大的家电连锁企业之一苏宁电器的部分零售网点因有消费信贷的支持销量增加了40%。一些专家指出，要大规模启动国内消费市场，除加大银行等机构的信贷支持以外，更需要消费金融公司等多种类专业化金融机构的支持。

（一）以市场化引导，促进消费理念转变①

我国的消费金融市场目前仍处于发展的初级阶段，消费金融公司试点在市场培育、消费信贷理念转变等方面发挥了积极的作用。一方面，坚持市场化理念，发挥各种媒体的舆论导向作用，积极开展消费金融知识、产品和服务的宣传，帮助市民认识消费金融、理解消费金融、使用消费金融，通过转变消费理念，进一步提升生活品质。另一方面，注重引导消费者正确区分信用消费和超前消费，带动居民合理消费信贷需求不断增长，促进了社会和谐与进步。

（二）以特色化产品，服务消费快速增长

不同于传统商业银行个人信贷通过放松信贷条件约束刺激消费，消费金融公司主要是通过消费金融产品和服务创新来激发消费者的消费潜能。消费金融公司定位于把产品和服务创新作为满足中低消费群体消费需求的出发点和落脚点，构建了完善的产品体系，并充分发挥"小、快、灵"与"简、短、少"服务模式的优势，提升差异化的金融服务能力和客户认知度。在深入调研市场需求的基础上，有效满足了不同客户的消费金融需求，为拉动消费增长贡献了力量。

（三）以普惠制金融，提升百姓生活品质

国家设立消费金融公司，目的就是为商业银行难以惠及的中低收入居民提供普惠制金融服务。三年来，北银消费金融公司立足民生、服务百姓，将消费金融服务延伸至传统金融服务不充分的农村市场，通过开展"消费金融服务下乡进村"活动，大力推广信用消费金融产品，有效解决了农村地区"贷款难"、"担保难"问题。同时，针对当前为职业技能、社会培训机构学生提供的信用贷款产品极其有限的实际情况，创新金融服务，使信用消费贷款走进了职业技能培训领域，帮助贫困家庭的子女与中低收入人群顺利得到培训和接受技能教育，有效配合了国家专业技能人才培养战略计划的实施。目前"北银助业贷"已经惠及近三万余名学生，取得了良好的社会反响。

（四）以普及性宣传，推动信用体系建设

社会信用是市场经济的基石，完善的个人信用体系是消费金融存在和发展的基本条

---

① 标题（一）～（四）内容选自：中国金融新闻网，作者系北银消费金融公司董事长严晓燕《加快消费金融发展 服务经济转型升级》，载《金融时报》。网发时间：2013年3月25日。

件。例如，北银消费金融公司在业务的开展过程中，通过加强对金融消费者的信用教育，积极传播征信知识，推动了社会信用体系的建设。公司积极参与北京市商务委举办的"消费促进月"等活动，走进校园、社区、商店卖场、京郊农村等，宣传普及信用知识，直接受众超过 10 万余人次。针对年轻客户群体对国内征信体系了解较少、信用意识较为淡薄的实际情况，在开展教育培训贷款时增加了对合作教育机构管理层、工作人员以及学员的产品培训及信用教育内容，强调"信用成就人生"，培养"信用增值"的理念，为提高我国整体社会诚信水平做出了贡献。

（五）以新业态发展，促进城镇化建设

城镇化建设是党的十八大报告重要的战略构想之一，也是我国最大的内需潜力所在。我国目前城镇化率按户籍人口计算仅为 35% 左右，明显低于发达国家和许多同等发展阶段国家的水平。未来几十年，每年将有 1000 多万人口转移到城市，必将持续释放巨大内需。资料显示：2010 年我国农村居民消费水平为 4455 元，城镇居民为 15907 元，城镇居民消费水平是农村居民的 3.6 倍。据此测算，一个农民转化为市民，消费需求将会增加 1 万多元。我国城镇化的加速推进，将会进一步提高城乡居民的社会保障及收入水平，增强其消费能力，促使非城镇的自然消费模式转化为城镇消费模式，从而扩大现代经济的拉动因素，为消费金融服务的发展提供广阔的空间。

四、消费信贷业态的未来发展趋势

消费信贷在我国发展的时间不长，目前面临着消费金融的发展与当前我国转方式、调结构的战略契合与适应的问题。从实际情况看，消费在我国经济结构中的地位仍然不够突出，我国居民消费需求亟须进一步释放，消费金融在扩大内需以及提高消费者生活水平、支持经济增长等方面的积极作用有待进一步发挥。消费金融公司在我国还是一种全新的金融业态，为实现消费金融公司的健康发展，需要建立良好的消费金融生态环境，并给予试点公司以更多的市场自由、创新空间与政策扶持。

党的十八大报告提出，要"实现居民收入增长和经济发展同步"，并"增加低收入者收入"，这对扩大信用消费需求、消费金融公司的发展具有重要意义。未来消费金融公司将呈现"多层次结构、多参与主体、多产品种类、多元化选择"的充满活力的发展趋势。

（一）消费信贷市场有效竞争，消费信贷多元化需求更加旺盛

国际经验表明①，消费金融的快速发展往往是经济发展和政策推动的共同结果。按照美国、韩国、德国等国家税收方面的经验，对达到缴纳个税条件居民的消费贷款利息费用进行税前扣减，适当减少其个人所得税额。同时，对未达到缴纳个税条件的城市居

---

① 资料来源：和讯新闻，http://news.hexun.com/2013-03-07/151796960.html。

民及农村居民实行贴息政策，降低其贷款成本，从而多方面提高我国居民的消费积极性，培养个人信用消费习惯，强化金融对消费的支持作用，构建扩大内需的长效机制。在财政政策方面，建议参照国家非信用担保机构的财政补贴模式，建立消费信贷专项资金，对消费金融公司贷款损失给予适当财政补贴。另外，根据消费金融公司的特点与我国消费金融业务的发展需求，还应鼓励消费金融公司逐步扩大经营领域与范围，给予消费金融公司更多的创新空间，以推动消费金融公司可持续发展。

（二）消费金融业态充分发展，消费信贷发展空间维度更加广阔

当前我国经济社会发展正处在转型的关键时期。按照国家"十二五"规划，经济社会发展的重心将转到"转方式"和"调结构"上来，转到扩大内需上来。2012 年 9 月，中国人民银行发布《金融业发展和改革"十二五"规划》，强调"发展消费信贷，支持扩大内需"。2012 年前三季度，消费对于经济增长贡献率达到 55%，① 近五年来首次超过投资的贡献率，"促消费，扩内需"的宏观政策效能逐步得到释放。作为消费的"助推器"，消费金融在拉动个人消费方面潜力巨大，同时，在消费升级的驱动下，我国消费金融业态必将得到迅速发展。

（三）消费信用维权机制日臻完善，消费金融配套政策更加规范

消费信用维权是维护市场秩序的一个重要手段，市场经济是法制经济，消费金融市场的发展必须有完备的消费金融配套政策来保障。消费者权益保护法是保障"公平、平等、有序"的金融市场，规范与调节消费金融业态的关系重要组成部分。在市场经济条件下，由于消费者与生产经营者各自的利益驱动，两者的利益关系并不总是一致的，常常会出现矛盾，消费者又往往处于弱势地位，其权益往往受到侵犯。目前，我国正在探索消费金融维权机制，因此，从法律、机制层面，明确金融消费者的权利、消费组织职能和应承担的责任，以及金融消费者权益争议的解决途径等，从而有效规范生产经营者和消费者的相互关系与市场行为。未来我们有理由相信：随着消费金融维权机制、消费金融配套政策的日臻完善和日益规范，必将有利于正常的金融消费市场秩序的维护和稳定，同时，有利于强化消费者的权利意识和自我保护意识，也标志着我国以消费者为主体的市场经济、金融消费市场、新金融消费业态开启法制化、规范化、专业化、市场化的进程。

第二节　创新型交易市场业态

第一单元　天津股权交易所

天津股权交易所主要为中小企业提供股权融资服务，自成立以来，天津股权交易所

---

① 来源：人民网财经频道。http://www.022net.com/2012/10 - 24/494740343166233.html。

市场认可度不断提高，业务规模不断扩大，挂牌企业数量和累计融资额快速增长，在服务滨海新区乃至全国中小企业融资方面发挥了重要作用①。

一、天津股权交易所成立的政策背景

国家层面的政策支持为天津股权交易所发展提供了良好的政策环境。国务院发布的《推进滨海新区开发开放有关问题的意见》（国发〔2006〕20 号）提出"鼓励天津滨海新区进行金融改革和创新……在金融企业、金融业务、金融市场和金融开放等方面的重大改革，原则安排在天津滨海新区先行先试"。国务院发布的《天津滨海新区综合配套改革试验总体方案的批复》（国函〔2008〕26 号）中明确指出"为在天津滨海新区设立全国性非上市公众公司股权交易市场创造条件"。2009 年 9 月，国务院批复的《天津滨海新区综合配套改革试验金融创新专项方案》中提到"支持天津股权交易所创新发展，不断完善运作机制，健全市场网络，拓展业务范围，扩大市场规模，充分发挥市场功能，为中小企业和成长型企业提供高效便捷的股权投融资服务"等多项内容。

二、天津股权交易所挂牌条件

天津股权交易所挂牌交易市场分为传统行业板和科技创新板两大板块，分别满足传统型中小企业和"两高六新"企业股权交易投融资需求。每种板块企业挂牌要求依据面向区域不同而有所区别。

（一）传统行业板块挂牌要求

1. 面向全国市场的企业挂牌要求。企业主体资格方面：依法设立且持续经营两年以上的股份有限公司。有限责任公司按原账面净资产值折股整体变更为股份有限公司的，持续经营时间可以从有限责任公司成立之日起计算。

主要财务指标要求：近两年连续盈利，最近两期净利润不低于1000 万元或最近一年营业收入不低于5000 万元且最近一年净利润不少于 500 万元；最近一期末净资产不少于2000 万元，且不存在未弥补亏损；公司股本总额不少于 1000 万元。

2. 面向区域市场的企业挂牌要求。企业主体资格方面：依法设立且持续经营两年以上的股份有限公司。有限责任公司按原账面净资产值折股整体变更为股份有限公司的，持续经营时间可以从有限责任公司成立之日起计算。

主要财务指标要求：近两年连续盈利，且累计净利润不低于 500 万元；最近一期末净资产不少于 2000 万元，且不存在未弥补亏损；股本总额不低于 1000 万元。

---

① 本文数据来源于天津股权交易所官方网站。

（二）科技创新板块挂牌要求

1. 面向全国市场的企业挂牌要求。企业主体资格方面要求与传统行业板块相同。

主要财务指标要求：公司股本总额、净资产均不少于1000万元；最近一年营业收入增长率不低于20%；最近两年连续盈利；最近两年税后净利润累计不少于500万元或最近一年税后净利润不少于300万元，营业收入不少于2000万元；战略投资者对企业投资额不少于500万元。

2. 面向区域市场的企业挂牌要求。企业主体资格方面：依法设立且持续经营一年以上的股份有限公司。有限责任公司按原账面净资产值折股整体变更为股份有限公司的，持续经营时间可以从有限责任公司成立之日起计算。

主要财务指标要求：股本总额、净资产均不少于500万元；最近一年主要产品毛利率不低于40%，最近两年营业收入累计不少于1000万元，并且持续增长；或最近一年税后净利润不少于100万元，净资产收益率不低于15%；或最近两年连续盈利，税后净利润增长率不低于30%；公司经营管理计划显示，未来两年公司营业收入与净利润将持续增长；战略投资者对企业投资额不少于100万元。

天津股权交易所通过强化信息披露，加大市场主体培训力度和推行公司治理制度验收等多种形式，培育和引导挂牌企业实现规范成长。截至2013年底，天津股权交易所共督导挂牌企业累计披露定期报告、各类临时报告11 000余份，建立挂牌企业诚信档案694份，保荐机构披露对挂牌企业现场检查报告1112份。规范发展是企业的生命线，天津股权交易所的督导服务为企业业务扩展和不断再融资奠定了坚实基础。

表4-15　　　　　　　　　天津股权交易所信息披露要求

信息披露文件	信息披露时间	信息披露文件名
业绩预告	每年一月份	××××股份有限公司×××年度业绩预告
募集资金使用情况	每年二月份、八月份	××××股份有限公司关于募集资金使用情况报告的公告
年度报告	会计年度结束三个月之内	××××股份有限公司×××年度报告
中期报告	第二个季度结束后50天内	××××股份有限公司×××年度中期报告
重大事项声明	每季度结束一个月内	××××股份有限公司×××年第××季度重大事项声明
公司治理情况声明	每半年度结束后一个月内	××××股份有限公司××年上（下）半年公司治理情况声明
公司管理报告	每半年度结束后一个月内	××××股份有限公司××××年上（下）半年公司管理报告
诚信档案	每半年度结束后一个月内	××××股份有限公司上（下）半年诚信档案

续表

信息披露文件	信息披露时间	信息披露文件名
三会通知、决议公告	股东大会通知在召开前 30 个工作日	×××股份有限公司关于召开×××年度股东大会
	临时股东大会通知在召开前 15 个工作日	×××股份有限公司×××年度第××次临时股东大会会议决议公告
	三会决议公告在会议召开后一个工作日内	×××股份有限公司第××次股东大会/董事会/监事会第××次会议决议公告
停复牌公告	在停牌日、复牌日前一个工作日	×××股份有限公司停（复）牌公告
分红派息公告	在股东大会通过分红派息议案后	×××股份有限公司×××年度分红派息公告
送股（转增股本）公告	提前 5～10 个工作日	×××股份有限公司关于×××年度送股（转增股本）公告
减资公告	自股东大会决定之日起十日内通知债权人，并于三十日内发送天津股权交易所	×××股份有限公司减资公告
延期信息披露的说明	截止日期前 5 日发送延期信息披露说明	×××股份有限公司关于延期×××公告的说明
更改会议时间或地点的公告	会议召开前 2 日	×××股份有限公司关于更改××年度第×次××会议时间或地点的公告
企业挂牌资料	挂牌前 30 日内	×××股份有限公司挂牌交易说明书
		×××股份有限公司挂牌交易说明书摘要
		×××股份有限公司投资价值分析报告
		×××股份有限公司投资价值分析报告摘要
企业年度投资者权益保护报告	每年一月份	×××股份有限公司×××年度投资者权益保护报告
其他临时公告	事项发生后 3 日内	

天交所现阶段主要提供非上市公司的股权挂牌交易和融资服务，企业依次经历项目筛选、项目启动、企业改制、私募和挂牌申报等环节，最终实现其股权在天交所市场挂

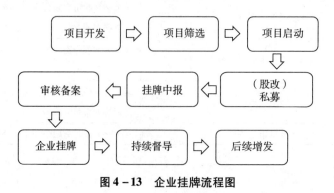

图 4-13 企业挂牌流程图

牌交易。经过五年多的发展和市场运作，天交所已形成一套具有自身特色的服务体系。天交所各区域的项目工作人员遍布全国，扎根于基层，深入到各县域经济市场，从项目启动到项目挂牌，全流程跟踪和在项目现场为企业提供各种贴身服务。

第二单元　天津滨海国际股权交易所

一、天津滨海国际股权交易所的发展历程

滨海国际股权交易所（简称股交所）是天津市贯彻《国务院推进天津滨海新区开发开放有关问题的意见》（国发〔2006〕20号，以下简称《意见》），推进滨海新区金融改革先试先行的一大重要成果，是在天津市政府与全国工商联等各方成功合作举办了两届经国务院批准的"中国企业国际融资洽谈会"（简称融洽会）基础上，在融洽会组委会直接推动下，创新设立的国内首家专业从事国际间股权及其他资本交易信息流通与服务的第三方平台，属于典型的地方OTC市场。

2007年，国务院批准天津市举办融洽会，融洽会由天津市政府、全国工商联和美国企业成长协会共同主办，于每年6月举行，天津市政府欲借《意见》的东风，充分发挥政策优势，把天津打造成中国最活跃的股权融资交易市场。2007年融洽会，有223家来自17个国家的风险投资基金及私募股权投资基金（VC/PE）参会，创下了中国投融资类会议规模之最。2008年6月举办的第二届融洽会，其规模比之首届又上了一个台阶，参会人数超过6300人，有549家来自20个国家的风险投资基金及私募股权投资基金参加了这次会议。

然而，融洽会的时间只有短短两天半，在这短暂的过程中，尽管多家企业项目与资本依靠高效的沟通机制握手成交，但仍有大量的企业项目信息没能与VC/PE成功对接。会后，融洽会组委会仍能源源不断收到企业项目申请对接的信息，投融资企业旺盛的对接需求及意犹未尽的遗憾，让天津市政府领导迫切地感到，需要建立一个更有效的常态化的平台来帮助融资方和投资方对接，让这个国际性的企业融资洽谈会实实在在地扎根天津。为此，市政府领导明确提出，天津国际融资服务有限公司①未来不仅要办好融洽会，还要创办一个常态化的为国内外所有中小企业提供股权投融资交易服务的机构。在市政府领导的直接授意和筹备组的周密筹划下，股交所由天津市财政投资管理中心、长城资产管理公司、万盟并购集团共同出资设立，并于2008年下半年正式挂牌成立。

二、天津滨海国际股权交易所的功能定位

滨海国际股权交易所是我国第一家专业从事国际间企业股权投融资信息交易的第三

---

① 天津国际融资服务有限公司即融洽会的组织机构。

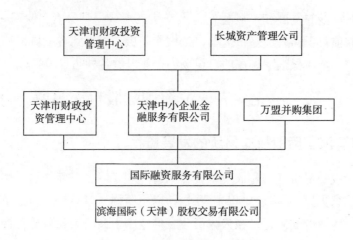

图 4 - 14 股交所股权构架图

方服务平台，是国内第一家专业从事为拟融资的企业通过出让部分股权，进行直接融资的信息交易场所。与此同时，股交所依托与全国各地多家商业银行、担保公司、信托企业、金融租赁公司等各类重量级金融机构建立的战略合作关系，为挂牌企业提供多种形式的间接融资服务。

1. 信息交易：多管齐下，确保信息真实准确。在现阶段的市场环境下，不仅存在投融资信息不对称、法律法规不健全的问题，也存在信息真实性、准确性较差的问题。滨海国际股权交易所把自己定位为投融资信息交易平台，那么就需要解决信息的真实可靠问题，以确保股交所会员平台的专业性和市场吸引力，为此，股交所采取了一系列措施：第一，股交所可以通过在全国各地设立的经过股交所培训的经纪人机构，帮助投资方进行项目筛选，进行初步的尽职调查，核实初选项目的真实性，并将调查结果反馈到投资方。若投资方有意，可以要求经纪公司作进一步的尽职调查。这样做的结果，不仅会提高项目投资的成功率，而且可以使投资方在第一时间得到比较准确的信息反馈，也大大节省了其人力成本、时间成本和财务成本。第二，股交所设计了定期自动摘牌及续牌信息补充制度，即融资企业信息在电子交易系统挂牌三个月后自动摘牌，若想续牌，就必须补充挂牌三个月当中的财务数据，以保证挂牌项目的所有财务数据和企业的经营情况的时效性和参考价值，这能为投资方的判断提供可靠的信息来源。第三，合理设计挂牌费，以 3 000 元的较低挂牌费设计，制约经纪人提供虚假信息，有效确保经纪机构的服务质量，若挂牌费设计过高，可能激励某些经纪人机构不负责任地将可挂可不挂的企业包装挂牌，赚取挂牌费，对此，股交所还相应设立了警告、除名机制。第四，将发现的或被企业举报的诈骗企业资金的所谓投资公司列入黑名单公布于互联网。第五，通过与多家商业银行总行的合作，可以及时了解、掌握企业的第一手财务信息。

2. 交易对象：以股权融资信息对接为主，兼顾间接融资。在股交所试运营过程中，发现单纯地利用这一信息交易平台为企业融资提供服务，并不能满足国内企业目前希望获得更多融资渠道的需求，因此股交所从企业需求出发，将业务基本定位稍作调整，变为以股权融资信息交易平台为主，同时辅助性地为企业做一些间接融资的对接服务工作。具体而言，从银行既想留住客户、还想分散风险的心态分析入手，让银行、投资基金和其他信托担保金融机构通力合作，在股交所共同打造一个集合性融资的服务平台，对好项目，感兴趣的投资基金投资一部分，银行贷款一部分，甚至再通过信托公司等发一些理财产品，共同支持企业融资。银行可以利用投资基金对项目的判断，来决定贷款量。用银行的评估体系加投资基金的评估体系，可以使投资或贷款的风险降到更低。

三、天津滨海国际股权交易所的运营模式

1. 参与主体及交易流程：四类主体、三类会员、七个环节。在股交所进行投融资信息对接的过程中，会涉及四类主体，即融资企业、投资机构、经纪机构和中介服务机构，其中投资机构、经纪机构和中介服务机构拥有股交所会员身份。具体而言，投资机构会员主要包括国内外股权投资机构 VC/PE 及有意向的企业集团等合格的投资人；经纪机构会员主要为经股交所评审、培训、考核并注册的专业经纪公司；中介服务机构会员主要包括行业排名靠前的专业中介服务机构，如会计师事务所、律师事务所、证券公司、资产评估公司等。为保证会员质量，股交所严格对申请进场交易会员的资质、业绩进行审查，并通过分布在全国各地受过专业培训的注册经纪公司，对拟申请挂牌的融资企业进行逐一实地调查。

股交所的交易流程共有七个环节，分别为申请登记、初审委托、复审审核、挂牌上市、洽谈撮合、成交签约备案及履约交割。

2. 核心商业模式创新：经纪机构代替融资企业充当交易主体。不同于现有的股权交易所和产权交易所，股交所的交易模式并非融资方与投资方直接交易，而是规定经纪机构会员代替融资企业充当信息交易主体，而禁止企业入场交易，这样的制度安排，强化了经纪机构的主体地位和重要性。之所以有这样的制度安排，是基于经充分调研后了解到的企业和经纪机构的特点而作出的：第一，中国的企业并不擅长与外部股权投资者打交道，包括如何制定商业计划书，怎样使企业价值最大化等，而经过培训的经纪机构则擅长于此，可以帮助挖掘企业不明了的或者企业认为不重要但却对资本市场有着重要价值的内容；第二，由经纪人代表企业与投资基金沟通，可使融资企业管理者将更多的精力投入到企业的生产经营中去，从而避免由于股权转让洽谈旷日持久，企业管理者直接参与谈判，造成对企业的正常经营和业绩的影响，进而避免影响交易价格；第三，经纪机构作为信息搜集和分析机构，代股交所完成了重要的信息初步审核工作，是股交所职能行使的重要延伸和交易对接可持续性的重要保障，给予经纪机构信息交易者地位对保护其积极性有重要作用。

第三单元　天津滨海柜台交易市场

一、天津滨海柜台交易市场发展历程

2006 年，国务院下发了《关于天津滨海新区开发开放有关问题的意见》（国发〔2006〕20 号），根据意见，天津市政府向国务院提交了《天津滨海新区综合配套改革试验方案》（以下简称方案）。2008 年 3 月，这份为国家级综合配套改革试验区"量身打造"的方案最终获得国务院正式批复（国函〔2008〕26 号），其中就包含了设立全国性非上市公众公司股权交易市场（简称 OTC）等金融改革试验内容。有关专家学者们认为：这对完善我国多层次资本市场体系，对滨海新区的发展以及把天津建设成北方经济中心都具有重大推动作用。"设想中的柜台交易市场与交易所市场有两大不同，其一是不允许自然人投资，市场的参与者必须是法人投资机构；其二则是以做市商制度作为基本的交易安排。"天津市分管金融工作的副市长崔津渡曾这样解读 OTC 市场。

为尽快设立 OTC 市场，天津市进行了大量的前期调研准备，包括市场的选址、信息系统建设等硬件设施，以及市场定位、公司架构、风险防范等配套性基础工作。经过两年多时间的不懈努力，2010 年 8 月 12 日，经天津市人民政府批准，天津滨海柜台交易市场股份公司（简称天津 OTC）由泰达国际、中信集团、中银投资、华融资产和东方资产五家具有资源优势、资金实力和社会影响力的全国性金融控股集团、专业投资公司和金融资产管理公司发起设立，并于 2011 年 3 月 18 日举行了揭牌开业仪式。公司首批推出的债权类产品报价转让板块，揭牌当日，交易所与 26 家金融机构签署了合作协议，当日信贷资产挂牌 182 笔，总金额 337 亿元。参加仪式的崔津渡副市长指出："天津积极推进金融改革创新进程，在金融企业、金融业务、金融市场和金融开放等方面进行了积极探索，要素市场建设也取得积极进展，天津滨海柜台交易股份公司要抓住机遇、开拓进取，按照科学审慎、风险可控的原则，不断优化市场发展环境，努力提升市场服务功能，切实防范市场风险，并紧紧围绕建立与北方经济中心相适应的现代金融服务体系的目标任务，深化体制机制创新，防范金融风险，保持持续快速健康发展的良好势头。"①

二、功能定位及市场定位、会员制度

（一）功能定位及市场定位

根据《国务院关于天津滨海新区综合配套改革试验总体方案的批复》，天津 OTC 的功能定位是：在天津滨海新区设立全国统一、依法治理、有效监管和规范运作的非上市

---

① http://www.tj.xinhuanet.com/gov/2011-03/19/content_22322157.htm。

公众公司股权交易市场，作为多层次资本市场和场外交易市场的重要组成部分。逐步探索产业基金、创业投资基金等产品上柜交易。作为场外交易市场的重要组成部分和全国资本市场重要的有机层级，与上海证券交易所和深圳证券交易所的场内交易市场一起，共同构成我国多层次资本市场体系。

2012 年，证监会主导下的全国场外市场快速发展，资本市场相继出台了《非上市公众公司监督管理办法》《关于规范证券公司参与区域性股权交易市场的指导意见》等文件及扩容新三板、建立全国中小企业股份转让系统有限公司（前身为新三板）等举措，形成了以新三板为顶层设计，区域性市场为底层资源库的全国性场外交易市场架构。天津 OTC 定位于从天津地方做起，发挥两大平台综合服务功能，服务企业融资和股权交易的创新型交易市场。同时，也将按照天津市政府对地方股权类市场的统一安排，建设好天津区域股权市场，为对接新三板等高级资本市场，建立由天津市政府监管的区域性场外市场做好准备。

（二）会员制度

推荐机构会员：推荐机构会员可作为推荐人参与本平台非上市公司改制、挂牌及挂牌公司定向增资等相关业务。推荐机构会员，可以是券商、银行及符合条件的专业投资公司、私募股权投资基金、管理咨询公司等。

专业服务机构会员：专业服务机构会员为非上市公司挂牌、挂牌公司定向增资出具审计报告、验资报告、资产评估报告或者法律意见书等文件。专业服务机构会员，可以是依法设立的律师事务所、会计师事务所或资产评估事务所等。

三、业务范围及发展情况

（一）业务范围

天津 OTC 以服务中小企业融资为主，为企业提供政策咨询、评级优选、融资增信、融资对接、展示培育、定向增资、改制上市、股权转让等综合服务。

（二）发展情况

自 2011 年 3 月 18 日开业以来，天津 OTC 在市政府、市金融办等有关部门的大力支持下，本着为设立全国性非上市公众公司股权交易市场积极创造条件，以服务中小企业特别是科技型中小企业融资发展为重点，完成债权和股权两大业务板块建设，积极参与构建具有天津特色的融资服务体系，已经建成"一站式"融资服务平台，股份转让平台也已经具备上线条件。

四、天津滨海柜台交易市场平台介绍

融资服务平台是天津 OTC 的基础平台，借助平台信息汇集、宣传展示和产品推介的强大功能，促进投融资双方迅速实时对接。同时，天津 OTC 通过自身专业化融资顾问团队，为企业提供政策咨询、评级优选、融资增信和融资对接等综合服务，帮助企业快速成长，筛选优质企业进行改制，输送到股份转让平台挂牌转让。

股份转让平台是市场的高层次服务交易平台，它以非上市股份有限公司为服务对象，为其展示培育、定向增资、改制上市、股权转让提供高层次服务，帮助企业完善公司治理结构，提升品牌影响，利用资本市场做大做强。两大平台互相呼应，相互递进，为不同类型企业和企业不同发展阶段提供从初级到高级、从基本融资到改制辅导上市全方位服务，搭建了从交易前端到交易后端的一条龙专业化、顾问式、开放型服务体系架构。

（一）融资服务平台

运营模式：天津 OTC 融资服务平台以融资信息发布系统为基础，结合宣传展示、信息对接、政策咨询、顾问辅导、评级优选、融资增信、协作机制、融资对接、融资创新等市场融资服务功能，为投融资双方搭建一站式综合服务平台，为企业提供多类型、多品种债权融资、股权融资等多种融资服务。

主要特点：天津 OTC 融资服务平台是为解决企业与金融机构之间需求信息不对称的问题，是天津市首个统一互联、综合服务、全面开放、市场化运作的融资服务平台，具有以下突出特点：一是参与主体广泛，包括企业、金融机构、投资机构、有关中介机构会员等；二是信息发布充分，企业发布基本信息、融资需求、股权转让信息，金融、投资和中介机构提供产品和服务推介；三是融资方式多样，提供债权融资、股权融资和创新融资等服务；四是服务功能齐全，市场利用资源和专家团队，为企业提供宣传展示、政策咨询、评级优选、融资增信、融资对接、融资创新等；五是政府支持有力，已与各委办局和各区县政府基本实现了网站的互联互通和数据信息交汇。

运营情况：截至 2012 年底，融资服务平台拥有各类企业、机构会员逾千家，与各委办局、区县单位、机构等合作举办了 50 多场融资洽谈会、企业培训会，共促成十多家企业达成融资意向，累计金额 40 亿元。

（二）股份转让平台

平台定位：股份转让平台定位于非上市股份公司股份转让和定向融资平台，以企业股份制改制为基础，兼具项目与资金汇集池以及私募股权投资进入和退出通道等多种功能。

风险控制：严格按照《公司法》《证券法》及相关法规政策开展业务，股东人数控制在 200 人以内，同一个产品的交易时间间隔不得少于 5 个交易日，在公司挂牌、挂牌公司定向增资、股份登记托管及结算、股份转让、挂牌公司信息披露五个重点环节严加控制，注重风险防范。

信息披露：挂牌企业采用适度信息披露方式，分为挂牌时的信息披露、定向增资时的信息披露和持续性的信息披露，信息披露将在本平台系统网站发布。第一，挂牌时的信息披露应当披露股份转让说明书、法律意见书、公司章程、公司最近一年年度审计报告；第二，挂牌公司在完成定向增资股份登记后，应披露定向增资结果报告书，同时推荐机构会员披露关于挂牌公司定向增资的专项意见；第三，持续性的信息披露包括年度报告（需经会计师事务所审计）、半年度报告和临时报告。

建设情况：截至 2013 年 3 月，已有 2 家企业通过审核，正式在股份转让平台挂牌，其他拟挂牌企业项目也正在积极推进。受平台建成时间较短、新三板加快推出等因素影响，平台后续工作还在逐步开展中。

第四单元　天津金融资产交易所

一、天津金融资产交易所的基本状况

国家发展和改革委员会批复的《天津滨海新区综合配套改革试验金融创新专项方案》指出，支持天津产权交易中心和北方产权交易共同市场充分发挥作用，按照财政部、工业和信息化部要求，争取设立国家金融资产转让和知识产权转让等市场。据此，天津金融资产交易所有限责任公司（以下简称天金所）于 2010 年 5 月 21 日在天津滨海新区于家堡中心商务区注册设立。天金所的成立，为金融资产流通探索了新的途径。天金所由长城资产管理公司与天津产权交中心共同出资成立，注册资本 1 568 万元人民币，其中长城金融资产管理公司持有 51% 的股份，天津产交中心持有 49% 的股份。天金所定位于国际化、专业化、规范化、标准化的金融资产交易平台和覆盖全国、服务全球的中国最大的金融资产交易市场，成为中国金融产品创新工厂，并通过提供专业化服务，促进中国资本市场的发展和产品的创新。长城资产管理公司作为国内四大专业金融资产管理公司之一，积累了覆盖全国的机构资源、网络资源、信息资源、客户资源和人才资源以及大量的实战经验。天津产交中心作为中国最大的产权交易中心之一，具备多项产权交易资质，拥有成熟的交易系统和网络，以及专业管理人才和其他相应资源。天金所借助长城资产管理公司金融不良资产收购、经营、管理、处置与市场开拓经验和天津产交中心平台建设、交易网络与资源积累的优势，将全国资源与地方优势实现最佳结合，为自身的发展提供了强有力的保障，目前其业务规模居全国之首。

截至 2013 年底，金融交易所累计受托交易项目超过 1.6 万个，委托资产总量达到 1 万亿元，累计成交项目 5500 余宗，涉及金额 1200 多亿元，竞价溢价率达 29.05%，机构会员和注册机构投资者达到 20 万个，网站访问量突破 7000 万人次。

金融交易所获得多项荣誉：第一家通过 ISO9001 认证的交易机构，第一家获得中国电子商务协会授予的"中国金融资产电子交易创新奖"的交易机构，第一家获得国家"高新技术企业认证"的交易机构。获得"第一财经金融价值榜创新金融奖——年度场外交易市场"奖，被中国中小企业协会授予"中国中小企业金融服务诚信供应商"，荣

获"榜样天津——金融创新榜样奖",荣获"第三届中国自主创新最具成长性创新型企业"奖。

二、天津金融资产交易所的优势和特点

(一)拥有全国统一的专业交易市场平台

天金所发展目标是建立起一个全国性的金融资产交易平台。经过努力,目前天金所已在全国实现"六统一"和"六覆盖",六统一即统一交易规则、统一交易系统、统一信息披露、统一会员服务、统一服务标准和统一结算模式,六覆盖即市场覆盖全国、专网覆盖全国、项目覆盖全国、投资者覆盖全国、机构覆盖全国和结算覆盖全国。在统一交易规则方面,天金所自主制定并独立发布包括信息披露、风险控制等七大通则和十大细则在内的国际化规则体系,内容涉及不良金融资产交易、金融企业国有资产交易、信贷资产交易、会员服务等方面提供服务。在交易系统建设方面,天金所目前开发建设了包括项目营销系统、交易挂牌系统、受让登记系统、竞价系统、会员服务系统、结算系统在内的六个交易系统,可以实现异地同台多产品网络动态交易,该系统改变了我国金融资产交易传统方式的局限性,获得了"中国金融资产电子交易创新奖"。

(二)拥有全国性的市场和客户体系

天金所利用天津的政策优势和长城公司的全国性网络,建立起了全国性的金融资产交易市场。除了搭建起全国统一的专业性的交易市场平台外,天金所更加注重吸引人才,汇集了一批国内外优秀的专家、学者、高级管理人员及金融、法律、财务的专业人才,有超过100名经过严格培训的交易业务员。截至2013年底,天金所在全国范围内设立了1家子公司3个地区总部、28个交易服务部(包含香港地区),机构网点遍及除西藏自治区以外的全部省市(不包括港、澳、台),发展了包括20万余家金融机构以及拍卖、评估、法律、咨询、经纪等中介机构在内的、专注于金融资产产品的投资者会员,客户遍及全国。

(三)交易和登记结算分离提升公信力

公信力是金融资产交易所的生命力。为了规范交易双方行为,增强客户交易安全性和市场风险可控性,天金所根据国际经验,在全国金融资产交易机构中首次实行金融资产交易和登记结算分开制度,发起成立了天津金融资产登记结算公司。天津金融资产登记结算公司是继中央国债登记结算有限责任公司和中国证券登记结算有限责任公司之后,中国第三家专业性登记、托管、结算机构。

(四)产品创新增强市场竞争力

随着各地金融资产交易所的兴起,同业之间的竞争逐渐升温。天金所不断进行金融基础市场建设的创新和金融产品的研发,确立了以四大交易产品为基础,不断设计开发新的交易品种,丰富活跃交易活动的经营思路。不良金融资产交易主要服务于国内四大

金融资产管理公司和各家商业银行，这一交易品种为金融资产管理公司和商业银行创新不良资产处置模式提供了一个更具公信力的平台；信贷资产交易针对各家商业银行信贷资产转让需求设立，成为中国第一家实现信贷资产转让交易的平台；诉讼资产交易业务是天金所的有益尝试，天津市第一中级人民法院和第二中级人民法院已经将国有企业的金融资产和民营企业的涉诉资产统一纳入天金所处置。天金所在做好基础资产交易的同时，也在为金融创新养精蓄锐。据了解，金融资产交易所一直在与各类金融机构、科研院所、投资银行机构进行合作，共同研究创新型金融产品，主要方向是标准化产品和金融衍生产品，涉及信贷、信托、保险、租赁、基金等广泛的金融领域。

（五）采用"蓄水养鱼"策略培育市场潜力

根据国际交易所发展经验和当代交易所经济发展特征与内在规律，广阔的市场是交易所发展壮大的关键。就创新成本而言，新增交易产品边际成本随市场规模扩大呈递减趋势。天金所从长远着想，采取了"蓄水养鱼"的大平台策略。金融交易所目前已经建成 10 个全国性产品市场，能够同时满足不良金融资产、金融企业国有资产、保险资产、信贷资产、信托资产、基金资产、租赁资产、小企业贷款、金融企业股权、司法资产、委托债权投资计划 11 大类金融资产多种方式交易。其中，不良金融资产和金融企业国有资产属于金融交易所的基础产品，是目前公司收入和利润的主要来源。某些创新型产品市场是公司通过长期研发、设计和市场开拓而建立的，目前仍处于市场培养期，采取减免佣金或者其他更为优惠的政策，交易尚不活跃。

三、天津金融资产交易所的主要作用

（一）促进天津乃至全国金融资产的流动

天金所是中国金融领域的一个重大创新，它为金融资产特别是不良金融资产的交易，构建了更具公信力的平台，彻底打破了我国金融资产交易传统方式的局限性，实现了我国金融资产竞价交易的远程网络电子化，为真正实现我国金融资产公开、公正、公平交易创开辟了一条新的道路。天金所将在增强我国金融资产流动性，合理调整金融资产结构，防范和化解金融风险等方面发挥了独特作用。成立以来，天金所从最初的 2 个产品已经发展到了 16 个产品。天金所的创新是市场基础建设的创新，使我国金融基础资产流转市场实现了"四个转变"，即将分散的市场转变为集中的市场，将区域性的市场转变成全国性统一市场，将非公开的市场转变为公开市场，将线下市场转化为线上网络电子市场，为金融资产公开、公平、公正交易创造了条件，充分发挥了交易平台的价值发现功能，推动了金融资产在全国范围通过市场方式优化配置。

（二）为解决中小企业融资问题探索有效路径①

我国间接融资占主导地位的金融体系，导致广大企业尤其是中小企业对间接性融资的依赖。作为间接性融资的主要机构，银行将大部分金融资源投向大型企业，为中小企业设置了较高的门槛。广大中小企业融资不畅问题是中国当前发展阶段普遍面临的问题。传统的金融方法、金融工具不能满足大量中小企业的资金需求，天使基金、风险投资等方式又不具有全国范围的普遍适用性。天金所依靠创新型的金融产品和全国性的金融市场这两个轮子，通过搭建金融资产交易平台，有效地驱动了资本和资产的合理流动，为解决中小企业融资问题探索了一条有效路径。

一方面天金所不断提升观念，加强技术、人才上的投入和制度建设，将企业的实际融资需求转化为有效的金融服务产品，为众多的中小企业提供创新型的融资方式，并不断完善金融市场价格体系、估值体系与风险控制体系；另一方面，天金所利用其全国性的资产交易平台优势，为无法在资本市场融资的中小企业提供面向全国投资者的契机。

（三）推动国内融资租赁资产交易市场形成

近几年中国融资租赁业务迅猛发展，但是与欧美市场相比，我国的融资租赁市场尚有巨大的发展空间。据统计，中国的融资租赁渗透率为4%左右，成熟市场的融资租赁渗透率可达10%，欧洲部分国家达到20%左右，美国长期保持在30%左右。制约我国融资租赁业发展的瓶颈是资金不足，融资租赁公司持有大量长期优质资产，但这些优质资产严重缺乏流动性。融资租赁资产经过标准化合约在市场上流通，必然需要专业性强的登记托管系统和结算系统作为支持，实时登记交易过户信息，实时进行每笔交易的资金结算，为产品持有者提供方便快捷的查询服务等。天津金融资产交易所开展了大量扎实的工作，作为与交易相配套和支撑的基础建设，天津金融资产登记结算公司开发了租赁资产登记结算系统，不仅可以满足登记、查询和相关文件验证等静态登记，还可以满足交易过程中的实时动态登记，对于促进租赁资产的流转交易，完善融资租赁资产登记制度，进一步推动租赁资产统一市场的建设有着积极意义。

第五单元　天津滨海国际知识产权交易所

一、天津滨海国际知识产权交易所发展状况②

（一）公司概况

天津滨海国际知识产权交易所于 2011 年 3 月 21 日成立，并于 2011 年 6 月正式揭

---

① 丁化美、南云僧：《以全国性金融市场配置资源化解"温州问题"》，载《中国证券报》，2012 - 07 - 30。
② 本章节内容为调研天津滨海国际知识产权交易所成果，所呈文稿内容经由天津滨海国际知识产权交易所核实并准予发布。

牌，是国内首家专业化、市场化、国际化的公司制知识产权交易服务机构，位于天津滨海新区核心区泰达 MSD（现代服务产业区）。注册资本为 1000 万元，股东及出资比例依次为：北方技术交易市场占 42%、新加坡 Sino – Century International Investment Pte. Ltd. 占 30%、北京新正泰投资有限公司占 23%、天津市知识产权服务中心占 5%。

本着积极审慎、稳健发展的原则，天津滨海国际知识产权交易所确立了在常规交易品种和交易模式基础上创造条件适时、逐步推出基于知识产权本质属性、内在需要、价值发现和金融创新的交易品种和交易模式的发展方向，联合国内外有影响的专业金融机构及中介服务机构，汇集战略性新兴产业和文化创意产业的可交易知识产权项目及公司，借助天津滨海新区先行先试、金融创新试点的优势和政策，对具有完全民事行为能力的特定机构、特定投资群体和个人投资者，开展全方位、高效率、专业化、国际化的知识产权投、融资及交易服务，努力把交易所办成有世界影响的知识产权要素市场和资本市场风向标。

目前，天津滨海国际知识产权交易所已设立生物医药、新能源新材料、现代制造、信息工程、现代农业、文化创意、移动互联及城市创新"7 + 1"专业服务平台，形成逾 2500 项项目资源库，其中天津市项目约 65%，国内其他省市项目约 35%，在建专利池 3 个，涉及各个领域、各个行业。

天津滨海国际知识产权交易所与咨询、评估等专业中介机构合作，为专利技术、商标专用权、著作权以及其他知识产权以转让、许可、入股、融资、并购等多种形式转移转化的全过程提供低成本、高效率、专业化服务。服务内容以交易为中心，以知识产权服务和投融资服务为支撑，实现知识产权交易、知识产权融资和知识产权服务等功能的综合性服务平台。同时，致力于在全国乃至全球拓展领域，开设业务中心。目前，已在成都开设西南业务中心。

（二）业务范围

1. 指导思想。天津滨海国际知识产权交易所围绕服务企业自主创新能力，整合、发挥现有市场要素的功能，以交易所为基础的市场调节作用，充分利用滨海新区先行先试的政策优势，推进我国知识产权交易的有序进行，探索与完善交易规则与制度，形成有效的知识产权交易体系，创新融资模式，拓宽融资渠道，促进各类企业又好又快发展。

2. 经营范围。中外知识产权（包括但不限于专利权、技术秘密、著作权及有关商标专用权、名称标记权、集成电路布图设计专有权、计算机软件著作权、植物新品种等）交易；以知识产权为主要载体的有限责任公司或未上市股份有限公司的股权交易；与知识产权相关的衍生品交易；为上述交易提供场所、设施、技术支持及相关配套服务；为知识产权的价值评估、拍卖、质押、托管、培训、认证、鉴证交易项目提供信息发布及结算服务。

3. 交易所的定位和主要服务功能。以滨海新区金融改革创新为契机，以知识产权为主体，市场需求为导向，为知识产权或科技成果所有者、企业和知识产权产业资本提供技术与资本对接的通道，推动具有自主知识产权的重大创新成果的实施转化和二次开发，成为国内第一家国际化、专业化、市场化的知识产权交易所。

（1）交易功能。为企业、高等院校、科研机构等主体提供知识产权交易平台，通过有效的交易系统，形成知识产权挂牌交易、资金结算等知识产权交易体系。

拟对各级财政给予过资金支持的项目所形成的知识产权，项目承担方在结项验收后规定时间内未能进行成果转化的，由交易所挂牌交易。

（2）投融资功能。对于知识产权融资项目，通过在交易所挂牌，吸引国内外相关资金，促进金融资本与知识产权的有机结合，为科技成果转化为现实生产力提供资金保障。

（3）信息服务与中介功能。天津滨海国际知识产权交易所具备很强的知识产权项目和信息的采集及储备能力，能够及时掌握各产业的发展动态、市场需求，及时掌握行业的研发方向及发展趋势。依托现实的企业技术需求，推动知识产权的交易（含许可），解决知识产权商业化过程的瓶颈问题，促进科技成果向现实生产力的转化。

天津滨海国际知识产权交易所拥有国内外知识产权领域资源，开展各类知识产权相关的培训，主要包括：针对管理层的知识产权战略与管理培训、针对职能人员的企业专利工程师培训、针对技术人员、研发人员的专利分析培训等。

联合中介服务机构，为企业规划知识产权战略，为行业、企业进行专利技术分析，提供规划分析报告。

（4）助推成果转化。对各级计划项目所形成的知识产权，在规定时间内尚未转化应用的，可以进入交易所挂牌交易。通过市场交易、融资，获得进一步开发的资金，实现科技成果的商品化。

（三）市场职能

天津滨海国际知识产权交易所拟交易的技术项目必须拥有明晰的知识产权，有一定的先进性，应用方向明确，且市场容量或潜在市场容量足够大。其项目来源主要有三个部分，企业委托项目、政府计划性项目、自身开发整合项目。

企业委托项目，承接各类企业委托的知识产权成果或定制开发项目，此类项目来源于企业，服务于企业，是对企业发展有较大影响的项目。

政府计划性项目，每年国家及各级科技主管部门都有科技计划项目的研发，其中部分成果转化为生产力，另一部分成果沉淀在论文和证书中没有得到转化，而科研成果的时效性是有限的，因此，此类成果的交易也为计划项目提供市场出口。

自身开发整合项目，经市场研究或专家建议自我选定的现实市场或未来市场急需的项目，委托有能力的研究开发机构，将已有的各类知识产权整合加工，形成新的知识产权，此类项目具有鲜明的市场需求，项目完成时可以向企业进行转移。

　　知识产权交易平台和发展基金的运作模式，由交易所和知识产权拥有者首先对拟交易的知识产权进行分类，对已成熟的知识产权，直接入场交易，由交易所实施交易标的（资金、技术）管理；对待成熟的知识产权，由知识产权拥有者提出继续完善所需的经费要求，由交易所和评估机构进行价值评估及风险判断，如果评估值小于再投入资金，知识产权离场，不予交易；反之将该知识产权所有权由交易所进行挂牌销售，销售收入用于该知识产权继续研发。

　　投融资服务平台是知识产权交易领域的核心服务平台，投融资的主体不限于知识产权本身，还涵盖以知识产权为主要价值载体的科技企业。依托交易所金融创新平台，以知识产权及科技创新企业为核心，全方位、多层次运用现代化金融杠杆和工具，包括但不限于股权、债权、股债结合、拍卖、政府引导资金等，充分挖掘和最终实现知识产权及科技创新企业的内在价值和全面发展。最终目标是打造知识产权权属价值的发现平台，实现智力资源与金融资本的无缝对接。

　　依托交易所在知识产权领域丰富的资源与经验，在充分尊重知识产权的前提下，对知识产权的估值有更深刻和准确的理解，能更贴合资本市场，从而提升达成交易的概率和效率，完成资本市场的价值发现。

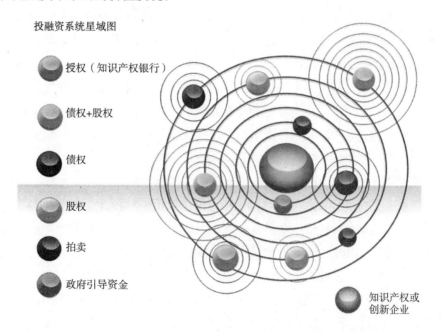

图 4-15　天津滨海知识产权交易所投融资系统星域图

　　天津滨海国际知识产权交易所设置投融资中心、市场中心、交易中心。针对不同领域的行业特点，交易所市场中心分别设立了政府招商平台、生物医药平台、新能源新材料平台、文化创意平台、移动互联新媒体平台、现代农业等专项业务平台。通过整合优质资源，达成新产品研究开发和深度挖掘委托项目知识产权价值，以及搭建金融资本与技术资源对接桥梁的目的，从而促进国际间业务交流。

1. 生物医药平台。生物医药平台是以此领域内的科技创新为导向，聚焦知识产权的权属价值，助力产业升级及发展，促进产业发展需求与投融资的有效对接，提供全流程一站式定制服务。主要提供以下服务：一是提供药品、医疗器械、保健食品、化妆品、医疗技术注册事务咨询；二是提供专利、商标、著作权等知识产权申请、保护和运用事务咨询；三是技术转让、许可、合作开发和交易事务咨询；四是项目推介会、技术交流会、企业沙龙等推广活动。

2. 新能源新材料平台。新能源新材料平台的功能定位为以新能源、新材料、节能环保领域的各类需求为导向，汇聚整合政策、信息、人才、资本、市场等核心资源，开展高效的知识产权投融资交易，为产业培育和产业升级提供国际化、专业化的综合服务。其合作对象包括：政府机构、城市管理者、专业服务机构、研发团队及个人、知识产权持有人、企业、投资机构、合格个人投资人。其合作模式包括一对一、一对多定制化、个性化、标准化整合服务等。

3. 文化创意平台。文化创意平台主要提供中外动漫影视知识产权交易、以动漫影视产权为载体的有限公司或未上市股份公司的股权交易、动漫影视、制作投融资服务和衍生品交易，以及为上述交易提供场所、设施、技术支持及相关配套服务。同时，文化创意平台还为动漫影视知识产权的价值评估、拍卖、质押、托管、培训、认证、鉴证、交易项目提供信息发布及结算服务。

4. 移动互联平台。移动互联平台是以领域内的科技创新为导向，聚焦知识产权的权属价值，助力产业升级及发展，促进产业发展需求与投融资的有效对接，提供全流程一站式定制服务。一是提供领域内各类知识产权转让、许可、合作开发和交易事务咨询服务。二是提供项目推介会、技术交流会、企业沙龙等推广活动。三是提供正版知识产权产品的下载。四是开展知识产权国际申请、诉讼等其他与知识产权有关的业务活动。

5. 现代农业平台。现代农业平台的服务范围为应用于种植业、林业、畜牧业、渔业的科研成果和实用技术，包括：提供良种繁育、施用肥料、病虫害防治、栽培和养殖技术、农副产品加工、保鲜、储运技术、农业机械技术和农用航空技术、农田水利、土壤改良与水土保持技术，农村供水、农村能源利用和农业环境保护技术，农业气象技术以及农业经营管理技术等。该平台能够搭建技术转移平台、无形资产融资平台，实现技术与资源的整合。同时，提供相关政策的发布提醒，基金的申请服务，以及提供专业的市场评估报告和知识产权相关的法律服务。

6. 现代制造平台。现代制造平台主要致力于以领域内的科技创新为导向，聚焦知识产权的权属价值，助力产业升级及发展，促进产业发展需求与投融资的有效对接，提供全流程一站式定制服务。该平台提供如下服务：一是实现专利的转让、授权、股权交易、代理服务、法律支持及专利信息的汇集、筛选、提炼等一系列功能。二是实现技术研发需求的外包业务及集合服务。三是与科研院校、研发机构合作，进行知识产权的价值开发以及科学技术的整体推广，实现技术成果的转化并推进项目落地。领域所涉及中外知识产权为主体的买卖交易、股权交易、衍生品交易、投融资服务、项目选址扶持等一系列相关配套服务性平台。

7. 信息工程平台。信息工程平台主要以领域内的科技创新为服务导向，聚焦知识产权的权属价值，助力产业升级，促进产业与金融的有效对接，提供全流程一站式定制服务。该平台提供如下服务：一是提供基于集成电路布图设计、射频识别、信息传感设备、智能化在线监控系统、物联网等技术的知识产权注册事务咨询。二是提供专利、商标、著作权、专有技术等知识产权的申请、保护和运用事务咨询。三是提供技术转让、许可、加盟、授权、合作开发和交易事务咨询。四是组织项目推介会、技术交流会、企业沙龙等推广活动。

二、天津滨海国际知识产权交易所交易流程

1. 项目接洽。按照平等自愿原则，让与方提出交易申请，并介绍项目概况。

2. 让与方提交资料。让与方填写"项目挂牌申请书"申请挂牌登记，提供相应的资料，并保证资料的真实有效。

3. 项目初审。专家对项目进行初审，对于通过初审的项目，让与方进行下一步工作；没有通过初审的项目经让与方确认可选择进入项目储备库，等待合适机会重新申请交易或让与方收回资料，交易结束。

4. 前置调查与评估。通过初审的项目，让与方自主选择相关服务商对项目进行前置调查与评估，调查结果将作为挂牌交易的依据或参考。

5. 项目复审。通过复审的项目，让与方进行下一步工作；没有通过复审的项目经让与方确认可选择进入项目储备库，等待合适机会重新申请交易或让与方收回资料，交易结束。

6. 协商定价。项目复审完毕后，对于可挂牌交易的项目，将根据调查报告、项目内容、市场行情等综合情况与让与方确认项目挂牌价格。

7. 缴费挂牌。项目价格确认后，让与方应根据规定提交项目挂牌服务费，挂牌天数原则上为180天，挂牌截止日如遇法定节假日顺延，如遇特殊情况需要延期继续挂牌的项目，需在挂牌截止日期前10个工作日内申报，取得延期挂牌的许可。

8. 确认最终受让方。意向受让方若为单一受让方，则该意向受让方自动成为最终受让方，可进行知识产权的交易；意向受让方若为非单一受让方，则所有意向受让方将通过竞价、拍卖、招投标或其他法律允许的方式以确定最终受让方；经确认的最终受让方可进行知识产权交易；最终受让方可依据自身情况选择直接进入交易流程或再次对知识产权项目进行尽职调查评估，调查及评估费用由最终受让方自行承担。

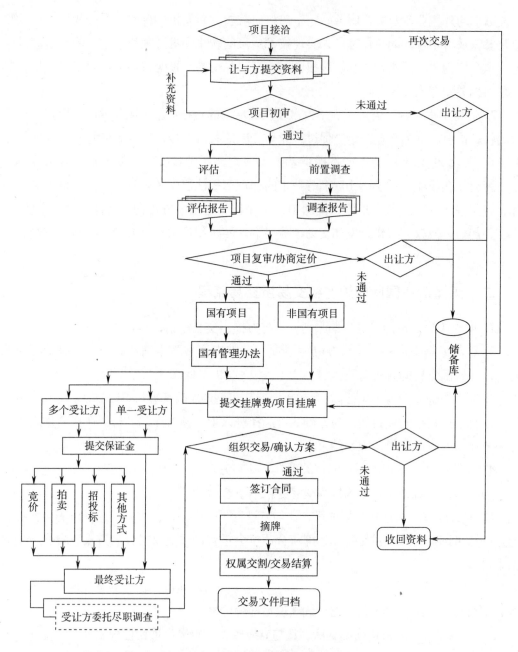

图4-16 知识产权交易流程图

9. 组织交易。已确认最终受让方的项目，双方还应确认最终交易方式；对于未达成交易的项目，经协商同意可选择重新挂牌、进入项目储备库或让与方收回资料，交易结束。

10. 提交保证金。让与方和未交保证金的单一受让方应在签署合同前提交履约保证金；非单一意向受让方则不用再缴纳履约保证金。

11. 签订合同。达成交易意向、确定受让方及交易方式的项目，交易双方签订合同并如期履行。

12. 摘牌。合同签订完毕，项目摘牌。

13. 权属变更、交易结算。交易价款及相关费用结算后，按照有关法律法规协助办理权属变更登记等有关手续。

14. 交易文件归档。交易完成后的项目进行文件整理归档。

第六单元　天津铁合金交易所

一、天津铁合金交易所基本状况

近年来，随着我国铁合金在国际市场地位的日益提高，我国已经成为名副其实的世界第一大铁合金生产、消费以及出口国。但由于没有统一、规范的交易平台，导致我国铁合金市场呈现杂乱无章、恶性竞争的局面。为了引导中国铁合金市场健康、有序、可持续的发展，整合铁合金行业资源，提升铁合金行业企业的市场竞争力，在天津市政府和天津经济技术开发区管委会的指导支持下，内蒙古鄂尔多斯冶金有限责任公司、天津滨海泰达物流集团股份有限公司、天津港第二港埠有限公司等 10 家企业出资组建了天津铁合金交易所（Tianjin Ferroalloy Exchange，TFE）。交易所于 2009 年 7 月 9 日正式注册成立，注册资金 1 亿元人民币，并于 2010 年 1 月 18 日开锣交易。

作为全球唯一的一家专业性的铁合金产品电子交易所，天津铁合金交易所主要开展部分铁合金及相关矿产品现货电子交易，以融资担保、仓储物流和产品交易为服务重点，通过组织引导国内外的铁合金交易商通过现代科学的营销方式进行铁合金的采购和销售，在为参与企业提供交易平台、融资平台的同时，推动交易所逐步发展成为铁合金行业的定价中心、物流中心和信息中心，最终形成具有国际参考价值的铁合金"天津价格"，切实为提升中国铁合金行业大国地位和提升中国铁合金行业企业的市场竞争力和影响力服务。

目前，交易所已在天津、江苏、山西、内蒙古设立了 14 个指定交收仓库，在无锡、太原、银川、南宁设立了办事处，未来计划在全球设立更多的交收仓库，以满足全球货物配送需求。交易所注册企业主要有铁合金的上游生产企业、钢厂铸铁厂及金属镁生产企业、交易贸易商三种类型。交易所已经开通了硅铁、硅锰、锰铁、锰矿产品的现货和中远期交易，交易模式已逐步得到了行业内越来越多企业的认可。

二、天津铁合金交易所入市和交收流程

（一）交易商申请条件

1. 经工商行政管理部门登记注册，具备相关行业背景的生产、经营和消费活动的并有效存续的企业法人。

2. 承诺遵守《天津铁合金交易所交易管理办法》及本交易所另行制订并公布的其他管理规定。

3. 遵守国家相关法律法规和政策，具有良好的资信和商誉。

4. 交易所要求具备的其他条件。

（二）交易商入市流程

申请者填写交易所制发的"天津铁合金交易所交易商入市申请表"，并提交相关文件，申请者须对提交的全部文件的真实性、有效性和完整性负全部法律责任。申请者获得交易所批准后，签订《交易商入市交易协议》《交易席位租赁协议》并缴纳席位使用租金及办理其他相关手续后，即成为交易所的交易商。

图 4 - 17　入市流程图

（三）交收流程

1. 卖方交易商的货物须存入交易所指定交收仓库，货物入库应提前三天填写入库申请表并通知交易所物流中心。

2. 交易所物流中心在收到入库申请表三天内对入库申请表进行审核，并将审核和仓位调配结果通知卖方交易商和交收仓库。

3. 指定交收仓库根据入库通知单和货物质量保证书对货物进行验收。

4. 货物验收合格后，交收仓库向卖方交易商开具存货凭证。

5. 凭存货凭证进行仓单注册。

6. 交易所根据买卖双方的交收申请进行配对。

7. 物流中心根据交收配对的结果，实现买卖双方的物权转移。

8. 配对完成后，买卖双方如对交收货物有质量异议，进入质量问题处理程序，如无质量异议则双方成功交收，买方可以到仓库提货。

9. 买方交易商要提货出库，凭提货申请表，由委托人签字及加盖预留公章后传真到交易所物流中心，由物流中心通知交收仓库办理出货手续。

10. 买方交易商到指定交收仓库提货，指定交收仓库对提货人相关资料核实后办理货物出库。

三、天津铁合金交易所主要优势

1. 交易资金银行托管。为有效保障交易商交易资金安全，方便交易商及时查询、划拨资金，天津铁合金交易所与国内各大银行展开合作（目前主要有中国工商银行、交通

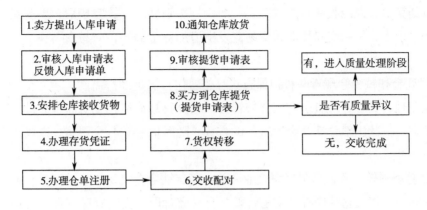

图 4 - 18　交收流程图

银行和兴业银行），开通交易资金银行托管业务，通过各家合作银行实现对交易所资金与交易商资金的分账户管理。

　　银行作为存管的独立第三方，为交易商建立专用银行账户，交易商的交易账户只能和交易商指定的银行账户建立出入资金关联关系。银行提供交易资金的结算和保管，监管交易结算资金并对交易商交易结算资金进行对账，监督资金的划转流向。通过资金托管系统，交易商只需在客户端或银行网银上输入指令，即可实现资金的查询、实时划转和交易，进一步实现了资金管理明朗化，彻底解决了交易商担心的资金安全问题。托管银行对全部交易资金进行全程托管，凭借银行规范、安全、快捷的资金清算系统，为交易商提供专业的服务，确保资金的及时查询和安全划拨。交易所与合作银行制定了完善的资金托管方案，各交易商可选择最适合的方案，并享受各项增值服务。

　　2. 信用等级评价，为融资担保提供基础依据。交易所对交易商实行信用等级评价制度。交易所根据交易商注册资金和交易账户资金状况、交易量、交收量及交收履约率、资金催缴次数和金额等指标对交易商进行信用等级评价，为融资担保服务提供基础依据。

　　3. 仓单质押融资，拓宽交易商融资渠道。交易所与多家商业银行合作，以交易所优质会员为融资主体，结合银行信贷业务，以仓单质押融资为切入点，围绕仓单对应物权的封闭控制，对交易所和交易会员的资信进行一体化捆绑，针对交易会员的资金需求环节给予融资便利，交易商可凭交易所指定的交收仓库的仓单等有货证明向交易所指定的融资担保公司和商业银行申请质押贷款。

　　4. 分期付款及保证金制度，保证双方交易安全。现货中、远期交易中，买方交易商采用分期付款方式支付货款。买方交易商如申请提前交收，需经交易所核准后，一次性补足全额货款。卖方交易商以其仓单向买方交易商提供担保；若卖方的货物尚未注册为仓单，或虽已注册为仓单但尚未申请抵免之前，卖方需通过支付交收保证金向买方提供担保。为确保交易安全，现货中、远期交易每日交易结束后，交易所根据交易商交易结果与当日结算价，对应收应付的款项实行净额一次划转。结算完毕后，若交易商的可用资金余额小于零，则由交易所向该交易商发出追加资金通知，交易商需在下一交易日开市前补足。

5. 保证金和铁合金现货两种担保方式互相转化，满足经营需要。卖方交易商以其仓单提供担保时，铁合金现货所有权并未转移，也没有被冻结，交易商可通过不断"追加部分保证金——赎出部分铁合金现货"的方式，随时取得铁合金现货，以满足正常的经营需要。

6. 交易规则较完备，保障当事企业利益，稳定铁合金交易市场秩序。交易所制定了数项交易规则，涉及仓单质押、交易管理、交易商管理、交收仓库管理等方面。完备的交易规则能较好地保障企业的经济利益，有利于防范交收风险，稳定铁合金交易市场秩序。

第七单元　天津排放权交易所

一、天津排放权交易所介绍

天津排放权交易所是按照《国务院关于天津滨海新区综合配套改革试验总体方案的批复》（国函〔2008〕26 号）中关于"在天津滨海新区建立清洁发展机制和排放权交易市场"的要求，由中油资产管理公司、天津产权交易中心和芝加哥气候交易所三方出资，于 2008 年 9 月 25 日在天津滨海新区设立。它是全国第一家综合性环境能源交易平台，是在国际金融形势下的创新，把环境能源市场化，促进节能减排的国际化交易平台。它的设立对我国加快环保节能降耗减排、推进环境保护管理体制改革，具有里程碑的意义。

国家和天津市政府对环保减排工作非常重视，对天津市的排放权交易市场和企业都给予了许多政策支持。如国家财政部、环境保护部在 2008 年 9 月发布的《关于同意天津市开展排放权交易综合试点的复函》（财建函〔2008〕98 号）、天津市人民政府办公厅在 2011 年 8 月发布的《关于天津排放权交易市场发展的总体方案》（津政办发〔2011〕86 号）和在 2013 年发布的《天津市碳排放权交易试点工作实施方案》等。天津排放权交易所就是在这种形势下产生和发展起来的。

天津市政府还为天津排放权交易所的监管工作做出了努力，它依据相关法律法规制定了监管办法，建立了监管联席会议制度，这不仅规范了天津排放权交易所的管理，促进交易所健康快速发展，还提高了监管效率，鼓励积极创新。其中，监管联席会议由天津市金融服务办公室、天津市发展和改革委员会、天津市环境保护局、天津市经济委员会等部门组成。

天津排放权交易所提供三项业务：温室气体排放权交易、主要污染物排放权交易和节能减排综合服务。它针对温室气体和主要污染物为企业提供安全高效的电子竞价和交易平台，还提供清洁发展机制（CDM）项目和合同能源管理（EPC）项目的综合服务，以及区域、行业、项目的低碳解决方案设计。

天津排放权交易所协助企业实现二氧化硫、化学需氧量和温室气体等排放物的环保减排工作，协助企业以最低成本获得最高能源效率，协助企业管理环境风险，为企业进入国际排放权市场提供渠道和经验，为市场参与方提供透明的交易价格，设计一流的环境交易市场和金融创新产品，通过标准化的交易程序保证环境交易市场的公信力，为低成本高效率地控制排放积累经验、健全机制，促进政府管理部门和企业排放管理能力建设，协助确立我国在通过市场机制管理排放方面的领先地位，协助国家制定更加完善的环境政策和目标，为排放权交易市场利益相关方提供有关排放权交易的高质量的信息、培训和相关服务。

二、天津排放权交易所发展状况

2008 年，作为全国首家综合性排放权交易机构——天津排放权交易所在天津滨海新区正式成立。在成立初期，交易所主要致力于开发二氧化硫、化学需氧量等主要污染物交易产品和能源效率交易产品。交易所启动能源效率行动实验计划，邀请工业领域、能源领域和金融领域机构参加交易所能源效率行动咨询顾问委员会，共同设计和制订能源效率合约、交易规则和制度。同时，天津排放权交易所与研究机构、金融机构、行业协会等单位建立全方位的战略合作伙伴关系，通过多方合作互助，为国家制定节能环保战略和相关产业政策提供创新思路和实证平台，推动建立符合我国国情的节能环保标准、方法学和核查验证制度，降低核证成本，提高交易产品市场公信力，促进绿色融资和能效融资，提高市场流动性，完善节能减排投融资体系。在 2008 年底，交易所完成了第一笔基于互联网的二氧化硫排放权指标电子竞价交易，当日参与 50 吨二氧化硫排放指标竞价的共有 7 家公司，最后以 3100 元/吨的价格成交，天津弘鹏有限公司以 15.5 万元的价格购得全部 50 吨二氧化硫排放指标。这标志着天津滨海新区主要污染物排放权交易综合试点产品交易工作正式启动。

2009 年，天津排放权交易所启动企业自愿减排联合行动。此外，天津排放权交易所还完成了我国首笔基于规范碳足迹盘查的碳中和交易。在此次交易中，上海济丰纸业包装股份有限公司通过天津排放权交易所的交易平台，成功竞得了厦门赫仕环境工程有限公司的 6266 吨碳减排指标，总价 6.35 万元人民币，用于抵消 2008—2009 年在上海济丰的运营过程中产生的碳排放量，从而成为第一家基于碳足迹盘查实现碳中和交易的中国企业，标志着企业碳中和综合服务模式在天津排放权交易所的顺利推出。2009 年 12 月 27 日，天津排放权交易所与中国石油天然气集团公司、宁夏石化分公司和北京水木能环科技有限公司签署协议，这是中国首笔通过排放权交易市场达成的合同能源管理项目。

2010 年，天津排放权交易所受国际青年能源与气候变化峰会委托，以峰会名义在自愿碳标准（VCS）APX 登记处完成一笔 72 单位的自愿碳指标（VCU）的注销，用于抵消峰会 2009 年 7 月 18—20 日举行期间产生的碳排放，实现碳中和，这是天津排放权交易所完成的首笔会议碳中和交易。同年 6 月，天津排放权交易所自主开发的温室气体自愿减排服务平台上线试运行并为首批项目 37.59 万吨自愿减排量提供电子编码和公示服务。

2011 年，天津排放权交易所成功组织中国大陆首笔基于 PAS2060 碳中和标准的企业自愿减排交易，并于 8 月当选中华全国工商联新能源商会低碳减排专业委员会执行主任委员。年底，天津排放权交易所亚洲开发银行技术援助项目正式获批。其后不久，《天津排放权交易所统一环境能源交易平台可行性研究报告》也通过天津市评审。

2012 年，天津排放权交易所承办全联新能源商会低碳减排专委会一届三次主任会议，并于同年 2 月协办 2012 中国碳排放交易国际峰会。

天津排放权交易所立足天津，依托自身专业力量和成熟的交易机制，一方面不断努力扩展排放权交易市场，在当前激烈的同质化竞争中力争上游并争取找到自己的特色；另一方面抓住区域试点的机遇，依据国家政策法规，关注市场发展态势，借鉴国外成熟的排放权交易和管理模式，在基础坚实的前提下不断创新，全面提升专业水平，努力打造具有示范意义的试点市场，为天津市交易平台力争成为全国碳交易平台奠定基础。

三、天津排放权交易所发展特点

1. 股权结构多元化、投资主体国际化。天津排放权交易所股权结构突破了地域限制，引入了境外投资者——芝加哥气候交易所，借助国外成熟的排放权交易机制，充实资金与技术实力，形成了"本地—全国—全球"的股权结构，股东成员由天津产权交易中心、中油资产管理有限公司和芝加哥气候交易所三方共同出资组建，中方股东以现金出资，外方股东以知识产权出资。

2. 经营业务范围逐步与国际接轨。排放权交易所借鉴芝加哥气候交易所运营模式，经营范围涵盖排放权初始分配的一级市场和排放权交易二级市场。目前，业务范围主要分为三大类：第一，从事二氧化硫、化学需氧量、温室气体以及其他污染物排放权的现货合约交易；第二，为温室气体核证减排量以及污染物减排补偿项目提供场所、设施、技术支持及相关配套服务；第三，为排放权交易提供必要的信息咨询、技术咨询及培训服务。

3. 排放权交易采取会员制模式。排放权交易所的所有交易均限定在会员单位之间进行，为提高排放权交易质量，入会标准设定为"各行业的前三强"，非会员要通过会员代理才能交易。会员主要分为三类：第一类是排放类会员，承担约束性节能减排指标的二氧化硫、污水（化学需氧量）和其他排放物的直接排放单位。第二类是提供交易流动性所需资金的会员，当场内进行交易时，专门为市场提供融资的组织和机构。第三类是竞价者会员，是参与排放权交易电子竞价的机构或个人。截至2012年底，排放权交易所共拥有包括中石油、天津经济技术开发区、中国工商银行、中国建设银行在内的49家会员单位。

4. 发起"企业自愿减排联合行动"构建合规碳交易市场。联合行动旨在为企业提供碳排放和碳金融知识、技术、管理及交易平台，使企业能够将节能减排成果通过市场转化，顺利实现一定的经济效益；同时，通过不定期对国际、国内环境政策的变化和碳交易市场走向分析，为企业参与全球碳交易做好前期准备。

5. 引入市场化减排机制。市场化排放权交易原理是由于排放配额总量的限定，一些企业排放指标不够用，而有些企业排放指标又没有用完，基于此，排放权交易所可以为他们提供一个买卖排放指标的公平、公开、公正的交易平台，使买方实现了排放不超标的目的，而卖方通过节能减排获取了经济利益，双方在节能减排的同时，也达到了效用的最大化。

四、与其他地区相关交易所的比较分析

随着全球经济的快速发展和环境污染的进一步恶化，如何保护环境、节能减排已成为国家和个人关注的热点问题。排放权交易在这种形势下诞生，并迅速发展。它是一种创新，为解决环境污染、减少温室气体和污染物排放提供了一条新的思路。近几年，碳排放交易越来越得到国家和人们的重视，也成为排放权交易所的重点工作之一。下面就以碳排放交易所为例对天津排放权交易所与其他地区相关交易所进行比较。

目前，全国已建立多家以碳排放交易为主要业务方向的排放权交易所、环境交易所，这是各地抓住国家低碳经济的战略机遇、积极抢占碳排放交易市场的集中体现。目前，主要的碳排放交易所有三家：天津排放权交易所、北京环境交易所和上海环境能源交易所。它们的业务类型和发展模式大致相同。这三家交易所各有优势：天津排放权交易所引入了成熟的碳排放交易机制；北京环境交易所具有先天政策优势；上海环境能源交易所则拥有完善的产权交易经验。

1. 天津排放权交易所。2008年底，天津排放权交易所完成了第一笔基于互联网的二氧化硫排放权指标电子竞价交易，这标志着中国主要污染物排放权交易综合试点产品交易工作在天津滨海新区正式启动。2009年9月，天津排放权交易所成立了企业自愿减排联盟，启动了企业自愿减排联合行动。2009年11月，天津排放权交易所完成我国首笔基于规范碳足迹盘查的碳中和交易。2011年8月，天津排放权交易所当选中华全国工商联新能源商会低碳减排专业委员会执行主任委员。自成立至今，天津排放权交易所一直致力于环保减排事业，引入国外成熟的碳排放交易机制，借鉴国外交易所的成熟经验，不断探索，以期找到一套适合本地的企业减排规则。

2. 北京环境交易所。北京环境交易所拥有先天政策上的优势，对交易所的发展有着积极的促进作用。2009 年 12 月，北京环境交易所联合其战略合作伙伴 BlueNext 交易所在丹麦首都哥本哈根，于《联合国气候变化框架公约》缔约方第 15 次会议（COP15）期间正式发布中国首个自愿减排标准——熊猫标准 V1.0 版。2012 年 1 月，北京环境交易所发起成立了国内首个碳中和企业联盟，并与兴业银行联合在京推出国内首张低碳主题认同信用卡—中国低碳信用卡。另外，北京环境交易所与大连等地方政府和交易所开展合作，还与韩国、欧洲和澳大利亚交易所签约合作，期望将项目推广到国外。

3. 上海环境能源交易所。上述两家交易所正处于投入阶段，上海环境能源交易所却已经盈利。但是，这种盈利不是来自于 VER 交易，而是来自于传统项目，即合同能源管理、节能减排交易等。发展中国家有巨大的减排潜力和一个急需开发、饱和程度低的排放权交易市场，而上海环境能源交易所根据国家政策选择合作伙伴，通过南南合作的发展模式，使自身在发展中国家碳交易市场中占据重要地位。

中国碳排放交易市场还很年轻，正处于摸索阶段。面对国内巨大的减排潜力，无论是行政主导、还是市场激励，碳排放交易市场必将迎来新的发展机遇。但目前众多交易所提供的产品和服务大同小异，同质化程度高。那么，如何在同质化竞争中脱颖而出就成为众多交易所研究的热点问题。首先，交易所要了解碳交易市场规律，并在实践中不断印证和深化对碳交易市场规律的认识和应用。交易所要依据国家政策法规和整体布局，结合国内外市场规律，对比国外成熟案例，勇于实践，大胆创新，同时在竞争中不忘挖掘和培育自己的特色和优势。其次，各交易所建立的碳交易模式不仅要利于自身发展、有竞争力，还要适应大多数地区和企业且便于国家复制和推广。这是一项需要长期坚持和探索的工作。

第五章　滨海新区金融业态与经济发展的互动推进

近年来，滨海新区金融业态呈现快速集聚发展态势，为产业结构的优化、战略性新兴产业的发展、文化产业的大发展大繁荣以及中小微企业的崛起提供了资金支持，促进了滨海新区经济向更高水平迈进。金融业态的不断丰富和发展，迅速提升了滨海新区金融的聚散和辐射能力，从而使滨海新区金融业功能定位服务于滨海新区发展定位，对推进滨海新区金融改革创新发挥了重要作用。

第一节　滨海新区三次产业结构发展及其金融支持

第一单元　金融支持产业结构发展的作用机制

产业结构是指各产业的构成以及各产业之间的联系和比例关系。金融支持产业结构发展的作用机制主要在于金融体系通过增加资本供给，形成资本积累，并通过促进技术进步，提高生产效率和产业发展效率。充分发挥金融有效配置资源的功能，可以促进产业结构走向合理化和高级化，推动产业结构优化（见图 5 – 1）。

第一，金融将储蓄和投资分离为两个独立的行为，通过对储蓄者和投资者资金供求的重新安排，将分散的储蓄聚集成资本并转化为投资，形成资本积累。产业结构调整需要资金以及其他要素的投入，资本形成机制除了融资功能外，还能通过资金带动品牌、专利、人才、创新制度等资源的进入，共同促进产业结构的调整[①]。

第二，金融通过直接融资和间接融资两个基本渠道影响资本的结构。在间接融资信贷市场上，消费性贷款通过引导消费需求结构，影响相关产业需求结构；生产性贷款通过改变投资结构，调整产业发展节奏，改变产业供给结构。直接融资市场则通过资本市场发行证券来筹集资金，在一级发行市场和二级流通市场将资本市场聚集的资金向不同行业进行分配，导致资本增量结构和存量结构发生改变；并通过创业板市场和风险投资机构支持中小企业发展和科技创新，从而引发技术进步，提高经济生产效率和产业发展效率，最终推动产业技术结构升级。

[①]　涂剑：《促进山西产业结构升级的产融结合模式研究》，山西财经大学学位论文，2008 年。

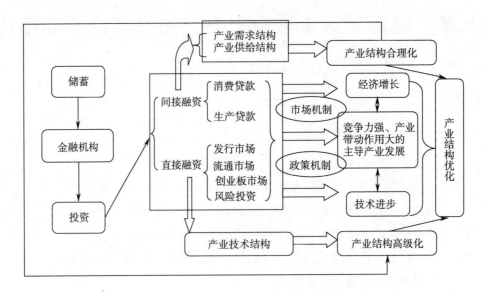

图 5 - 1　金融支持产业结构发展的作用机制流程图

第三，通过市场机制和政策机制，引导资金流向收益率高、竞争力强、产业带动作用大的主导产业，以主导产业的发展为切入点，最终带动地区产业升级，实现经济增长和技术进步。市场机制下资金通过利润最大化原则下的投资活动，流向高利润率和高投资回报率的行业，政策机制下资金受政策性金融贷款、信贷倾斜、差别利率等引导流向重点扶持和发展的产业，使资金在各产业间重新配置，并推动产业结构调整和经济发展，最终实现产业结构优化[①]。

第二单元　滨海新区三次产业发展状况及其结构优化

近年来，天津滨海新区紧紧围绕主题主线主攻方向，始终坚持制造业带动战略，同步提升现代服务业和都市型农业，实现了三次产业协调持续发展。具体来看，新区工业始终保持快速增长，服务业全面提升，现代农业稳步发展；产业规模不断扩大，结构逐步优化，产业竞争力大大提高。

一、滨海新区三次产业发展概况[②]

从"十五"到"十二五"期间，滨海新区地区生产总值从 2000 年的 571.74 亿元增长到 2012 年的 7205.17 亿元，增长 11.6 倍。特别是自 2010 年以来，新区 GDP 更是连续三年突破千亿元大关，超出浦东新区地区生产总值千余亿元。滨海新区三次产业结构从

---

① 董彦峰：《金融作用于产业结构优化的机理研究》，载《时代金融》2011 年第 1 期下旬刊。

② 王贵民、孙国红：《天津滨海新区：争当推进产业结构调整排头兵》，人民网，http://theory.people.com.cn/n/2012/1024/c49150-19369379-1.html，2012 年 10 月 24 日。

2000 年的 0.91:67.07:32.02 演进为 2012 年的 0.13:67.42:32.45，第一产业下降 0.78 个百分点，第二产业和第三产业分别上升 0.35 和 0.43 个百分点，产业结构演进规律并不显著，仍然呈现着"二、三、一"的产业发展格局，二、三产业占比接近 6.7:3.3，重工业化仍较明显。

表 5 - 1　　　　滨海新区近年来 GDP 的产业构成（2000—2012 年）　　　单位：亿元

年份	生产总值	第一产业	第二产业	第三产业
2000	571.74	5.20	383.45	183.09
2001	685.32	5.67	454.22	225.43
2002	862.45	6.09	576.06	280.30
2003	1046.30	7.30	697.66	341.34
2004	1323.26	7.91	878.85	436.50
2005	1633.93	7.15	1092.55	534.22
2006	1983.63	7.25	1354.40	621.98
2007	2414.26	6.78	1669.86	737.63
2008	3349.99	7.02	2304.37	1038.60
2009	3810.67	7.43	2569.87	1233.37
2010	5030.11	8.17	3432.81	1589.12
2011	6206.87	8.82	4273.89	1924.15
2012	7205.17	9.36	4857.76	2338.05

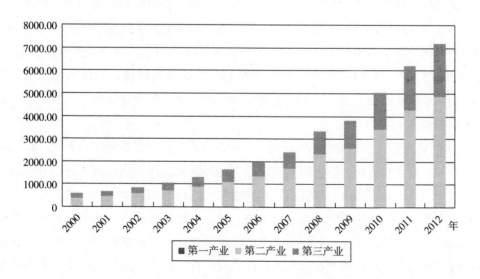

图 5 - 2　滨海新区 GDP 的产业构成

（一）滨海新区第一产业发展概况

1. 调高调优第一产业，打造现代农业示范区。滨海新区是小农业、大工业地区，农业占比很低，农村人口很少，农村城市化程度很高，但在发展沿海都市型农业中，小农

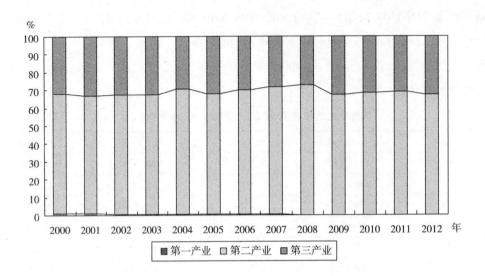

图 5-3　2000—2012 年滨海新区三次产业结构演进图例

业走出大模样。以农业聚集区、农业科技产业园区和设施农业"三个层面"的建设为抓手，加速构建沿海都市型农业体系。农业园区既是农业生产场也是都市农业公园，新区农业由生产功能衍生出旅游观光功能，形成了生活、生产、生态功能"三生"融合的鲜明特色。调高调优第一产业，成为滨海新区调整产业结构的一大亮点。

2. 以科技创新带动农业发展，促进现代农业发展。滨海新区作为国家级的农业科技创新与成果转化基地，在发展现代农业中使科技创新的引领作用日渐明显。通过科技创新，发展设施农业，推动农业现代化，打造现代农业示范区是滨海新区调高一产的重要途径。新区按照项目集中园区、产业集群发展、资源集约利用、功能集成建设的思路，以农业聚集区、农业科技产业园区和设施农业三个层面为载体，加速推动农业分区聚集，打造农业科技创新平台，推动农业科技成果产业化。加快设施农业、种源农业、现代渔业的发展。

3. 发挥地域特色，发展休闲生态观光农业，促进农业与服务业融合发展。滨海新区充分发挥地域特色和所培育的农耕文明，把海文化的元素注入到休闲生态观光农业；充分利用津京大城市紧密相连的地域优势，吸引城里人体验和享受农家生活，成为滨海新区发展沿海都市型农业的一大亮点。近年来，滨海新区规划建设了 9 大休闲观光农业组团，依托各农业科技园区，为休闲观光农业提供技术支持。到 2015 年底，9 大休闲观光农业组团年接待能力将达到 150 万人次，具有滨海特色和文化品位的生态休闲农业基地初步形成。

（二）滨海新区第二产业发展概况

1. 加快发展高端制造业，打造中国制造的标志性区域。加快发展高端制造业，构筑优势支柱产业高地，是滨海新区实践社会主义科学发展观理论，加快实现功能定位的需要。几年来，滨海新区坚持走新型工业化道路，瞄准世界产业最新发展趋势，围绕主导产业，瞄准世界 500 强企业、国内大型央企和民企，积极引进行业龙头项目，不断推动优势支柱产业集群发展、战略性新兴产业规模发展、传统产业升级发展，着力构筑产业发展高地。

2. 以符合国家产业发展趋势的产业为重点，把带动力强的"龙头"项目作为调整产业结构、提升高端产业能级的重要抓手，带动滨海新区优势支柱产业集群发展。科学发展观关于转变经济增长方式的内容，对滨海新区的工业发展提出了全新的要求。滨海新区以符合国家产业发展趋势的产业为重点，把带动力强的"龙头"项目作为调整产业结构、提升高端产业能级的重要抓手，变招商引资为招商选资，加快聚集规模大、带动性强、技术水平高、影响长远发展的关键项目，在产业结构调整过程中，逐步形成了航空航天、石油化工、电子信息、汽车及装备制造、电子信息、新能源新材料八大支柱产业，以高端大项目为龙头、上下游衔接、相关产业高度集群的发展格局基本确立。

3. 带动现代服务业快速发展。强大的第二产业基础，必然带来强大的关联性需求。新区生产性服务业正带动现代服务业快速发展。企业总部、研发基地、航运物流、金融创新等高端现代服务业企业加速聚集。

随着"十大战役"的全面展开，中心商务区、东疆保税港区、中新天津生态城、北塘总部基地、渤龙湖总部基地等十大服务业集聚区建设提速，新区服务业发展势头愈加强劲。

（三）滨海新区第三产业发展概况

1. 以生产性服务业为基础，打造现代服务业体系。生产性服务业是指为保持工业生产过程的连续性、促进工业技术进步、产业升级和提高生产效率提供保障服务的服务行业。生产性服务业依托技术进步、知识扩展的新兴服务业，为制造业提供"软性服务"或"隐性服务"。

滨海新区的生产性服务业，主要包含航运物流、金融创新、总部经济、服务外包、旅游会展、科技信息、文化创意、商贸流通、中介服务、房地产十大服务产业。同时，还将滨海新区核心区、中心商务区、东疆保税港区、中新天津生态城、滨海旅游区、空港现代服务业示范区、渤龙湖总部经济区、华苑信息服务业产业区、北塘经济区、中心渔港经济区定位为十大服务业集聚区。

滨海新区开发开放纳入国家发展战略，其建设先进制造业和研发转化基地、打造国际物流和航运中心、服务于区域经济发展的战略定位，在对生产性服务业产生巨大需求的同时，也为生产性服务业提供了广阔的发展空间。

2. 不断提升区域服务功能，满足人民群众服务性需求，滨海新区新型消费性服务业呈爆发式增长。滨海新区把加快服务业发展，作为优化产业结构，促进经济稳定健康发展的重要举措。数据显示，截至 2012 年 5 月，滨海新区规模以上社会服务业企业共计

889 家，现代服务业的代表行业信息传输业、计算机服务业和软件业共有 127 家。1—5月，规模以上社会服务业企业共实现营业收入 244.9 亿元，比上一年同期增长 22.3%，呈现出平稳增长的发展态势。预计到 2015 年，服务业增加值达到 4 千亿元以上，占全区生产总值的比重力争达到 40%，五年平均增速 20% 以上。

生产性服务业和高端服务业升级扩容，新型消费性服务业呈爆发式增长，促进了滨海新区三大产业的协调发展，既符合社会主义科学发展观理论，也满足区域功能定位要求，滨海新区调整产业结构的实践具有自身显著的特点和特色。

3. 服务业实现全面快速发展，辐射功能明显增强。从 2012 年的情况来看，新区服务业发展势头良好，全年实施 334 个重大服务业项目，10 个服务业聚集区快速发展。传统服务业方面，交通运输、批发零售、商贸旅游等全面发展，国际航运中心和国际物流中心功能进一步提升。2012 年，天津港完成货物吞吐量 4.77 亿吨，增长 5.2%；集装箱吞吐量 1230.31 万标箱，增长 6.2%；机场旅客吞吐量 814 万人次，增长 7.8%；货邮吞吐量 19.43 万吨，增长 6.2%；社会消费品零售总额 1015.36 亿元，增长 15.6%；全年旅游接待量 1500 万人次，实现旅游综合收入 100 亿元；内陆无水港发展到 23 个。现代服务业方面，金融、文化等产业发展提速。2012 年，金融业实现增加值 248.46 亿元，增长 30.5%，高出 2011 年 9.6 个百分点。美联信、法兴等来自欧美国家的融资租赁企业相继落户。福丰达、兆讯传媒被评为国家文化产业示范基地。成功举办第三届中国国际文化创意展交会、第三届滨海生态城市论坛及博览会、中国国际石化大会等 56 个大型展会。

二、滨海新区产业结构优化

(一) 产业结构优化的内涵

产业结构优化，是指为实现产业结构与资源供给结构、需求结构、技术结构相适应的状态而对现有产业结构进行调整和升级，是以各产业协调发展、经济发展效率提高为原则，以实现资源配置最优化和宏观经济效益最大化为目标，使产业结构逐步趋于合理、不断升级的过程，包括产业结构的合理化和高级化。产业结构合理化是指产业间协调能力加强和关联水平提高的动态过程，是通过对资本、劳动力、自然资源等生产要素在各产业间的供给结构进行调整，以适应社会需求结构及产出水平。产业结构合理化的关键在于产业之间具有因其内在的相互作用而产生的高于各产业能力之和的整体能力。产业结构高级化是在产业结构合理化的基础上，通过科技创新优化产业技术结构，对产业结构进行全面升级，实现产业发展由资源推动型模式向技术创新驱动型模式的转化①。

具体来看，产业结构优化呈现以下几个特点：

---

① 董彦峰：《金融作用于产业结构优化的机理研究》，载《时代金融》2011 年第 1 期下旬刊。

1. 产业结构优化是一个动态过程，是产业结构逐步趋于合理，不断升级的过程，在一国经济发展的不同阶段，产业结构优化的衡量标准不同。

2. 产业结构优化的原则是产业间协调发展和最高效率原则。

3. 产业结构优化的目标是资源配置最优化和宏观经济效益最大化。

4. 产业结构合理化和产业结构高级化是相互联系，相互影响的。产业结构合理化是产业结构高级化的前提条件，如果产业结构长期处于失衡状态，就不可能有产业结构高级化的发展。同时，产业结构合理化也总是一定高度基础上的合理化，产业结构合理化主要从静态状况或在一定阶段上要求优化产业结构，产业结构高级化主要从动态趋势要求优化产业结构，它是一个渐进的长期发展过程。产业结构高级化是产业结构从一种合理化状态上升到更高层次合理化状态的发展过程，因此，产业结构高级化是产业结构合理化的必然结果。

（二）产业结构优化的衡量

用来衡量产业结构优化的指标比较多，本书结合研究的实际，拟采用产业结构优化率（ISR，Industrial Structure Rate）来衡量产业结构发展和优化水平，ISR定义为第二产业、第三产业产值之和占当年GDP的比重，随着第二、第三产业所占比重日益增加，ISR逐渐趋近于1，产业结构开始走向高级化。

（三）滨海新区产业结构优化的测度

从"十五"到"十二五"期间，滨海新区的产业结构优化率一直处于较高水平，且不断走高，从2000年的0.9909增长到2012年的0.9987，增长了0.79%，说明滨海新区产业结构开始走向高级化。

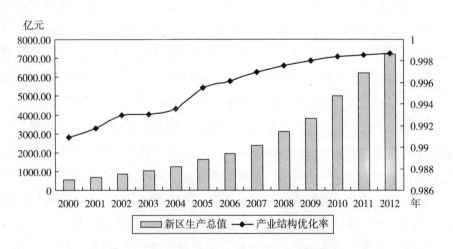

图5-4　滨海新区产业结构优化水平趋势图

再作进一步的分析，我们引入产业结构再优化率对产业结构的进一步优化趋势进行分析。这里，定义产业结构再优化率为第三产业产值占GDP的比重。从"十五"到

"十二五"期间，滨海新区产业结构再优化率并未随着第二产业、第三产业的稳步增长而提高，而是受经济波动和政策导向等因素影响，出现了不规则的上下波动，第二、第三产业产值的剪刀差也不断扩大，说明滨海新区产业结构进一步优化的趋势并不明显。

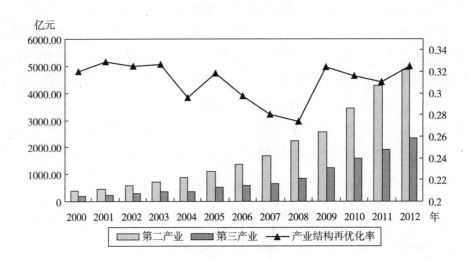

图 5-5 滨海新区第二、第三产业发展趋势图

（四）产业结构优化的方向

《2012 年滨海新区政府工作报告》指出，滨海新区产业结构优化的方向主要是：

第一，以实现内生发展为目标，做大做强战略性新兴产业。进一步拓展航空航天产业全球合作领域，大力发展风力发电、绿色储能电池、太阳能光伏、智能电网等新能源项目，推动移动互联网、云计算等新一代信息技术市场化应用，提升抗生素、胰岛素、维生素、氨基酸等生物医药产品市场份额，加快基因工程多肽药物开发及规模化生产，形成金属新材料、纳米材料、特种材料等八大新材料产品体系，加强节能环保和海洋科技产品研发，扶持混合动力新能源汽车研发，促进海水淡化项目扩大产能。

第二，以工业化和信息化深入融合为着力点，促进传统制造业优化升级。用新技术新设备改造提升现代冶金、工程机械等重装产业，推动海洋工程、智能制造、豪华邮轮等高端装备制造业加快发展，促进汽车及关键零部件加速升级，推动装备制造业向全产业链拓展。促进石油化工向精细化工、橡塑加工、轻工纺织等下游产业延伸，提升"油头化身轻纺尾"产业体系的科技含量与环保质量。完善粮油生产与精加工产业体系，提高食品工业安全质量与市场信誉，加快建设国家级食品产业基地。深化品牌带动战略，引导企业争创驰名商标、名牌产品，增强制造业竞争优势。

第三，以服务实体经济为导向，大力发展生产性服务业。依托六大总部经济聚集区，着力引进综合型、功能型和中小企业总部。着力聚集金融企业，创新发展产业金融、航运金融、科技金融、消费金融和矿业金融等新型业态。进一步完善港口功能，提升航运服务，拓展航线网络，引进和培育航运龙头企业。加快发展商贸会展，继续办好滨海生态城市论坛及博览会、中国国际直升机博览会等一批国际国内知名品牌展示会。促进科技服务、工业设计、服务外包等第三产业加速发展。

第四，以项目、技术、品牌为支撑，大力发展文化产业。完善"一区多园"的文化产业布局，加快建设国家数字出版基地、中国旅游产业园等9个国家级文化产业基地，抓好中国三维影视产业基地、呈辉滨海酒文化产业园、中国文化艺术品交易市场等重点文化产业项目，建成动漫渲染、云端服务等公共服务平台。积极推动传统文化产业与科技融合，创新文化生产方式与表现形式。坚持用文化包装旅游，用旅游承载文化，进一步丰富旅游产品，不断提升旅游综合竞争力。依托航母主题公园、北塘古镇、中心渔港等特色资源，争创5A级景区。

第五，以生态农业、品牌农业、种源农业为重点，构筑现代农业新优势。做强小王庄等4个农业聚集区，做精茶淀葡萄等10个农业科技园区，做大蕈菌产业等10个农业产业示范园区，提升科技水平和产业化规模。新增、提升设施农业4100亩，建设放心菜、应急性蔬菜基地5800亩，改扩建水产养殖车间6万平方米。支持良种繁育和商业化育种。推行"三品一标"生产，打造优质农产品品牌。鼓励休闲农业、节庆农业、会展农业发展，探索都市型农业新业态。

第三单元　滨海新区金融支持三次产业发展的实证分析

一、滨海新区金融发展水平

长期以来，银行信贷是滨海新区金融支持的主要手段，因此在定量分析金融发展水平时，选择金融相关比率（Financial Interrelated Rate）反映金融规模，即用金融机构各项存款余额除以生产总值来表示，该比率也可近似看作金融深化率，即广义货币供应量和生产总值的比率；选择存贷款比率（Save Loan Rate）反映金融机构效率，即金融机构各项贷款余额占各项存款余额的比重[1]。

2012年，滨海新区金融相关比率为58.59%，远远低于全国和天津市的水平，距离发达国家的稳定状态[2]还有一定差距，说明滨海新区金融规模继续扩大仍有广泛的空间。这也从另一个角度反映了滨海新区资金使用效率较高，即每单位存款创造出的生产总值较高（见表5-2）。

---

[1]　程瑞芳、底聪慧：《河北省金融支持产业结构升级实证研究》，《经济论坛》2012年4月。
[2]　戈德史密斯（1969）指出，金融相关比率随着经济发展有上升趋势，但达到1~1.5的水平后就会趋于稳定。

表 5 – 2   2012 年滨海新区与天津市、全国金融深化率对比

	各项存款余额（亿元）	GDP（亿元）	金融相关比率
滨海新区	4222	7205	0.5859
天津市	20294	12885	1.5750
全国	943102	519322	1.8160

　　滨海新区金融机构效率则随着经济的发展稳步提高，远高出全国水平。但在 2012 年，滨海新区金融机构存贷比率出现回落，效率有所下降。原因主要是：第一，由于前几年为应对金融危机所发放贷款进入还款高峰，导致贷款投放少于回收；第二，宏观经济增长仍不稳定，导致企业发展预期不够乐观，信贷需求较为谨慎；第三，新区金融机构层级较低，上级行给予的信贷规模有限，且用于支持新区经济发展的部分大额信贷资金由上级行统一集中发放并统计。

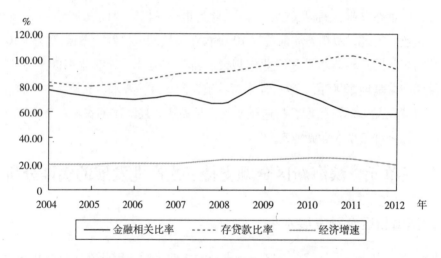

图 5 – 6   滨海新区金融发展水平趋势图

二、滨海新区金融支持产业发展的相关性

　　根据 2004 年至 2012 年的统计数据，滨海新区金融机构本外币各项存款余额、各项贷款余额与生产总值之间的相关系数[①]分别为 0.9744 和 0.9688，金融业产值与生产总值之间的相关系数也达 0.9807；可见，新区金融的发展与经济和产业的发展高度相关，推动作用明显。

---

　　① 相关系数 r_{xy} 是显示两个随机变量 x、y 之间线性关系的强度和方向的统计指标，用于反映两组数据之间的相关

关系，可用公式表示为 $r_{xy} = \dfrac{\sum\limits_{i=1}^{N}(X_i - \overline{X})(Y_i - \overline{Y})}{\sum\limits_{i=1}^{N}(X_i - \overline{X})^2 \sqrt{\sum\limits_{i=1}^{N}(Y_i - \overline{Y})^2}}$。

表5-3　　　　滨海新区金融支持产业发展的各指标与地区生产总值的相关系数　　单位：亿元

年份	本外币各项存款	本外币各项贷款	金融业增加值	地区生产总值
2004	963.68	799.18	7.33	1250.18
2005	1160.03	921.41	11.17	1623.26
2006	1368.75	1139.86	13.75	1960.49
2007	1707.68	1518.52	29.83	2364.08
2008	2061.64	1864.95	66.88	3102.24
2009	3086.70	2952.78	80.10	3810.67
2010	3610.81	3535.76	106.64	5030.11
2011	3666.58	3795.64	178.86	6206.87
2012	4221.83	3911.63	248.46	7205.17
相关系数	0.9744	0.9688	0.9807	1.0000

三、金融对滨海新区三次产业支持作用的衡量

根据2009年至2012年各季度统计数据，滨海新区投向三次产业的贷款增速和三次产业产值增速的相关系数分别为：

$R_{一产} = -0.4111$；$R_{二产} = 0.2889$；$R_{三产} = 0.7666$。

投向三次产业的贷款余额与三次产业产值的相关系数分别为：

$R_{一产} = 0.2973$；$R_{二产} = 0.4666$；$R_{三产} = 0.4941$。

可见，贷款投放对三次产业发展的推动作用是不同的，投向第三产业的信贷资金引起的第三产业产值增长最为明显，第二产业次之，第一产业最弱。

第四单元　金融支持三次产业发展的主要实践做法

近年来，滨海新区金融机构积极响应国家产业政策和滨海新区"十二五"规划产业战略调整要求，不断开拓思路，创新实践做法，支持了滨海新区三次产业的发展。

一、金融支持第一产业发展的做法

做法一：滨海新区某银行作为唯一一家总部设在滨海新区的农村商业银行，以"支农"为宗旨，坚持服务"三农经济"的市场定位，积极强化支农服务导向，赋予全行所有经营部门对涉农贷款的营销权；积极支持农村"三区"联动建设，支持县域农业产业、设施农业，改善农村信用环境；加快针对涉农业务开发专属业务品种和金融产品创新，充分利用涉农贷款财税、担保、保险的支持政策；进一步细化和完善涉农业务差异化考核制度和标准，不断提升内生支农动力；通过安排涉农信贷规模，确保完成涉农贷款"两个不低于"的监管目标。

做法二：某银行滨海新区支行针对农业发展的特殊性，充分考虑大多数农业生产在前期是只投入而没有产出的情况，在农业贷款的还款形式上采取灵活政策，允许贷款的首次还本时间延长至贷款发放后的第9个月。

二、金融支持第二产业发展的做法

做法一：某银行塘沽分行为某集团旗下子公司采用集团授信的方案，给予一定的利率优惠和多币种的融资服务。根据企业进出口的业务特点，为其开立信用证并进行相应的贸易融资，配合了企业资金流向、财资管理的需要。在融资周期上，充分考虑企业的资金周转周期，力争从原材料购买到货款收回全面覆盖，保证其资金流动、生产、销售顺畅进行。

做法二：自2004年起，某银行开发分行作为滨海新区内某集团业务牵头行，与该集团成员企业建立业务联系并积极展开广泛合作。2012年9月，与某公司正式签订了战略合作协议，双方本着"长期合作、平等互利、全面协作、共同发展"的原则，在债券承销业务、融资业务合作、资金集中管理、国际金融、理财和财务顾问服务、供应链融资服务、账户开立业务、信息交流与沟通等方面开展全面合作。

做法三：某银行滨海分行充分利用"1＋N"模式，帮助中端市场企业解决资金难题。即基于交易对手的信用支持，以优质的应收账款作为还款保证，使企业能够真正享受到无抵押、无担保的银行融资便利。对核心企业的上游供应商提供的集贸易融资、应收账款管理及账款收取等服务于一体的综合性金融服务。以辖区内A公司为例，该公司在全国各地有多家供应商，针对上游供应商基本情况，该银行开发设计了有追索权"1＋N"保理融资方案，以A公司为"1"——核心企业，在上游供应商将其对A公司的应收账款整体转让给银行的前提下，由A公司提供保理担保后，对供应商提供融资服务。该业务模式的授信额度实行单一额度管理，仅对A公司进行额度审批，名录内供应商无需再进行授信申请，可直接领用担保额度，手续简单。此外，针对下游销售商，为加快回款速度，减少库存，赋予一级销售商市场蓄水池作用，给予各一级经销商供应链融资——保兑仓业务。

做法四：某银行天津分行根据总行制定的《风险政策指引》，针对建筑行业、钢铁行业、有色金属行业、电力行业、煤炭行业、石油行业等，确定各行业的授信政策，明确授信原则、目标客户、准入条件和授信方案。始终坚持以"面向中小企业、面向贸易融资"作为业务发展核心，重点支持中小企业的发展，针对钢铁行业、煤炭行业等行业特点，积极开展"1＋N"的供应链金融业务，从各个环节对企业提供金融支持，满足二次产业客户的金融需求。此外，该行还根据二次产业的客户情况，积极进行产品创新和业务创新，更好地为客户提供金融服务。

做法五：某银行滨海分行鼓励围绕核心企业沿产业链开发上下游客户，通过不同信贷产品或业务模式介入企业经营全过程，提供多元化和一体化服务。依托优质大型企业客户，重点发展产业链业务，提高传统信贷业务份额，夯实可交易资产基础，加大不同业务品种和综合服务的渗透，提高综合收益。

三、金融支持第三产业发展的做法

做法一：某公司坐落在滨海新区开发开放的重点区域——临港经济区，其主要任务是对临港工业区的滩涂资源以及区内市政基础设施进行统一开发和管理，充分利用天津市邻海的优势，以围海造地为依托，以石油化工、海洋化工、精细化工、造船工业为主导产业，以高新技术产业为拓展方向，把临港工业区建成具有世界级规模、现代化水平、国际竞争优势和可持续发展潜力的国家级石化基地和工业园区。临港工业区继一期工程成陆约 20 平方千米，招商引资项目突破 1200 亿元后，积极启动二、三期围海造陆项目的建设，项目计划总投资共计 325 亿元，融资规模约 130 亿元。经过多方走访、沟通，最终确定由某银行作为主牵头行及代理行，其他多家银行共同参与的银团贷款融资方案，截至 2012 年底，该银团贷款已累计提款 126.2 亿元，大力支持了临港经济区的经济发展。

做法二：某银行滨海分行紧抓滨海新区，特别是东疆港区、于家堡金融区内租赁行业优惠政策，大力拓展租赁行业客户，营销多家租赁行业客户开户并叙作业务。截至 2012 年底，该行给予某租赁公司约 32 亿元的授信规模，并签订了全面战略合作协议。该行还将继续借助其海外联行优惠，加强海内外机构联动，力求在海外融资业务方面为民生金融租赁提供更多的金融支持，从而为加强与企业的境外业务合作打开新的局面。

做法三：某科技股份有限公司是天津滨海新区的科技型龙头企业，是天津市近两年唯一一家通过上市审批的企业。某银行于家堡支行鉴于该企业优良的企业背景，广阔的发展空间，遂致力于同该企业发展战略合作关系。一是通过采用以签约担保公司进行保证担保，反担保方式为专利权质押。这种间接专利权质押的创新运作模式，受到了天津市银监会的高度赞扬，并受邀参加了市专利局举办的签约仪式。二是对该公司进行综合授信，除流动资金贷款外，还针对企业有关环保、污水处理等的投标项目开立了保函，开展各项业务总计达十余笔。三是积极开启供应链金融服务，提供延伸服务。针对该公司给另一公司的北塘环保水再生项目，该行积极开展对其下游客户的营销，对该公司申请项目贷款，推动上下游联动的同时，既拓展了新的客户资源，又有效控制了贷款风险。

第二节　滨海新区战略性新兴产业发展及其金融支持

第一单元　战略性新兴产业概述

近年来，战略性新兴产业在国内外引起了越来越多的关注和讨论。什么是战略性新兴产业？战略性新兴产业，顾名思义，首先，要在国民经济中具有战略性地位，其次，产业的发展得益于新的科研成果和新兴技术的发明应用。根据《国务院关于加快培育和发展战略性新兴产业的决定》（国发〔2010〕32号）中的表述，战略性新兴产业是以重大技术突破和重大发展需求为基础，对经济社会全局和长远发展具有重大引领带动作用、知识技术密集、物质资源消耗少、成长潜力大、综合效益好的产业。

为什么要发展战略性新兴产业？从战略性新兴产业的概念以及各国采取的措施可以看出，发展战略性新兴产业为解决经济发展与资源环境深层次矛盾提供了一种可行途径，正在逐渐成为各国争夺经济、科技制高点，力求在新一轮产业革命中赢得先机的重要战略。2008年国际金融危机爆发以来，世界主要经济体均受到沉重打击，经济增长趋缓，甚至步入快速衰退的轨道。为了尽快走出经济发展的困境，主要发达国家在采取短期经济刺激政策的同时，纷纷加强对战略性新兴产业的系统规划，着力培育新的经济增长点。如美国出台了《美国创新战略：促进可持续增长和提供优良的工作机会》和《重整美国制造业框架》，重点发展清洁能源、生物工程、航空、电动汽车、纳米技术、智能电网等产业；英国出台了《构筑英国未来》的计划，力求在低碳经济、生物产业、生命科学、数字经济等领域有所突破；日本提出了《面向光辉日本的新成长战略》，重点发展环保型汽车、电力汽车、医疗与护理、文化旅游和太阳能发电等产业；韩国提出了"绿色增长战略"，制定了《新增长动力规划及发展战略》和《绿色能源技术开发战略路线图》，构建了绿色增长战略框架①。

2009年11月，时任国务院总理的温家宝在《让科技引领中国可持续发展》的重要讲话中指出，"科学选择战略性新兴产业非常关键，选对了就能跨越发展，选错了将会贻误时机。战略性新兴产业必须掌握关键核心技术，具有市场需求前景，具备资源能耗低、带动系数大、就业机会多、综合效益好的特征"。2010年10月，《国务院关于加快培育和发展战略性新兴产业的决定》（国发〔2010〕32号）颁布。自此，"战略性新兴产业"开始频繁见诸报端，引起了业界的广泛关注，甚至被称为"下一个四万亿"，其重要性可见一斑。该决定指出，根据战略性新兴产业的特征，立足我国国情和科技、产

---

① 马光远：新兴产业是必争之战略高地，中国经济网，2011年12月31日。http：//finance. sina. com. cn/review/hgds/20111231/073211108544. shtml。

业基础，现阶段重点培育和发展节能环保、新一代信息技术、生物、高端装备制造、新能源、新材料、新能源汽车等产业。2012 年 7 月，国务院印发《"十二五"国家战略性新兴产业发展规划》，明确了"十二五"期间发展战略性新兴产业的指导思想、基本原则、发展目标以及重点发展方向和主要任务。《规划》指出，战略性新兴产业的发展目标是："规模年均增长率保持在 20% 以上，形成一批具有较强自主创新能力和技术引领作用的骨干企业，一批特色鲜明的产业链和产业集聚区。到 2015 年，战略性新兴产业增加值占国内生产总值比重达到 8% 左右，对产业结构升级、节能减排、提高人民健康水平、增加就业等的带动作用明显提高。到 2020 年，力争使战略性新兴产业成为国民经济和社会发展的重要推动力量，增加值占国内生产总值比重达到 15%，部分产业和关键技术跻身国际先进水平，节能环保、新一代信息技术、生物、高端装备制造产业成为国民经济支柱产业，新能源、新材料、新能源汽车产业成为国民经济先导产业。"[1] 2013 年 3 月，国家发改委公布了《战略性新兴产业重点产品和服务指导目录》，涉及七个战略性新兴产业、24 个重点发展方向下的 125 个子方向，共 3100 余项细分的产品和服务，为各部委、各地区更好地开展培育发展战略性新兴产业工作提供了针对性的参考[2]。2013 年 4 月，中国国际经济交流中心和华夏幸福基业有限公司合作在博鳌亚洲经济论坛会上发布了《中国产业升级报告》，指出发展战略性新兴产业，是产业升级的必由之路，既可以实现现代产业体系重构，形成国家新型竞争优势，也是缩小我国与世界发达经济体产业技术水平差距的重要举措[3]。

滨海新区作为国家发展战略的重要组成部分，肩负着努力成为贯彻落实科学发展观的排头兵，成为区域经济新增长极的历史使命。大力发展战略性新兴产业，加快推动地区产业结构优化升级是滨海新区努力实现自身战略定位的题中应有之意。为此，滨海新区专门研究制定了《天津市滨海新区战略性新兴产业发展"十二五"规划》，明确了战略性新兴产业发展的总体思路、基本原则和发展目标。规划指出，"十二五"时期，滨海新区战略性新兴产业将以"顶层设计、优化结构、科技引领、资本带动、低碳发展"为总体思路，以企业为主体，以市场为导向，紧紧围绕建设高水平的现代制造业和研发转化基地这一目标，以理念创新和体制机制创新为动力，以调整优化产业结构为主线，以提高自主创新能力为引领，以社会资本为带动，坚持走低碳发展的新型工业化道路，加快工业经济发展从投资驱动型向创新驱动型的战略转变，使战略性新兴产业成为滨海新区新经济增长点。到 2015 年，滨海新区战略性新兴产业将实现总产值 8000 亿元以上，

① 《国务院关于印发"十二五"国家战略性新兴产业发展规划的通知》（国发〔2012〕28 号）。
② 战略性新兴产业重点产品和服务指导目录，新华网，2013 年 3 月 7 日，http://news.xinhuanet.com/2013-03/07/c_114939010.htm。
③ 发展战略性新兴产业是产业升级必由之路，《滨海时报》，2013 年 4 月 8 日，http://finance.eastmoney.com/news/1345,20130408283826151.html。

占工业总产值比重达到40%，年均增长20%以上。[1]

第二单元　金融支持战略性新兴产业发展的基本逻辑

发展战略性新兴产业是国家在后金融危机时期加快转变经济发展方式的一项重要举措，是既立足于当前，又着眼于长远的重大战略选择，对我国在"十二五"时期保持国民经济稳定、快速发展，优化产业结构，提升国际竞争力有着重要意义。滨海新区作为国家发展战略的重要组成部分，肩负着努力成为贯彻落实科学发展观的排头兵，区域经济新增长极的历史使命。发展战略性新兴产业，增强自主创新能力，加快构筑高端、高质、高新化的产业结构是"十二五"时期滨海新区面临的重要任务。

金融支持是战略性新兴产业发展的重要助推，这是由战略性新兴产业的特点与金融的造血功能决定的。金融作为经济社会化大生产和产业发展的必然产物，其存在和发展必然依托于特定产业本身发展的条件。战略性新兴产业作为国家重点支持和发展的特定产业，其发展壮大为金融发展提供了生存空间和重大机遇。金融支持战略性新兴产业发展的基本逻辑是：现代金融体系只有将资源有效地配置到具有比较优势的产业和企业中去，资本才能获得更高的回报率，金融业自身才会有竞争力和活力。

一、金融支持战略性新兴产业发展是金融共生的要求

"共生"（symbiosis）是一个生物学领域的概念，是指不同种类的一个或更多成员间延伸的物质联系。随着共生概念的不断发展，学者们不断将共生理念应用到各个学科来解决实际社会问题。2002 年，袁纯清在共生的概念上引申出了金融共生理论，认为银行与企业是一种唇齿相依的共生关系，它构成了金融共生关系的核心，在此基础上，衍生出银行与银行之间、银行与非银行金融机构之间的共生关系。根据金融共生理论，不同性质的主体单元之间要形成共生关系，必须具备一定的条件：共生单元之间要有交集或关联或者说共生单元之间至少有一组质参量（反映共生单元内在性质的因素）兼容；共生单元之间存在自主活动的共生界面；共生单元组成的共生体系能够产生新能量（比如利润或收益）；共生单元在给定的时空结构中具有累积的关于对方的信息量 。

实际上，金融体系与战略性新兴产业之间具备共生发展的条件：一是金融机构是资金的供给者，战略性新兴产业领域的企业是资金的需求者，两个主体单元之间有着资金借贷联系，通过信贷资金的纽带增加了两者的关联度；二是金融机构与战略性新兴产业领域的企业都在法律框架下进行经济活动，法律制度是他们的一个共生界面；三是金融机构和战略性新兴产业的共生可以产生共生利润，这也是两者共生的基础。战略性新兴产业领域的企业从金融机构获得资金支持从而进行创新投资并产生利润，而金融机构会

---

[1] 《天津市滨海新区战略性新兴产业发展"十二五"规划》。

获取资金借出的利息收入。

可见，金融支持战略性新兴产业的发展，完全满足共生发展的条件，两者互为共生发展的关系。

二、金融支持战略性新兴产业发展可以分享高回报

《"十二五"国家战略性新兴产业发展规划》提出，"十二五"期间，我国战略性新兴产业规模年均增长率保持在 20% 以上，到 2015 年，战略性新兴产业增加值占国内生产总值比重达到 8% 左右，对产业结构升级、节能减排、提高人民健康水平、增加就业等的带动作用明显提高。到 2020 年，力争使战略性新兴产业成为国民经济和社会发展的重要推动力量，增加值占国内生产总值比重达到 15%，部分产业和关键技术跻身国际先进水平，节能环保、新一代信息技术、生物、高端装备制造产业成为国民经济支柱产业，新能源、新材料、新能源汽车产业成为国民经济先导产业。这意味着一方面战略性新兴产业领域有关行业的增长将为金融资源的供给者提供未来几年最大的结构性投资机会，金融机构将会充分分享其带来的发展机会和超额利润；另外一方面将通过贯彻国家政策，支持战略性新兴产业的发展，在社会上树立良好形象，增加金融机构的无形信誉。

三、金融支持战略性新兴产业发展可以分散和转移风险

目前，银行业机构的信贷业务主要还是分布在传统领域，这将会蕴含较大的政策和市场风险。而战略性新兴产业代表着未来产业发展方向，并已经上升为国家战略，是国家大力支持和鼓励的，且成长性和回报预期都处于不断提升的状态。因此，金融机构通过为该领域的企业提供金融支持可以使自身的信贷结构得以优化，分散或者转移系统存在的高风险。

第三单元　滨海新区战略性新兴产业发展及金融支持现状

一、滨海新区战略性新兴产业发展现状[①]

"十一五"以来，滨海新区战略性新兴产业发展十分迅速，部分产业在一些关键领域取得较大突破，若干产业技术在全国乃至国际上处于领先位置，已形成了航空航天、电子信息、高端装备制造、新能源、新材料、生物医药和节能环保七大优势产业。聚集了包括三星、飞思卡尔、维斯塔斯、葛兰素史克、诺和诺德、中兴通讯、大唐电信、爱

---

① 该部分内容引自：天津市滨海新区人民政府，《滨海新区年鉴（2012）》，天津，天津社会科学院出版社有限公司，2012：219～223。

国者、新一代运载火箭、空客 A320 等国内外知名科技型企业和高端产业化项目。培育了赛象科技、力神电池、曙光计算机、金耀集团、凯莱英等为代表的自主创新型龙头企业。

1. 航空航天产业。滨海新区航空航天产业已基本形成了以空客 A320 系列飞机天津总装线项目、中航工业直升机项目、"彩虹系列"无人机项目以及大火箭产业化基地项目和通信卫星及卫星应用产业化基地项目为主的"三机一箭一星"的产业格局。在航空领域，在空客 A320 总装线龙头项目带动下，直升机生产研发基地、无人驾驶飞机等项目加快建设，航空产业规模位列全国第 4 位，新区已成为中国航空产业的新生力量。中航工业直升机研究所、中国民航科技产业化基地、航空器适航审定研究中心等研究机构和实验室的建立，使得新区航空科研实力明显提高。由中航工业和中国建设银行共同发起设立的国内首支航空产业基金——中国航空产业基金，将为新区航空产业发展提供强有力的融资支持。在航天领域，新一代运载火箭基地、大运载火箭、通信卫星、空间站等项目建设速度加快推进，其中新一代运载火箭基地综合机械加工厂房、表面处理厂房等重要工程相继投入使用，新一代运载火箭的大部件实现了滨海新区生产、滨海新区制造，新一代运载火箭产业化基地已初具规模，新一代运载火箭研制成功后，将满足我国未来 30 至 50 年发展空间技术及和平利用空间的需要。超大型航天器研制基地、中国空间技术研究院天津基地、天津光电与计算机控制系统产业化基地等研发机构聚集新区，为未来航天产业依靠自主创新推动产业升级奠定了坚实的基础。2012 年，滨海新区航空航天业完成总产值 248.04 亿元①。

2. 电子信息产业。滨海新区现已形成天津经济技术开发区电子信息制造、天津滨海高新技术产业开发区软件及系统集成、空港经济区软件服务外包等若干电子信息产业聚集区。在高性能计算机、高端通用芯片、物联网、软件等新一代信息技术领域里具备一定的生产和技术优势。在高性能计算与存储领域，新区现已聚集"天河一号"超级计算中心、曙光高性能计算机、中科蓝鲸高性能存储器和腾讯北方研发数据中心等重点龙头企业。在核心芯片研发领域，聚集了中兴通讯、大唐电信、展讯、威盛等龙头企业。在物联网行业标准制定及解决方案提供领域，聚集了远望谷、中星微等重点企业。在软件领域，聚集了东软、软通动力等重点企业。在网络设备制造和运营领域，聚集了中兴、大唐、中国移动、中国联通、中国电信等重点企业。2012 年，滨海新区电子信息产业完成总产值 2385.7 亿元②。

3. 高端装备制造业。滨海新区拥有的产业门类基本涵盖了装备制造业的全部 8 大类产业，在汽车制造、工程机械、石油化工设备、仪器仪表、风电设备、智能化装备等行

---

① 数据来源于滨海新区统计局。
② 数据来源于滨海新区统计局。

业领域具有较强实力，形成了比较完整的装备制造体系。汽车整车及零部件、海洋工程、造修船、发电设备、超高压输变电成套设备、石油和石化装备、起重运输机械、工程机械、基础零部件等领域的主导作用日益凸显。风力发电设备年生产能力达 6000 兆瓦，约占全国产能的五分之一，海洋工程装备产业处于全国领先地位，汽车整车及零部件制造行业年产值超千亿。涌现出天津一汽丰田汽车有限公司、奥的斯电梯（中国）投资有限公司、渤海石油装备制造有限公司等一批产值超过 100 亿元的龙头企业，以及高档汽车模具、海上平台模块化建造、变压器制造等一批技术起点高、产品特色突出的专精特企业群体。2012 年，滨海新区汽车及装备制造产业实现产值 4302.81 亿元①。

4. 新能源新材料产业。形成以开发区、滨海高新区、临港经济区为载体，以风电、太阳能光伏、绿色二次电池等为代表产品的新能源产业集群，及以功能性复合材料、建筑新材料、新型包装材料、新型高性能结构材料为代表产业的新材料产业集群。其中新能源产业，新区是国内最大的风力发电设备生产基地之一，基本形成了从风电整机机组到控制系统、齿轮箱、叶片等关键零部件的较为完整的产业链条；光伏电池产品涵盖单晶硅、多晶硅、非晶硅薄膜、聚光电池等众多领域，产品光电转化效率处于世界先进水平；锂离子电池生产能力和产值规模占全国三分之一以上，成为国内综合实力最强的绿色二次电池产业基地。新材料产业，高分子材料、纳米材料、膜分离技术等领域处于国内领先水平，天津膜天膜公司中空纤维膜材料产业化水平国内领先，部分产品达到国际先进水平，年产 100 万平方米中空纤维膜生产基地规模居亚洲第一。2012 年，滨海新区新能源新材料产业实现产值 708.1 亿元②。

5. 生物医药产业。初步形成了化学药、现代中药、生物制药齐头并进，医药研发与服务外包、原料药与制剂产品协调发展的格局，基本形成涵盖产品研发、技术转化、生产制造、商业物流和展示交流等功能于一体的生物医药产业链。在中药、基因药物、生物芯片、抗生素、氨基酸、酶制剂等产品领域具有明显优势。其中，以抗生素、激素、维生素 B_1 和氨基酸为代表的"三素一酸"闻名国内外，胰岛素制剂产量全球最大。滨海新区先后设立了科技发展专项资金、融资引导资金、人才发展专项资金和科技小巨人成长计划等扶持资金，各功能区也纷纷出台相应政策措施，支持和推动生物医药产业发展。2012 年，滨海新区生物医药产业实现产值 256.12 亿元③。

6. 节能环保产业。初步形成了涉及汽车、照明、家电、工业装备、建筑材料、化工产品等多个领域的节能环保产业体系，节能环保装备、产品类别日益丰富。集聚了三星电子、西门子、霍尼韦尔、斯坦雷、欧文斯科宁、PPG、阿克苏诺贝尔、特变电工、膜

① 数据来源于滨海新区统计局。
② 数据来源于滨海新区统计局。
③ 数据来源于滨海新区统计局。

天膜、龙净环保等一批具有较强竞争力的国内外知名企业。2011 年，滨海新区节能环保产业实现产值 269.9 亿元[①]。

目前，新区战略性新兴产业发展主要以天津经济技术开发区、天津港保税区和滨海高新区作为空间载体。从各产业的空间布局来看，航空航天产业主要聚集在空港经济区、天津经济技术开发区西区和滨海高新区；新能源产业主要聚集在滨海高新区、天津经济技术开发区和临港经济区；新一代信息技术产业主要集中在天津经济技术开发区、滨海高新区和空港经济区；生物产业主要集中在天津经济技术开发区、滨海高新区和空港经济区。新材料产业、海洋科技产业和节能环保产业目前产业规模较小，还未形成明显的产业聚集。

二、滨海新区金融支持战略性新兴产业基本情况

战略性新兴产业的发展离不开金融业的有力支持。近年来，随着战略性新兴产业发展的总体政策环境逐渐改善，以及滨海新区金融改革创新进程的不断加快，滨海新区金融业支持战略性新兴产业的意愿和力度显著加大，为产业实现跨越式发展提供了有力支持。

金融支持战略性新兴产业的配套政策体系基本形成。产业政策层面，《天津市滨海新区战略性新兴产业发展"十二五"规划》明确了滨海新区战略性新兴产业发展的总体思路、基本原则和发展目标，为金融支持滨海新区战略性新兴产业发展提供了总体思路引导。金融政策层面，天津市市政府印发了《关于推动金融促进科技型中小企业发展工作的实施意见》。人民银行天津分行专门结合科技型中小企业的发展实际印发了《关于以支持科技"小巨人"企业为突破口 进一步加强科技型中小企业金融服务工作的通知》，为金融机构支持战略性新兴产业尤其是科技型中小企业发展创造了良好的政策环境。2010 年，天津市被国家知识产权局确定为第三批知识产权质押融资试点城市（区）之一，政策环境得到进一步改善。操作层面，近年来，天津市在各相关部门的大力推动下，先后出台了专利权、商标权、股权质押贷款等适应战略性新兴产业发展特点的信贷创新业务的管理办法，为金融机构办理相关业务提供了切实可行的操作指引。

商业银行对战略性新兴产业的信贷支持力度显著加大。通过人民银行塘沽中心支行开展的滨海新区商业银行对战略性新兴产业信贷支持情况的专项调查显示，2010 年以来，从认知度、产品和服务创新、信贷投放规模等多个方面，商业银行对战略性新兴产业的支持均在不断改善。

1. 商业银行对战略性新兴产业的认知度方面。47.62% 的样本银行表示对《"十二五"国家战略性新兴产业发展规划》比较熟悉，52.38% 表示了解规划的基本内容，

---

① 数据来源：《滨海新区年鉴（2012）》。

85.71%认为战略性新兴产业前景较好，将进一步加大信贷支持力度，认为行业发展不确定性较强，对战略性新兴产业贷款业务将持谨慎态度的样本银行占比14.29%。2010年《国务院关于加快培育和发展战略性新兴产业的决定》发布后，76.19%的样本银行或上级行出台了支持战略性新兴产业的指导意见或业务操作规范，如某行出台了战略性新兴产业营销指引，并结合我国七大战略性新兴产业的具体发展阶段与国家规划状况以及银行信贷工作经验与传统优势的产业，择优发展，选择生物、高端装备制造、新能源三大特色行业和领域作为该行的信贷支持重点。

2. 商业银行金融产品或服务创新方面。《"十二五"国家战略性新兴产业发展规划》出台后，57.14%的样本银行或上级行推出了针对战略性新兴产业的金融创新产品或服务，如某行开发了"助业贷"系列产品，针对市场上小微企业融资需求，将个人信用贷、厂区担保、出口保单、权利质押、营运订单质押等共计14种产品进行组合，拓宽了在抵、质押创新领域的业务范围。某行针对战略性新兴产业专业性强，所需设备技术处于前列且占用企业资产较多的特点，推出了"银租通"业务，用于企业购置专业设备，缓解资金压力。某行在信贷政策中明确提出要"重点推进云计算、物联网关键设备和核心技术等示范工程，加快科技小巨人发展壮大，大力实施'春笋培育''巨人成长'和'服务提升'三大工程"。

3. 商业银行信贷投放力度方面。自2010年《国务院关于加快培育和发展战略性新兴产业的决定》颁布以来，新区商业银行对战略性新兴产业的信贷支持力度显著增强。在信贷投放规模迅速扩大的同时，新区战略性新兴产业的信贷资产质量较高，截至2012年底，七大产业的不良贷款余额均为零。

4. 其他金融支持方式方面。近几年，随着国内资本市场和天津本地股权交易市场的发展，以及各类新型金融业态不断涌现，滨海新区的融资结构逐渐发生变化，直接融资的规模和比重都在逐渐提高，在对战略性新兴产业的金融服务方面，体现在除传统商业银行信贷以外的其他融资方式的丰富和突破。首先，滨海新区有得天独厚的资本市场优势。成立于2008年9月的天津股权交易所是天津市政府批准设立、唯一准许从事"两高两非"公司股权和私募股权基金份额交易的机构，截至2013年3月底，该所累计挂牌企业已达到265家，总市值超过242亿元①。该所"小额、多次、快速、低成本"的融资模式以及股权质押融资模式较好地契合了战略性新兴产业企业规模偏小，传统抵押、质押物缺失的特点。2012年8月，滨海高新区成为"新三板"扩容的首批试点之一，为高科技企业提供了相对较低门槛的资本市场融资渠道。其次，滨海新区是国内私募股权投资基金和融资租赁企业的主要聚集地。战略性新兴产业处于产业发展的初级阶段，潜力巨大，但前景存在较大变数，部分行业的经营模式也不是很清晰，与私募股权

---

① 天津股权交易所网站，http://www.tjsoc.com/。

投资基金追求高风险高收益的属性存在结合点。此外，将融资租赁引入战略性新兴产业发展中，可以缓解产业前期投入大，投入回收周期长对企业带来的资金压力，提高资金使用效率。最后，滨海新区政策性金融服务渐成体系。发起设立了 20 亿元的政策性"母基金"——天津滨海新区创业风险投资引导基金，发挥资金放大效应。设立了科技创新专项资金，用于培育和扶持区内新兴产业项目及企业。建立了政策性担保机构、贷款贴息和风险补偿机制。建立了多个专业性的科技投融资服务机构，为企业提供融资、担保、咨询"一条龙"服务。

三、典型融资模式及案例

（一）专利权质押融资

融资模式简介：专利权质押融资是指为了满足生产经营过程中正常资金需求，企业以自有或第三人合法持有的发明专利权、实用新型专利权出质，从商业银行取得贷款，并按约定的利率和期限偿还贷款本息的一种贷款方式[①]。按是否引入担保公司担保，可以将专利权质押融资分为直接与间接两种模式。直接模式即企业作为出质人将专利权质押给商业银行、小额贷款公司等贷款机构，贷款机构据此发放贷款；间接模式指贷款机构根据担保公司为企业提供的担保发放贷款，而担保公司作为质权人，将专利权质押作为一种反担保措施。

典型案例：A 公司是一家分离材料及设备的研发与生产企业，产品广泛销往欧美、亚洲、非洲等地的多个国家，在生物医药、食品安全和环境监测等多个领域被广泛应用，承担过"科技部 863 项目"、"'十一五'重大科技支撑计划"等多项国家项目。B 银行于 2010 年开始，逐渐与企业建立了较为稳定的信贷关系，先后为其办理了固定资产贷款、流动资金贷款以及贸易融资等金融服务业务。除传统贷款方式外，B 银行还结合企业行业特性和运营情况，创新以包括专利权和国有土地使用权质押、在建工程和企业法定代表人房产抵押，同时追加企业法人及其配偶无限连带责任保证担保等多种方式在内的组合担保为企业提供了近 2000 万元的信贷支持，实现了企业加快发展与银行稳健盈利的双赢。

（二）股权质押融资

融资模式简介：股权质押属于一种权利质押，是指出质人与质权人协议约定，出质人以其所持有的股份作为质押物，当债务人到期不能履行债务时，债权人可以依照约定就股份折价受偿，或将该股份出售而就其所得价金优先受偿的一种担保方式。股权质押融资是指借款人以其自身或第三人持有依法可以转让和出质的某上市公司、非上市股份有限公司、有限责任公司的股权作为质押物向银行申请贷款。股权质押作为权利质押中

的一种典型形式，与其他权利质押相类似，其生效的关键在于履行法律规定的登记或记载义务①。

典型案例：C 公司是金属制品行业的新型节能环保型企业，从事废旧物资的拆解，具备年处理 6 万吨电线电缆及 2 万吨各种废五金的能力。因生产经营需要，该公司存在短期流动资金缺口，但因缺乏银行认可的抵押物，融资出现困难。D 银行了解到企业的需求后，经过对企业资质和经营情况的调查，初步认为其符合授信客户的一般要求。经过与企业方面的沟通，最终确定了以企业持有的非上市公司股权作为质押物的贷款方案，向企业发放了一年期的流动资金贷款 1200 万元，解决了公司因抵押物不足融资困难的局面，满足了企业日常经营资金需求，实现了银企互利共赢。

(三) 应收账款质押融资

融资模式简介：应收账款质押融资是应收账款融资方式的一种，指企业与银行等金融机构签订合同，以应收账款作为抵押物，在合同规定的期限和信贷限额条件下，采取随用随支的方式，向银行等金融机构取得短期借款的融资方式。2007 年《物权法》颁布实施，明确规定在应收账款上可以设立质权，用于担保融资，从而将应收账款纳入质押范围。为配合《物权法》的实施，央行公布了《应收账款质押登记办法》，应收账款质押登记公示系统也正式上线运行，为应收账款质押融资顺利实施提供了保障②。

典型案例：E 公司主要从事高科技绿色环保电池系列材料的研制、开发和规模化生产，隶属于某大型央企，是天津市重点支持的高科技企业，近年来得到国家有关部委和天津市发改委、经委、科委等部门的大力支持。为落实天津市关于支持"科技小巨人"企业加快发展的政策号召，F 银行给予其 1.5 亿元人民币综合授信额度，包含贷款、承兑、国际贸易融资等金融产品。由于该企业的主要固定资产已经抵押他行，缺乏能够抵押给 F 行的固定资产，F 行为有效缓释授信风险，在严密核实企业与下游代表性大型客户的交易背景后，采取了应收账款质押的方式介入。目前，银企合作情况良好，授信额度基本用满。

(四) 项目融资

融资模式简介：项目融资是指贷款人向特定的工程项目提供贷款协议融资，对于该项目所产生的现金流量享有偿债请求权，并以该项目资产作为附属担保的融资类型，是一种以项目的未来收益和资产作为偿还贷款的资金来源和安全保障的融资方式③。

典型案例：G 公司处于清洁能源产业，目前主要承担滨海新区某垃圾焚烧发电厂项目投资建设。该项目建成后预计日处理生活垃圾 2000 吨，年处理生活垃圾 66.7 万吨，

---

① 张国栋：解析中小企业股权质押融资 [J]，首席财务官，2012 (12)：83~85。

② 百度百科：应收账款质押融资. http：//baike. baidu. com/view/3366297. htm。

③ 百度百科：项目融资. http：//baike. baidu. com/view/139651. htm。

年发电量将达到 2.3 亿度。该项目已经国家有关部门核准，且被列入滨海新区重点工程之一。经过对企业资质和项目情况的审核，H 行最终向该企业放款 6.4 亿元，用于该企业垃圾发电项目的融资，贷款期限为 15 年，有效解决了项目建设资金问题。

第四单元　金融支持战略性新兴产业发展的国际经验及启示

美国拥有世界上最发达的资本市场和风险市场，其金融体系属于市场导向的；日本是以政策性金融为主的银行导向型金融体系的国家。本单元分别以美国和日本为考察对象，概括其各自特点，并总结出对滨海新区发展金融支持战略性新兴产业发展的启示。

一、主要做法

(一) 美国：市场主导下的战略性新兴产业融资体系

美国的金融支持体系建设离不开其强大的科技支持，目前在支持新兴产业发展方面，形成了以科技产业、风险投资和资本市场相互联动的一整套发现和筛选机制，同时还建立了专门的政策性金融机构和完善的信用担保体系。

1. 专门的政策性金融机构。1953 年，美国创建了中小企业管理局，专为全国中小企业提供高效服务，其主要职责是帮助中小企业创业者获得贷款、为中小企业提供咨询与管理培训服务、协助获得联邦部门的研发项目与合同、促进小企业的进出口贸易，这些举措大大促进了美国科技创新型企业的发展，客观上起到了激励新兴产业加速发展的目的。

2. 完善的信用担保体系。美国作为全球最大的经济体，拥有一套完整的规避风险机制和健全的法律体系作支撑，多年来形成了规范而又灵活的信用担保业务体系，为新兴产业中小企业的融资和科技创新做出了巨大贡献。总结起来，有以下几个方面的特点：第一，健全的法律法规为科技企业信用担保体系的正常运行提供了保障。在《中小企业法》中，对信贷担保的用途、对象、保费标准、金额等作了明确规定，如规定只有符合中小企业标准的企业才能获得担保，且企业要主动投入一定比例资本金，要求借款企业有足够的流动资金保证企业正常运营等。第二，信用担保体系覆盖面广，能为全国范围内的科技型中小企业贷款提供不同性质、不同类型的担保。多年来，美国已经形成了三个层面的信用担保体系：一是由中小企业管理局直接操作的全国性小企业信用担保体系；二是由地方政府操作的区域性专业担保体系；三是社区性小企业担保体系。第三，担保基金来源主要是政府出资。美国中小企业局的基金来源主要由联邦和州财政分担，经费也由联邦和州财政分担，小企业局委托大学和研究机构所做课题的经费也由政府承担。第四，有一套完整的分散和规避风险机制。一是通过规定担保比例分散风险。根据贷款规模和期限，担保机构确定担保比例，以在担保机构和银行之间分散风险。二是对企业负责人实行风险约束。美国的信贷保证计划要求企业主要股东和经理人员提供个人财产抵押，以增加企业的责任意识，降低"道德风险"。三是制度透明，管理规范。按规定，美国中小企业管理局每年都要向国会汇报中小企业信贷担保计划的执行情况、审查计划预算和计划执行情况。四是规范的担保业务操作过程。一个信用担保项目需要经过以下四个环节的审查：受理担保申请、项目评审、担保收费谈判、签订合同，这样大大降低了风险。

3. 发达的资本市场体系。首先是多层次的股票市场。经过 300 多年的发展，美国形成了世界上最为发达的股票市场体系，主要包括三个层次：第一，主板市场。该市场为以纽约证券交易所为核心的全国性交易市场，对上市公司有严格的要求，上市的企业一般为知名度高的大企业。第二，二板市场。相比于主板市场而言，该市场更加注重上市企业的成长性和长期盈利性。第三，场外交易市场。该交易所上市的企业较纽约证交所略逊一筹，在该交易所挂牌交易的企业发展到一定程度可以转到主板市场上市。可见在美国，二板市场和场外交易市场则正好符合战略产业发展的成长条件，可以满足战略性新兴产业的融资需求。美国纳斯达克证券市场是世界各国二板市场中最成功的，该市场主要支持计算机、生物技术、电子通讯、医药等高科技产业公司上市发行股票，为美国中小科技企业在资本市场上筹集资金、促进新兴产业的发展起到了重要作用，因此成为"美国高科技企业的摇篮"。其次是发达的债券市场。无论是从绝对规模还是从相对规模看，美国债券市场在全球都占有举足轻重的地位。在美国，发行债券是美国企业外源融资的主要方式，其融资的灵活性、市场容量以及交易活跃程度都远远超过股票市场，企业债券成为美国资本市场的主体。实际上，美国对发行债券形成的负债总额没有在法律上作出限制，企业可发行的债券种类多，这些都为新兴产业企业发行资信评估低级或无等级债券提供了便利。另外，活跃的"垃圾债券"包销市场也为新兴产业企业提供了一个便捷的融资平台。

4. 领先的风险投资市场。美国是风险投资的发源地，风险投资最发达，其投资主要集中在知识密集、技术密集的产业，如信息技术、生命科学等。可以说风险投资的直接受益者是新兴产业中的中小企业，风险投资为确立美国在信息产业方面在国际上的主导地位作出了巨大贡献。美国的风险投资取得如此巨大的成就主要是基于以下几个方面：

第一是法律支持。美国制定有完善的风险投资法律体系，涉及风险投资的各个环节，为风险投资的发展创造了必要的法律环境。如 1976 年修订了《有限合伙法》，承认有限合伙制公司的法律地位，为投资专业管理人员与风险资本供给者的结合创造了有效的组合形式。1979 年，美国劳工部修订了 1974 年制定的《退休收入保障法案》中有关投资指南的规定，允许私营和公共养老基金进入高风险领域的投资。

第二是政策优惠。在美国，风险投资产业的税收激励政策根据受惠对象和环节的不同，可以分为前端税收激励和后端税收激励。前端税收激励是指对风险企业给予的所得税抵减；后端税收激励是对风险投资人的资金的资本利得给予的税收优惠。具体看，前端税收激励主要是对企业的研究开发或高科技企业的经济活动所给予的一定税基和税率的优惠，例如，1981 年美国通过的《经济复兴税法》中规定：对研究开发投资税收从49% 减至 25%。美国政府对风险投资的税收激励主要集中在后端上，即资本利得税，美国的资本利得税率从 20 世纪 60 年代末至今经历了起伏过程，总体的趋势是下降的，风险投资收益的税收优惠程度是在加大的，税率变化大致经历了四个阶段，对创业投资的总规模产生了巨大的影响：1969 年美国政府为越南战争集资，将资本利得税的最高税率从 29% 提高到 49%，致使 1975 年美国创业投资规模骤降到 100 万美元，只是 1969 年的6%；1977—1979 年美国修改了雇员退休收入保险法案等规定，将资本利得税率从 49%降到 28%。同年美国创业投资总规模增加到 5.7 亿美元；1980—1982 年，按照通过的《经济复兴税法》资本利得税率进一步从 28% 降到 20%。1983 年，美国创业投资规模突破 50 亿美元大关；1993 年，在 5 年削减赤字法案中规定，将长期资本收益的税率降到28%，对持有高科技小型企业的股份 5 年或 5 年以上的，其资本收益仅按 14% 课税。

第三是风险投资资金来源广泛且比较稳定，机构基金占绝对主导地位。美国风险投资资金来源广泛，基本来源于养老基金、捐赠基金、富有的家庭和个人、大公司、银行控股公司、保险公司、投资银行、非银行金融机构和外国投资者的投资，但自从 20 世纪 70 年代末美国政府许可养老基金进入风险投资后，风险投资资金的来源结构发生了重大改变，养老基金成为最主要的来源，其次是基金会和捐赠华金，再次是银行和保险华金，富有的家庭和个人的资金在美国风险投资的资金总量也占一部分比例。

第四是畅通的退出渠道为风险投资者解除了后顾之忧。根据各自的投资状况，美国风险资本可选择公开上市、企业兼并收购、出售、清算四种方式退出。首次公开上市（IPO）是风险投资退出的最佳方式，也是美国风险投资中最常用的退出方式之一，大约30% 的风险资本是通过这种方式退出的。第三方收购是风险投资退出的重要途径，伴随着 20 世纪 90 年代美国并购案例发生频率的不断增加，美国风险投资选择第三方收购退出方式的越来越多，选择这种退出方式可以使风险投资机构在最短时间内收回资本，这不仅有利于提高投资回报率，而且对新一轮投资的开始具有极为重要的意义。风险资本以清算作为投资失败时的一种迫不得已的特殊的退出方式。

（二）日本：银行主导下的战略性新兴产业融资体系

日本战后重建经济对金融资本高度计划配置的客观需求促进了银行体系的膨胀、抑制了资本市场的发展，形成了一个银行主导型金融体系。实践中，政府当局不仅要为新兴产业发展提供保护主义政策，而且要集中调度、运用稀缺金融资本的金融体系来支持产业的发展和结构调整。

1. 发达的政策性金融。在日本，由于缺乏良好的市场体制及成熟的金融机制基础，新兴产业发展存在巨大的资金缺口，因此在产业政策中金融支持的实施往往突出地表现为由政府主导的政策性金融来诱导民间资金的投向支持战略性新兴产业的发展。例如，实行人为低利率、超额贷款政策构造产业发展的良好投资环境；以政策金融创造产业发展的稳定需求，支持产业发展等。日本自 2009 年大幅度提高新能源研发和利用的预算，重点支持环保型汽车、电动汽车、低碳排放、太阳能发电等，是这一金融支持的具体体现。发展政策性金融，其经验主要有：

第一，动态调整健全法律体系，使得政策性金融机构的发展有法可依、有章可循。如《日本开发银行法》于 1951 年颁布，并且在 1952 年到 1998 年先后经历了几次修订，该法是日本开发银行成立、经营等的法律依据和保障。

第二，政策性金融机构类别多，能较好地满足不同创新主体的需求。自 1950 年以来，日本专门设立了直接由政府控制和出资的一系列政策性金融机构，这些政策性金融机构具有不同的分工，但目的和宗旨是基本一致的，均是通过以较之商业性金融机构优惠的利率水平、贷款期限和融资条件为企业创新提供贷款和金融服务，确保企业创新获得充足的金融支持。

2. 银行系统的间接融资是新兴产业企业资本供给的主渠道。日本的商业银行体系主要包括以都市银行为代表的大型金融机构和以地方银行、信用金库、信用组合、劳动金库等为代表的中小金融机构。都市大银行对中小企业的贷款，主要是为了填补大企业贷款减少所带来的空白，具有很大的不稳定性。在支持中小企业生存和发展中起主导作用的仍是各种专门为中小企业服务的中小金融机构。银行主导型产融结合模式下融资结构主要具有以下特点：第一，主办银行与承担战略性新兴产业发展载体的关系企业之间交叉持股。主办银行与关系企业不仅存在债权、债务联系，同时还交叉持股，这有利于银行对企业进行监督、参与和控制，同时也有利于关系企业的融资和长期发展。第二，主办银行对关系企业的参与更多地表现在对其经营过程的监督，而不是具体的经营决策方面。第三，主办银行向关系企业提供以获得租金为目的的短期贷款。

3. 比较完善的资本市场。日本在 20 世纪 90 年代也组建了自己的第二板市场 JAS-DAQ，成为日本风险性企业筹资的最大市场，因此，JASDAQ 市场对于促进战略产业发展的作用非常重大。

二、经验启示

从对美国、日本的做法进行梳理可以发现，不同的地区战略性新兴产业融资体系各具特色，都根据各自的实际情况采取了相应的融资支持措施，形成了不同的模式，但仍可以找出其共同点加以借鉴。

1. 金融对战略性新兴产业的支持要与一国国情相适应。各国在经济发展水平、市场发育程度、历史文化背景等方面都有差异，都有自己的特色，导致各国的金融支持体系也存在着很大的区别。例如，美国是资本市场占主导地位的融资体制，银企关系相对不密切，因而主要是通过发达的资本市场和风险投资市场支持科技创新，而政策性金融和商业银行对科技创新的支持处于补充性地位；相比之下，日本是以"关系型"的银行融资为主，银行对科技创新的支持就显得更为重要，资本市场和风险投资对科技创新的支持则处于次要地位。我国是以银行业为主导的金融体系，一方面要向日本学习，利用相对成熟的银行业金融监管机制，建立与发展战略性新兴产业相适应的中小型金融机构，实现银行系统的二元对接；另一方面也要向美国学习，积极发展创业风险投资、建立多层次的资本市场体系。

2. 政策性金融的大力支持是战略性新兴产业发展的启动器。不论是市场导向型金融体制的美国，还是银行导向型金融体制的日本，均把政策性金融作为推动战略性新兴产业发展的重要举措，通过政策性金融的诱导作用，吸引了大量的商业银行信贷资金、民间资本等参与战略性新兴产业的发展中来，对本国的新兴产业发展起到了巨大的推动作用。就滨海新区而言，可以利用金融创新改革先行先试的优势，争取政策适时推动政策性银行转型为综合性开发金融机构。综合性开发金融机构是一种介于商业金融机构和开发性金融机构（国外现代意义上的开发性金融）之间的制度安排，它主要利用市场化手段，按照商业性金融规律运作，在机构自身可持续发展的基础上，为实现国家政策和战略导向服务。政策性金融机构着眼于社会效应，不追求自身业绩，强调政府的财政性补贴；而综合性开发金融机构更多地强调商业原则，通过制度建设、市场建设和保持经营可持续，在此基础上，实现政府目标。就某种意义而言，综合性开发金融机构仍具有部分政策性属性，但综合性开发金融机构比传统意义下的政策性金融机构向市场化方向迈进了一大步。

3. 健全的资本市场和发达的风险投资市场是战略性新兴产业发展的加速器。美国能够在新兴产业的发展上独占鳌头很大程度上归因于其拥有世界上最为发达的资本市场和风险投资市场，并且形成了资本市场、风险投资和科技产业相互联动的一整套发现和筛选机制。日本的资本市场也对其国家的新兴产业的发展起到了巨大的推动作用。在这方面，滨海新区与上海、深圳还有很大差距，应该利用后发优势，发展场外交易市场和风险投资市场。

三、推进滨海新区金融支持战略性新兴产业发展的政策建议

1. 加强对行业基础信息的公开披露。各相关行业的主管部门加强对战略性新兴产业发展情况的统计监测分析，建立基础数据库，定期发布行业发展报告以及重点企业名录，探索建立一整套专业、公正、权威的评估指标体系，完善企业评级或认证制度，公开产业发展规划，及时向金融机构等利益攸关方提示行业潜在风险，减轻银企双方的信息不对称程度，让商业银行更加有的放矢。

2. 提高企业经营管理的规范化水平。加大对企业管理人员、财务人员的培训力度，指导企业按照现代管理制度要求，健全法人治理结构。督促企业规范财务管理，提高财

务报表的完整性和真实性。加大对财务造假、恶意欠款企业的检查和曝光力度，增强企业合法守信经营意识，提高企业的违法违规成本。定期组织开展金融知识讲座或培训，提高企业对各类直接、间接融资渠道和主要产品特征的认知度。

3. 建立多层次的金融服务体系。间接融资方面：研究设立针对战略性新兴产业的政策性金融机构，为企业提供信贷资金支持，或提供担保等增信服务，帮助企业更好地从商业银行获得融资。试点建立面向战略性新兴产业的主办银行制度。允许主办银行投资优质的借款企业尤其是产业链核心企业，与企业建立长期稳定的债权债务关系，主办银行一方面通过股权关系或人事派遣等方式，对借款企业进行更加有效的监督或控制，另一方面通过与产业链核心企业的"主办"关系，大力推广产业链融资，解决信息不对称问题，降低经营成本。健全贷款风险补偿机制，设立政策性担保机构，创新担保方式，降低担保成本，保持财政贴息政策的便利性和稳定性，适当扩大政策惠及范围，简化申请手续，对信贷支持力度较大的商业银行进行奖励，提高商业银行贷款积极性。加大金融创新产品尤其是知识产权融资和产业链融资等对战略性新兴产业企业有一定针对性的金融创新产品的改进和推广力度。以天津股权交易所为平台，开展商业银行与交易所挂牌企业的股权质押融资业务试点，简化融资流程，降低融资成本，探索风险分散与收益共享机制。鼓励有条件的商业银行利用各类战略性新兴产业园区为依托，设立科技分支机构，从客户资质评估、产品创新、信贷审批流程、风险管理、人力资源等多个方面探索建立适应战略性新兴产业特点的模式。直接融资方面：积极发挥政府创业投资引导基金的直接投资和带动作用，通过搭建对接平台、制定财税优惠政策、完善转让退出机制等方式，引导滨海新区注册的各类股权投资基金和融资租赁企业更多地支持本地企业发展，促进企业与风险投资资本、融资租赁企业对接，帮助企业加速孵化。推介引导企业通过短期融资券、超短期融资券、中期票据等银行间债券市场工具融资，降低融资成本，增强信用约束，提升企业知名度。大力发展中小企业集合债券、集合信托、集合票据等集合融资方式，实现整体增信的效果。有机整合本地区各类产权、股权交易平台，避免同质竞争，形成发展合力。对一些技术领先、市场成熟、盈利能力较强的企业，支持其到国内外资本市场上市融资，加快实现跨越式发展，争做行业领军企业。

4. 完善相关配套政策措施。加快推进企业信用体系建设，扩大中小企业信用体系试验区范围，促进企业信用资本"变现"。出台知识产权评估的相关管理办法，引导评估机构规范运营，提高评估工作的科学性和独立性，加快知识产权交易市场建设，促进知识产权质押融资业务实现规模化发展。建立专门的战略性新兴产业金融服务平台或机构，提供基础信息咨询服务，打造企业、金融机构、政府主管部门、中介服务机构的信息交换中枢和展示、对接平台，促进各方面的沟通交流与利益协调。

第三节　滨海新区文化产业发展及其金融支持

近年来，随着文化产业金融生态不断优化，滨海新区文化领域的金融创新持续推进，金融对文化产业的支持力度不断提升，文化产业在与资本的共舞中实现了新的嬗变。本节将阐述金融支持文化产业发展的意义，分析文化产业发展及金融支持现状，结合国外经验提出有建设性的建议。

第一单元　金融支持文化产业发展的重要意义

金融支持对于文化产业发展的重要意义可以从对企业自身和对国家贡献两个层面来阐述。

一、企业自身层面，金融支持是壮大文化企业资本的基础

充足的资金能够为文化企业的发展壮大提供有力的支持，确保企业在人才引进以及产品创新方面更加有保障，同时有了充足的资本可以增强我国文化企业在国际市场上的竞争力。金融支持为文化企业增强核心竞争力提供了物质保障，投融资机制的有效建立与运用，可以利用市场自身的力量，实现产业内优胜劣汰、优化组合，逐步形成龙头企业引领发展趋势、中小企业满足基础需求的基本架构，有效促进文化产业通过自身的力量实现发展。

二、国家层面，有助于推动国家经济结构的调整及增长方式的转变

文化产业属于绿色产业，以创意为中心，资源消耗低，环境污染小，因此积极发展金融对文化产业的支持作用，在促进文化产业发展的同时能够推动国家经济结构的调整、产业结构的优化升级以及经济增长方式的转变，是推动我国产业结构升级、缓解资源能源瓶颈的重要举措。随着人们生活水平的不断提高，对文化产品和文化服务的需求越来越大，因此积极发展金融支持文化产业发展有利于满足人们日益增长的文化需求，缓解文化产品的供求矛盾和结构性短缺，保证人们在享受富裕物质生活的同时，享受到更加丰富多彩的精神文化生活。同时文化产业被认为是一国软实力的重要体现，因此提升金融对文化产业发展的支持力度有助于维护国家文化的安全，提高一国文化软实力在国际上的地位。

第二单元　滨海新区文化产业发展及金融支持现状

一、滨海新区文化产业发展现状

"十一五"期间，滨海新区通过出台支持文化产业发展政策、设立文化产业发展专项资金等多项措施推动文化产业的发展与繁荣，着力打造政策、投融资、公共服务、人才交流、产品交易、行业服务"六大平台"，形成了滨海新区文化产业多元化、多层次的服务保障新格局。在文化产业发展规划方面，新区已经初步形成了"一区多园"的发展格局。其中有代表性的园区包括：以科技研发服务为主的开发区、保税区和高新区三大科技研发基地；以影视动漫业为主的国家级动漫产业综合示范园区（文化部与天津市共建）；以滨海航母主题公园扩建、游艇码头等各类主题公园为主的滨海旅游区。随着"一区多园"和"六大平台"的加速建设，一批大项目、好项目相继落户，新区的文化产业聚集效应日趋明显。其中，动漫网络游戏研发制作和交易业、广告会展业、设计创意业及文化用品制造业、数字内容及影视制作业、文化旅游业5大新兴产业的发展势头尤为强劲。

1. 动漫产业。新区拥有国家动漫产业综合示范园、国家影视网络动漫示范园、国家影视网络动漫研究院三个国家级园区，聚集了动漫企业125家，涵盖人才培育、动漫游戏创作、动漫衍生品生产与交易、动漫知识产权交易等动漫产业链。

2. 广告会展产业。截至2012年底，注册在新区的会展及服务公司达47家，从业人员近千人，年均举办的国内外大型展会达30次以上，涉及新能源新材料、航空航天、电子信息、化工、生物医药等多个行业。

3. 影视产业。博纳影业、华谊兄弟、天视卫星、美星影视等一批国内知名影视企业纷纷进驻新区，卡梅隆—佩斯集团、美国天堂影效均已与新区签署合作协议，联手打造世界级3D产业基地，阳光红岩投资事业集团与北塘管委会签署合作框架协议，在北塘建设中国坞环球影视服务总部基地，这些重大项目的落地，对新区影视产业的发展将起到巨大的推动作用。

4. 科技创意产业。新区科技创意产业以滨海高新区智慧山科技文化创意产业基地为代表，秉持"文化＋创意＋科技"的理念打造高端化、高科技、富文化的产业集群，完善创业苗圃＋孵化器＋产业化基地的三级孵化体系，现已成为首批16个国家级文化和科技融合示范基地之一。

5. 文化旅游业。滨海旅游区作为滨海新区唯一以旅游产业为主导的功能区，现已初步形成以主题公园游、生态湿地游、黄金海岸休闲游等为主线，与周边的生态城、七里海、中心渔港、北塘、汉沽休闲农业园等景区景点连动，从北到南形成了以海洋与海防文化为特色沿海岸线的休闲旅游产业带。

二、滨海新区金融支持文化产业的状况

近年来，滨海新区金融业积极创新金融产品、拓宽融资途径，不断加大对文化产业发展的金融支持力度，为推动新区文化大发展大繁荣提供了有力的资金支持。

(一) 银行业支持文化产业力度不断提升

第一，文化产业信贷规模快速增长。目前，银行信贷仍是文化企业融资的主要途径。推动银行信贷投入文化产业也成为近年来滨海新区各级有关部门推动金融支持文化产业发展的重点工作。2010 年滨海新区区委宣传部、人民银行塘沽中心支行等部门联合下发了《滨海新区金融支持文化产业振兴与发展繁荣的实施意见》，提出多项措施，加大金融支持文化产业力度。据人民银行塘沽中心支行统计，截至 2012 年底，新区文化产业各项贷款余额 26.14 亿元，同比增长 25.85%，比同期金融机构全部贷款同比增长率高 22.79 个百分点。

第二，定制化、个性化服务不断发展。定制化服务是银行为了满足文化企业的特殊需求，运用金融创新产品与技术服务为文化企业提供个性化服务的经营方式。即便在文化企业内部，不同细分行业、不同领域所需要的金融服务以及产品也各有侧重，它们给银行带来的贡献、应消耗的资源也不尽相同。因此，依托文化产业基本特征，设计出高附加值、特色鲜明的金融产品成为银行业支持文化产业发展的客观要求。如某银行滨海分行针对文化产业"轻资产"特点，推出了"紫薇花"文化金融系列产品，以知识版权为中心，提供版权贷、担保贷、账款贷、法人贷、打包贷等，为文化企业提供多种类融资方式；某银行滨海分行在动漫产业园主楼内设立了生态城支行，致力于将该行打造成文化创意特色支行，充分发挥体制与区位优势，对客户实施精细化管理；某银行汉沽分行自 2009 年开始介入文化产业金融服务，以支持文化产业基础设施建设为重点，截至 2012 年底，文化产业贷款余额 11.89 亿元，有效支持了新区中新生态城动漫产业园开发建设。除此之外，新区金融机构积极与担保机构开展多样化的信贷合作，助力文化企业解决抵、质押物少的融资难题。滨海农商行与天津海泰担保有限责任公司签订了最高额保证合同，为文化企业融资提供便利，并且结合不同文化企业的运营特点、资金需求和企业的不同发展阶段，对多种担保方式进行灵活组合，制订个性化金融服务方案，最大化满足客户需求。截至 2012 年底，已为新区文化创意产业协会综合授信 10 亿元，为天津北方电影集团授信、天津福丰达动漫游戏制作有限公司等 9 家中小文化企业总计提供贷款 1 亿元。辖区其他银行也积极与担保机构寻求合作，通过引用担保机构"担保换期权""担保换收益"的创新模式，有效解决了一批文化企业的资金难题，使企业得以持续发展。

(二) 信托推动文化产业与金融市场对接

信托公司是唯一可以跨货币市场、资本市场和产业市场的金融机构。2010 年，辖区

某信托有限责任公司发行了 4 期"滨海新区开发建设之创意产业收益权系列信托"，集合信托资金用于购买滨海新区创意产业园区未来产生的收益，融资规模共 2.4 亿元。2012 年，滨海高新区文创 1 号中小企业集合资金信托成功发行，该集合信托是由某担保公司牵头发起设立，总额达 1.5 亿元，涵盖 7 家动漫、影视及文化企业，在天津市开创了扶持中小文化企业批量融资的创新实践。

（三）文化企业债券融资迈出新步伐

新区 2012 年新设立的国内第一只网络游戏版权收购基金——"星基金"总规模达 10 亿元人民币。此外，海泰明石基金、建银基金等文化产业专项基金的设立为新区文化产业与资本市场的结合提供了桥梁，形成了社会资本投资文化市场的有效渠道。

（四）文化金融示范模式在探索中发展

针对文化创意类企业轻资产、重知识，抵押难、融资难的问题，滨海新区成立文化创意投资管理有限公司，通过滨海新区文化创意产业协会推荐优秀企业、担保公司提供担保、投资公司提供信贷资金的创新运行模式，搭建起了一个文化创意企业与金融机构的服务平台，成为滨海新区在文化产业发展上的又一创新之举。该公司是由体现政府背景的滨海新区文化创意产业协会，联合专业投资管理机构以及民间资本共同组建。公司将以"职业经理人"的身份，在规范新区文化创意类企业运作的同时，面对协会内企业的不同需求，提供投资、综合债权融资服务、基金管理、财务顾问等业务。文创投资公司成立的主要目的就是推动新区的文化资源与金融资源的融合，搭建投资、担保、贷款一体化的金融服务体系，加快滨海新区文化金融示范的建设。在此基础上，滨海新区文化创意产业协会、天津滨海农村商业银行、天津海泰投资担保有限责任公司三方签署了业务合作协议书，通过协会推荐优秀文化创意企业，海泰提供担保，再由银行提供信贷资金的模式，共同推动新区文化产业健康快速发展。

第三单元 金融支持文化产业发展的国际经验及启示

一、主要国家的发展经验

（一）美国：市场主导模式

美国金融支持文化创意产业的方式是坚持以市场为导向，充分发挥市场自身经济规律，以文化企业的快速成长为内生动力，这也是美国文化称霸全球并且长盛不衰的利器。美国文化创意产业的资金基本来自三个方面：政府拨款、资本市场和外商直接投资。

1. 政府资助。美国政府对文化产业的支持主要表现在对非营利性文化领域的支持，尤其是对文化传承方面的支持。政府没有专门文化产业的行政机构，与文化领域相关的中介机构行使一部分管理权，这些中介机构包括联邦艺术暨人文委员会、国家人文基金会、国际艺术基金会等。美国政府对文化企业的支持主要有三个特点：第一，政府不直接资助文化机构，而是拨款文化中介机构，再由中介机构合理分配，拨付给各个文化机构。这些中介机构只有拨款的权力而没有行政管理的权力，这种行政权和拨款权的分离是美国政府支持文化产业发展的典型特征。第二，最终受益人为非营利性文化艺术团体。这些艺术团体必须是联邦政府的免税资格者，且其盈利部分不归个人所有。第三，实行有限拨款。即政府对文化机构的资金支持是有限的，一般不会超过文化机构的具体项目所需资金的一半，剩余所需资金需要文化机构自己筹集。这样就避免了民间团体过分依赖政府，同时也保证了这些团体的相对独立性。显然，这种措施保证了文化机构自身的积极性，也调动了整个社会对文化领域的参与积极性，同时也减少了政府的无效投入，减少了财政资金浪费。

2. 资本市场融资。美国拥有全球任何国家都无法媲美的成熟而完善的金融市场，这为文化机构和企业获取资金提供了极大的便利。通过多元化的融资渠道、多样化的融资方式，文化产业能够获得个人、企业乃至财团的大量资金。获取方式主要包括以下三种：第一，股权融资。融资周期一般是 5～7 年，之后被投资企业一般会回购股份，这样既保证了文化企业知识产权的完整性，同时也为投资企业提供了顺畅的退出渠道。第二，夹层融资。主要包括次级贷款、可转换票据、优先股等形式，其中次级贷款是最常见的形式。第三，发行 AAA 级债券。一般制片投资方通过投资银行发行以票房等收入为基础资产的证券化产品给投资人获取资金。

3. 外商直接投资。美国虽然是世界上排名第一的市场经济国家，但是却经常竖起高高的贸易壁垒的牌子，对文化产品的进口设置多种限制，所以，进入美国的文化市场，直接投资是最好的选择。美国也正是利用这种贸易保护手段，保证了国内文化企业较高的投资回报率，并吸引了大量的外商将资本投资到美国的文化产业中来。目前，对美国文化市场的直接投资大多是由规模很大的跨国公司来完成，如日本的索尼公司、澳大利亚的新闻集团、德国的 BMG 等。值得一提的是，美国强大的金融市场，也为文化领域的投资方提供了非常方便的退出渠道，主要包括首次公开募股（IPO）、并购、清算等，此外，管理层收购和被投资企业回购方式也占有少量份额。

（二）英国：政府引导模式

早在 1997 年，英国就成立了文化创意产业行为领导小组，这个小组的成员包括了英国许多行政部门，例如外交部、妇女部、文化委员会、教育与就业部、北爱尔兰事务部、唐宁街 10 号政策研究室等。1998 年，英国又成立了文化创意产业出口推广咨询小组，其职责是检查和参谋国际文化贸易，这个小组的建立，表明了由英国体育、外交、文艺、工业等多个领域的领导机构组成的文化创意产业管理系统的形成。现在，英国已经拥有了全世界产业架构最合理的文化创意产业政策和最完善的文化产业体系。英国的文化创意产业政策可以集中概括为以下五点：第一，对与居民生活密切相关的文化机构和艺术品种进行重点资助，提高公众对于文化经济领域的认知；第二，培养消费市场，扩大居民对于文化生活的参与范围；第三，鼓励创业，鼓励风险投资，培养具有发展潜力的文化创意企业；第四，将文化艺术纳入教育系统中，使之成为其重要组成部分，以教育传播文化；第五，放权到地方，同时严格保护知识产权，为文化创意产业保驾护航。英国文化创意产业的资金来源主要来自政府资助，还有一部分资金由社会提供。政府的文化产业支持具有以下特点：

1. 类似于美国，英国的政府资助也不是直接面对文化机构团体的，而是通过中介非政府文化机构来进行。文化、体育和新闻等部门作为中央的行政主管部门，没有直接管辖的文化艺术团体，只管制定政策和提供资金支持。

2. 中介非政府文化机构通过具体分配拨款，将各个文化领域的机构团体、企业、个人联系在一起，形成了全社会文化事业管理的网络体系。

3. 政府对文化事业机构的资助是灵活且有限的。英国政府一直鼓励文化机构和企业自创收入和争取社会资助，对于文化机构的资助一般不会超过该机构收入的30%，其余部分需要机构自筹。此外，英国对于文化产业的投资采取"陪同资助"的方式，即在企业资助文化事业的时候，政府也提供资金"陪同"资助，第一次资助，政府和资助企业的资金比例是相同的，第二次资助，政府会比资助企业多投入一倍。资金加倍地投入，必定会使文化事业的规模和影响力加倍扩大，广告效应也明显提升。这项政策极大地调动了企业资助文化活动的积极性，促进了文化产业持续健康发展。

另外，英国还运用了一种非常规的筹集文化资金的手段，就是发行文化彩票，这样，文化产业就能迅速获得社会资金。

（三）韩国：政府行政指导模式

韩国相对于老牌的西方发达国家而言，市场各项制度和法律规范还不够健全，故在文化创意产业的发展模式上采用了政府行政指导的方式。作为起步较晚的文化产业新兴国家，韩国政府不仅需要在资金方面对文化创意产业提供支持，还需要政府在市场制度建设、产业规划、人才培养等方面对文化领域进行全方面的指导。

韩国文化创意产业的发展资金来源也是分为政府预算和民间资本。值得一提的是，韩国的民间资本的调动是通过政府"文化产业专门投资组合"的形式带动起来的。"文化产业专门投资组合"是一种政府和民间共同努力进行融投资，极大调动民间资本的方式。韩国政府还积极建立以公共基金为基础的官民同体的投资基金，通过该基金对文化企业进行风险投资。

（四）法国：政府管理模式

文化创意产业往往与意识形态相联系，有时通过一部作品就可以看出一个民族的文化底蕴，看出一个国家的特色。法国一向以文化大国自居，对于国家历史文化和意识的保护，表现得尤为慎重。第二次世界大战之后，美国变得异常强大，美国的文化也渗透到全世界的各个角落。"马歇尔计划"的实施，使欧洲各国都渐渐意识到了美国的文化侵略。法国为保持自己的文化独立，对于文化领域的控制非常严格，形成了保守的由政府管理的文化创意产业发展模式。法国将文化领域的发展分为两个领域，其中影像部分属于政府直接管理的部分，包括电影、电视、图书馆、博物馆等；另一部分放开，由企业进行市场化运作，包括新闻、戏剧、建筑、出版等。对于影像部分，法国政府一般直接进行资助或提供补贴。对于市场化部分的文化产业，法国作为欧洲市场经济大国，以强大的金融体系为其文化产业提供了投融资便利。法国政府对文化领域的资金介入主要通过三种方式：直接拨款、提供贷款和企业运作资助。首先，政府的拨款资助通过交流部和文化部统一管理。法国的政府拨款并不直接面对企业，比如对于图书出版，政府对于图书馆、出版社、书店、作者提供资助，这样就间接为图书出版公司提供了良好的出版环境。其次，法国政府为贷款较困难的小型文化企业提供贷款担保，同时为文化企业提供优先贷款、延长还款期限、降低贷款利率等优惠措施。最后，政府还为企业的进出口、全国性的文化活动提供资金支持。

根据上述四国文化创意产业的发展模式介绍，各国基本情况可以简单归纳为如表 5 - 4 所示。

表 5 - 4   美、英、韩、法四国金融支持文化发展模式比较

国别	模式	特征
美国	市场主导模式	政府主要资助非营利性文化组织，大部分文化企业资金源于资本市场融资，并辅之以外商直接投资
英国	政府引导模式	成立了文化创意产业行为领导小组，全面统筹文化创意业的发展与资金需求
韩国	政府行政指导模式	政府不仅需要在资金方面对文化创意产业提供支持，还要政府在市场制度建设、产业规划、人才培养等方面对文化领域进行全方面的指导
法国	政府管理模式	影像部分由政府直接管理，其余部分进行市场化运作：政府对文化企业的资金支持采用直接拨款、提供贷款和企业运作资助等形式

二、主要启示

由四国的对比情况看，按照政府介入文化创意产业的程度逐渐深化，可以排序为美国、英国、韩国、法国。各国都是根据各自的资源禀赋和发展状况来调整文化创意产业的金融支持政策与模式。具体到我国是：

第一，我国和法国一样，拥有悠久的文化历史与独特的文化资源，必须妥善维护，才能使源远流长的文化血脉传承下去，才能保护好珍贵的文化资源与文化传统。

第二，我国又与韩国类似，文化市场起步较晚，需要政府进行全方面的引导与服务。

第三，我国幅员辽阔、民族众多、地区经济水平差距较大，非常有必要由有关部门

进行统筹安排，取长补短，和谐发展，这就要求文化部、工信部、一行三会等部委密切合作，促进文化创意产业的大繁荣与大发展。

第四，将来我国的文化创意产业还要推向市场，由市场来解决文化部门的资金问题，这既是保持文化创意产业可持续发展的必然选择，也是减轻政府负担、发展金融市场的必由之路。因此，现阶段我国文化创意产业的发展方式应该是行政管理和政府引导相结合，并注重培养有竞争力的市场主体。

三、推进滨海新区金融支持文化产业发展的政策措施

（一）深化金融支持文化产业重要意义的认识与政策引导

随着文化体制的深化改革，必将培育产生更多的文化经济主体，给文化产业提供广阔的发展空间与渗透领域。作为新兴产业的文化产业的发展既是经济的重要增长点，同时又是与文化建设相辅相成，特别是文化产业发展带来的"文化"理念与其他产业的融合，可有效将文化力转化为经济力、现实生产力，推进各行各业自主创新能力与民族产品、民族品牌的提升，提高产业的文化附加值，由此带来的经济效益与社会效益非其他产业可比拟。从金融自身发展看，在支持文化产业的过程中，既扩充了业务，培育了众多的市场客户，又可获得金融创新经验，实现自身效益与经济社会效益的统一，因此需不断提高认识，在实践中，要加强政策引导。根据文化产业特征，可探索建立一些相应的特殊货币信贷政策，如可设立专项资金规模，专门扶持具有良好社会效益的优秀文化项目建设；又如，对于享受政府采购、项目补贴、定向资助、税收减免的参与公共文化服务的各类文化企业，可考虑予以贷款贴息等。可设立定性与定量相结合指标，将文化产业信贷业务开展情况纳入商业银行信贷政策导向政策评估体系，促进商业银行不断完善适应文化金融的内部考核制度，建立适应文化产业的信用等级评定指标，持续再造适应文化金融的业务流程，有效建立适应文化金融的创新机制。

（二）强化文化金融理念

文化产品生产与消费过程中，除了有的产品与其他产品一样可以产生"物理性"的污染外，不健康的文化产品或项目，即使其建设过程不产生"物理性"污染，却会深深污染着"精神世界"。有鉴于此，文化产业并非纯属绿色经济，不能赶时潮一哄而上。另一方面，对于传统的、基本的、有益身心的传承文化项目或公共文化项目，从维护文化消费权益或从文化普及、提高文化素质层面看，因其难以完全摆脱公益性项目性质，不能等同纯商业项目看待。所以，如何支持文化产业，首先要明确如何支持文化事业。此文化事业非文化管理体制之义，而是就文化项目产品之功能属性而论。可见支持文化产业，经济效益并非唯一标准，必须兼顾社会效益，不能唯文化产业而使文化异化乃至欺凌"精神家园"或者圈上厚垫的"金"栏杆。如此理念，并非意味着对该类项目的支持可以置信贷资金有偿性原则于不顾，这或许是金融如何支持文化产业发展中需要研究

与创新的深刻命题，尤其需要与财政政策的密切配合。

（三）努力推进实业性文化产业转型升级

因为实业性文化产业中的融资难题，实质上就是中小企业融资问题，破解此题有待于整个社会经济金融环境的改善。相反，值得一提的却是与其他产业发展中相类似的另一话题，即金融也要努力推进实业性文化产业的转型升级。因为文化产业是朝阳产业，但从发展情况看，各地低层次、同质化、贴牌生产的产品企业已很普遍，在现代化技术条件下，很可能"产业不足"呼声未辍，却已"产业过剩"。所以，不能盲目招商引资、上项目、扩大规模，各地要结合实际，编制文化产业规划，促进主体产业又好又快发展。金融当努力支持文化产业园区建设，促进实业性文化产业的集群化发展。

（四）积极探索文化金融产品创新

由于文化市场主体资产与效益方面的特殊性与复杂性，金融支持文化市场主体就特别需要区别支持于其他企业主体的差性个案措施。本书认为，尤其对以下两类文化主体的金融创新需要积极探索。一类是缺乏有形资产抵押如影视、剧团等体现典型文化特征的文化企业或产品。在这方面，可将"版权质押＋个人连带保证"引入信贷管理流程，实现对文化市场主体现金流和核心资产的有效控制；可探索采用"版权信托＋收益权质押担保"的文化企业贷款融资模式；对于具有商标权、知识产权、专利权、著作权的文化企业，可采取"知识产权质押贷款""专利权质押贷款"等融资方式；对于租赁演绎、展览、动漫、游戏，广播影视节目的制作、传输、集成和电影放映等相关设备的企业，尝试发放融资租赁贷款。另一类是商业性与公益性相兼的文化建设项目。在实践中可探索采取对文化项目公益性与商业性的先分割再融合的方式予以解决，若一个项目具有若干子项目，且可分割为公益性的或商业性的，则对子项目进行评估，公益部分由政府拨款或接受外部捐赠，商业部分则由金融进行支持。若公益性和商业性无法具体进行区分的项目，则可采取"虚拟分割"的方式进行，即对此项目的公益性需要多少投入、带来的商业性所产生多少效益进行评估测算，然后按不同比例选择由政府拨款或金融支持等。

（五）搭建政银企三方的文化产融合作平台

着重要建立文化项目政银企合作的议事协调机制和信息交流平台，共同推进文化的资源优势向现实经济优势转化。第一，结合实际，探索建立文化产业重点项目库，编印《文化产业信贷产品汇编》，构筑文化产业与文化金融的分析监测体系。第二，与时俱进，联合打造文化金融网上信息平台，汇集文化产业政策信息、银行服务信息及产品信息、中介机构服务信息等，扩大政银企文化产业信息交流范围和共享交流，方便银行及时了解文化金融政策，帮助文化企业及时获得所需的金融服务资讯，解决信息不对称问题。第三，加强培训，促进银企有效对接，联合有关部门面向文化企业组织专题培训，介绍相关优势政策、金融产品、担保业务以及办理融资过程中的具体流程和应注意的问题，便于文化企业融资。第四，组织必要的文化金融活动。举办文化企业项目推介会，进行项目对接洽谈，进行集中授信签约仪式，以发挥政策聚集效应与典型示范效应。

（六）联合营造良好的文化金融环境

第一，建立文化企业专项发展资金。对具有公益性特征的文化项目，由财政先行投入，为信贷介入培育主体。第二，建立文化企业风险补偿机制。以政府为主发起人，由财政、担保公司或贷款企业按照贷款金额一定比例共同出资组建"资金池"作为风险补偿。针对处于起步发展阶段、难以提供有效抵押担保物品的文化企业，由政府为其向金融机构提供担保。对有市场、有效益的重点旅游项目，实行积极的财税政策，对其贷款实行贴息扶持。第三，建立产业担保基金。由政府组织，通过财政、企业和引入外资的方式，用于文化产业项目开发的贷款担保、贴息和补偿等，以解决企业担保难和贷款难问题。第四，完善知识产权法律体系。抓紧制定和完善专利权、著作权等无形资产评估、质押、登记、托管、流转和变现的管理办法，根据《中华人民共和国物权法》修订有关质押登记规定，以保障各方权益。第五，推动建立无形资产评估、转让、担保体系。建立由政府部门、担保公司、评估公司等专业人才组成的评估机构，对无形资产的评估、转让、入股等提供专业服务。同时，积极培育无形资产的流转市场，完善知识产权抵押登记、质押登记、托管、担保及保险等方面的协作机制。

第四节　滨海新区中小微型企业发展及其金融支持

中型、小型、微型企业是我国国民经济重要的组成部分，是市场经济中最活跃的细胞，是创业富民的重要渠道，在扩大就业、增加收入、改善民生、促进稳定、国家税收、市场经济等方面具有举足轻重的作用。改革开放以来，我国的小微企业发展迅速，在国民经济和社会发展中的地位和作用日益增强。本节将阐述中小微企业在国民经济中的重要作用及其融资特点，并重点分析滨海新区中小微企业的融资概况。

第一单元　中小微企业的重要作用及其融资特点

一、中小微企业在国民经济中的重要作用

1. 中小微企业是缓解就业压力保持社会稳定的基础力量。随着工业化的发展，大企业越来越趋向于以资本替代劳动，这种资本强化趋势使得大企业在经济发展中对劳动力的吸纳作用越来越小。而中小微企业由于劳动密集型的特征，等量资本所吸纳的劳动力比率远高于大企业，同时科技型小微企业蓬勃发展，是经济增长与社会进步的不竭动力。近年来，科技型小微企业悄然兴起并迅速发展，成为技术进步中最活跃的创新主体。

2. 中小微企业是市场经济的微观基础，是深化改革的主要推动力量。中小微企业大多数从事第三产业，贴近市场，贴近用户，活跃在市场竞争最为激烈的领域，是市场经济的主体和市场体制的微观基础。相对大企业而言，中小微企业改革成本低、操作便利、社会震荡小、新机制引入快，因此在改革进程中，中小微企业往往是实验区，是突破口。中小微企业的各项改革成果，为大企业的改革实践提供了有益经验，也为创造多种经济成分共同发展的大好局面做出了贡献。

中共十八大报告中明确提出，要推进经济结构的战略性调整，支持中小微企业，特别是科技型中小微企业发展。综上所述，国家之所以要扶持中小微企业的发展，很大一部分在于中小微企业有着很多不可替代的作用，因此发展中小微企业是一件刻不容缓的事情。

二、中小微企业融资的特点

1. 中小微企业的融资需求具有"短、频、急"的特点。中小微企业的资金缺口一般较小，因此融资额度一般较小；中小微企业的融资用途一般为购置原材料、偿还应付款项等，融资期限相对较短；相对于大型企业，中小微企业一般可以承受较高的融资利率[1]。

2. 中小微企业经营风险高。通常情况下，由于产品较为单一、多处在产业链下游，中小微企业经营失败的风险远远高于一般大企业，这使得对中小微企业融资的风险高于一般大企业。据有关权威部门统计，近30%的中小微企业在两年之内就退出市场，近60%的中小微企业在4~5年内消失。[2]

3. 中小微企业缺乏可供抵、质押的实物资产。中小微企业多缺乏自有的土地、厂房等不动产可供抵押，也缺乏存款、债券等动产抵押，融资风险相对较高。由于中小微企业的资产价值较少，因此资产评估环节的固定费用相对较高，使得中小微企业办理抵押、质押贷款的成本相对较高。

4. 中小微企业贷款业务成本较高。中小微企业单笔融资额度小、融资期限短的特点，决定了发放同等金额的中小微企业贷款和大型企业贷款，前者的业务笔数大大超过后者。在贷款审核程序、贷后管理程序基本相同的条件下，中小微企业贷款的审核成本、管理成本较为高昂，影响了银行的贷款意愿。

5. 中小微企业运营时间较短，缺乏完备的信用记录，融资供给方难以判断其信用情况。中小微企业内部治理结构不尽完善，财务报表不尽规范，财务核算可靠性低，在此情况下，融资中存在信息不对称现象，即表明愿以高利率获得贷款的中小微企业其贷款

---

[1] 《国外中小企业融资经验及启示》，孔曙东著，59页，北京，中国金融出版社，2007。
[2] 《国外中小企业融资经验及启示》，孔曙东著，79页，北京，中国金融出版社，2007。

风险往往高于平均水平，其还款意愿往往低于平均水平。这就较大程度地抵消了贷款利率上浮对中小微企业贷款的风险补偿作用。

在现代经济体系中，由于市场扩张的巨大缺口，加上资本本身具有的高流动性，资本永远处于相对优越但也相对稀缺的地位，一定意义上讲，融资难是完全正常的。不独我国，中小微企业融资难几乎是全球普遍现象。

第二单元　滨海新区中小微企业融资及金融支持现状

一、间接融资

间接融资指银行信贷融资，中小微企业间接融资核心就是如何识别风险、控制风险、分散风险，为此需要银行、担保公司、保险机构等金融机构紧密配合。就银行而言，主要是创新风险识别和风险控制手段以降低贷款风险，以机构整合和流程优化业务成本。此外，担保机构、保险公司也在中小微企业间接融资中扮演重要角色，它们可以在一定程度上对冲企业的贷款风险，以降低中小微企业的贷款门槛、业务成本，减少审批时间。

（一）主要做法：银行业

为克服中小微企业业务成本高、缺乏抵、质押物资产、信息不对称的问题，滨海新区银行业积极进行业务创新，通过调整组织架构、拓展抵、质押物范围、改善贷后审核等方式，一定程度上克服了中小微企业融资中存在的障碍，促进了中小微信贷业务的发展。

1. 改革组织架构，完善信贷流程。

第一，设立中小微信贷部门，进行专项服务。随着利率市场化改革不断深入，贷款利率下限和存款利率上限的浮动范围进一步放宽，协议存款、资金拆借及债券的价格形成机制更加市场化，银行息差面临收窄，加剧了同业价格竞争，制约了银行利润的增长。而中小微企业具有更高利率容忍度的特点，使得各银行普遍加大了对中小微企业的重视程度，专职的中小微信贷部门也得以建立。某银行为小微企业提供了专项信贷额度支持，并优先保障小微贷款的放放速度。某银行将小企业贷款指标纳入团队考核体系，并加大营销奖励力度。

第二，信贷审批采用集约化模式，降低业务成本。中小微企业生产周期及贷款需求多具有"短、频、快"的特点，而传统的中小微信贷产品往往准入门槛较高、审核期限较长，无法很好满足企业的资金需求。为此，某银行针对性地推出了"速贷通"业务，此项业务具有不设准入门槛、不强调评级和客户授信，手续简化、流程快捷的特点，切合了中小微企业的临时信贷需求。某银行建立审批师终审制度，由审批师参与事前调查，更充分更直接地把握企业信息，改变了常规业务相对繁琐的业务环节，能够快速有效地为小企业提供金融服务。某银行的"信贷工厂"服务模式为小微企业量身打造"统一经营、集约管理"的专营机构,具有客户准入宽、贷款审批快、从业人员专等三大优势。

2. 扩大抵押物范围,降低信贷准入门槛。

第一,创新抵押、担保方式。针对不能提供常规抵、质押物的小微企业,滨海新区银行业积极发展存货、应收账款、知识产权等抵押方式,推出小企业联保、打包贷款、组合担保等创新担保形式破解小微企业抵押品不足或担保难的"瓶颈"。如某银行塘沽支行利用"小企业联保联贷"业务,为新区贸易型小微企业发放联合贷款。某银行滨海新区业务部创新应收账款融资模式,为满足滨海新区元器件生产、通讯设备制造等部分行业,其应收账款具有单笔金额较小、收款期较短、周转频率较高、买方分散的特点,创新开展了应收账款融资池业务。

第二,发挥综合优势,搭建多元化服务平台。滨海新区银行业积极与担保公司、保险等机构联动,联合成立产业投资基金和中小企业股权投资基金,延伸服务链条,扩大小微企业融资渠道。例如,某银行滨海分行搭建了集中销售平台,与滨海地区 5 家专业融资性担保公司建立合作关系,并与中远货运等物流公司合作建立银行、企业、物流监管公司三方合作平台,为小微企业存货融资担保提供了便利。

3. 完善考核机制,改进风险管理模式。

第一,适当放宽风险容忍度,增强业务发展动力。中小微企业贷款笔数多、金额小、风险控制难度较大,对不良贷款"零容忍"的传统信贷考核模式不利于小微企业信贷业务的发展。特别是"凡出现不良贷款需下岗清收"的传统贷款质量要求严重背离中小微企业贷款的现实状况,给商业银行信贷部门人员发展中小微企业贷款带来了很大的心理压力,因此商业银行迫切需要放宽中小微企业的风险容忍度。例如,某银行滨海分行坚持"收益覆盖风险和成本"及"尽职免责、失职问责"的原则,强调全流程的风险控制管理,提高了审批质量和效率。此外,对于产品创新能力强、市场前景好、信用状况好、还款意愿强但暂时出现经营困难的中小微企业,建立信用恢复机制,根据企业生产经营情况,为企业客户制订授信调整方案,帮助企业恢复生产,渡过难关。工商银行开发区分行对产品有市场、前景好、经营管理规范但出现暂时性困难的企业,根据合同约定和企业实际需求合理延长还款期限,维持存量贷款。

第二,创新风险管理模式,降低贷后风险管理成本。滨海新区商业银行在简化信贷流程、提高小微贷款风险容忍度的同时,积极创新风险管理模式以切实控制业务风险。例如,某银行滨海分行强调批量营销,以群体客户的信息和信用弥补单一客户的信息和信用不足,降低业务成本的同时增强了风险控制力度。某银行滨海分行以资产组合管理等技术监控小微企业业务的整体风险和收益水平,以"工厂化"的经营理念打造流程银行,强调全流程的风险控制和管理,提高审批质量和效率。某银行滨海分行的小微分部中设有专门的贷后管理岗,使用数据库风险管理和电话外部呼叫平台的回访跟踪小微企业经营发展情况。

4. 创新支持科技型中小企业。

第一，创新开展知识产权质押融资业务。滨海新区商业银行积极与担保公司合作，通过专利权、商标权反担保形式开展专利权、商标权质押贷款。针对高新科技产业和电子商务领域小微企业的经营特点，某银行滨海新区业务部创新科技型小微企业知识产权质押、小额股权质押贷款介入融资模式，开展科技型小微企业"投贷联动""贷投联动"业务，并积极与市科委合作建立"科技小巨人"绿色通道和审批模板，为"科技小巨人"融资计划提供充足的资金支持。

第二，开展股权融资业务。如某银行滨海分行与某集团合作，创新开展了股权选择权融资业务，发挥了政府专项资金的杠杆作用，打通了科技小微企业与银行对接的资本通道，解决了科技小微企业共同面对的贷款抵押不足值、无反担保措施等问题，在服务科技型中小企业方面起到了良好的效果。

（二）主要做法：担保业及保险业

1. 担保业。

第一，担保公司在中小微企业间接融资中的作用。个人或企业在向银行借款时，银行为了降低风险，会要求借款人找到第三方（担保公司或资质好的个人）为自身做信用担保。担保公司会根据银行的要求，对借款人出具相关的资质证明进行审核，审核通过后对借款人进行担保并收取相应的担保费用。

第二，典型担保公司案例。某担保有限责任公司是国家发展和改革委员会批准的国有独资的担保公司，于2004年3月正式成立，注册资金3亿元，为天津市担保业协会会长单位。该公司以高科技型和高成长型中小企业为主要服务对象，兼顾具有一定发展前景和一定盈利能力的其他类型的中小企业，帮助企业解决流动资金贷款担保问题，推进中小企业的创立与发展。服务范围面向天津滨海高新区，开办的主要业务有贷款担保，履约担保，财务咨询，投资顾问等。该公司已与天津农村合作银行、浦东发展银行、天津银行等17家商业性银行及国家开发银行签订了业务合作协议。海泰担保公司创新业务模式，通过以下方式创新性支持中小微企业融资：

其一，担保换期权模式。该公司在北方地区首创了担保换期权的担保模式。结合文化类中小企业固定资产少的特点，将其股权、版权和期权组合作为一种反担保措施，收购企业3%~5%的股权，通过未来股权的收益分享企业发展成果，同时在企业与银行之间搭建了稳妥的担保桥梁。

其二，集合信托模式。该公司与银行、信托公司联合发行了天津市首支高新技术企业集合信托产品，给8家中小企业以整体打捆贷款的方式提供13 000万元的融资额，为中小企业融资拓宽了渠道。

其三，一站式服务模式。该公司联合高新区孵化事业促进中心与天津农村合作银行签订了小企业信用共同体协议，建立了箱式合作方式，为企业提供一站式服务，强化了相互监督，降低了担保风险。该公司从最初只有流动资金贷款担保一项业务，发展到囊括履约担保、债券担保等多项业务。同时，该公司还积极为中小企业提供理财、技术咨询、人才培训等一站式配套服务，企业在享受服务便利的同时，还获取了更多信息，降低了风险。

2. 保险业。保险业在中小微企业间接融资中的作用在于，通过出口信用保险、应收账款保险、科技保险等险种，可以有效降低中小微企业的经营风险、研发风险，从而控制银行对中小微企业的信贷风险。保险公司对拟参保企业的业务审核，也是对中小微企业风险水平的评估和遴选过程，因此参保企业的整体风险水平相对较低，银行对其具有更强的贷款意愿。其主要做法如下：

第一，天津保监局积极引导支持保险业服务科技型中小企业发展。一是加强与政府部门合作。支持有关公司与滨海新区商委共同搭建"中小企业出口风险保障平台"，与新技术产业园区管委会合作推出"中小企业风险保障平台"等，利用贸易代理企业或银行为载体，将下游零散且不符合条件的科技型中小企业整合后承保，帮助其解决融资难题。二是创新科技保险产品。通过引导保险业开发高新技术企业财产险、关键研发设备保险、产品责任保险、出口信用保险和小额贷款保证保险等，拓宽科技保险业务领域，不断提高保险服务科技型中小企业的能力。截至2011年12月底，累计为61家科技型企业提供了价值人民币133.6亿元、美金12.33亿元的风险保障。三是创新保险融资服务模式。针对中小企业"融资难"问题，指导有关公司开展信用保险项下的国内国际贸易融资，帮助科技型中小企业在得到收汇安全保障的同时，在无抵押担保、不占用银行授信的情况下即可获得融资，2011年为科技型中小企业提供融资便利达10亿元，缓解了中小企业的资金紧张问题。同时，支持有关公司采取专管专营、独立审核的运行机制，在一定额度内，为享受财政专项资金资助的投保企业提供贷款保证服务，帮助其从银行获得融资贷款。

第二，天津市政府出台政策支持保险服务中小企业发展。2011年，天津市人民政府办公厅出台了《关于推动金融促进科技型中小企业发展工作的实施意见》（津政办发〔2011〕92号），支持保险业积极开展业务，提高服务科技型中小企业能力，主要包括：

一是建立融资政策支持体系。鼓励保险机构开发推广履约保证保险、贷款保证保险等产品，为科技型中小企业融资提供保险服务；对经天津市科委认定推荐，但信用等级、质押资产、担保方式、还款保证等不能完全达到银行等信贷机构条件的科技型中小企业，帮助其通过投保商业保证保险方式进行增信，缓解其融资难度，并给予保费补助；允许科技型中小企业在科技计划项目中列支有关的科技保险费用；支持出口型科技型中小企业开展出口信用保险项下的贸易融资。

二是拓宽科技保险业务领域。鼓励保险机构综合运用各险种产品为科技型中小企业服务，提高科技型中小企业抗风险能力；建立科技保险推进工作协调机制，组建科技保险专家组，搭建科技保险营销平台，并加强宣传培训、防灾减损、理赔核算等工作，扩大科技保险覆盖面。

二、直接融资

（一）中小企业集合票据

中小企业集合票据[①]是中国人民银行、中国银行间市场交易商协会为了方便中小企业融资，于2009年11月推出的创新金融产品。它是由2个（含）以上、10个（含）以下具有法人资格的企业，在银行间债券市场以统一产品设计、统一券种冠名、统一信用增进、统一发行注册方式共同发行的，约定在一定期限还本付息的债务融资工具。主要解决单一企业因规模较小不能独立发债的矛盾，降低了融资门槛，对单一企业的要求较低，通过集合发债有利于提升单一企业的信用等级，降低融资成本。中小企业集合票据具有四大特点：

第一，分别负债、集合发行。集合票据由多家中小企业构成的联合发行人作为债券发行主体集合发行，各发行企业作为独立负债主体，在各自的发行额度内承担按期还本付息的义务，并按照相应比例承担发行费用，集合发行能够解决单个企业独立发行规模小、流动性不足的问题。

第二，发行主体和发行规模适中。《指引》第2条明确规定发行主体应为符合国家相关法律法规及政策界定的中小非金融企业，体现了为中小企业服务的宗旨。《指引》明确规定了集合票据中单个企业及整支票据的发行规模，即在任一企业集合票据待偿还余额不超过该企业净资产40%的前提下。

第三，发行期限灵活。《指引》未对发行期限做出硬性规定，但由于中小企业经营发展具有较大的不确定性，为有效控制风险，中小企业集合票据的期限也不宜过长，具体产品期限结构可由主承销商和发行主体结合市场环境协商确定。

第四，引入了信用增进机制。中小企业集合票据发行主体通常信用级别较低，设立投资者保护机制就变得尤为必要，增信措施的使用能够在提升债项评级、熨平各发行体之间信用差异的同时，提高投资人对中小企业集合票据的认可度，也为中小企业集合票据产品结构继续创新预留了空间。

2012年2月1日，滨海新区首只中小企业集合票据——"天津滨海高新技术中小企业集合票据"得以正式发行，中小企业集合票据这一新型票据工具为新区中小企业融资开拓了新的渠道。票据为3年期，募集资金1亿元，票面利率8.68%。

---

① 以下部分内容来自百度百科"中小企业集合票据"词条。

（二）中小企业私募债券

2012 年 5 月，深圳证券交易所和上海证券交易所先后发布《中小企业私募债券试点办法》，为中小企业债券融资开辟了一条新渠道。中小企业私募债是我国中小微企业在境内市场以非公开方式发行的，发行利率不超过同期银行贷款基准利率的 3 倍，期限在 1 年（含）以上，对发行人没有净资产和盈利能力的门槛要求，完全市场化的公司债券，也被称作是中国版的垃圾债。相比传统融资方式，中小企业私募债更加便捷高效，具有以下特点：

第一，降低融资成本，准入门槛较低。发行债券可以拓宽企业融资渠道，改善企业融资环境。通过发行中小企业私募债，有助于解决中小企业融资难、综合融资成本高的问题，有助于解决部分中小企业银行贷款短贷长用，使用期限不匹配的问题。增加直接融资渠道，有助于在经济形势和自身情况未明时保持债务融资资金的稳定性。同时，与其他融资形式相比，中小企业私募债准入门槛相对较低，可以使更多信用评级较低的企业企业受惠。

第二，发行审批便捷。中小企业私募债在发行审核上率先实施"备案"制度，接受材料至获取备案同意书的时间周期在 10 个工作日内。私募债规模占净资产的比例未作限制，筹资规模可按企业需要自主决定。在发行条款设置上，期限可以分为中短期（1～3 年）、中长期（5～8 年）、长期（10～15 年）。债券还可以设置附赎回权、上调票面利率选择权等期权条款，还可分期发行。在增信机制设计上，可为第三方担保、抵押/质押担保等，也可以设计认股权证等。

第三，资金用途灵活。由于是采用私募发行，发行人和投资者可以就具体资金使用条款和还款安排加以协调，从而使得债券条款更具有设计上的灵活性，发行人可根据自身业务需要设定合理的募集资金用途。允许中小企业私募债的募集资金全额用于偿还贷款、补充营运资金，若公司需要，也可用于募投项目投资、股权收购等方面。

第四，提升市场影响。因中小企业私募债的合格投资者范围较广，理财产品、专户、证券公司都可以投资，因而债券发行期间的推介、公告与投资者的交流可以有效地提升企业的形象。债券的成功发行显示了发行人的整体实力，债券的挂牌转让交易也会进一步为发行人树立资本市场形象。私募债也有助于企业在监管部门处提前树立良好印象，为企业未来上市等其他融资安排创造条件。

2012 年 6 月，天津、上海、深圳等 6 个城市被国家列为首批试点区域。天津滨海高新区科技金融服务中心分别与国泰君安、平安证券签署关于"中小企业私募债"的合作协议，并合作发行了 1 亿元的本市第一笔中小企业私募债券。

（三）股权投资基金

股权投资基金，是指通过募集资金对非上市企业进行的权益性投资，在交易实施过程中附带考虑了将来的退出机制，即通过上市、并购或管理层回购等方式，出售持股获利。股权投资基金投资于非上市企业，具有高风险、高收益的特点，是吸引民间资本投向中小微企业的重要资金渠道，被称为中小微企业的孵化器。股权投资基金涵盖企业首次公开发行前各阶段的权益投资，包括处于种子期、创立期、成长期、扩张期、成熟期等各个时期企业所进行的投资，相关资本按照投资阶段可划分天使基金、创业投资基金、产业投资基金和私募股权投资基金等。其中，种子期对应的天使基金、初创期对应的创业投资基金对于中小微企业发展具有重要的意义（见图 5-7）。

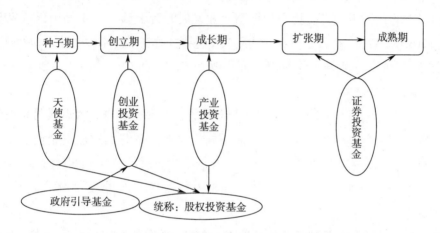

图 5-7　企业发展阶段与对应基金关系示意图

多年以来，滨海新区高度重视股权投资基金的融资作用，出台多项措施吸引股权投资基金注册及投资。2009 年 6 月，天津股权投资基金中心正式挂牌成立，它是中国国内第一家成立的专业从事股权投资基金服务的平台，率先推出了股权投资基金"一条龙"式服务，服务涵盖了从基金设立咨询、基金设立、备案推动、资金募集、商务办公、项目对接和转让退出等整个过程。截至 2012 年底，滨海新区注册的股权投资基金及管理公司达到 2063 家，数量约占全国的三分之二，协议募集资金超过 4000 亿元。

（四）天津股权交易所①

天津股权交易所（以下简称天交所）是天津市政府批准设立的公司制交易所，2008 年 9 月在滨海新区注册营业。天交所借助成熟资本市场的成长经验，通过组织开展非上市公司股权融资、挂牌交易，探索中小企业、科技成长型企业直接融资渠道，促进非上市公司熟悉资本市场规则，提高核心竞争力，为主板、中小板、创业板市场和境外资本市场培育和输送后备上市资源，业务规模和社会影响力不断扩大。天交所创新特色股权融资模式，较好地契合了中小微企业的融资需求：首先，融资效率高，天交所融资项目启动到完成融资在 3 个月左右，融资期限较短；其次，融资方式灵活，已挂牌企业一年内可以通过天交所市场实现多次股权融资；最后，融资成本较低，天交所对市场专业中

---

① 相关内容已在第四章第二节第一单元中进行详述。

介的收费进行管理，以有效降低企业的融资成本。天津所每次融资一般不超过 5000 万元，较好地适应了中小微企业的融资要求。

截至 2012 年底[①]，天交所累计挂牌中小企业数量达 260 家，其中天津市企业 13 家，挂牌企业分布全国 26 个省；注册投资人 16420 个，注册做市商 99 家；截至 2012 年 6 月底，天交所累计为企业直接股权融资金额达 40.77 亿元，其中天津市企业 0.95 亿元。11 个省、直辖市、自治区出台政策支持本地企业到天津股权交易所挂牌。2012 年 4 月，天津市政府发布的《关于大力支持小型微型企业发展的若干意见》中指出：从 2012 年 1 月 1 日到 2015 年 12 月 31 日，对在天津股权交易所挂牌交易的本地企业，初始融资额达到 500 万元以上的，市财政给予 50 万元的一次性专项补助。

（五）新三板市场

"新三板"市场特指中关村科技园区非上市股份有限公司进入代办股份系统进行转让试点，因为挂牌企业均为高科技企业而不同于原转让系统内的退市企业及原 STAQ、NET 系统挂牌公司，故形象地称为"新三板"。在"新三板"市场上市具有以下优势：

第一，便于后续融资。新三板上市公司挂牌后可实施定向增发股份，提高公司信用等级，帮助企业更快融资。

第二，财富增值和股份转让。新三板上市企业及股东的股票可以在资本市场中以较高的价格进行流通，实现资产增值。股东股份可以合法转让，提高股权流动性。

第三，转板上市。新三板上市后，将有利于公司在其他层级资本市场上获得融资。证监会等有关部门正积极研究"新三板"转板机制，转板机制一旦确定，公司可优先享受"绿色通道"。

2012 年 8 月 3 日，"新三板"首批扩大试点方案已经国务院批准。天津滨海高新区成为"新三板"首批扩容试点之一。按照扩容方案，"新三板"是在原有中关村科技园区试点的基础上，将范围扩大到其他具备条件的国家级高新技术园区，此前，全国超过 40 家高新区都在争取首次扩容资格。按照总体规划中分步推进、稳步推进的原则，首批扩容试点除了中关村科技园区外，新增了天津滨海高新区、上海张江高新产业开发区和武汉东湖新技术产业开发区。加入"新三板"试点，对初创期的中小企业将起到很大的推动作用，与主板、创业板相比，"新三板"市场门槛相对较低，能解决中小企业的融资问题，也有利于引导社会资本投入小微企业，实现企业价值的发现[②]。随着新三板市场的逐步完善，我国将逐步形成由主板、创业板、场外柜台交易网络和产权市场在内的多层次资本市场体系。

---

① 以下数据来自天津股权交易所网站，网址为 www.tjsoc.com。
② 北方网 2012 年 8 月 4 日报道，网址 http://www.enorth.com.cn。

（六）商业保理①

保理是一种从他人手中以较低价格买下其债权并负责收回债款从而获利的行为，是支持企业信用销售和贸易融资的有力工具。其中，银行保理主要为大型企业服务，商业保理专注于某个行业或领域的针对性服务，更适用于中小型企业。商务部下发《关于商业保理试点有关工作的通知》（商资函〔2012〕419号），批准天津市滨海新区开展商业保理试点，探索商业保理发展途径，包括批准天津市滨海新区开展商业保理试点，试点内容为鼓励滨海新区设立商业保理公司，为企业提供贸易融资、销售分户账管理、客户资信调查与评估、应收账款管理与催收、信用风险担保等服务。鼓励各类商业保理公司面向中小微型企业提供服务，积极开展国际和国内保理业务。滨海新区现已成立13家独立的商业保理公司，分别是瀛寰东润（中国）国际保理有限公司、中安信成保理（天津）有限公司、鑫银国际保理有限公司、天津中新力合国际保理有限公司、达泰（天津）国际保理服务有限公司等，这些企业业务覆盖面广，发展速度较快。滨海新区一直把加快推进保理业发展作为金融改革创新的重点工作之一，新区也是国内最早登记注册商业保理机构的地区，第一家商业保理公司、第一家外资商业保理公司以及中国第一批国际保理商会协会会员等都出自滨海新区。截至2012年底，滨海新区独立商业保理公司已经达到13家，占全国总数27家的48%，成为名副其实的"中国保理之都"。

---

① 相关内容已在第四章第一节第六单元中进行详述。

第六章 深圳特区、浦东新区、滨海新区的金融业态比较

天津滨海新区与上海浦东新区、深圳特区作为中国东部沿海三大区域经济发展的增长极，其金融业的发展也备受关注。深圳作为我国最早成立的经济特区之一，经过30多年的快速发展，深圳综合经济实力已经进入全国大城市前列，成为全国重要的区域性经济中心，尤其是金融业取得了长足的发展。经过23年的不断努力，浦东已形成完善的金融体系、先进的金融理念和开发开放的金融环境，逐步向国际金融中心的目标迈进。作为我国历史上的北方金融中心，天津金融业有着辉煌的历程和深厚的积蕴，近年来，滨海新区以"国家赋予滨海新区金融业改革创新先行先试政策"为契机，不断发展金融业，并取得了显著的成效。本章着重对三区的金融业态进行分析，对三区金融业的发展历史、发展进程和各自的发展特点进行比较。通过分析和比较，为滨海新区金融业的发展提供借鉴。

第一节 三个国家级新区的金融业态概述

第一单元 深圳特区金融业态概述

深圳作为我国改革开放的第一个国家级经济特区，充分利用中央所赋予的政策优势，确定了优先发展金融业的战略。30年里，不断发展、完善金融机构，扩大对外开放、引入国外金融机构和资金，运用灵活优惠的政策如利率浮动，吸引国内资金，同时按照市场经济的改革方向，构建种类齐全的金融市场体系、现代化的金融服务体系和比较接近国际惯例的金融调控与监管体系，为深圳金融业的发展提供了有力保障，强有力地支持了深圳经济特区的建设和发展，为基本建设提供了70%的资金，为企业生产提供了80%的流动资金，为居民大宗消费提供了60%的资金；为本地企业在资本市场筹集了约3000亿元资金，为深圳经济建设提供了60万亿元的保险保障。多年来已逐渐形成由货币市场、债券市场、股票市场、外汇市场、黄金市场等构成的，具有交易品种多样化和交易机制多元化等特征的金融市场体系。基本建成以银行、证券、保险为主体，其他

多种类型金融机构并存、结构比较合理、功能比较完备的现代金融体系，金融业综合实力和竞争力位居中国城市前列，是国内第三大金融中心。

2012 年，深圳金融业整体实力增强，对实体经济支持力度显著增强。深圳 2012 年金融业总资产到 2011 年底已经达到 5.1 万亿，在全国排第三；增加值达到了 1819.2 亿元，2011 年增长了 14.3%，占到深圳 GDP 总量的 14%。深圳拥有完善的多层次的资本市场，招商银行和平安银行都跃进了世界五百强，深交所 2011 年 IPO 家数是 129 家，全球居于第一位。深圳基金业主要指标排名全国第二，约占全行业总量 1/3。保险业法人机构数量居全国第三，保险收入居全国第四。深圳拥有超过 3500 家的 VC 和 PE，注册资本总量超过 2800 亿元。在中国创投机构前十强当中，深圳有五家。截至 12 月底，全市中小企业贷款余额 6800 亿元，占全部贷款余额 31%，比大型企业贷款占比高 3 个百分点；全市现代服务业贷款余额 4200 亿元，占全部贷款余额 19%，比全国水平高 5 个百分点；制造业贷款余额 3572 亿元，同比增长 42%，比全部贷款增速高 28 个百分点。去年，深圳市非金融企业通过银行间市场融资 440 亿元，首次为 6 家民营企业融资 21 亿元。深圳跨境人民币贸易结算量继续位居全国前列。2012 年，深圳 53 家银行为近 4 千家企业累计办理业务 9315 亿元，交易涉及 80 多个国家与地区，采用人民币结算额占进出口贸易比率达 16%。其中，经常项目下人民币业务金额约占同期全国业务总量的 13%。

第二单元　浦东新区金融业态概述

作为国务院批复成立的首个国家级综合配套改革试点区域，上海浦东新区被定位于建设成为上海国际金融中心和国际航运中心核心功能区。根据中央和上海市委、市政府推进上海国际金融中心建设、促进金融支持经济发展的部署和要求，浦东新区区委、区政府围绕金融核心功能区建设，在环境建设、机构集聚、先行先试、融合发展等方面进行了持续的探索和推进，取得了积极成效。部署实施了十大重点工程项目，加速核心功能区空间载体建设，推动 350 万平方米扩容计划，加快上海国际金融中心、中国金融信息大厦、上海中心项目建设。优化金融前后台联动布局，加快张江银行卡产业园金融后台建设，持续吸引金融机构设立数据处理中心和银行卡后台数据处理中心。浦东新区目前聚集着证券、期货、金融衍生品、产权等国家级和市级金融要素市场，市场层次丰富，市场容量每年都在不断增大，金融要素市场在国内是最为完善的。浦东新区拥有众多的国家级的要素市场，包括上海证券交易所、上海期货交易所、上海钻石交易所等。上海证券交易所交易规模超过了全国期货市场份额的 60%。这些交易所为确立浦东新区成为国际金融中心的地位打下了坚实的基础。

临海位置更加便利了与国际间的交往，而依靠大城市的区位，为其接受大城市的经济辐射、带动自身发展创造了条件。凭借其已具优势的经济开放和金融创新成果，浦东新区正积极在强化国际金融中心、国际航运中心的规模优势、环境优势、创新优势，提升枢纽功能、服务功能等方面努力探索、大胆实践，大踏步地向二次创业的新起点迈进。

截至 2011 年底的数据表明，浦东新区内共聚集各类监管类金融机构达 692 家，其中银行类 221 家，证券类 276 家，保险类 195 家。股权投资企业及其管理机构已达 784 家，管理资产 1352 亿元。各类金融专业服务机构达 530 家，在人民银行公布获得支付业务许可证的 101 家第三方支付企业名单中，浦东新区有 13 家，约占上海市的 38%、全国的 13%。同时，浦东新区的金融机构的存贷款规模也在不断地扩大，2011 年，浦东新区中资银行人民币贷款余额 7238.06 亿元，其中：企业贷款 5929.33 亿元，短期贷款 1615.62 亿元，中长期贷款 4313.71 亿元，票据融资 157.07 亿元，个人贷款 1150.64 亿元，住房按揭贷款 935.71 亿元，汽车消费贷款 25.60 亿元。中资银行人民币存款余额 10243.30 亿元，其中：企业存款 5923.46 亿元，居民储蓄存款 3375.71 亿元，其他存款 667.37 亿元。此外，外资银行的存贷款业务也在不断发展，外资银行外汇存贷款余额 378.44 亿美元，人民币存贷款余额 5725.50 亿人民币。截至 2011 年底，辖内实现中资保险机构保费收入 374.73 亿元，其中财产险保费收入 134.18 亿元，人身险保费收入 240.55 亿元；保费支出 70.33 亿元，其中财产险保费支出 62.35 亿元，人身险保费支出 7.98 亿元。财产险赔款率 46.5%，人身险赔款率 3.3%。

第三单元　滨海新区金融业态概述

作为我国历史上的北方金融中心，天津金融业有着辉煌的历程和深厚的积蕴。进入新世纪以来，天津的发展取得了举世瞩目的成绩，综合实力显著增强，金融业发展更是体现出前所未有的活力和机遇。2006 年 5 月，国务院发布《关于推进滨海新区开发开放有关问题的意见》，批准天津滨海新区为全国综合配套改革试验区，明确提出"鼓励天津滨海新区进行金融改革和创新，在金融企业、金融业务、金融市场和金融开放等方面的重大改革，原则上可以安排在天津滨海新区先行先试"。2007 年 10 月，党的十七大提出"要更好发挥经济特区、上海浦东新区、天津滨海新区在改革开放和自主创新中重要作用"，将天津滨海新区开发开放纳入国家总体发展战略布局，为天津金融业发展提供了最大、最难得的历史性机遇。按照国务院批复的《天津滨海新区综合配套改革试验总体方案》和市委、市人民政府统一部署，2008 年至 2010 年，在中央和市有关部门的大力支持下，滨海新区积极探索，不断推进金融企业、金融业务、金融市场、金融开放等方面的先行先试，基本完成了第一个综合配套改革三年实施计划确定的金融改革创新任务，初步实现在融资租赁、私募基金、外汇改革等重点领域的率先突破，明显增强了金融业对滨海新区开发开放和区域经济发展的支撑与带动作用。

截至 2010 年底，滨海新区银行业金融机构网点 611 个，金融机构本外币各项存款余额 3610.81 亿元，同比增长 16.98%，本外币各项贷款余额 3535.76 亿元，同比增长 19.74%。融资租赁公司 24 家，注册资本金 230 亿元，租赁合同余额 1500 亿元，约占全国租赁业务的四分之一。在全国率先开展单机、单船公司改革试点，累计注册项目公司 104 家，完成 35 架飞机和 22 艘离岸船舶的租赁业务，租赁资产 20 亿美元。私募股权基金和创业风险投资基金 916 家，认缴金额 1300 亿元，成为全国私募股权基金和创业风险投资基金聚集地。股权交易所、排放权交易所、贵金属交易所等金融市场 9 家，创新型金融市场体系框架初步形成。中海油服等企业开设离岸账户，相继开展离岸金融业务和跨境人民币结算业务，在全国率先进行外汇资本金意愿结汇试点。

当前滨海新区已进入全面开发开放的新阶段，面对新形势、新任务、新要求，新区必须进一步深化滨海新区综合配套改革，不断破除制约科学发展的体制障碍，创新发展模式，构筑体制优势，努力争创改革开放先行区。加快金融改革创新和金融业发展，是打好滨海新区开发开放攻坚战，是实现滨海新区功能定位，加快发展方式转变，推动经济社会又好又快发展的必然要求。

第二节　三区金融业态比较分析及经验借鉴

第一单元　三区金融业态发展背景比较

一、深圳特区

1979 年 8 月 26 日，中华人民共和国第五次全国人大常委会第 15 次会议决定批准，在深圳市境内划出部分地域设置经济特区。1980 年 8 月全国人大常委会颁布《广东省经济特区条例》，标志着深圳经济特区的正式成立。1992 年全国人大常委会授予深圳经济特区立法权，2000 年继续保留深圳经济特区立法权的同时授予经济特区所在市立法权。2009 年 5 月 6 日，国务院批准通过《深圳综合配套改革试验总体方案》。2010 年 5 月 31 日，中央批准深圳扩大特区版图的申请，范围延伸至全市。这就使得深圳在新的历史条件下，在更大空间和平台上发挥示范带动作用。

（一）进行深港合作

深圳目前面临的最大机遇首先是深港合作。深港合作其实由来已久，深圳长期以来在金融、物流、高新技术产业、制造、教育、服务和旅游等方面与香港进行合作。2010 年 4 月 7 日，《粤港合作框架协议》正式在北京签署，这标志着"深港合作"上升为国家意志，国家政府将为深港合作项目提供支持和搭建更大的合作发展平台。2013 年前海深港合作区开发开放政策获批并正加速落地，出席全国政协会议的香港商报社、深圳报业集团社长黄扬略委员提议：以前海合作区为引擎进一步扩大深港合作范围，以深圳南部、香港北部为共同平台，在"一国两制"的大框架下，在粤港合作的大背景中，全面启动金融、科技、文化、教育、医疗、环保等领域全方位深度融合发展的深港合作区建设。随着深港合作的日趋紧密，"双城生活"将成为许多两地居民的选择。另外，两地也在不断加强教育、医疗、环保等领域的深入合作，为两地共建优质生活圈打下了良好的基础。

（二）与东盟的贸易机遇

2010 年 1 月 1 日，中国—东盟自由贸易区初步建成。东盟即东南亚国家联盟包括印度尼西亚、马来西亚、菲律宾、新加坡、泰国、文莱、越南、老挝、缅甸和柬埔寨 10 个国家，自"入世"以来，东盟已经成为仅次于中国香港的深圳第二大贸易伙伴。中国—东盟自由贸易区覆盖约 19 亿人口，市场潜力巨大，经济总规模接近 6 万亿美元，约占全球的 1/9，将成为继欧盟和北美自由贸易区之后的世界第三大贸易区。中国—东盟自由贸易区建成后，深圳与东盟加大贸易和能源等各方面的合作，对于深圳来说是很大的机遇。目前的深圳不仅已经成为全国对东盟经贸合作的重要窗口和桥头堡城市，而且正在充分利用双方在经济领域的互补性，扩大两地经贸的往来与合作。随着中国—东盟自由贸易区建设的稳步推进，深圳对东盟经贸合作的前景将越来越好。

（三）中国曼哈顿—深圳前海

2010 年 8 月 26 日，国务院正式批复了《前海深港现代服务业合作区总体发展规划》，2011 年 3 月，国家正式将深圳前海开发纳入"十二五"规划纲要。2012 年 3 月国家发改委已正式印发《深圳前海深港现代服务业合作区产业准入目录》，该目录涵盖了前海深港合作区金融业、现代物流业、信息服务业、科技服务业、专业服务业、公共服务业六大领域共计 112 条产业目。前海深港现代服务业合作区定位为未来整个珠三角的"曼哈顿"，规划中的前海合作区将侧重区域合作，重点发展高端服务业，发展总部经济，打造区域中心，并作为深化深港合作以及推进国际合作的核心功能区。前海股权交易中心是由券商主导，市场化运作，独立于沪深证券交易所市场、商业银行之外的企业新型市场化融资平台。自成立起，就致力于满足中小微企业发展阶段的场外融资及品牌建设需求，对于促进中小微企业股权交易和融资、鼓励科技创新和激活民间资本具有重要作用。截至 2013 年 8 月底，在该中心挂牌的企业总计已经达到 1936 家，其中，来自东莞的企业共计 54 家。

二、浦东新区

1990 年 4 月 18 日，党中央、国务院宣布开发开放上海浦东，在浦东实行经济技术开发区和某些经济特区的政策。1992 年 10 月 11 日，国务院批复设立上海市浦东新区。2000 年浦东新区人民政府正式成立。2005 年 6 月国务院办公会议批准浦东新区为中国第一个综合改革示范区。2009 年 4 月 24 日，国务院批复同意撤销南汇区，将南汇区行政区域整体并入浦东新区，浦东开发开放进入二次创业的新阶段。经过 20 多年的开发与开放，浦东新区已成为上海建设国际经济、贸易、金融、航运中心的核心功能区。

（一）南汇并入浦东

2009 年 5 月，国务院批复上海市《关于撤销南汇区建制将原南汇区行政区域划入浦东新区的请示》，同意撤销上海市南汇区，将其行政区域并入上海市浦东新区。行政区划调整后的浦东新区，合并后的"新浦东"由原 569 平方公里变为 1 210 平方公里，占上海全市面积的 17.2%。浦东新区扩区后拥有更多的土地资源，能在更大的范围内享受国家赋予浦东的优惠政策，这为浦东新区的发展提供了新的起点和活力，为"大浦东"的形成和发展带来更多的机遇。

（二）上海世博会

2010 年上海世博会于 2010 年 5 月 1 日—10 月 31 日在上海举行，实现世博史上无发展中国家成为综合性世界博览会举办国的历史性突破。自 1851 年伦敦的"万国工业博览会"开始，世博会正日益成为全球经济、科技和文化领域交流合作的重要舞台。2010 上海世博会的主题是"城市，让生活更美好"（Better City，Better Life），分为浦东和浦西两个大的园区，有 189 个国家和 57 个国际机构在上海完成一场影响深远的城市"思想风暴"，吸引世界各地约 7 000 万人次参观者前往。世博会为浦东城市中心向南拓展打开了空间廊道，使得浦东新区的空间结构的演变出现了拐点；世博会产生的强大的辐射效应，进一步增强了浦东构建强大的多功能市级中心行动；此外，世博的辐射效应还加速了浦东新区的中心城市更新改造的进程。上海世博会在推动上海旅游业和会展业以及各个领域的发展方面为浦东带来了很大的机遇。

（三）国际航运服务中心启用

2011 年 4 月，上海浦东国际航运服务中心正式启用，上海国际航运中心发展促进会正式成立，上海国际航运中心浦东核心功能区建设合作项目签约，标志着上海国际航运中心建设又迈进了坚实一步。上海国际航运中心发展促进会将发挥跨行业的综合服务、业务协调、信息支持、政策研究、项目评估、促进合作交流等职能，为政府和企业提供高层次的辅助决策等服务。签约活动中，"航运金融"成为亮点，中国银行、建设银行、交通银行的上海市分行同时与上海组合港管理委员会办公室、浦东新区航运服务办公室、上海国际航运中心发展促进会签订了关于共同推进"航运金融"建设战略合作框架协议。

上海浦东国际航运服务中心将努力打造集展览展示、公共服务、行业研究、信息集散等功能于一体的综合性服务平台，还将为浦东高端航运服务集聚区提供综合性、高层次的服务平台和窗口。同时将围绕航运交易的核心功能，形成以航运办公为主，兼有综合商业配合的多功能商务小区。建成后将吸引更多跨国航运企业总部进驻，促进航运交易、航运金融、航运保险等航运经济要素汇聚融合，并与洋山深水港区等形成互动发展，全方位打造亚洲乃至全球重要的航运经济中心。

（四）中国上海自由贸易试验区获批

2013 年 7 月 3 日国务院总理李克强主持召开的国务院常务会议原则通过了《中国（上海）自由贸易试验区总体方案》（以下简称《方案》）。在上海外高桥保税区等 4 个海关特殊监管区域内，建设上海自由贸易试验区，这是顺应全球经贸发展新趋势，更加积极主动对外开放的重大举措。它意味着，在不久的将来，这些区域将在商业发展、市政建设、人口导入等多方面得到提速。从过往经验来看，上海自由贸易区所涉及到的板块楼市也将受益规划利好而提升。

上海浦东自由贸易区要进一步深化改革，加快政府职能转变，坚持先行先试，既要积极探索政府经贸和投资管理模式创新，促进贸易和投资便利化，扩大服务业开放，又要防范各类风险，推动建设具有国际水准的投资贸易便利、监管高效便捷、法制环境规范的自由贸易试验区，使之成为推进改革和提高开放型经济水平的"试验田"，形成可复制、可推广的经验，发挥示范带动、服务全国的积极作用，促进各地区共同发展。这有利于培育我国面向全球的竞争新优势，构建与各国合作发展的新平台，拓展经济增长的新空间，打造中国经济"升级版"。

由洋山港临港新城为起点一路北上，沿着海岸线途经机场保税区，直至外高桥地区，在这条海岸线上，有望崛起内地首个真正意义上的自由贸易区，这将为上海带来新的"十年红利"的自由贸易区项目已在国家层面获准立项。上海各部门正紧锣密鼓地为自贸区做配套调研与方案制订，其中涉及海关、税务、银行、土地、工商等多个职能部门。

上海自贸区之所以能够快速推进，与时不我待的国际国内经济形势有关，也与 2015 年中上海迪士尼项目正式开园运营的时间相匹配。上海，在自由贸易区与迪士尼国际旅游度假区联动的大环境下，将促进金融服务业的经济腾飞。

三、滨海新区

2006 年，国务院颁布《关于推进天津滨海新区开发开放有关问题的意见》，天津紧紧抓住"先行先试"的机遇，积极推进金融改革，加快建设与北方经济中心相适应的金融改革创新基地和现代金融服务体系。国家发改委于 2009 年 10 月 26 日批复《天津滨海新区综合配套改革试验金融创新专项方案》，要求加快金融体制改革和金融创新，努力建设与北方经济中心相适应的现代金融体系和全国金融改革创新基地。滨海新区作为全国的金融改革创新基地，拥有在金融企业、金融业务、金融市场和金融开放等方面进行先行先试的优先权。

（一）行政管理体制改革

2009 年 10 月国务院批复同意天津市调整滨海新区行政区划，这标志着滨海新区行政管理体制改革的全面启动。滨海新区的行政管理体制改革打破了原有的管理束缚和各自为政的体制障碍，避免了争夺建设项目、争夺区域规划权的问题，建立了统一的行政架构，构建了精简高效的管理机构，实现了"新区的事在新区办"，赋予新区更大的自主发展权、自主改革权和自主创新权，给滨海新区的发展注入了强大的活力。滨海新区政府的成立，为其他方面的改革奠定了基础，提供了保障。滨海新区的行政管理体制改革对于滨海新区的未来发展是巨大的机遇。

（二）夏季达沃斯论坛

达沃斯世界经济论坛是"非官方的国际经济最高级会议"，每年分为冬季达沃斯论坛和夏季达沃斯论坛。2010 年夏季达沃斯论坛，即世界经济论坛 2010 年新领军者年会，于 2010 年 9 月 13 日在天津举行，有约 90 个国家的 1500 名全球成长型公司的 CEO、各国政要、首席经济师、全球青年领袖、媒体领袖、技术先锋、青年科学家齐聚天津，共同讨论如何通过科学技术及新的商业模式实现全球的可持续发展。此次论坛对于世界各国共同应对国际金融危机，加快实施天津滨海新区开发开放的国家战略，进一步提升天津和滨海新区在世界的影响力，都具有十分重要的意义。

（三）产业金融助力产业发展

滨海新区在产业融结合方面的创新取得了明显的成效，特别是设立的一系列产业基金，成为融合产业资本与金融资本的平台，如，落户新区的渤海产业投资基金，开创了我国产业投资基金的先例，形成了直接投融资的新渠道；总募集额达到 200 亿元的国内首支航空产业基金则将为新区的航空重大项目带来新的直接融资渠道；落户东疆的燕山飞机租赁基金，使新区融资租赁、股权基金这两大优势叠加，推动了两个新资金供应渠道的尽早形成。

截至 2011 年底，船舶产业投资基金已经投资了 60 余条国内外船舶，船舶总载重吨级超过 500 万，这些基金投资的船舶助力了天津北方国际航运中心和物流中心建设。未来 3 至 5 年，该基金也将参与船舶产业链的资源结构调整和整合、重组并购、高新技术开发投资、新型商业运作模式。

产业金融的发展离不开"融资"这个核心要素，滨海新区的市场金融创新为企业解决资金需求，成为新区产业金融的另一大亮点。中期票据的手续相对更为灵活、简单，相对利率低，偿还周期长，非常适合企业的融资需求。2011 年 5 月，天津保税区投资控股集团有限公司正式发行 2011 年度第一期中期票据，发行额度 20 亿元，期限 5 年。产业金融的发展为产业的发展提供了强大的源动力。

（四）开创飞机联合租赁业务模式

金融租赁将工业、贸易、金融这三个领域紧密结合起来，引导资本、资产的有序流动，以融物代替融资，能够保证资金直接进入实体经济，在推动金融与实体经济融合和发展方面正发挥着越来越重要的作用。据统计，自 2010 年到 2012 年，天津市各类融资租赁法人机构由 22 家增加到 116 家，增长了 4.3 倍。注册资本增长了 1.3 倍。融资租赁合同余额从 1300 亿元增加到 3000 亿元，增长 1.3 倍。融资租赁合同余额占全国总额的比例由原来的五分之一提升到了四分之一，而这些融资租赁企业绝大多数注册在滨海新区。截至 2012 年初，经过短短 2 年多的时间，天津滨海新区东疆保税港区已经成为我国最大、最主要的飞机、船舶融资租赁聚集地。

2013 年 8 月工银租赁和农银租赁以联合租赁方式，将波音公司交付的一架全新 B737 – 800 飞机，联合租赁给深圳航空有限责任公司，成功开创了联合租赁这一全球飞机租赁全新业务模式。工银租赁和农银租赁分别设立在天津东疆的项目公司作为联合出租人，成为波音飞机的共同所有人。联合出租人与深圳航空签订飞机租赁协议，共同承担相关权利和义务，分享租金。从单一出租人到联合租赁，是飞机租赁业务发展到高级阶段的必然产物，与单一出租人相比，通过联合租赁，航空公司能够获得更有力的资金与信用担保，减轻飞机交付时的违约风险；而联合出租人能充分发挥资本协同的优势，获得更大的规模效益，从而降低航空公司的成本。同时，通过两家租赁公司联合，可有效降低单一客户的风险敞口和集中度，丰富资产配置。联合租赁为承租人提供一种崭新的融资租赁选择，这是飞机租赁领域共同打造的一个创新里程碑，实现了租赁企业、航空公司、制造商等多方共赢。

第二单元 三区金融业态发展的优势比较

一、三区金融业态发展各具特色

(一) 深圳特区金融支持地区产业发展，打造中国经济增长第一极

金融支持地区产业发展经历了三个阶段。1979—1996 年为金融创业期。利用特殊优惠政策和出口特区定位，致力于外向型工业，强调资金"引进来"，金融机构、信贷规模迅速扩大。投入基础设施建设，发展城市金融，为经济发展打下基础。1997—2002 年为金融转型期。90 年代后期，依靠自身经济实力，实施金融"走出去"战略，激发金融业活力与潜能，引导资金向高新技术为主的资本技术密集型产业转型。2003 年至今是金融深化期。以"改革创新为鲜明主线，深港合作是必由之路，金融基建作重要保障"为三大着力点，服务区域民营经济，发展多层次资本市场和投融资体系，同时特区还不断加大扶持创新型金融机构力度。

(二) 浦东新区现代服务业加速第三产业的发展

浦东的国民经济均保持了快速、健康发展，经济规模不断扩大。在经济总量方面，统计显示，到 2011 年浦东新区的地区生产总值为 5484.35 亿元，按可比价格计算，比上年增长 11.1%。

从经济发展的总体水平和速度看，浦东新区三次产业结构比例在 1994 年为

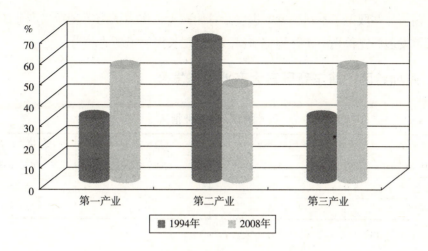

图 6 - 1　浦东新区三大产业的结构的调整

1. 10:67. 70:31. 20，到 2008 年调整为 0. 2:45. 4:54. 4。2008 年第二产业较 1994 年下降了 22.3%，而第三产业在 13 年中较 1994 年增加了 23.2 个百分点，使得三大产业的结构从 1994 年的"二三一"调整到 2008 年的"三二一"的稳定发展态势，产业结构更加合理。

浦东新区的金融、保险、物流、软件服务及房地产业等现代服务业发展对第三产业贡献度很大，其占第三产业的比重达到 60% 左右。浦东新区现代制造业的发展趋势明显，工业基础主要是汽车制造业、电子信息业、石油化工与精细化工产业、钢铁业、家用电器业、医药制造业。

（三）滨海新区金融先行先试的强劲后发优势

过去的十多年，滨海新区金融业的发展实现了历史性跨越，先后推出了渤海产业投资基金、天津滨海天使创业投资基金、滨海新区创业风险投资引导基金等，为拓展投融资渠道奠定了良好的基础；多元化金融机构发展异常迅猛，天津港财务有限公司、摩托罗拉（中国）财务有限公司、工银金融租赁有限公司、渣打银行服务外包中心等金融机构先后正式运营，汇丰、花旗等外资银行纷纷到滨海新区设立分支机构，各类金融服务机构的相继设立促进了天津金融体系的完善；混业经营方面，2007 年 4 月以银团贷款、资产买卖、短期融资券、项目融资、财务顾问等债务资本市场业务为主的渤海银行投资银行部正式成立，宣告了滨海新区的金融控股构想正式从理论探讨进入实施阶段，泰达控股公司等六家实体分公司的金融产权也正在积极整合当中，预期将组建全新的金融控股公司，探索综合经营试点；外汇管理方面，2006 年 9 月，国家外汇管理局批复天津滨海新区七项外汇管理改革政策，2007 年 4 月 20 日又正式批准渤海银行首家在全国实行结售汇综合头寸正负区间管理，这为银行灵活管理结售汇头寸、降低资金成本、运用多种金融工具提供了很大的便利。此外，滨海新区在保险、信托以及产权交易改革方面也积极开拓创新，并取得了不同程度的进展。总的来看，作为滨海新区新兴产业的金融业正在不断地发展和完善当中，并为滨海新区经济增长提供了新的动力。

二、深圳特区、浦东新区三大产业稳态发展

表 6-1　　　　　　　　　　　深圳特区三大产业指标

深圳特区	第一产业	第二产业	第三产业
总量（亿元）	6.5541	5343.3220	6155.6537
占比（%）	0.06	46.44	53.50
增长速度（%）	1.35	18.13	21.85

数据来源：根据2012年《深圳统计年鉴》数据整理。

表 6-2　　　　　　　　　　　浦东新区三大产业指标

浦东新区	第一产业	第二产业	第三产业
总量（亿元）	34.46	2306.32	3143.57
占比（%）	0.63	42.05	57.32
增长速度（%）	9.50	13.24	19.10

数据来源：根据2012年《上海市浦东新区统计年鉴》的数据整理。

表 6-3　　　　　　　　　　　滨海新区三大产业指标

滨海新区	第一产业	第二产业	第三产业
总量（亿元）	8.82	4273.89	1924.15
占比（%）	0.14	68.86	31.00
增长速度（%）	7.96	24.50	21.08

数据来源：根据2012年《天津滨海新区统计年鉴》数据整理。

1. 从三大产业生产总值的绝对值上来看，2011年深圳特区第二产业和第三产业的生产总值保持领先的地位，其中第三产业的领先位置突出。2011年深圳特区第三产业生产总值是浦东新区第三产业生产总值的两倍左右，而是滨海新区的三倍左右。工业一直是滨海新区发展强势产业和优势产业，在工业结构中，电子、石油开采与加工、汽车制造、现代冶金及大乙烯、大炼油等成为滨海新区支柱产业。因此滨海新区在第二产业的生产总值较高，位列深圳特区之后，是浦东新区第二产业总产值的近两倍。而浦东新区在第三产业的总产值较滨海新区高出1000多亿人民币，居于第二的位置。因此滨海新区的第二产业发展势头强劲，成为推动滨海新区经济增长的绝对主导力量，而第三产业在本区中的地位弱于第二产业。

2. 从增长速度上来看，除第一产业外，三大地区的第二产业和第三产业都保持了10%以上的快速增长。其中滨海新区的第二产业和第三产业都保持了20%以上的高速增长，发展速度最快，而深圳和浦东的第三产业也保持了20%左右的增长速度。

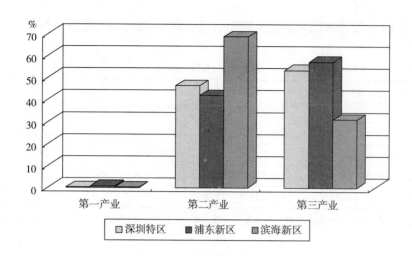

图 6 - 2　2011 年深圳、浦东和滨海新区三大产业结构的比较

3. 从深圳、浦东和滨海新区三个产业的比例来看，2011 年三个增长极第一产业所占比例都很小，甚至不足 1%，第二产业中滨海新区所占比例最高，深圳、浦东第二产业所占比例均不到 50%，浦东新区第三产业所占的比例最高，为 57.31%，深圳其次，为 53.5%，只有滨海新区第三产业所占比例最低。

深圳特区和浦东新区的三大产业呈现"三、二、一"的稳定发展态势，深圳在总量上占据绝对优势，而浦东的第三产业服务业占比最高，深圳和浦东新区的现代服务业发展较快。滨海新区虽然增长速度相对最快，固定资产投资占据绝对优势，但是地区国民经济仍然以第二产业为主，滨海新区产业结构演替变化不大，第二产业发展势头强劲，成为推动新区经济增长的绝对主导力量。第三产业占生产总值比重是一个区域经济发达程度的重要标志，其所占滨海新区的国民经济的比重偏低。从滨海新区产业结构看，产业结构呈现出"二、三、一"发展格局，在滨海新区的产业结构中，第三产业的发展明显滞后，1994 年到 2011 年，第三产业占地区生产总值基本维持在 30% 左右，所占比重明显偏低，对地区经济增长的贡献度相对有限，且第三产业多集中于批发零售和仓储邮政业等传统服务业，高端服务业尤其是金融服务业发展明显不足。新区经济增长的主要拉动力仍然是工业制造业，与建设一个综合性生态新城区的功能定位相差较远，与快速增长的第二产业发展，新区第三产业发展趋势放缓和深圳、浦东的快速发展，增加了未来产业结构调整的难度。

因此滨海新区应立足现有优势的第二产业，在此基础上通过政策引导，市场经济刺激来谋求第三产业的进一步发展。虽然滨海新区在产业结构上与深圳和浦东还是有很大的差别的，但是滨海新区目前最发达的第二产业在未来会对金融资源提出更多的需求，因此，相比而言滨海新区第三产业还是有很大的发展潜力的。

三、深圳、浦东与滨海新区投资、出口、消费、利用外资情况

表6-4　　　　　深圳、浦东与滨海新区投资、出口、消费、利用外资指标比较

2011 年	固定资产投资		外贸出口总额		社会消费品零售额		实际直接利用外资额	
	总额（亿元）	增长率（%）	总额（亿美元）	增长率（%）	总额（亿元）	增长率（%）	总额（亿美元）	增长率（%）
深圳特区	2060.91	5.98	2455.18	20.24	3520.87	17.33	46	6.98
浦东新区	1435.39	0.22	888.88	20.32	1204.04	16.12	52.97	37.37
滨海新区	3702.12	10.42	276.76	18.99	887.53	19.36	85.02	20.73

数据来源：根据2011年和2012年度《深圳统计年鉴》《上海浦东新区统计年鉴》《天津滨海新区统计年鉴》的数据整理。

从全社会固定资产投资来看，由于滨海新区的起步较晚，滨海新区的固定资产投资总量明显高于另外两个特区，这也是符合经济发展规律的。2011年，滨海新区全社会固定资产投资额达到3702.12亿元，滨海新区良好的发展预期，为当地企业的融资提供了有力的环境，实际直接利用外资金额达约85亿美元，也在三大增长极之首，大大降低了当地企业的融资成本。而深圳在社会消费品零售额上的总量保持领先，但是从外贸出口和社会消费品零售额方面看，滨海新区在三大增长极中处于极为劣势的地位，2011年滨海新区外贸出口总额不足300亿美元，仅为深圳特区的外贸出口总额的九分之一，而滨海新区的定位是面向东北亚的市场，东北亚市场的潜力是巨大的，滨海新区还处于建设的增长期，随着核心产业的运转和基础建设设施的不断完善，未来滨海新区的出口潜力还是巨大的。而从社会消费品零售总额方面看，2011年滨海新区的社会消费品零售总额也只是深圳的五分之一左右，这反映了滨海新区的社会商品购买力的实现程度较其他两个特区来说还处于较低的水平，零售市场的规模还是较小。

另外，从四大经济指标的相对值即较上年的增长率来看，滨海新区固定资产投资保持了两位数的增长率，增长率最高，其社会消费品零售额也保持着领先的位置，说明滨海新区在投资、消费方面的发展速度很快；同时对外商直接投资也保持着较大的吸引力，实际利用外资增长较快。2011年滨海新区外贸出口总额的增长率较其他两个地区还是处于较为落后的地位。

第三单元　三区金融业态发展状况比较

发展服务业尤其是现代服务业，是我国产业结构优化升级的战略重点。作为现代服务业的重要组成部分，金融业的发展备受关注。

一、三区金融机构种类齐全和数量繁多

金融机构的数量包括证券公司机构数、银行分支机构数、外资银行、证券公司代表

处及分支机构数等，能反映一个地区目前的金融服务业的发展现状。

（一）深圳特区金融资源集聚和辐射效应不断增强

随着改革开放的不断深入，深圳金融在最初主要从国内外引进机构、资金、人才的基础上，逐步开始实现机构、资金、人才的对外辐射。在机构方面，截至2011年11月，深圳金融业总部、一级分支机构总数达到246家，其中总部机构83家，证券类法人机构达5家；金融产业总资产约4.24万亿；金融产业增加值1279.27亿元，居全国第三位。与此同时，广泛开展港深金融合作，引进港资银行在深圳特区设置分支机构，截至2009年底，港资银行在深圳设立的营业性机构占深圳全部银行数量的41.67%，其中，总行、分行级别占50%以上。港资银行根据擅长领域和市场环境，确定以中小企业为重点客户群，为其提供了灵活的资金支持和金融服务。2012年是深圳引进金融机构数量最多的年份之一，全市新引进金融机构24家（其中法人机构8家、16家分行级机构），全市金融机构总数已达278家，金融资源集聚和辐射效应不断增强，金融机构对入驻前海表示出特别的关注，彰显了前海地区对于金融业的强大吸引力。在资本市场上，大量来自全国各地的企业在深圳筹集资金，2012年，深圳金融业实现增加值1819.2亿元，同比增长14.3%，同比增速高于第三产业的平均水平；金融业增加值占全市地区生产总值（GDP）比重达14.0%，创历史新高，支柱产业地位也进一步巩固；金融业实现税收599.7亿元，占全市总体税收的16.13%，税收贡献继续稳居四大支柱产业之首。

此外，以国务院正式批复的前海一揽子先行先试政策为核心，深圳市研究制定了9个重点项目的专项申报方案，包括跨境人民币贷款业务试点、消费金融公司试点、前海股权交易中心规范发展、设立网络保险销售公司等。

（二）浦东新区各类金融机构齐头并进

浦东新区是上海发展国际金融的天然优势平台，汇集了金融业发展所需的各类要素。楼宇集聚、资金集聚、金融机构、金融人才集聚，各类企业总部集聚，都为金融业态发展提供了良好的空间环境。

国际化程度高一直是浦东的优势，摩根士丹利中国区总部等国际化高能级金融机构纷纷落户，18家外资法人银行进驻浦东，总资产1.25万亿元，分别占全国的54%和83%，外资银行分行61家和外资银行代表处63家，外资金融机构约占40%，外资法人银行约占全国的一半、上海地区的90%。2011年底，拥有合资证券5家，外资证券代表处50家；外资保险公司29家，外资保险代表处27家；合资基金管理公司数量占全国一半，占上海市的80%。

浦东新区保险业市场规模也在稳步的发展壮大。截至2007年底，上海市共有保险公司91家，其中总部设在上海辖内的保险公司35家，保险公司分支机构56家，中外资保险公司竞争更加激烈，外资保险公司市场份额逐年上升，中外资保险公司保费收入比例为75:25。目前，上海也正积极申请设立"中国保险交易所"，促进保险资金支持公租房建设、参与上海国企国资改革。

非监管类金融机构方面，重量级、功能型机构纷纷优先选择浦东，中外资各类股权投资企业 447 家，出资总额 774 亿元，其中全球排名前十位的私募股权投资企业中有 5 家落户在浦东，包括黑石、凯雷、贝恩、安佰深、德州太平洋等；金融专业配套服务机构方面，拥有财富管理、会计、法律、评估、资讯等专业服务机构 485 家，银联支付、万得资讯、诺亚财富等机构快速发展。

有着"沪版 OTC"之称的上海股权托管交易中心于 2012 年 2 月 5 日正式开张营业，非上市股权交易市场也正式启动，首批 19 家企业在上海股权托管交易中心成功挂牌，其中浦东企业 9 家。

（三）滨海新区金融机构聚集效应凸显

随着天津滨海新区综合配套改革的推进，以创新金融环境、拓宽融资渠道为主要方向的金融改革配套方案取得了显著成绩，天津滨海新区的金融机构聚集效应进一步凸显。以创新金融环境为重点，进一步聚集国内外金融机构、拓宽直接融资渠道的产业发展思路已经取得了良好的效果，韩国外换银行、捷信金融服务公司、建银国际资产管理等金融机构相继落户天津滨海新区。

"十一五"期间，滨海新区开发开放上升为国家战略，为金融业发展提供了难得的历史机遇，多家金融机构纷纷抢滩滨海新区，积极进行改革创新，使滨海新区的金融服务功能不断提升，社会融资渠道不断拓宽，为滨海新区开发开放注入了强大的活力和动力，金融成为滨海新区率先发展的强大"推手"。截至 2010 年 11 月底，滨海新区存款余额 3482 亿元，贷款余额 3471 亿元，分别比 2005 年末增长 200% 和 277%，金融支持滨海新区率先发展作用明显。"十一五"期间，天津滨海农村商业银行、天津港财务有限公司、摩托罗拉（中国）财务有限公司、工银金融租赁公司、民生金融租赁公司等法人机构先后在滨海新区成立；浙商银行、北京银行以及花旗银行、渣打银行等中外资商业银行在滨海新区设立分支机构；渣打银行、农业银行等金融机构在滨海新区设立后台营运中心。

同时，滨海新区金融机构的存贷规模也在进一步扩大，金融机构人民币存款总额达到 1631 亿元，贷款总额达到 1427 亿元。银行业金融机构资产总额达 1532.4 亿元，同比增加 399.5 亿元。国有大银行成为推动滨海新区率先发展的主力军，国家开发银行天津市分行把开发性金融的融资优势与地方政府的组织协调优势相结合，先后签订了中央大道工程项目、海滨大道南北段改造工程项目等重大项目的借款合同，金额合计 599.09 亿元。地方金融机构成为推动滨海新区率先发展的先锋队，渤海银行给予滨海新区业务特殊政策支持，所有涉及金融创新的产品和业务优先在滨海新区进行推广实施；天津银行积极支持滨海新区中小企业发展，采取综合授信、权利质押等方式，不断创新中小业务营销模式，为天津市滨海钢铁交易中心市场内众多的中小民营钢铁贸易企业及天津港散货物流区港内企业提供授信 6 亿多元。

滨海新区其他类的金融机构有 503 个，其中新型金融业所占的比重较高，2011 年底，融资租赁公司 209 家，融资租赁和经营性租赁的业务量约占全国的 25%；新区股权投资基金和管理咨询公司超过 2000 家，认缴资本总额近 2000 亿元人民币。创新型金融机构是推动滨海新区率先发展的一支奇兵，设立在滨海新区的工银租赁作为国内第一家获准设立的金融租赁公司，三年来在金融租赁领域大力创新，带动了金融租赁业在滨海新区的壮大和发展。

此外，金融服务也取得了斐然的成绩。多层次金融市场的建立和发展，提升了金融服务功能，我国首家全国性排放权交易市场、首个股权交易所在滨海新区设立，铁合金交易所、贵金属交易所等要素交易所也落户滨海新区。各类交易市场和交易所的成功设立与运作，为滨海新区乃至全国企业提供了一系列交易与融资平台。在天津股权交易所挂牌的企业发展到 128 家，市值达到 190 亿元；近 400 家企业在天津滨海国际股权交易所挂牌；天津金融资产交易所项目资产总额 7700 亿元，成交金额 568 亿元，挂牌项目成交比率超过 60%。

外汇改革取得突破性进展，对外贸易和投资更加便利。围绕服务贸易、经常项目外汇账户管理等七个方面先行先试方案，外汇局天津市分局研究制定了 14 项实施细则，2010 年初，进出口核销制度改革等 11 项改革项目已正式实施并取得实质性进展。国家外汇管理局批准在中新天津生态城进行外商投资企业外汇资本金意愿结汇管理改革试点，天津成为跨境贸易人民币结算试点地区，这些都为滨海新区对外贸易发展提供了良好条件。

基金产业快速发展，社会融资渠道不断拓宽。我国第一只契约型产业投资基金——渤海产业投资基金在滨海新区成立，开创了我国资本市场直接投融资的新模式和新渠道。我国第一只华侨投资基金、第一只合伙制船舶产业投资基金也相继落户滨海新区。目前，在滨海新区注册的基金企业 335 家，注册（认缴）资本 1088 亿元。基金产业的快速发展，拓宽了新区内企业的融资渠道，推动了产业结构调整。

通过以上比较可以看出，滨海新区在金融机构的总量规模上与其他两个区的差距很小，但是从融资领域发挥主导作用的银行类金融机构与其他两区相比却相距甚远，无论是质量层面还是数量层面，滨海新区的金融服务业都还没有形成较为健全的金融体系，滨海新区在建的于家堡金融区，目前就是建立一个环渤海金融功能区，发挥浦东新区陆家嘴金融中心所发挥的金融功能，所以未来滨海新区未来的金融发展深度和发展广度是很有潜力的。

二、金融市场的发展状况

(一) 深圳特区逐渐形成系统的金融要素市场体系

深圳特区通过大力推进各类要素市场发展，逐渐形成系统的金融要素市场体系，特别是前海试验田成为深圳金融创新先行先试的重大载体。推进前海股份交易所和场外交易市场发展、扩大代办股权转让系统试点、推进大宗商品期货市场、珠宝钻石交易中心、排放权交易所等新型要素交易平台建设等，再加上已有的中小板、创业板、产权交易所等，深圳多层次、多功能金融市场体系建设已见雏形。目前已形成由货币市场、债券市场、股票市场、外汇市场、黄金市场、期货市场等构成的健全的金融市场。2012年实现金融业增加值达到1819.2亿元，位居全国第三。

(二) 浦东新区金融市场规模和影响力不断提升

上海开发开放30多年来，金融市场体系从无到有，多层次、飞速发展，金融市场规模和影响力不断提升，为国际金融中心建设奠定了稳固基础。作为我国市场最集中的地区，浦东新区目前集聚着证券、期货、金融衍生品、产权等国家级和市级金融要素市场，市场层次丰富，市场容量不断增大，金融要素市场体系在国内最为完善。证券交易、期货交易、股权交易、黄金交易、外汇交易、银行间清算、银行间同业拆借等市场均设在上海浦东，形成了由同业拆借市场、银行间债券市场和票据市场等组成的货币市场，由债券市场和股票市场等组成的资本市场，以及外汇市、黄金市场、期货市场、保险市场等具有相当规模、多门类、多层次的金融市场体系，是国际上金融市场种类最完整的金融中心之一。其拥有众多国家级的要素市场包括上海证券交易所、上海期货交易所、上海钻石交易所等，其中，上海证券交易所已成为亚太地区第四大证券市场，上海期货交易所交易规模超过全国期货市场份额。这些交易所为确立浦东的国际金融中心地位打下了坚实的基础，同时也吸引了诸多国内外金融企业在陆家嘴地区聚集。浦东新区作为核心功能区正着力做大做强现有金融市场，加快培育新的金融市场，创新丰富市场产品，确立其金融中心、股权外汇交易中心、人民币产品创新、定价和交易、清算中心的地位，力争到2015年，国际金融中心核心功能区基本形成具备较强交易、定价、信息功能的多层次金融市场体系。此外，新兴金融业态为浦东的发展注入了"新鲜的血液"，如消费金融公司、汽车金融公司、第三方支付、航运金融和融资租赁、股权投资企业与投资管理企业、小贷、信托、保理等。浦东新区作为国内金融机构集聚程度最高、金融市场体系最发达的区域之一，在新的历史时期必然会在金融创新方面获得更多发展契机。

(三) 天津滨海新区进行金融改革和创新效果显著

2006年《国务院关于推进天津滨海新区开发开放有关问题的意见》批准天津滨海新区成为全国综合配套改革实验区，鼓励天津滨海新区进行金融改革和创新。几年来，天津市政府充分利用国家赋予滨海新区先行先试的政策优势，不断加快金融创新，积极探索、推进各类金融资本要素市场建设。作为滨海新区金融改革创新的重要成果和体现，天津排放权交易所、滨海国际股权交易所等一系列金融资本要素市场的相继筹建成立，充分发挥了市场优化资源配置的作用，极大地促进了地区经济社会的发展。随着矿业权交易所、金融资产交易所、滨海柜台交易市场、文化艺术交易所率先在区域注册发展，要素交易市场在天津滨海新区于家堡金融区已初具规模。同时，于家堡金融区还将积极吸引渤海商品交易所、天津股权交易所、铁合金交易所、中国汽车材料交易所、天津贵金属交易所、中汽配交易市场、中国包装交易市场、中国电影版权交易中心等各具特色的新型交易市场落户入驻。2010 年 6 月招商银行与天津排放权交易所进行战略合作，这是银行业界与要素交易市场相互扶植的又一充分体现，通过"银交合作"使金融服务与交易服务有机结合，实现商品流、资金流的有效对接，从而能够充分发挥市场的功能和作用，促进资源合理、高效流转，发挥全国金融改革创新基地先行先试作用，共同为加快推进金融创新和我国要素市场建设贡献力量。目前，于家堡金融区内洛克菲勒完成基金设立，托马斯·李成立基金公司，华夏人寿迁入，中租公司经批准开业，罗斯柴尔德洛希尔集团、毕马威、民生银行北方交易中心及联创融资租赁、智达金属交易市场等一批项目相继签约落户。金融企业的聚集和金融业务的创新，将进一步完善天津金融生态环境，推进金融改革。

虽然天津滨海新区不断推进金融改革和创新，持续推进金融要素市场的建设，但是目前仍没有建立自己的金融要素交易市场，这是与深圳、浦东相比一个较大劣势所在。在我国资本市场结构中，深圳、上海的资本市场占据主板、中小板、创业板三大板块，只有 OTC 交易市场还处于发展初级阶段。滨海高新区是"新三板"扩容试点，同时新区具有国家批准发展 OTC 市场的政策优势，拥有天津股权交易所等 OTC 市场发展的实践经验，应加强引导和推动符合产业政策、具有行业优势的科技型中小企业上市融资，使滨海新区发展全国性场外交易市场成为可能。

三、融资与金融服务功能

1. 浦东新区逐步健全完善自身融资体系，开创多元化的融资渠道。通过办理银行或银团贷款、争取国债转贷资金、发行建设债券和企业债券、申请证券市场上市、利用外资等为浦东的发展建设筹集了充分的资金。另外，浦东新区还通过不断创新金融产品增加自身的金融服务功能，从个人理财产品到再保险服务，门类非常齐全。2006 年底，浦东新区积极响应建设创新型国家战略，率先落实和开展了知识产权质押融资服务工作，由政府和银行共同承担风险，帮助企业获得银行贷款支持，也推动了科技金融领域的创新。浦东的金融机构可以提供投资基金、信托基金、境外投资产品等个人理财产品，股票、债券、资产证券化产品、指数期货产品等直接投资产品，人寿保险、财产保险、农业保险、再保险等保险产品，能为企业融资提供包括贷款服务、上市服务、风险投资、中小企业政策性贷款服务等在内的全面金融服务。在引进外资的方式上，除了传统的"三来一补"方式，浦东新区也不断进行创新，积极引入了 BOT 等项目融资方式。

2. 深圳特区成为全国重要的资金聚集地和辐射源。深圳是全国统一市场的重要组成部分，货币市场和外汇市场交易机制不断完善，交易品种不断增加，资金调剂、配置功能进一步增强。货币市场由最初的同业拆借发展到同业拆借、回购交易、债券交易、债券远期、利率互换等众多产品并行；外汇市场从简单的外汇调剂发展到涵盖即期、远期、掉期以及外币对外币实盘买卖、衍生品等多功能产品组合。金融机构紧跟市场需要，调整经营策略，创新金融产品，满足多样化需求；银行业在传统业务基础上在资产业务、负债业务和中间业务等各方面创新，面向企业、个人推出形式多样的信贷产品和理财产品；证券行业从最早品种单一、不成体系起步，目前发展到包含了股票、债券、基金、期货等多个品种在内的比较完整的业务架构；保险行业在全面建设全国保险创新发展试验区过程中，推出多种多样的创新产品。深圳金融业还大胆突破相互隔离、各自为政的藩篱，跨行业、跨市场的交叉性金融产品和业务不断涌现。

3. 滨海新区金融改革创新打破原有单一融资方式。目前，滨海新区的主要资金来源包括政府拨款和政府信用融资（国债）、银行提供的各种类型的贷款、在资本市场上发行债券或股票、吸收外商直接投资以及企业内部融资等。各种融资方式以一定的规模和结构结合，形成了滨海新区的融资体系。从 2006 年开始，滨海新区进行了一系列金融改革创新，已基本打破了原有仅仅依靠财政投资和银行借贷的单一融资方式。在融资渠道方面，滨海新区近年来已经通过设立产业基金、投资基金以及积极引进外资银行等方式对原有渠道进行扩充。

以上比较表明，目前深圳特区、浦东新区金融企业数快速增多，已经成为国内外金融机构的集聚地，初步形成了以银行、证券、保险、基金、信托投资、财务、金融租赁和汽车金融等为主的金融市场体系。但是滨海新区金融业发展尚处于起步阶段，在滨海新区的开发和建设中依靠社会信用筹资仍然是首要的渠道，这样的资金供给远远不能满足将滨海新区新区建设成为国际金融中心这一目标对融资的需求；在证券融资中，滨海新区几乎全部是股票融资，债券融资很少，这样的融资方式显然不能满足新区发展的需要；滨海新区的科研前期投入靠政府拨款，后期则主要是依靠外资的投入，许多核心技术被国外企业垄断，科研融资不足，虽然新区目前建立了专门的科技研发和成果转化基金、科技基础条件平台建设基金，支持科学技术的研究和科研基地的建设，但是基金的数量是有限的；滨海新区的融资来源中，吸引外资占据了一定的比重，虽然凸显了新区外向型经济的特征，同时也暴露了新区对外商投资的较大的依赖性；此外，滨海新区吸引民间资本不足，新区 2008 年民营经济的成分不足 10%，这与浦东和深圳相比还有较大的差距，同时在行业总体规模及金融机构数量和产品种类等方面还有待于进一步发展与完善。

第三节　金融业态服务区域实体经济发展状况比较

深圳特区、浦东新区与滨海新区均位于沿海，毗邻大城市，临海位置便利了区域与国际间的交往，而依靠大城市的区位，为其接受大城市的经济辐射、带动自身发展创造了条件，三区的发展都有着更加广阔的辐射空间，但三区在区位、资源及开发布局等方面存在差异。

表6–5　　　　　深圳特区、浦东新区与滨海新区的环境条件比较

地区	区位	资源	开发布局
深圳特区	地处祖国南疆，东临大亚湾，西濒珠江口，南至深圳河与香港毗邻	物产较为丰富，水资源充足，油、气等能源完全靠外界输入	6个行政区，4个功能区
浦东新区	地处长江入海口西南，与基础雄厚的上海老市区仅一江之隔，濒临东海	石油天然气相对比较丰富，水资源充足，土地相对匮乏	一轴、一带、三个城区、七个功能区
滨海新区	地处华北平原北部，天津市中心城区东面，濒临渤海，辐射三北	土地资源充足，石油天然气等资源比较丰富，水资源较匮乏	一轴三带

表6–6　　　　　2012年深圳特区、浦东新区与滨海新区主要经济指标

指标名称	深圳特区	浦东新区	滨海新区
地区生产总值（亿元）	11505.53	5484.35	6206.87
地区生产总值同比增长速度（%）	20.08	11.1	23.8
全部工业总产值（亿元）	21273.09	9553.79	12828.95

数据来源：根据2011年和2012年度《深圳统计年鉴》《上海浦东新区统计年鉴》《天津滨海新区统计年鉴》的数据整理。

一、三区的国民经济规模不断扩大

从三大增长极的发展状况上看，三区的国民经济均保持了快速、健康的发展。在经济总量上，深圳占据绝对优势，而浦东、滨海新区相差不多，都仅为深圳特区GDP的一半左右；从经济发展速度上看，滨海新区后发制人，发展非常迅猛，其速度明显快于深圳和浦东。深圳开发初期经济增长率曾连续多年超过30%，浦东自1990年开发以来，也连续年均保持16%以上增幅，但进入21世纪，特别是近几年，深圳、浦东的经济增长率都有所下降，而滨海新区的经济增长率始终较快，2008年到2011年滨海新的GDP增长率一直保持在24%左右，发展势头十分强劲。同时，从近几年深圳、浦东、滨海新区的经济发展速度对比上看，深圳、浦东的发展速度在下降，滨海新区的发展速度在上升。

二、从人均经济指标看各区的经济发展水平

表6-7　　　　　　　**2011年人均经济指标统计**　　　　　单位：元

指标项目	深圳特区	浦东新区	滨海新区
人均GDP	110421	105778	244693
人均固定资产投资	19775	28091	145948
人均社会零售总额	33791	23564	34989
人均工业总产值	204162	186974	505755
人均存款余额	218605	66065	144547

人均GDP是衡量一个地区经济社会发展程度的重要指标，也是衡量全面小康社会最基础的指标。2011年，滨海新区人均GDP约为24.5万元人民币，较浦东和深圳的之和还多，这反映了滨海新区的经济社会发展程度较高。人均固定资产投资、人均工业总产值这两项指标主要反映经济过程，滨海新区的这两项指标明显高于深圳特区、浦东新区。而深圳特区在人均存款余额这项指标上超过浦东新区和滨海新区，而这是一项能在一定程度上反映人均生活水平的经济效益指标，说明目前深圳的经济发展水平高于浦东和滨海。

三、产业结构的特点

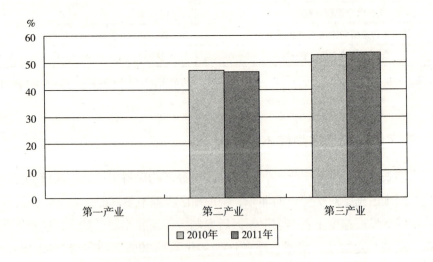

图6-3　深圳特区三大产业结构的演变

1. 深圳特区产业结构的比例进一步优化。2011年深圳全市三次产业结构比重为0:46.5:53.5，其中，第三产业占整体经济的比重由2010年的52.7%提高到2011年的53.5%，产业结构的比例进一步优化。相比之下，第一产业和第二产业占整体经济比重

分别下降 0.1 个和 0.7 个百分点。本地支柱产业特别是金融支撑作用明显，在金融、科技、物流和文化等四大支柱产业中，金融业的增加值超过 1500 亿元，占整体经济总量的 13.6%。贷款稳步增长对地方经济发展起到较大的支撑作用，截至 2011 年底，深圳银行业金融机构本外币贷款余额近 2000 亿元，同比增长 15.09%，比上年末提高 1.39 个百分点。贷款余额居全国 36 个省、自治区、直辖市和计划单列市第 9 位，贷款增速由上年的末尾跃升至第 24 位，但仍低于全国平均水平 0.61 个百分点。全年新增贷款 2522.62 亿元，同比多增 502.7 亿元。

2. 浦东新区的产业结构演替跨度大，且更具合理化和高度化。浦东新区三次产业结构比由 1994 年的"二、一、三"到 2011 年调整为"三、二、一"，第三产业在 17 年中增加了 26.12 个百分点。浦东新区现代服务业发展优势明显，据测算 2010 年浦东新区的第三产业对 GDP 增长的贡献度为 46.7%，其中金融业为 8.8%，即第三产业增长 1 个百分点会对 GDP 的增长贡献 0.467 个百分点，而金融业增加值增长 1 个百分点会对 GDP 增长贡献 0.088 个百分点，金融业对 GDP 增长的贡献作用高于全市平均水平。

3. 滨海新区第三产业发展滞后，第二产业处于主导地位。滨海新区产业结构演替变化不大，在 16 年中滨海新区的第二产业一直处于主导地位，第三产业次之，但第三产业是在 16 年中仅上涨了 3 个百分点左右。相比之下，滨海新区第三产业发展明显滞后，且第三产业多集中于批发零售和仓储邮政业等传统服务业，高端服务业尤其是金融服务业发展明显不足。

以上分析表明，在区域经济发展基本层面上，深圳特区总量优势明显，滨海与浦东总量上的差距不大，但滨海新区的最大弱项在于第三产业，特别是金融业相对深圳特区、浦东新区总量小、比重低、基础较为薄弱，滨海新区应将未来发展重点放在以金融业为代表的第三产业上。

四、金融支持经济转型发展取得积极成效

(一) 浦东新区

1. "银政合作"破解中小企业融资难题。2010 年 8 月，浦东新区政府分别与上海银行、上交所、深交所签署合作协议，为浦东中小企业融资、上市铺设"绿色通道"，即所谓"银政合作"，就是银行适当降低对中小企业的贷款门槛，企业可以将知识产权、股权和应收账款等用于质押融资，银行将抵押率由原来的不超过 60% 提升到最高 100%，政府则通过财政补贴部分不良贷款损失的方式，与银行共担风险，由政府出面为小企业作担保。

睿励科学仪器（上海）有限公司是浦东新区一家生产半导体晶片检测设备的高科技企业，由于资金不足，很多科技成果难以转化。按照"银政合作"方案，睿励公司顺利地从银行拿到 1000 万元贷款。

截至 2011 年 4 月，"银政合作"开展了短短半年，浦东新区已经有近 400 家中小企业获得了银行贷款，解了企业发展的燃眉之急，推动了银行加大对科技型中小企业的信贷投放。

2. 上海试点期货保税交割提升了资源配置能力。2010 年 12 月 24 日上海期货交易所正式启动期货保税交割试点，首批试点品种为铜和铝，试点区域为洋山保税港区。这一金融创新将大大提升"上海价格"在国际上的话语权，并推动更多国际客商在上海洋山港等保税区里建交割库，从而进一步提升上海国际航运中心地位。推动期货保税交割大大方便了贸易商利用上海期货市场在全球配置资源，引入保税交割模式后，贸易商的运作将会更为灵活，上海、伦敦两地市场的套利交易预计会增加，从而强化上期所相关品种与国际市场价格的联动。此外，保税交割也会吸引更多的来料加工等企业进行套期保值，不仅方便企业规避风险，而且拓展了期货市场服务国民经济的能力。

3. "金融土地和楼宇信息监测平台"——为金融机构落户精确"导航"。2011 年，浦东新区金融局联合市场专业机构开通了"金融土地和楼宇信息监测平台"，为机构入驻提供精确"导航"，解除了他们的后顾之忧。该平台将定期发布陆家嘴金融贸易区、张江银行卡产业园等重点金融集聚区的金融机构总数、办公面积等信息，展现浦东新区金融集聚情况，同时动态监控以陆家嘴金融贸易区为重点的新区土地供求、写字楼宇供求、租售价格、金融机构搬迁、楼宇冠名等信息。在此基础上，信息平台还将利用各种渠道帮助金融机构在浦东寻找合适的办公用地，协调解决金融机构在设立和搬迁过程中遇到的各种问题。

对区域内的金融楼宇进行全方位监测，并定时发布相关信息，这在全国还是首创。浦东此举旨在完善金融配套环境、做好金融空间战略规划和优化金融服务体系。截至 2010 年底，陆家嘴金融贸易区内符合标准的办公楼宇共 149 栋，总建筑面积约 809.7 万平方米，办公面积为 534.3 万平方米。其中，甲级办公楼宇 86 栋，总建筑面积约 624.7 万平方米，办公面积为 416.2 万平方米。

4. 让外籍人才安居创业。经过一年的筹备，2011 年 6 月底浦东新区"金融人才优质护理"平台正式对外开放。该平台可以为金融高管及其直系亲属提供特需门诊、住院绿色通道、健康咨询、专项检查和应急就诊等 5 项特需服务，大大缓解了"就医难"的问题。截至 2012 年 1 月底，该平台已受理了近 200 家金融机构共 1000 多位金融高管的申请，服务人群涵盖了银行类、证券类、保险类、融资租赁类、要素市场类、股权投资类、金融专业服务类、地方金融类等各类金融机构。此外，浦东新区金融促进会每年都会举办丰富多彩的活动，如外籍金融人士鸡尾酒会、金融精英高尔夫球邀请赛、服务需求座谈会等。通过这些活动，外籍人士加强了与各类政府部门和商业机构之间的交流沟通，找到了反映诉求和建议的渠道，更重要的是他们的心灵"不再寂寞"。开放的环境，贴心的服务也带来了产业升级的丰硕成果，国际上前十大私募股权投资基金中已有凯雷、黑石、TPG 等五大基金落户浦东，注册在浦东新区的外资法人银行总数达到 18 家，占全国的 54%，浦东新区真正成为外资银行的集聚高地。与此同时，摩根士丹利中国区总部、路透信息（中国）有限公司、彭博社等国际著名机构相继牵手浦东，高盛证券、瑞银证券等机构与浦东的合作也在有序推进中。

（二）深圳特区

1. 小额贷款覆盖深圳 25 万家小微企业。个体工商户和小微企业长期处于金融服务未能覆盖的领域，难以从传统的银行渠道获得融资。如今，深圳市阵容不断壮大的微型金融服务机构——小额贷款公司及时填补了上述空白。2013 年年初，全市超过 30% 的个体工商户和近 16% 的小微企业都获得了小额贷款资金扶持，全行业 2012 年度新增贷款达 187.59 亿元，绝大部分都用于支持小微企业的生产经营。作为服务小微企业和个体工商户的专业信贷机构，小额贷款公司已成为国家开放民间资本进入金融领域的"桥头堡"。深圳市正式开展小额贷款公司试点三年多来，推动民间借贷规范化和阳光化的政策导向开始显效，包括高科技企业、实体经济制造业企业在内的众多民营资本都积极申办小款公司。目前，深圳市已批准筹建小额贷款公司 88 家，现已开业经营的有 76 家，设立网点超过百家。据不完全统计，深圳市小额贷款公司 2012 年的贷款服务覆盖了约 7 万余家小微企业，比 2011 年时的 4 万家增加了近一倍，占当年全市登记企业 44 万余家的 16% 左右。

小额贷款金融服务对个人就业、创业、助业的渗透度也不断加深。深圳市现有十多家专业经营个人微型金融服务的小额贷款公司，机构数量、贷款规模和客户群体等指标都排在国内试点大中城市前列。2012 年全市近 18 万户个体工商户获得了信贷资金支持，客户数占当前全市登记个体工商户 56 万余家的 30% 以上，这样整体有约 25 万小微企业和个体工商户获得小额贷款支持，说明深圳市小额贷款公司已经成为个体工商户（含小商户、小业主）的信贷资金主渠道。2013 年全市推行的商事登记制度改革，极大地激发了个人创业热情，更使小商户和小业主的信贷需求持续上升，为小额贷款公司带来广阔的业务空间。

2. 开发性金融助力深圳新城镇化发展。2013 年 4 月深圳市政府与国家开发银行举行高层会谈并签署合作协议，进一步深化双方战略合作，共同推动特区新型城镇化发展。国家开发银行深圳分行与深圳市发改委、规划国土委、住房建设局等部门分别签署 2013 年度重点领域及重大项目投融资合作协议等 4 个协议，涉及深圳特区一体化建设、新型城镇化规划合作、土地整备、保障性住房建设等内容。国家开发金融公司还与前海管理局签署设立前海总部与合作开发功能单元的合作协议。根据以上合作协议，国家开发"十二五"后三年提供投融资项目合作额度 1000 亿元。截至 2012 年底，国家开发银行深圳分行本外币贷款余额达到 2146 亿元，占全市贷款余额的 10%，成为支持特区发展的重要金融力量。特别是 2011 年、2012 年两次与深圳市签署开发性金融合作协议，以及设立开发性金融战略合作委员会以来，该行发挥"投、贷、债、租、证"综合金融服务优势，支持深圳特区基础设施、城建、民生、"走出去"等领域发展，累计承诺贷款1110亿元，提供合作项目融资650亿元，并向前海开发提供了首笔银行贷款，有力推动了深圳新型城镇化发展。

3. 深圳为50万户中小企业"解渴"。为扶持中小企业的发展，深圳市不断加大政策扶持力度，金融机构也通过产品创新、架构创新，加大对小微企业的融资支持。2013年第一季度，深圳小微企业贷款余额3626.19亿元，同比增长23.07%，增速高出各项贷款平均增速9.63个百分点。

截至2013年4月底，深圳共有中小企业约50万家，约占企业数量的99.6%，这些企业创造了深圳50%的企业税收、60%的GDP，提供了80%以上的就业岗位。但是，由于小微企业抵押物少，和金融机构存在信息不对称等情况，深圳市中小微企业融资缺口预计仍达6000亿元。2013年5月，市政府出台《关于支持中小微企业健康发展的若干措施》，提出设立中小企业联保平台，完善中小企业融资增信与补偿机制，通过由政府增信加"企业联保"的中小企业联保平台，如果出现风险，先由企业联保金赔付，不足部分由政府和银行共担，这既降低了财政资金的风险，又提高了商业银行为中小企业贷款的积极性。此举被视为有利于中小企业拓宽融资渠道的重大利好。

4. 前海深港合作区引进采购金融平台。2013年4月，中国公共采购有限公司宣布已取得前海深港现代服务业合作区管理局批准，在该地区登记经营国采中国公共采购金融服务平台。国采公共采购金融信息服务（前海）将成立为公司的附属公司，注册资本不少于1亿元人民币。该公司的成立将为金融服务平台的用户提供金融信息服务，并为供应商提供金融产品及金融信息分析服务交易平台。

另外，国采公共采购金融担保（前海）将成立为公司的附属公司，注册资本不少于10亿元。该公司的成立将为参与政府采购的中小型企业，提供综合金融解决方案。

（三）滨海新区

1. 天津海关携手银行便利企业通关。2009年3月20日，天津海关与中国银行天津市分行签署了开展银行税款总担保的合作协议，标志着银行税款总担保业务平台在天津关区不断拓展，也标志着涉及重大装备制造业和国民经济基础产业免税设备及材料纳入了税款总担保的范畴。与天津海关签署银行税款总担保合作协议的中国银行天津市分行，其开展该项业务的主要服务对象是中石油、摩托罗拉、一汽丰田等大型企业和其他符合规定企业的进出口业务，不仅能为其提供涉及免税物资的银行担保，同时也获得了开展税款总担保其他业务资质，拓宽了天津口岸银行担保服务领域与范畴，对于提高口岸通关软环境起到了积极促进作用。

2. 天津OTC助力中小企业发展，促进金融与科技结合。天津滨海柜台交易市场（天津OTC）积极促进金融与科技结合，推动科技型中小企业加快发展。由OTC培育、推荐的本市邦霍夫科技有限公司，凭借绿色农业微量元素有机络合肥项目，从几千家参选单位中脱颖而出，顺利入围 2012 邮储银行创富大赛（天津赛区）总决赛（前 10 强），与有关投资和金融机构分别达成融资 500 万和贷款 500 万的合作意向。

2012 年以来，天津 OTC 认真落实市委市政府大力促进科技型中小企业创业创新发展的要求，着力建设一站式融资服务平台，加强与各委办局、区县政府、产业园区及投融资机构的合作，为中小企业提供优质培育指导和融资对接服务，累计举办各类培训会、行业融资洽谈会、企业专场融资对接会等 50 多场，帮助企业融资 13 亿元，进一步拓宽创富大门。截至 2010 年底，天津 OTC 融资服务平台注册的企业已近千家，各类金融、投资和中介服务机构等会员单位 300 多家。

3. 滨海新区创新融资模式，破解中小型企业融资难。资金短缺是中小企业发展的一大瓶颈，而本就缺钱的企业往往拿不出实物抵押向银行贷款。今年滨海新区创新融资贷款模式，企业除可以通过固定资产和企业股权进行抵押外，还可以通过订单、商标专利抵押、信用等级等方式向政府进行申报，并由政府和担保机构统一向银行贷款，解决企业融资难的问题。在为企业提供多种方式贷款的同时，新区还通过整合汇集民间资本发展股权融资、债券债权融资和上市融资等方式，弥补现有银行贷款金额不足的问题，帮助科技型、创新型、成长型的中小企业融资。2012 年上半年，滨海高新区为区域内信用良好、发展潜力大的企业提供各类一次性贷款累计 29.4 亿元。

滨海新区中小企业达 3.6 万多家，营业收入 9432 亿元，占全区企业营业收入的 60%。从 2010 年至 2012 年，新区已经累计为近万家中小型企业发放贷款超过 200 亿元，拯救了 1000 多家因为资金链断裂濒临破产的企业。

4. 滨海新区中小型科企享受"靶向"融资服务。2013 年 9 月，滨海新区的"开发区科技型中小企业科技风险补偿专项资金"政策正式启动，与传统的贷款担保业务相比，该专项资金有着显著的特点和优势。首先，专项资金服务于注册在天津开发区内的年销售收入在 500 万元至 3000 万元的科技型中小企业，定位于对成长中的中小企业进行资金支持，可以说是对中小企业的"雪中送炭"而非对成熟企业的"锦上添花"。首期专项资金 2000 万元由天津开发区财政科技支出预算专项列支，充分发挥"以政府信用，促企业发展"的特点。其次，专项资金具有放大贷款资金规模的杠杆作用，可撬动 4 至 10 倍于自身整体规模的银行信贷资金为科技型中小企业服务。目前，建设银行、中国银行、上海银行和浦发银行与开发区管委会达成专项资金合作协议，27 家天津开发区内的科技型中小企业同意参与专项资金项目合作，其中已签约企业 12 家，已获授信企业 8 家，意向授信企业 7 家。

通过专项资金，开发区为科技型中小企业构建了一般性银行贷款、信用担保、资金池信用贷款三个阶梯的融资服务，建立起"靶向"模式，不仅为一批小微企业解决燃眉之急，也为开发区创新创业环境的提升，提供了强有力的资金支持。

2012 年全年协助区内科技型中小企业融资近 10 亿元。此次"开发区科技型中小企业科技风险补偿专项资金"的出台，是在"四位一体"融资模式的基础上继续创新，与合作银行共同开发小微企业"定制产品"，实现对"爬坡"阶段的小微企业群体的融资支持。

第七章　滨海新区金融业态发展展望

滨海新区金融业态的发展，要站在国家发展战略的高度，服务本区域实体经济，顺应实体经济的需求。每个处于不同成长阶段的企业，都需要不同的金融支持，科技金融、中小企业融资问题便成为重点关注的对象。滨海新区要根据自身特点，充分考虑"实体经济的需要"与"金融体系自身的完善"两个驱动力。无论是金融产业的发展还是金融产品的创新，滨海新区都应依托京津冀，服务环渤海，辐射"三北"，面向东北亚。建立"创新领先、错位发展"的理念。

金融业态是金融服务体系的基础，是吸引金融资金、信息、技术和人才的媒介。滨海新区要打造现代金融服务体系，为天津及环渤海地区区域经济发展提供强有力的金融支撑，必须注重金融业态的建设。通过引进外部金融业态，完善滨海新区金融体系建设，建立一个门类、功能齐全，结构优化，与国际接轨的金融业态体系，使滨海新区成为吸引金融业态汇集的中心，从而形成环渤海地区资金、人才和信息集散的中心，切实成为环渤海地区的资金聚集地。

为打造现代金融服务体系，实现环渤海地区的资金聚集地的地位，滨海新区应坚持一条有别于其他地区的金融生态差异化发展之路，为天津致力于建设与北方经济中心相适应的现代金融体系和全国金融改革创新基地服务。

第一节　滨海新区金融业态的发展与规划

第一单元　滨海新区金融业态发展的环境分析

"十二五"时期，是滨海新区发展至关重要的时期，面对国内外经济环境的快速变化，滨海新区金融业态发展面临机遇，也充满挑战。

机遇和有利条件包括：党的十七届五中全会提出要继续推进滨海新区开发开放，新区金融改革创新是国家战略部署，有利于推动新区金融改革先行先试；"十二五"时期，国家把加快经济发展方式转变放在更加突出的位置，以金融为代表的高端服务业比重将在整体产业结构中有所加强，这也要求新区大力推进金融改革创新，不断提高金融业增加值；滨海新区社会经济发展处于上升期，品牌效应明显，推动金融改革创新的基础更加牢固；滨海新区区委、区政府高度重视现代金融服务业发展，并将金融改革纳入"十大改革"范畴，明确各项具体改革的实施主体和工作机制，举全区之力推动改革创新，进一步加快改革步伐。

挑战和不利因素包括：全球金融危机尚未彻底化解，实体经济处在深刻变化和调整中，滨海新区金融发展面临着国际化挑战；其他中心城市的加速发展以及金融中心建设目标的提出，致使区域间金融竞争日趋激烈，天津金融改革创新的任务更加艰巨；金融业综合实力不强，金融服务业增加值在地区生产总值中的比例很低；金融业的发展规模与金融业的产业地位不相称；社会融资结构不尽合理，上市企业数量和规模较小，直接融资占比较低，资本市场有待完善和发展。

第二单元　滨海新区金融业态发展坚持的原则

一、整体推进与重点突破相结合

统筹谋划、突出重点、由点及面、有序推进，利用滨海新区的比较优势，立足错位发展，突出自身特色，力争在一些重点领域和关键环节取得重大突破。通过金融机构、要素市场和配套服务的聚集带动，推进滨海新区整体金融业态建设，有效发挥引领示范作用。

二、先行先试与完善体系相结合

大胆实践、积极探索、系统设计、综合配套，大力推进金融业务、金融市场、金融开放等方面的先行先试。注重加强体制机制、法规政策和制度体系建设，加快形成科学规范、综合配套、门类齐全、业态完整的现代金融服务体系，加快形成各类金融业态聚集基地。

三、产业发展与金融资本相结合

以推进产业优化升级与金融资源结合为核心，探索产业金融创新，突破产业融资瓶颈，形成符合现代金融业要求的企业价值体系、符合产业发展规律的金融产品体系和符合产业金融创新需要的政策服务体系。

四、改革创新与风险防范相结合

科学审慎、制度严密、监管得力、风险可控，在加大金融改革创新力度，加快金融业态发展的同时，注重加强制度跟进和征信体系建设。加快构建科学规范的金融监管体系，提高风险防范的专业性、持续性和有效性，确保金融稳定发展和安全运行。

第三单元　金融业态发展的总体目标

滨海新区金融业态的发展应紧紧依托地区金融业发展的总体规划展开。按照《天津市滨海新区金融业发展"十二五"规划》，至 2015 年，滨海新区金融业态发展力争实现以下目标：

——在航运金融、融资租赁、私募基金、产业金融、科技金融、外汇改革、商业保理、保险改革八个重点领域的改革创新取得新突破，基本建成全国性的股权投资基金产业和融资租赁产业集聚中心。

——金融市场、金融机构、金融服务、金融基础设施、金融风险防范、金融生态环境等体系框架初步形成，基本形成具有较强支持功能的金融基础设施体系和较强竞争力的金融发展环境。

——建成于家堡金融起步区，初步形成市场会展、现代金融、传统金融、教育培训和商业商务功能的定位，实现金融产业和金融人才高度聚集发展。

——金融机构各类存款余额和贷款余额均超过 8000 亿元，融资租赁合同余额超过 4000 亿元，金融业增加值力争超过 500 亿元，占地区生产总值的比重力争提高到 5%，占服务业比重力争超过 12%。

第二节　滨海新区金融业态创新发展的路径选择

第一单元　滨海新区金融业态发展的重心与实践

一、以建立现代金融服务体系为核心，不断提高金融服务和促进新区区域经济社会协调发展的能力和水平

（一）引进各类金融机构，加快发展现代金融业

制定相关政策措施，吸引各类金融机构在滨海新区设立法人总部、地区总部及分支机构。支持具备条件的国内外大型金融机构和企业集团参股地方法人金融机构。支持各类金融机构和金融新兴业态发展，基本形成以传统金融机构为基础，创新金融机构为主体的金融机构体系。支持泰达国际控股集团成为国家首批金融控股集团，开展综合经营试点。

（二）提升金融服务功能，加大对新区融资的支持力度

加大对滨海新区"十大战役"、产业化项目、楼宇经济、"科技小巨人"企业的金融服务力度，建立项目与资金有效对接机制，引导金融机构创新金融产品，丰富产品结构。鼓励和支持商业银行开展企业并购融资、供应链融资，扩大保理、票据贴现等贸易

融资规模，探索开发应收账款质押贷款、订单质押贷款和联保联贷等融资产品创新。推动金融机构开展业务合作，共同研发推广跨机构跨市场的结构化融资产品。大力发展信用证押汇、仓单质押、保单融资、对外担保、买方信贷等贸易融资，积极扩大出口信用保险业务规模和服务项目，促进国际贸易中心建设。建立项目与资金有效对接机制。指导企业灵活选择、综合运用银行信贷、股权融资、融资租赁、保险资金、信托计划、发行上市、发行债券等融资手段，满足自身资金需求。

（三）支持交易市场发展，推动区域资源高效流转

支持新区各现货专业市场增加交易品种，扩大交易规模。继续引进和设立新型现货专业市场，鼓励开展差异化竞争。支持各家场外交易市场增加上市挂牌企业数量、扩大企业融资规模。支持股权交易所和滨海柜台交易市场跨区域开展业务，支持矿业权交易所发展矿产品和矿业企业风险融资交易，支持金融资产交易所拓展保险资产、信贷资产、租赁资产和信托资产等交易内容，支持排放权交易所发展天然气等清洁能源交易，承担国家强制减排产品交易。支持设立期货交割库，形成北方地区期货流通交割集散地。

（四）发展金融专业服务，构建专业化中介服务体系

支持与金融相关的会计审计、法律事务、公证鉴证、征信评级、资产评估、投资咨询、经纪业务、资讯服务、第三方外包等专业服务机构规范发展，积极培育金融信息服务市场，推动发展金融信用服务体系。支持商业银行设立资金清算机构，第三方支付机构拓展境内外结算网络。探索发展场外市场清算机制，完善登记、托管、交易和清算功能。支持天津国际经济金融仲裁中心、天津国际海事仲裁中心和天津海损理算及法律服务中心发展，建立与司法相匹配的仲裁机构。

（五）拓宽企业融资渠道，培育壮大滨海新区上市公司板块

推广债权性融资工具，推动企业利用票据、债券等金融工具融资，发展中小企业集合性债权融资以及交易所私募债融资，为企业多渠道融资提供便利。实施"十二五"企业上市规划，完善拟上市企业资源库。引导和鼓励航空航天、石油化工、电子信息、装备制造、金融服务等优势产业在境内外资本市场主板上市融资，支持和培育科技型中小企业、战略性新兴产业在创业板、中小企业板上市以及新三板挂牌融资，逐步形成具有影响力的滨海新区上市公司板块。

二、深化重点领域金融改革创新，为加快实现滨海新区功能定位和综合配套改革总体目标提供有力金融支撑

（一）深化航运金融试点，加快国际航运中心和物流中心建设

积极推进东疆保税港区航运金融试点，细化试点方案和工作内容，落实相关配套政策，积极开展自由贸易港区的改革探索。鼓励商业银行在东疆保税港区设立离岸业务北

方总部，引导有需求的企业开设离岸账户。搞好船舶产业投资基金试点，发展航空产业投资基金，扩大基金规模和资产规模，探索航运资产证券化方式。鼓励商业银行、保险公司等机构加快航运金融、物流金融产品创新，扩大船舶抵押贷款、出口信贷、物流质押、船舶保险、航运保险、航空保险等业务规模。配合市相关部门，发起设立航运交易所，研究建立航运价格指数，探索开展船舶交易。

支持东疆保税港区自由贸易港区建设。积极跟进中日韩自由贸易区谈判和建设进程，充分发挥金融服务功能支持东疆保税港区国际自由贸易港区建设。以现有的东北亚经济论坛为基础，争取发起设立东北亚开发银行，争取将设立东北亚银行纳入中日韩领导人会议内容。推动实现已开展离岸业务的商业银行在东疆设立离岸账户，加快离岸业务创新，加快做大汽车、飞机、船舶和大型设备等离岸业务规模。探索开展期货保税交割业务，大力推进跨境人民币结算业务，推动服务贸易人民币结算、人民币境外投资和境外发债，加快人民币国际化步伐。发展航运保险业务，打造北方航运保险金融业态。吸引各类金融机构和金融配套服务业态落户，不断创新金融业务，搭建资金流通便捷的国际商品融资服务业态。

东疆保税港区将努力在国际船舶登记、航运金融及离岸业务创新方面取得突破，营造与国际自由贸易港区通行惯例接近的政策环境和法律环境，为处在航运业上游的航运金融、航运交易、航运服务等产业创造发展条件，同时为国际中转、国际配送、国际采购、国际贸易、航运融资等功能的拓展铺平道路。

（二）深化融资租赁业务创新，增强产业集聚效应

按照国务院批复，搞好租赁业务创新试点。全面贯彻落实市人民政府关于促进租赁业发展的意见，研究制定具体实施办法，加快产业集聚，推动业务创新，鼓励融资租赁公司加大对滨海新区的融资支持力度。搞好融资租赁权属登记工作，开展融资租赁司法政策试点，保证所有权、使用权和他项权。支持融资租赁公司上市，在境内外发行人民币和外币债券，拓宽租赁公司融资渠道。举办高水平行业论坛，扩大天津融资租赁业知名度和影响力，进一步增强产业集聚效应和创新示范效应。

（三）支持私募基金规范发展，引导股权基金投资新区企业

建立健全基金管理服务体系，完善基金注册、备案、托管、年检等监管措施，促进基金业健康发展。积极实施并完善支持私募基金发展的政策措施，鼓励私募基金对滨海新区科技型高成长性企业投资，引导私募基金加大在滨海新区的投资规模。继续搞好产业投资基金试点，推动基金与项目对接，发挥滨海新区创业风险投资引导基金作用，带动社会资金加大对电子信息、生物医药、文化创意、新能源新材料等战略新兴产业的投资力度。

（四）着力发展产业金融，促进金融资本与产业资本有机结合

引导经济实力强、资金雄厚的产业龙头在滨海新区设立财务中心、结算中心、资金

调拨中心等机构。推进天保集团等具备条件的国有企业集团组建财务公司、融资租赁公司、贷款公司、融资性担保公司和并购基金等产业金融机构，逐步发展成为产业金融集团，建立资产轻量化、红筹（公司）上市、发行债券、注入资产、分拆上市的持续发展模式。鼓励新区企业集团发行中期票据、短期融资券等融资产品，提高企业通过银行间市场、交易所市场发行融资产品总量在全国的比重。

（五）大力发展科技金融，加快实施科技小巨人成长计划

鼓励商业银行创新科技贷款模式，扩大无形资产质押融资规模。建立政府对科技型中小企业融资风险补偿办法，构筑多元化科技型中小企业融资风险补偿机制。发挥股权投资基金和创投资本集聚作用，鼓励科技型中小企业实施股权融资，创新开展股权投资试点。丰富租赁市场机构主体，发挥租赁的融资融物功能，为科技型中小企业服务。拓宽科技保险业务领域，提高保险服务科技型中小企业能力。组建科技金融集团，开展母基金投资、政策支持型投资、投资管理、融资担保、融资租赁、小额贷款、科技资产管理等业务。

（六）深化外汇管理改革，发挥对外开放门户作用

搞好外汇资本金意愿结汇试点，继续扩大试点范围和规模。利用外资股权投资基金外汇试点政策，鼓励境外知名基金管理公司和机构投资者在滨海新区设立基金及管理机构。开展离岸人民币业务试点，实现离、在岸业务联动。大力推进跨境人民币业务试点，扩大试点企业范围。支持第三方支付企业建立跨境小额电子商务结算中心，发展人民币境外POS收单业务。推动服务贸易人民币结算和人民币境外投资，支持企业在境外发行人民币债券，支持商业银行对具有真实贸易背景的融资筹资需求提供人民币融资便利。推进人民币市场发展和对外开放，拓宽人民币流入和流出渠道。

（七）推动商业保理业务发展，实现进出口贸易融资多元化

搞好商业保理业务试点，研究解决融资、外汇和使用外债等问题的有效途径。支持银行在天津设立总行保理业务部或银行系专业保理公司，推动商业保理公司与银行合作，实现商业保理公司的专业优势与银行的资金与网络优势充分结合。支持保理公司在境外设立子公司，有效利用国际双保理规则开展国际保理业务。支持企业集团发展第三方保理业务，形成完整的国际贸易和物流保理公司。

（八）加快保险改革试验区建设，有效发挥保险的保障和融资功能

争取国家有关部门批准金融资产交易所开展保险产品交易，增强保险产品流动性。推动保险产品创新，普及意外伤害险和医疗责任险，促进社会和谐稳定。拓宽保险资金运用渠道，推动发展保险资金债权投资、股权投资方式，支持保险资金投资滨海新区基础设施和产业项目，鼓励保险资金投资产业投资基金、私募股权投资基金及创业风险投资基金，充分发挥保险资金融资作用。

三、加快于家堡金融集聚区建设，着力营造具有国际竞争力的发展环境

（一）构建金融集聚区空间体系，形成集中集聚集约效应

建成于家堡金融区起步区，形成汇集市场会展、现代金融、传统金融、教育培训和商业商住五大板块的国家级金融核产业心功能区。制定加快于家堡金融区开发建设和促进金融产业发展的制度办法，进一步明确于家堡金融区的发展定位、阶段目标、空间运营管理、金融业态布局和绿色运营管理。加强楼宇品质管理，按照一楼一金融主体或一楼一金融主业原则，确保入区金融企业量质齐增，实现金融业聚集效应。以于家堡金融区 APEC 低碳示范城镇为载体，构建于家堡绿色运营管理体系，打造低碳金融、低碳经济的集散地，建立绿色城市及供应链金融服务体系和市场服务体系。

（二）推动金融对外开放，建设金融服务和基础设施体系

加强与国际金融组织、国际金融机构、国际金融中心城市的合作交流，推动于家堡论坛不断扩大知名度和影响力，提高金融业对外开放水平。做好金融招商和综合服务工作，推动承接北京及其他地区的金融产业转移和金融功能外溢。积极建设为各类交易市场和金融机构服务的登记、托管、支付、结算、清算等金融系统，形成功能完善的金融基础设施体系。

（三）加强政府投融资平台监管，建立健全规范严格的金融风险防范体系

健全投资项目评审制度、财务核算制度、偿债准备金制度及预算拨款制度，完善"借用管还"良性循环机制，完善政府债务举借、偿还责任机制，建立偿债基金制度，防范财政金融风险。建立健全滨海新区打击非法金融活动工作机制，事前规划并跟进完善金融创新管理制度，充分发挥新区人民政府各相关部门和各功能区管委会的工作职能，形成责权利相统一，人财物相配合，上下联动，反应迅速，打击有力的工作机制，有效防范和化解金融风险。

（四）强化金融协调服务，构建公平安全的金融生态环境体系

充分发挥新区及管委会金融服务机构的职能作用，建立健全金融协调服务机制，密切政府、金融机构、企业间的沟通联系，建立相互信任、合作发展的长期稳定关系。进一步优化金融法制环境，加强法律服务机构与金融机构的联系交流，创造公开、公平、公正的金融运行环境。推进社会信用体系建设，建立"守信激励，失信惩戒"机制，创造公开、公平、公正的金融运行环境。

第二单元　滨海新区金融业态差异化发展

滨海新区应坚持一条有别于其他地区的金融生态差异化发展之路，为天津致力于建设与北方经济中心相适应的现代金融体系和全国金融改革创新基地服务。

差异化是衡量金融转型的重要尺度。没有差异化就没有金融业态发展真正的专业

化，就没有核心竞争力。当前，我国金融同质化问题突出，资产负债结构和盈利模式相似。随着滨海新区的快速发展，需要有相应的金融业态的差异化发展支撑，以形成比较优势，这就要求滨海新区金融业态加深对区域经济规律、市场规律和产业规律以及金融规律的认识，逐步形成以市场为导向的独特的商业模式；进一步整合内部各种资源，加强专业化分工和流程管理，降低成本，提高运行效率，提高市场适应能力和风险抵御能力。

一、"先行先试"是滨海新区金融业态差异化发展的重要特征

"先行先试"是滨海新区开发开放和全国经济体制改革的重大措施，这是推进开发开放最重要的任务，也是给天津滨海新区最大的政策。国务院发布的《关于推进天津滨海新区开发开放有关问题的意见》中指出：在金融企业、金融业务、金融市场和金融开放等方面的重大改革，原则上可安排在天津滨海新区先行先试。其中包括产业投资基金、创业风险投资、金融业综合经营、多种所有制金融企业、外汇管理政策、离岸金融业务等方面的改革试验。作为滨海新区综合配套改革各项重点工作之首，金融业改革和创新在滨海新区率先发展中的任务艰巨、责任重大。天津滨海新区金融业支持滨海新区发展的重点应放在推进金融改革创新，拓宽直接融资渠道，改善社会资金结构，创建与社会主义市场经济体制相适应的现代金融服务体系方面，力争使天津滨海新区成为全国金融改革创新试验基地。

二、立足功能定位是滨海新区金融业态差异化发展的关键所在

国务院发布的《关于推进天津滨海新区开发开放有关问题的意见》中明确指出：天津滨海新区的功能定位，即依托京津冀、服务环渤海、辐射"三北"、面向东北亚，努力建设成为我国北方对外开放的门户、高水平的现代制造业和研发转化基地，北方国际航运中心和国际物流中心，逐步成为经济繁荣、社会和谐、环境优美的宜居生态型新城区。滨海新区金融差异化发展紧紧围绕国家对滨海新区的功能定位，推动于家堡金融区进一步完善基础设施、配套设施。支持和帮助金融区开展高水平招商引资，聚集更多高端金融机构、金融人才。制定实施鼓励政策，吸引国内外各类创新型要素市场、资本市场向金融区聚集，促进天津现有创新型市场向金融区转移。制定实施金融改革创新第二个专项方案，实行金融政策聚焦，支持发展产业金融、融资租赁、股权基金、资金结算、商业保理、离岸金融等业务，开展动产权属登记试点，实施亚太经合组织首个低碳城市计划，逐步把于家堡金融区建设成为国家金融改革创新基地。天津还将全面落实《天津北方国际航运中心核心功能区建设方案》，推进东疆港区整体开发，在国家有关部门指导下，推动海关特殊监管区功能有效整合，支持开展国际船舶登记、航运税收、航运金融、租赁业务等试点，推进国家进口贸易促进创新示范区建设，提升离岸金融服务

等功能，逐步建成符合国际惯例的自由贸易港区。

三、政府推动是滨海新区金融业态差异化发展的不竭动力

滨海新区金融差异化发展支持新区建设与政府的推动密不可分。为贯彻落实国务院《关于推进天津滨海新区开发开放有关问题的意见》，天津市政府积极组织上报《天津滨海新区综合配套改革试验总体方案》、《天津滨海新区综合配套改革试验金融创新专项方案》，获得国务院及相关部门审批；为全面组织实施上述总体方案、专项方案，天津市政府先后下发了两批共计 40 项金融改革创新重点工作计划，全面推动金融改革创新工作。滨海新区政府是推动金融创新支持新区发展的"引领者"，新区政府成立两年多的时间里，通过召开多次金融创新工作会议和座谈会，部署安排金融创新推动新区发展实际工作；通过修订完善《天津市滨海新区金融业发展"十二五"规划》，为新区未来五年金融业发展定好主基调；通过建立多个专项政府引导资金，引导新区企业利用滨海新区资本市场和要素市场拓宽融资渠道，拓宽成长空间。

四、对接实体经济是滨海新区金融业态差异化发展的坚实基础

发展滨海新区金融业态要紧密联系具有区域特点的现代制造业、航运、物流等领域，在滨海新区的八大优势支柱产业（即航空航天、电子信息、汽车与装备制造、石油化工、现代冶金、生物制药、新能源新材料、高新纺织）积极开展金融产品创新，有力助推这些领域和产业的发展。实践将证明对接实体经济是滨海新区金融业态发展的坚实基础。

第三单元　促进滨海新区金融业态发展的措施与保障

一、建立健全金融推动工作体系，形成上下联动、横向联动、分工合作的推进机制

健全滨海新区金融产业发展推动联席会议制度，主要成员包括市级主管部门、区级相关单位及各功能区管委会相关单位，联席会议在新区金融局设办公室。定期召开滨海新区金融改革重点项目推动协调会议，及时发现改革中的问题，研究制定解决办法，督促和协调责任主体加快改革步伐。

完善金融统计制度。与相关委办局加强合作，进一步确定产业分类方法，明确金融增加值的范围（融资租赁纳入金融增加值）。准确掌握金融机构数量和信贷规模、运行情况。开展金融业增加值实统试点，全面反映新区金融发展成果。

二、制定完善配套政策措施，加强金融人才引进和培养

加大新区金融人才的引进和培育力度，对金融人才实行特殊奖励办法，为金融人才进入新区施展才智提供良好的环境。制定保障型人才公寓政策，包括人才的核准、保障房的规格、保障房的定价规则、保障房的租售方法、保障房的流转等相关事项的具体规定。

加大金融人才培育的力度，包括举办金融人才培训，支持金融人才在职获取学位等，支持金融人才库建设，完善金融人才信息档案，争取使滨海新区成为金融人才的集聚地。

三、加大资金支持力度，推进重点领域金融改革创新

继续发展和用好中小企业发展专项资金、金融创新发展专项资金等各类专项基金，通过对金融机构发放的中小企业贷款和融资租赁业务给予成本费用补助，对符合条件的中小企业信用担保机构给予税收优惠和风险补偿等方式，解决中小企业尤其是科技型中小企业融资难的问题；重点支持重大金融创新项目和重大金融创新企业，对于科技金融创新、航运金融创新、生态金融创新、OTC 市场建设、民间金融发展、股权投资基金发展、离岸金融市场建设、新型金融市场建设等项目进行重点支持。

四、加强社会信用体系建设

建立个人和企业征信基础数据库系统，整合行政事业单位信用信息资源，实现信用信息的归集管理，依法向社会提供信用信息服务。扩展非信贷信用信息基础数据库，依托经济功能区等载体，建设为中小企业服务的社会信用体系。培育信用服务市场，支持征信公司推广使用信用产品。建立守信激励和失信惩戒联动机制，综合运用市场性惩戒、行政监管性惩戒、行业性惩戒、司法性惩戒和社会性惩戒等手段，加大对失信行为的惩戒力度。

参考文献

［1］北京市道可特律师事务所 & 道可特投资管理（北京）有限公司：《直击新三板》，3～30页，北京，中信出版社，2010。

［2］陈金钊：《黄海学术论坛（第16辑）》，343～351页，上海，上海三联书店，2011。

［3］刘小玄：《金融市场化的演进》，58页、105页、213页、220页，北京，社会科学文献出版社，2012。

［4］郝寿义等：《滨海新区开发开放研究系列丛书：滨海新区开发开放与综合配套改革》，天津，南开大学出版社，2012。

［5］郝寿义等：《滨海新区开发开放研究系列丛书：滨海新区开发开放与产业发展》，349页，天津，南开大学出版社，2012。

［6］孔曙东：《国外中小企业融资经验及启示》，59页、79页，北京，中国金融出版社，2007。

［7］焦小平：《欧盟排放交易体系规则》，78～80页，北京，中国财政经济出版社，2010。

［8］彭江波：《排放权交易作用机制与应用研究》，104～115页，北京，中国市场出版社，2011。

［9］上海市浦东新区统计局、国家统计局浦东调查队：《上海浦东新区统计年鉴2012》，北京，中国统计出版社，2012。

［10］上海市浦东新区统计局：《上海浦东新区统计年鉴2010》，北京，中国统计出版社，2010。

［11］上海市浦东新区统计局：《上海浦东新区统计年鉴2009》，北京，中国统计出版社，2009。

［12］天津财经大学金融学院：《滨海金融探索》，北京，中国金融出版社，2010。

［13］天津市滨海新区人民政府：《滨海新区年鉴（2012）》，219～223页，天津，天津社会科学院出版社有限公司，2012。

［14］王爱俭等：《滨海新区金融创新理论与实践》，天津，天津教育出版社，2009。

［15］吴敬华、藏学英：《战略机遇期中的天津：中国第三增长极发展大趋势》，北京，社会科学文献出版社，2012。

［16］王爱俭：《滨海新区金融创新与人民币国际化研究——兼论汇率政策利率政策的协调》，北京，科学出版社，2009。

［17］王毅刚：《中国碳排放权交易体系设计研究》，50～58页，北京，经济管理出版社，2011。

［18］吴忠：《深圳经济发展报告（2012）》，北京，社会科学文献出版社，2012。

［19］朱忠明、赵岗：《中国股权投资基金发展新论》，北京，中国发展出版社，2012。

［20］周正庆：《证券知识读本》，北京，中国金融出版社，2006。

［21］左学金、陆沪根：《上海浦东经济发展报告2012年》，北京，社会科学文献出版社，2012。

［22］李强：《浅议天津滨海新区金融创新趋势》，载《经济观察》，2011.07，47页。

［23］梁立：《滨海新区系列改革政策对外资银行的影响》，载《华北金融》，2007，31～33页。

［24］杨威：《论融资租赁贸易模式的灵活应用与创新——以天津东疆保税港区为例》，载《财税金融》，2012年第31期（11月）。

［25］郑志辉、王子韩、何蒋玲：《国外小额贷款模式与浙江省小额贷款公司试点比较分析》，载《浙江金融》，2009.04：42页。

［26］马亚明：《加快天津市小额贷款发展的对策研究》，摘自《滨海金融探索》，天津财经大学金融学院编：136。

［27］黄绍明：《小额贷款公司现状、国外经验及发展思路》，载《时代金融》，2011，64页。

［28］《滨海新区开发开放决策备忘》，载《中国投资》，2008.6：47页。

［29］刘艳妮：《从我国的金融业态看民营金融控股集团的发展模式》，载《广西农村金融研究》，2006年第3期，总第261期：38～40页。

［30］张鹏瑢，刘志明：《入世十周年中国金融业改革开放巡礼》，载《金融管理与研究》，2012年第1期：40－44。

［31］武志：《"十一五"时期我国金融业改革发展回顾与经验启示》，载《金融发展评论》，2012.1：40页。

［32］吴海东：《浅析我国中小企业信用担保与银行信贷融资》，载《技术与市场》，2012年第4期：270～271页。

［33］董彦峰：《金融作用于产业结构优化的机理研究》，载《时代金融》，2011年第1期下旬刊（1月）：129～130页。

［34］郑南源、尤瑞章、贺聪：《金融支持产业结构调整的作用机制研究》，载《西部金融》，2007年第7期（7月）：22～25页。

［35］程瑞芳、底聪慧:《河北省金融支持产业结构升级实证研究》,载《经济论坛》,2012 年第 4 期（4 月）:35~38 页。

［36］涂剑:《促进山西产业结构升级的产融结合模式研究》,载《山西财经大学学位论文》,2008 年:4~18 页。

［37］顾海峰:《金融支持产业结构调整的传导机理与路径研究》,载《证券市场导报》,2010 年第 9 期（9 月）:27~33 页。

［38］李东卫:《战略性新兴产业发展与金融支持问题研究》,载《视点》,2011 年第 4 期（4 月）:4~7 页。

［39］顾海峰:《信贷体系支持战略性新兴产业演进的机理及政策研究》,载《当代经济研究》,2011 第 8 期（8 月）:78~82 页。

［40］杨涛:《产融结合的突破口》,载《中国金融》,2012 年第 15 期（8 月）:96 页。

［41］熊广勤:《战略性新兴产业发展的金融支持国际比较研究》,载《现代管理科学》,2012 年第 1 期（1 月）:89~91 页。

［42］张国栋:《解析中小企业股权质押融资》,载《首席财务官》,2012 第 12 期（12 月）:83~85 页。

［43］常晔:《金融支持文化产业发展问题研究》,载《经济研究导刊》,2009 年第 12 期（4 月）:84~85 页。

［44］孙斌:《金融支持文化产业发展中面临问题及建议》,载《金融经济》,2008 年第 06 期（3 月）:134~135 页。

［45］赵梦阳:《北京市金融支持文化创意产业的发展研究》,首都经济贸易大学,硕士论文（12）。

［46］丁化美、南云僧:《以全国性金融市场配置资源化解"温州问题"》,《中国证券报》,2012 年 07 月 30 日。

［47］曹雯:《天津滨海新区 OTC 市场运行模式研究》,硕士论文,2009。

［48］栗书茵、康莹:美国区域产业结构调整的投融资支持及启示［J］,北京工商大学学报（社会科学版）,2009,3:54~58 页。

［49］谢平、邹传伟:《互联网金融模式研究》［J］,载《金融研究》,2012,12,11~22页。

［50］中国人民银行:《中国金融稳定报告》（2012）。

［51］中国人民银行塘沽中心支行:《天津滨海新区金融统计月报》,2012 年 12 月。

［52］孙君:《我国中小企业信用担保问题探析》,载《黑龙江对外经贸》,2008 年第 2 期:88~89 页。

［53］袁卫秋:《我国财务公司的发展现状与对策探讨》,载《财会月刊》,2009 年

12 期：13～14 页。

［54］李伟：《国内外财务公司比较研究》，载《财会月刊》，2006 年第 5 期：40～42 页。

［55］聂俊：《财务公司在企业集团发展中的作用》，载《中国金融》，2009 年第 11 期：36～38 页。

［56］李劲松、张蔚：《我国银行保理业务发展现状与探析》，载《中国金融电脑》，2008 年第 11 期。

［57］李璐、宋会丽：《天津市国际保理业务发展问题研究》，载《华北金融》，2011 年第 12 期。

［58］高晓明：《关于我国保理业发展的趋势研究》，博士学位论文，对外经济贸易大学，2005。

［59］王丁：《国际保理及其在中国的应用研究》，硕士学位论文，天津财经大学，2010。

［60］崔玉：《中国保理业务发展研究》，硕士学位论文，天津财经大学，2009。

［61］林方方：《中国国际保理业务发展问题研究》，硕士学位论文，吉林财经大学，2011。

［62］杨颖：《国际保理业务在中国运用发展研究》，硕士学位论文，北京工商大学，2007。

［63］陈元：《新金融发展战略助推上海国际金融中心建设》，2011.7.18，中国金融四十人论坛，http：//www. cf40. org. cn/。

［64］李迅雷：《我国新金融发展研究——基于实体经济视角》，2012.08.18，中国金融四十人论坛，http：//www. cf40. org. cn/。

［65］李迅雷：《"新金融"发展的趋势与策略》，2012.9.8，中国金融四十人论坛，http：//www. cf40. org. cn/。

［66］武剑：《新时期我国商业银行的战略转型》，2012.2.7，中国金融四十人论坛，http：//www. cf40. org. cn/。

［67］阎庆民：《加快新金融业态创新发展，助推上海两个中心建设》，2010.12.31，中国金融四十人论坛，http：//www. cf40. org. cn/。

［68］深圳市统计局 编，"深圳年鉴"，来源：深圳政府在线网，http：//www. sz. gov. cn/cn/zjsz/sznj/。

［69］张承惠：《积极发展多层次的金融市场》，2012.5.11，中国经济网，http：//finance. ce. cn/rolling/201205/11/t20120511_16872640. shtml。

［70］钟伟：《金融租赁对货币政策传导机制的影响研究》，2013.1.8，上海新金融研究院，http：//www. sfi. org. cn/plus/view. php？aid＝388。

[71] 屠光绍:《我国 PE 的发展前景及改革建议》,2013.7.2,上海新金融研究院,http：//www.sfi.org.cn/plus/view.php? aid=492。

[72]《China Venture 2012 年中国创业投资及私募股权投资市场统计分析报告》,百度文库,http：//wenku.baidu.com/view/bae24716b7360b4c2e3f6424.html。

[73]《新区创新驱动优化 四个超千亿产值产业集群形成》,北方网,http：//news.enorth.com.cn/system/2012/12/25/010446600.shtml。

[74]《小额信贷公司在我国的发展历史及现状》,2011.11.15,融资担保在线,http：//www.rzdb.org/loan/news/yw/19674.html。

[75]《两江新区小贷担保蓬勃发展 拓宽中小企业融资路》,人民网,2012.9.11,http：//cq.people.com.cn/news/2012911/201291191028965742.htm。

[76] 廖岷:《中美两国融资租赁业的比较研究》,2013.1.8,上海新金融研究院,http：//www.sfi.org.cn/plus/view.php? aid=386。

[77]《小额贷款公司进一步服务 小微企业能力受限》,"小微企业融资发展报告:中国现状及亚洲实践"课题项目,搜狐财经,http：//business.sohu.com/20130401/n371356512.shtml。

[78] 屠光绍:《深化金融改革 推动新金融发展》,2012.11.19,上海新金融研究院,http：//sfi.org.cn/plus/view.php? aid=368。

[79] 阎庆民:《金融监管改革与新金融的发展机遇》,2012.9.3,上海新金融研究院,http：//www.sfi.org.cn/plus/view.php? aid=344。

[80] 凌涛:《我国金融租赁业风险管理研究》,2013.1.8,上海新金融研究院,http：//www.sfi.org.cn/plus/view.php? aid=387。

[81] 李迅雷:《"新金融"发展的趋势与策略》,2012.9.10,上海新金融研究院,http：//www.sfi.org.cn/plus/view.php? aid=339。

[82] 熊良俊:《金融格局新变化及银行业监管策略》,2013.1.28,中国金融新闻网,http：//www.financialnews.com.cn/yh/gd_89/201301/t20130128_25524.html。

[83] 郭田勇、褚蓬瑜:《我国金融体制改革与市场发展 30 年》,摘自《发展和改革蓝皮书》,来源:人民网－理论频道,http：//theory.people.com.cn/GB/40557/134502/136128/index.html。

[84] 何德旭:《我国金融体制改革 30 年回顾与展望》,2008.8.4,人民网,http：//theory.people.com.cn/GB/49154/49155/7608302.html。

[85] 巴曙松:《服务和促进实体经济转型是下一步中国金融改革的方向》,2012.10.11,中国日报网,http：//caijing.chinadaily.com.cn/xfly/2012-10-11/content_7211038.html。

[86] 周小川:《关于推进利率市场化改革的若干思考》,中国人民银行网站,ht-

tp：//www. pbc. gov. cn/publish/goutongjiaoliu/524/2012/2012011216064853655534/201201121606485353655534_ . html。

　　[87] 连平：《人民币国际结算的重大意义与现实挑战》，腾讯财经，http：//finance. qq. com/a/20090316/002670. htm。

　　[88] 中国证券监督管理委员会，http：//www. csrc. gov. cn/pub/zjhpublicoftj/jgdx/201302/t20130201_ 221053. htm。

　　[89] 天津市保险业协会，http：//www. tjia. org. cn/a/baoxianchuangxin/fuwuchuangxin/。

　　[90] 天津股权交易所网站，http：//www. tjsoc. com/web/date. aspx。

　　[91] 滨海新区政务网，http：//www. bh. gov. cn/html/BHXQZWW/portal/index/index. htm。

　　[92] 天津市小额贷款公司协会，http：//www. tjamc. com. cn/Default. aspx。

　　[93] 天津股权投资基金中心，www. tianjinfund. com。

　　[94] 滨海新区统计局，《滨海新区 2012 年经济发展综述》，滨海新区政务网 www. bh. gov. cn，2013 年 4 月 23 日。

　　[95] 滨海新区统计局，《滨海新区 2012 年固定资产投资保持平稳较快增长》，滨海新区政务网 www. bh. gov. cn。

　　[96] 余璐：《滨海新区去年产值超 7000 亿元》，天津网，http：//www. tianjinwe. com，http：//www. chinadaily. com. cn/hqpl/zggc/2012 – 04 – 16/content_ 5693304. html。

　　[97] 《2012 年滨海新区打造"双引擎"促产业结构优化》，北方网，http：//www. enorth. com. cn。

　　[98] 《第三方支付试水保理市场　商业保理试点拟扩至穗深》，上海证券报，2012 年 12 月 19 日。

　　[99] 天津金融资产交易所网站：http：//www. tjfae. com/。

　　[100] 韩家平：《缺乏信仰 不信任已成为一种生活方式》，来源：光明网，http：//politics. gmw. cn/2013 – 01/18/content_ 6422999_ 3. htm。

　　[101] 周小川：《周小川：我国金融改革中自下而上的组成部分——在 2012 年国际金融论坛上的讲话》，2012. 12. 3，中国人民银行网站，http：//www. pbc. gov. cn/publish/hanglingdao/2950/2012/20121203092006577585996/20121203092006577585996_ . html。

　　[102] 宗国英：《天津滨海新区区长宗国英作政府工作报告》，2012. 12. 18，人民网，http：//www. 022net. com/2012/12 – 18/463927283374258. html。

　　[103] 王贵民、孙国红：《天津滨海新区：争当推进产业结构调整排头兵》，人民网，http：//theory. people. com. cn/n/2012/1024/c49150 – 19369379 – 1. html。

　　[104] 天津滨海柜台交易市场门户网站，http：//www. tjotc. org/index. cms。

[105]《清科观察："新三板"正式揭牌 扩容至今挂牌企业暴增》，投资界，http：//www. chinadaily. com. cn/hqcj/zgjj/2013 - 01 - 24/content_ 8120197. html。

[106] 赵磊：《天津滨海新区金融实施"十大改革"发挥优势打造金融创新高地》，人民网天津视窗，http：//www. 022net. com/2011/12 - 19/465469293328714 - 2. html。

[107] 天津排放权交易所门户网站，www. chinatcx. com. cn。

[108] 李文博：《天津铁合金交易所昨日正式开始交易》，城市快报电子报，http：//epaper. tianjinwe. com/cskb/cskb/2010 -01/19/content_ 7147176. htm。

[109] 马欣：《铁合金业形成"天津价格"设立首批交收仓库》，天津日报，http：//news. enorth. com. cn/system/2010/01/19/004446787. shtml。

[110] 覃贻花：《天津铁合金交易所滨海挂牌成立》，滨海新闻网，http：//news. enorth. com. cn/system/2009/11/18/004279906. shtml。

[111]《池奔扬：天津铁合金交易所"交易和交收比例"位居全国前列》，人民网，http：//news. 163. com/10/1019/18/6JCJ025E00014JB6. html。

[112] 天津铁合金交易所门户网站，http：//www. chtfe. com/aspx/zcfg/index. aspx。

[113] 新华网，http：//news. xinhuanet. com/fortune/2012 - 11/27/c_ 113821335. htm。

[114]《消费金融公司试点管理办法》，凤凰网财经栏目，http：//finance. ifeng. com/bank/yhfg/20090813/1085035. shtml。

[115] 严晓燕：《加快消费金融发展 服务经济转型升级》，中国金融新闻网，http：//www. financialnews. com. cn/yh/gd_ 89/201303/t20130325_ 29331. html。

[116] 朱宇：《天津金融资产交易所开先河，信贷资产首度公开交易》，中国证券报，2010 年 8 月 19 日。

[117] 叶玉军：《中国保理市场主角依旧是银行》，新浪财经，http：//finance. sina. com. cn/money/bank/yhpl/20121203/160713878546. shtml。

[118] 蔡若愚：《商业保理再发力，与商业银行间可为错位竞争》，中国经济导报，http：//www. ceh. com. cn/cjpd/2013/03/178566. shtml。

[119] 韩婷婷：《银行保理业务"外冷内热"软环境亟待完善》，第一财经日报，2010 年 4 月 8 日。

[120] 科法斯（上海）信息服务有限公司，《科法斯中国企业信用风险报告—2012》，2012 年 3 月 15 日。

[121] 颜剑：《第三方支付试水保理市场 商业保理试点拟扩至穗深》，上海证券报，2012 年 12 月 19 日。

[122] 中国服务贸易协会商业保理专业委员会，商务部研究院信用评级与认证中心，鑫银国际商业保理有限公司，渤海国际商业保理有限公司，《中国商业保理行业研究报告（2012）》，2013 年 2 月 28 日。

后　记

　　本书立足于滨海新区金融先行先试的现实背景，总结和回顾了近几年来滨海新区各类金融业态在经营过程中的实践经验和做法，并对滨海新区金融业态的未来发展进行了展望。

　　《滨海新区金融业态》在编写过程中，得到了本书的高级顾问、天津财经大学副校长、金融专家王爱俭教授的悉心指导，在此向王教授表示诚挚的感谢。本书由中国人民银行天津分行党委书记林铁钢同志作序，中国人民银行天津分行副行长、中国人民银行塘沽中心支行行长、国家外汇管理局塘沽中心支局局长刘通午同志担任总策划，窦玉生同志对全书进行了总审。在本书的编写过程中，还得到了天津股权交易所、天津金融资产交易所、天津滨海国际知识产权交易所、天津港财务有限公司、天津天保财务有限公司、天津滨海捷信消费金融公司等滨海新区金融业态机构的积极协助，同时，中国金融出版社给予了大力支持，谨此一并致谢！

　　由于作者和编者水平有限，疏漏之处在所难免，欢迎各位专家和读者批评指正。

编者

2014 年 6 月